Selbstregulation von Lernprozessen

Pädagogische Psychologie und Entwicklungspsychologie

herausgegeben von Detlef H. Rost

Wissenschaftlicher Beirat

Jürgen Baumert (Berlin)
Marcus Hasselhorn (Göttingen)
Andreas Knapp (Mainz)
Olaf Köller (Nürnberg)
Detlev Leutner (Essen)
Sabina Pauen (Heidelberg)
Ulrich Schiefele (Bielefeld)
Wolfgang Schneider (Würzburg)
Christiane Spiel (Wien)
Friedrich Wilkening (Zürich)

Editorial

Pädagogische Psychologie und Entwicklungspsychologie sind seit jeher zwei miteinander verzahnte Teildisziplinen der Psychologie. Beide haben einen festen Platz im Rahmen der Psychologenausbildung: Pädagogische Psychologie als wichtiges Anwendungsfach im zweiten Studienabschnitt, Entwicklungspsychologie als bedeutsames Grundlagenfach in der ersten und als Forschungsvertiefung in der zweiten Studienphase. Neue Zielsetzungen, neue thematische Schwerpunkte und Fragestellungen sowie umfassendere Forschungsansätze und ein erweitertes Methodenspektrum haben zu einer weiteren Annäherung beider Fächer geführt und sie nicht nur für Studierende, sondern auch für die wissenschaftliche Forschung zunehmend attraktiver werden lassen. „Pädagogische Psychologie und Entwicklungspsychologie" nimmt dies auf und will die Rezeption einschlägiger guter und interessanter Forschungsarbeiten fördern und damit die theoretische, empirische und methodische Entfaltung beider Fächer stimulieren sowie fruchtbare Impulse zu ihrer Weiterentwicklung einerseits und zu ihrer gegenseitigen Annäherung andererseits geben.

Der Beirat der Reihe „Pädagogische Psychologie und Entwicklungspsychologie" repräsentiert ein breites Spektrum entwicklungspsychologischen und pädagogisch-psychologischen Denkens und setzt Akzente, indem er auf Forschungsarbeiten aufmerksam macht, die den wissenschaftlichen Diskussionsprozeß beleben können. Es ist selbstverständlich, daß zur Sicherung des Qualitätsstandards dieser Reihe jedes Manuskript – wie bei Begutachtungsverfahren in anerkannten wissenschaftlichen Zeitschriften – einem Auswahlverfahren unterzogen wird. Nur qualitätsvolle Arbeiten werden der zunehmenden Bedeutung der Pädagogischen Psychologie und Entwicklungspsychologie für die Sozialisation und Lebensbewältigung von Individuen und Gruppen in einer immer komplexer werdenden Umwelt gerecht.

Joachim Wirth

Selbstregulation von Lernprozessen

Waxmann Münster / New York
München / Berlin

Bibliografische Informationen Der Deutschen Bibliothek
Die Deutsche Bibliothek verzeichnet diese Publikation in
der Deutschen Nationalbibliografie; detaillierte bibliografische
Daten sind im Internet über http://dnb.ddb.de abrufbar.

Diese Arbeit wurde als Dissertation von der
Humboldt-Universität Berlin angenommen.

Pädagogische Psychologie und Entwicklungspsychologie; Bd. 39
herausgegeben von Prof. Dr. Detlef H. Rost
Philipps-Universität Marburg
Fon: 0 64 21 / 2 82 17 27
Fax: 0 64 21 / 2 82 39 10
E-Mail: rost@mailer.uni-marburg.de

ISSN 1430-2977
ISBN 3-8309-1352-4

© Waxmann Verlag GmbH, 2004
Postfach 8603, D-48046 Münster

http://www.waxmann.com
E-Mail: info@waxmann.com

Umschlaggestaltung: Pleßmann Kommunikationsdesign, Ascheberg
Druck: Zeitdruck, Münster
Gedruckt auf alterungsbeständigem Papier, DIN 6738

Alle Rechte vorbehalten
Printed in Germany

Inhalt

1	**Einführung und Ziele der Arbeit**	9
2	**Selbstregulierter Wissenserwerb**	15
2.1	Lernen als aktiver und konstruktiver Wissenserwerb	16
2.2	Strategien des aktiven Wissenserwerbs	19
2.3	Interaktiver Wissenserwerb	24
2.3.1	Lernen als mehrphasiger Prozess	25
2.3.2	Identifizieren	27
2.4	Interaktiver Erwerb von Fertigkeiten	31
2.5	Weitere Aspekte des selbstregulierten Wissenserwerbs	37
2.5.1	Kognitive Grundfähigkeiten	38
2.5.2	Vorwissen	41
2.5.3	Motivation	46
2.6	Zusammenfassung	52
3	**Fragestellungen**	55
4	**Erfassung selbstregulierter Wissenserwerbsprozesse**	61
4.1	Statische Verfahren	62
4.2	Dynamische Verfahren	65
4.2.1	Dynamisches Testen eines Lernpotenzials	65
4.2.2	Dynamisches Testen selbstregulierter Prozesse durch lautes Denken	68
4.2.3	Dynamisches Testen selbstregulierter Prozesse mit computerbasierten Simulationen	71
4.3	Dynamisches Testen selbstregulierter Prozesse des Wissenserwerbs	83
4.3.1	Wissen im Umgang mit Finiten Automaten	85
4.3.2	Identifikation und Integration	86
4.3.3	Interindividuelle Vergleichbarkeit	88
4.3.4	Abbildung des Verlaufs der Lernprozessregulation	92
4.3.5	Modellierung des Verlaufs der Lernprozessregulation	99
4.4	Zusammenfassung	107
5	**Studie I – Der Verlauf der Lernprozessregulation**	111
5.1	Fragestellungen und Annahmen	111

5.2	Instrumentierung	115
5.3	Erhebung	117
5.3.1	Kontext	117
5.3.2	Stichprobe	119
5.3.3	Durchführung	120
5.4	Deskriptive Verlaufsdarstellungen	121
5.5	Die Besonderheiten der ersten Minute	124
5.5.1	Allgemeines Vorwissen	124
5.5.2	Identifizierende Eingriffswiederholungen	126
5.6	Optimale Messzeitraumgröße	129
5.7	Modelle der Lernprozessregulation	131
5.7.1	Der Verlauf der Lernprozessregulation	131
5.7.2	Erfolgreiche und weniger erfolgreiche Regulationsverläufe	138
5.7.3	Kognitive Grundfähigkeiten	143
5.8	Zusammenfassung und Diskussion des Verlaufs der Lernprozessregulation	146
5.8.1	Bildet das $\log_{(or)}$-Maß die selbstbestimmte Lernprozessregulation valide ab?	147
5.8.2	Bildet das $\log_{(or)}$-Maß die selbstbestimmte Lernprozessregulation reliabel ab?	151
6	**Studie II – Bedingungen der Lernprozessregulation**	**153**
6.1	Fragestellungen und Annahmen	153
6.2	Instrumentierung	163
6.3	Erhebung	165
6.3.1	Kontext	165
6.3.2	Stichprobe	166
6.3.3	Durchführung	166
6.4	Optimale Messzeitraumgröße	167
6.5	Regulationsverläufe unterschiedlich schwieriger Lernprozesse	169
6.5.1	Deskriptive Verlaufsdarstellung	171
6.5.2	Modell der vereinfachten Lernprozessregulation	173
6.5.3	Modellvergleich zwischen einer schwierigen und einer weniger schwierigen Lernprozessregulation	176
6.6	Regulationsverläufe mit unterschiedlichem Vorwissen	178

6.6.1	Analoges Vorwissen	178
6.6.2	Spezifisches Vorwissen	190
6.6.3	Erfolgreiche und weniger erfolgreiche Regulationsverläufe mit unterschiedlichem Vorwissen	202
6.7	Kognitive Grundfähigkeiten	205
6.8	Kontrollerwartung	209
6.8.1	Zusammenspiel zwischen Aspekten der Lernprozessregulation und anfänglicher und resultierender Kontrollerwartung	209
6.8.2	Kontrollerwartung und Lernprozessregulation unter dem Einfluss unterschiedlichen Vorwissens	213
6.9	Zusammenfassung und Diskussion der Bedingungen der Lernprozessregulation	217
6.9.1	Wurde eine angemessen schwierige Lernumgebung vorgegeben?	218
6.9.2	Kann der Verlauf einer Lernprozessregulation unabhängig vom Vorwissen beschrieben werden?	220
6.9.3	Können neben dem Vorwissen weitere kognitive und motivationale Faktoren den Verlauf der Lernprozessregulation mitbestimmen?	223
7	**Zusammenfassung und Diskussion der Arbeit**	**225**
7.1	Der Lernprozess als selbstbestimmt reguliertes Identifizieren und Integrieren	225
7.2	Der Heidelberger Finite Automat als Umgebung für selbstregulierte Lernprozesse	227
7.3	Das $\log_{(or)}$-Maß für die verhaltensbasierte Erfassung der Lernprozessregulation	230
7.4	Generelle Verlaufsmerkmale der Lernprozessregulation	233
7.5	Unterschiede zwischen erfolgreichen und weniger erfolgreichen Verläufen der Lernprozessregulation	236
7.6	Fazit	239

Literatur **241**
Tabellenverzeichnis **265**
Abbildungsverzeichnis **267**
Register **269**

1 Einführung und Ziele der Arbeit

Lernen bedeutet Veränderung, und zwar in vielerlei Hinsicht. In erster Linie verändert eine Person beim Lernen ihr eigenes Wissen. Ist sie dabei erfolgreich, vergrößert sie den Umfang ihres Wissens über einen bestimmten Lerngegenstand. Sie nutzt bereits bestehendes Wissen und modifiziert und korrigiert es anhand der neu zur Verfügung stehenden Informationen. Sie verknüpft einzelne Wissensinhalte miteinander und bildet Assoziationen, wodurch sie den Zugriff auf das Wissen erleichtert oder sogar erst ermöglicht.

Lernen verändert nicht nur das Wissen einer Person. Ebenso erfahren andere Aspekte wie zum Beispiel die Lernmotivation unterschiedliche Entwicklungen. So könnte eine Person durch erfolgreiches Lernen zu einer stärkeren Selbstwirksamkeitsüberzeugung gelangen, während gleichzeitig ihr Interesse an einer weiteren, vertiefenden Beschäftigung mit dem Lerngegenstand, zumindest für eine bestimmte Zeit, sinkt. Erfolglose Lernversuche können zu negativen Emotionen führen, die vor dem Beginn des Lernens nicht vorhanden waren.

Neben dem Wissen, der Lernmotivation und den Emotionen ändern sich auch die Anforderungen, die das Lernen an eine Person stellt. Damit einher gehen sich ändernde Ziele, die eine Person durch das Lernen verfolgt. Zum Beispiel besteht beim Vokabellernen zunächst die Notwendigkeit, die Bedeutung des bis dahin unbekannten Wortes herauszufinden. Zu diesem Zweck könnte eine Person die entsprechende Übersetzung in einem Wörterbuch nachschlagen. Ist die Bedeutung ausreichend klar und bekannt, sorgt eine erfolgreich lernende Person dafür, dass sie diese Informationen über die Vokabel und seine Bedeutung bei späteren Gelegenheiten verfügbar hat und nutzen kann. Dafür würde sie eventuell das Wort und seine deutsche Übersetzung wiederholt nacheinander aufsagen oder sich mehrere Sätze ausdenken, in denen diese fremde Vokabel vorkommt.

Lernen führt jedoch nicht nur auf der Seite der Person zu unterschiedlichen Veränderungen. In Abhängigkeit von den Merkmalen des Lerngegenstandes kann Lernen auch die Lernsituation und den Lerngegenstand selbst verändern. Ein Großteil des alltäglichen Lernens besteht zwar aus dem Herauslesen von Informationen aus Texten, wie zum Beispiel beim Nachschlagen in einem Wörterbuch, wobei der Text gar nicht oder nur geringfügig durch Unterstreichungen oder Markierungen verändert wird. Anders verhält es sich jedoch beispielsweise beim Lernen innerhalb eines chemischen Labors. Um etwa herauszufinden, ob eine Flüssigkeit eine Säure oder eine Lauge ist, kann ein Lackmus-Streifen hineingehalten werden, der entsprechend seine Farbe ändert. Die zu erlernende Information über den PH-Wert der Flüssigkeit wird bei diesem experimentellen Lernen durch die Verfärbung des Indikatorstreifens erst erzeugt. Durch diese Farbveränderung erhält die Lernsituation eine neue Information, die zuvor nicht vorhanden und somit auch nicht erlernbar war.

Das hervorstechende Merkmal des Lernens sind die damit verbundenen Veränderungen. Diese geschehen nicht zu einem bestimmten Zeitpunkt, sondern sie vollziehen sich über eine gewisse Zeitspanne hinweg. Lernen ist demzufolge immer ein Prozess und kann somit auch nur als Prozess beobachtet werden. Innerhalb eines Lernprozesses, insbesondere bei einem längerfristigen oder auch komplexen Lernen, müssen mehrere, einzelne Veränderungen miteinander koordiniert und aufeinander abgestimmt werden. Je komplexer und zeitaufwändiger das Lernen ist, umso stärker und kontinuierlicher muss die Person den Lernprozess an die sich ändernden Anforderungen und an die sich eventuell ändernde Lernsituation anpassen. Sie muss durchgängig und trotz möglicherweise auftretender Schwierigkeiten und entsprechend negativer Emotionen ihre Lernmotivation aufrecht erhalten. Lernen erfordert von einer Person, dass eine Vielzahl sich ändernder Aspekte des Lernprozesses aufeinander bezogen und reguliert wird.

Ziel der vorliegenden Arbeit ist es, den Verlauf einer solchen Lernprozessregulation zu erfassen und zu beschreiben. Dabei sollen zum einen generelle Merkmale eines Prozessverlaufs aufgezeigt werden. Zum anderen sollen Verlaufseigenschaften dargestellt werden, die eine erfolgreiche von einer weniger erfolgreichen Lernprozessregulation unterscheiden.

Bei dieser Beschreibung können nicht alle Aspekte des Lernprozesses gleichzeitig und umfassend berücksichtigt werden. Ein solches Vorhaben würde den Rahmen dieser Arbeit sprengen. Daher werden zunächst nur Veränderungen innerhalb eines Lernprozesses betrachtet, die sich für die Erarbeitung und Verarbeitung der zu erlernenden Informationen durch sich ändernde Anforderungen im Umgang mit dem Lerngegenstand ergeben. Dabei wird das Augenmerk auf zwei allgemeine Anforderungen gelegt, für die angenommen wird, dass sie Teil eines jeden vollständigen Lernprozesses sind und dass sie zu zwei konkurrierenden Lernzielen führen, die beide durch eine erfolgreiche Lernregulation erreicht werden sollen. Das eine Ziel besteht darin, neue Informationen zu finden beziehungsweise zu generieren, beispielsweise durch Nachschlagen in einem Wörterbuch oder durch Experimentieren und Testen in einem chemischen Labor. Dieser Aspekt des Lernens wird auch als höheres Lernen bezeichnet (z.B. Aebli, 1983). Diese Lernaktivitäten zielen zunächst darauf ab, die zu erlernenden Informationen möglichst umfassend und eindeutig wahrnehmbar zu machen. Das zweite Ziel besteht darin, die Informationen so zu verarbeiten, dass sie bei späteren Gelegenheiten möglichst sicher und leicht abgerufen und angewandt werden können. Beispiele für solche Lernhandlungen sind das Wiederholen von Vokabeln oder das Herstellen von Verbindungen zwischen den neuen und den bereits bekannten Informationen (elementares Lernen).

Die Unterscheidung zwischen diesen zwei Aspekten des Lernprozesses ist nicht neu. So beschreibt beispielsweise Aebli bereits 1983 den (schulischen) Lernprozess mittels mehrerer Formalstufen, die zwei übergeordnete Ziele verfolgen: „In einer ersten Stufe des Lernprozesses baut der Schüler ein Stück Wissen oder Können auf. Die Anleitung geschieht problemlösend, im Klassenunterricht in der Regel fragend-entwickelnd, manchmal auch nur erklärend. [...] Die nächsten Stufen des Lernvorgangs haben zum Ziel, seine Einsatzfähigkeit zu erhöhen. Dazu sind drei Dinge notwendig: Durcharbeiten, Üben und Anwenden" (S. 310).

So lange der Lernprozess auf nur ein „Stück Wissen oder Können" abzielt, erfordert das Ausrichten des Lernprozesses auf das eine oder das andere Ziel wenig koordinierenden Regulationsaufwand. Eine neue Information muss schließlich immer zuerst entdeckt, generiert und wahrgenommen worden sein, bevor ihre Anwendung geübt und sichergestellt werden kann. Damit ergibt sich die Regulation des Lernprozesses zwangsläufig. Die wenigstens Lernprozesse begnügen sich jedoch mit dem Erwerb einer einzigen Information. Im Normalfall sind beim Lernen viele Informationen zu entdecken und zu verarbeiten. In diesem Fall erfordert das Lernen eine Abstimmung der Lernaktivitäten. Konzentriert sich eine Person ausschließlich darauf, möglichst viele oder alle Informationen zu erforschen und wahrzunehmen, fehlt ihr am Ende vielleicht die Zeit oder die Kraft für entsprechende Lernaktivitäten, durch die gewährleistet werden soll, dass diese Vielzahl an Informationen auch zu späteren Gelegenheiten noch verfügbar ist. Ist eine Person im Gegensatz dazu hauptsächlich damit beschäftigt, die zukünftige Nutzbarkeit der entdeckten Informationen sicherzustellen, wird sie vermutlich insgesamt sehr viel weniger Informationen entdecken. In einer Lernsituation, in der viele neue Informationen erlernbar sind, besteht somit die Notwendigkeit, die Anstrengungen, die jeweils in Bezug auf eines der beiden konkurrierenden Lernziele unternommen werden, optimal aufeinander abzustimmen. Auf welche Weise der Lernprozess so reguliert wird, dass beide Ziele ausreichend berücksichtigt werden können, ist die zentrale Frage der vorliegenden Arbeit.

Für die Bearbeitung dieser Frage werden zwei Forschungsrichtungen der Psychologie zusammengeführt, die jeweils eines der beiden Ziele stärker gewichten und dabei dem jeweils anderen Aspekt des Lernprozesses weniger Beachtung schenken. Dies ist zum einen die Forschung um die Arbeitsgruppe von Klahr und Dunbar (1988; Dunbar, 1993; Glaser, Schauble, Raghavan & Zeitz, 1992; Veenman, 1993; Veenman & Elshout, 1999), die sich mit dem entdeckenden Lernen in wissenschaftlichen, dynamischen Kontexten beschäftigen. Diese Forschung fokussiert hauptsächlich den Aspekt des Lernens, der auf das Entdecken und Überprüfen neuer Informationen abzielt. Es werden dabei Lernstrategien untersucht, mit deren Hilfe eine Person die Eigenschaften, Beziehung und Gesetzmäßigkeiten, die innerhalb einer sich ändernden Umgebung gelten, identifizieren und auf ihre Gültigkeit hin überprüfen kann. In diesem Rahmen wird weniger darauf geachtet, durch welche Vorgehensweisen eine Person versucht, die entdeckten Informationen so zu verarbeiten, dass sie zu späteren Gelegenheiten möglichst leicht und sicher abgerufen und genutzt werden können.

Mit diesem Aspekt des Lernens beschäftigen sich dafür verstärkt Forschungsarbeiten, die sich unter dem Begriff des „selbstregulierten Lernens" zusammenfassen lassen (vgl. Baumert & Köller, 1996; Friedrich & Mandl, 1992). Diese stark auf das schulische und hochschulische Lernen ausgerichteten Forschungsarbeiten beschreiben größtenteils Lernstrategien für das Lernen mit Texten. Sie zielen damit weniger auf das Entdecken und Generieren neuer Informationen durch Experimentieren oder Testen ab. Vielmehr beschreiben sie die Regulation eines Lernprozesses, der unter Berücksichtigung kognitiver, metakognitiver, motivationaler und emotionaler Aspekte darauf ausgerichtet wird, gegebene Informationen so zu einem Bestandteil eigenen Wissens zu machen, dass sie auch später noch genutzt werden können.

Beide Ansätze haben ihre Stärken jeweils bezogen auf den Aspekt eines Lernprozesses, der bei dem anderen Ansatz weniger im Vordergrund steht. Das erste Anliegen der vorliegenden Arbeit ist es daher, diese beiden Forschungsansätze so aufeinander zu beziehen, dass auf der Basis ihrer jeweiligen Stärken ein theoretischer Rahmen für die Beschreibung eines vollständigen Lernprozesses und seiner Regulation entsteht.

Auf dieser theoretischen Basis soll dann ein Prozessmaß konzipiert werden, das den Verlauf der Lernprozessregulation abbildet. Zu diesem Zweck muss zunächst eine Lernumgebung bereitgestellt werden, innerhalb der der Lernprozess direkt und möglichst ohne Verzerrungen beobachtbar ist. Dafür muss diese Umgebung nicht nur Lernen als Prozess zulassen, sondern auch die Möglichkeit zur Erfassung von Veränderungsdaten über diesen Prozess bieten. Eine Lernumgebung mit diesen Eigenschaften kann in Form eines komplexen und dynamischen Systems realisiert werden, wie sie seit den Arbeiten der Arbeitsgruppe um Dörner (Dörner, Kreuzig, Reither & Stäudel, 1983; Dörner & Reither, 1978) insbesondere in der kognitionspsychologischen Forschung in Deutschland und Europa häufig eingesetzt werden (vgl. Frensch & Funke, 1995). Der Vorteil dieser Systeme besteht in der Möglichkeit, Handlungsprozesse direkt zu erfassen und auf dieser Basis die Entwicklung von Prozessmaßen zu ermöglichen. Ihr großer Nachteil besteht in ihrer geringen Testgüte, wie häufig kritisiert wurde (z.B. Funke, 1984; Funke & Buchner, 1992; Süß, Kersting & Oberauer, 1991, 1993).

Das zweite Anliegen dieser Arbeit besteht somit darin, auf der Grundlage eines komplexen und dynamischen Systems eine Lernumgebung zur Verfügung zu stellen, innerhalb der der Prozess des Lernens möglichst direkt beobachtbar ist. Auf dieser Grundlage soll dann ein Prozessmaß mit einer angemessenen Testgüte entwickelt werden, mit dessen Hilfe der Verlauf der sich ändernden Lernprozessregulation erfasst werden kann.

Ausblick auf die Arbeit. Die vorliegende Arbeit gliedert sich in insgesamt sieben Kapitel. Nach dieser ersten Einleitung wird in Kapitel 2 ein Literaturüberblick über die verschiedenen Konzeptionen und Modelle des Lernprozesses gegeben. Dabei wird zunächst auf die unterschiedlichen Arten von Informationen beziehungsweise Wissensinhalten eingegangen, die prinzipiell erlernbar sind, um daran anschließend unterschiedliche Strategien zum Entdecken und Erlernen dieser Inhalte vorzustellen. Es werden Stärken und Schwächen der einzelnen Ansätze dargestellt, und es werden die Gemeinsamkeiten herausgearbeitet, die die Basis für ein allgemeines Modell der Lernprozessregulation bilden. Zudem werden Bedingungen eines Lernprozesses erörtert, die zwar nicht direkt Teil der Lernprozessregulation sind, von denen jedoch angenommen wird, dass sie den Regulationsverlauf in bedeutendem Maße mitbestimmen.

In Kapitel 3 werden die Annahmen über generelle Verlaufsmerkmale der Lernprozessregulation getroffen, die im Rahmen dieser Arbeit überprüft werden sollen. Ebenso werden Hypothesen über die Unterschiede zwischen erfolgreichen und weniger erfolgreichen Regulationen hergeleitet, und es werden Zusammenhänge mit Aspekten des Lernens dargestellt, die seinen Regulationsverlauf zu bestimmten Teilen mitbestimmen sollten.

In Kapitel 4 wird ein Überblick über verschiedene Methoden zur Erfassung von Lernprozessen und ihrer Regulation gegeben. Es werden die Möglichkeiten diskutiert, mit Hilfe dieser Verfahren Verlaufsmerkmale der Lernprozessregulation zu erfassen und abzubilden. Auf der Grundlage dieser Diskussion wird dann eine Lernumgebung vorgestellt, innerhalb der der Regulationsprozess beim Lernen direkt und nahezu verzerrungsfrei beobachtbar ist. Darauf aufbauend wird ein Prozessmaß erläutert, das im Rahmen der vorliegenden Arbeit für diese Lernumgebung entwickelt wurde.

In den Kapiteln 5 und 6 werden zwei Studien beschrieben, in denen diese Lernumgebung zum Einsatz kam. Das primäre Ziel der ersten Studie besteht in der Evaluation der Lernumgebung und des neu entwickelten Prozessmaßes. Es werden die Möglichkeiten zur Beobachtung der Veränderungen einer Lernprozessregulation im Verlauf der Zeit aufgezeigt, auf deren Basis generelle Verlaufsmerkmale vorgestellt werden. Ebenso werden interindividuelle Unterschiede in den Regulationsverläufen miteinander verglichen und in Bezug auf den erzielten Lernerfolg gesetzt. Die zweite Studie geht verstärkt auf die Bedeutung vorangegangener Lernerfahrungen für die Regulation des Lernprozesses ein. Darauf aufbauend wird ein theoretisches Modell von einer Lernprozessregulation entworfen, die unabhängig von diesen Vorerfahrungen ist. Zudem werden in dieser Studie auch motivationale Aspekte und weitere Bedingungen berücksichtigt, die einen bedeutenden Einfluss auf den Erfolg der Lernprozessregulation haben.

Kapitel 7 dient der zusammenfassenden Darstellung der Ergebnisse und ihrer Einordnung in den Kontext der psychologischen Lehr-Lernforschung.

2 Selbstregulierter Wissenserwerb

Ausblick auf Kapitel 2. In diesem Kapitel wird ein Überblick über die psychologischen Theorien gegeben, die Lernen als aktiven, konstruktiven und überwiegend durch die lernende Person gestalteten Prozess beschreiben. Dafür werden in Abschnitt 2.1 zunächst verschiedene Arten von Wissen, die durch Lernen erworben werden können, voneinander unterschieden, bevor im darauf folgenden Abschnitt 2.2 Lernstrategien und -handlungen diskutiert werden, wie sie in der Literatur zum selbstregulierten Lernen angenommen und hauptsächlich fragebogenbasiert erhoben werden. Dabei werden unterschiedliche Klassifikationen vorgestellt, die alle zum Ziel haben, den umfangreichen Katalog an kognitiven, metakognitiven, motivationalen, emotionalen und volitionalen Lern- und Regulationsstrategien unterschiedlicher Allgemeingültigkeit so zu ordnen, dass nicht nur ein theoretischer Zusammenhalt entsteht, sondern auch eine empirische Prüfung und Evaluation der angenommenen Strategien möglich wird. In dem Zusammenhang wird ein eigenes, zweistufiges Ordnungsschema vorgestellt, bei dem Lernhandlungen danach unterschieden werden, ob sie dem Identifizieren neuer Informationen dienen oder das Integrieren von Informationen in bereits bestehende Wissensstrukturen zum Ziel haben. Mittels dieses Schemas soll aufgezeigt werden, dass gerade die gängigen Konzeptionen fast ausschließlich Strategien anführen, die der Integration neuer Wissensinhalte in bereits vorhandene Wissensstrukturen dienen (zum Beispiel das Wiederholen von Vokabeln oder das Veranschaulichen durch Grafiken). Strategien des Identifizierens relevanter Informationen (beispielsweise durch ein systematisches Testen von Hypothesen) werden oftmals nur unzureichend berücksichtigt.

Zudem wird bei den meisten Ansätzen zum selbstregulierten Lernen das Prozesshafte des Wissenserwerbs zumindest bei seiner Erfassung nur unzureichend berücksichtigt. Es wird die Verfügbarkeit von Wissen über Lernstrategien in den Vordergrund gestellt und implizit davon ausgegangen, dass eine Person weiß, zu welchem Zeitpunkt mit welcher Technik oder Strategie der Lernprozess erfolgsversprechend reguliert und an die sich ändernden Gegebenheiten adaptiert werden kann. Dass diese Annahme gerechtfertigt ist, wird jedoch vielfach bezweifelt (z.B. Artelt, 2000; Schreiber, 1998).

Im Anschluss an die Darstellung gängiger Lernstrategien werden in Abschnitt 2.3 Ansätze vorgestellt, bei denen Strategien, die dem Entdecken und Identifizieren von wissenswerten Informationen dienen, stärkere Beachtung finden und deren Anliegen eher in der Beschreibung des Ablaufs des Wissenserwerbs zu sehen ist.

Sowohl die im folgenden Abschnitt 2.2 dargestellten Lernstrategien als auch die im Abschnitt 2.3 vorgestellten selbstregulierten Lernprozesse zielen hauptsächlich auf den Erwerb von deklarativem Sach- und Handlungswissen ab. In Abschnitt 2.4 wird deshalb speziell auf den Erwerb von Fertigkeiten im Sinne prozeduralen Wissens über Tätigkeiten, ihre Ausführungsvoraussetzungen und ihre Effekte eingegangen. Es wird dargestellt, dass auch dieser Prozess sowohl Lernhandlungen der Identifikation als auch der Integration von Informationen erfordert, wenn etwas gelernt werden soll. In Abschnitt 2.5 wird auf Aspekte eingegangen, denen neben der Regulation des Lernprozesses ein eigenständiger Einfluss auf den Umfang und die Güte des erworbenen Wissens zugeschrieben werden muss. Dabei wird der Zusammenhang zwischen kognitiven Grundfähigkeiten der Informationsverarbeitung und dem Lernen besprochen. Ebenso wird die aktuelle Literatur zu Effekten des Vorwissens und zum Zusammenspiel zwischen Motivation und Lernprozessregulation dargestellt.

2.1 Lernen als aktiver und konstruktiver Wissenserwerb

Wissensarten. Der Prozess des Lernens kann auf einer allgemeinen Ebene als ein Erwerben von Wissen durch den Aufbau, die Erweiterung und/oder die Modifikation von Wissensstrukturen verstanden werden. Das zu erwerbende Wissen bezieht sich dabei sowohl auf Sachverhalte als auch auf Handlungsmöglichkeiten. Sachwissen umfasst Kenntnisse über Ideen, Fakten, Definitionen und andere Sachverhalte, die eine Situation oder einen Inhaltsbereich auszeichnen. Handlungswissen ist im Gegensatz dazu definiert als Wissen über kognitive und motorische Aktionen in Form von Formeln, Regeln und Fertigkeiten, die in einer bestimmten Situation zu einem bestimmten Ziel führen. Dazu gehört auch Wissen über Techniken, Strategien und Stile, wie es zum Beispiel in Bezug auf Lernaktivitäten in den folgenden Abschnitten dargestellt und diskutiert wird (z.B. Kirby, 1988; Schmeck, 1988). Süß (1996) macht darauf aufmerksam, dass die Unterscheidung zwischen Sach- und Handlungswissen nicht gleichzusetzen ist mit der Unterscheidung zwischen deklarativem und prozeduralem Wissen, die insbesondere durch die ACT-Modelle von Anderson (1976, 1983, 1993) große Aufmerksamkeit erfahren hat (vgl. Abschnitt 2.4). Deklaratives Wissen („know that") ist so repräsentiert, dass sein Inhalt „deklarierbar" ist und in Worte gefasst werden kann, was sowohl auf Sachwissen als auch Wissen über Handlungen zutreffen kann. Als Beispiele für deklaratives Wissen kann aus dem Bereich des Lesens und Schreibens das Sachwissen über die Merkmale einzelner Buchstaben oder das Handlungswissen über Rechtschreibregeln oder das Führen des Stifts herangezogen werden. Beide Arten von Wissen sind wörtlich mitteilbar. Im Gegensatz dazu kann prozedurales Wissen („know how") ausschließlich durch die Ausführung einer Handlung oder eines Urteils ausgedrückt werden. Prozeduralisiertes Sachwissen führt beispielsweise bei geübten Lesern dazu, dass sie Geschriebenes erkennen, ohne angeben zu können, anhand welcher Merkmale sie Wörter oder ganze Wortsequenzen identifiziert haben. Prozedurales Handlungswissen zeigt sich zum Beispiel beim Unterschreiben mit dem eigenen Namen. Die konkreten Tätigkeiten, die zu den spezifischen Merkmalen der Unterschrift führen, werden nahezu automatisch durchgeführt und können nicht oder nur unter besonderer kognitiver Anstrengung verbalisiert werden.

Süß (1996) unterscheidet deklaratives und prozedurales Wissen folgendermaßen: „Deklaratives Wissen kann – in Anlehnung an Klix (1984) – begriffen werden als die Kompetenz, Fragen zu beantworten. Prozedurales Wissen ist konzeptualisiert als die Kompetenz oder Fertigkeit, eine kognitive und/oder motorische Operation beziehungsweise Handlung auszuführen. Deklaratives Wissen ist mitteilbares Wissen über Fakten, Handlungen, Verfahren oder Prozesse, prozedurales Wissen drückt sich aus im Vollzug von Prozessen oder Handlungen (vergleiche Schnotz, 1994). In der Alltagssprache entspricht dieser Differenzierung im wesentlichen der zwischen Wissen und Können" (S. 63).

Süß (1996) schlägt eine Taxonomie der Wissensbegriffe vor, die eine Vorstellung der Unterschiedlichkeit von Informationen und Wissen vermittelt, die im Allgemeinen gelernt werden können (Tabelle 1). Hierbei werden die beiden Dimensionen von Sach- und Handlungswissen einerseits und von deklarativem und prozeduralem Wissen andererseits explizit angeführt. Implizit wird durch die Aufzählungen der Beispiele in den Klammern darauf hingewiesen, dass sich Wissen bezüglich seines Allgemeinheitsgrades unterscheiden kann. Je allgemeiner oder abstrakter das Wissen ist, desto breiter ist sein Anwendungsbereich. Damit einhergehend bestimmt der Allgemeinheitsgrad zu guten Teilen auch den Grad an Präzision, mit der das Wissen den realen Sachverhalt oder die tatsächliche Handlungsalternative abbildet.[1]

Tabelle 1:   *Eine Taxonomie der Wissensbegriffe (vgl. Süß 1996, S. 66)*

	Deklaratives Wissen	Prozedurales Wissen
Sachwissen	Deklaratives Sachwissen (z.B. Wissen über Ideen, Fakten, Definitionen, Konzepte, allgemeine Sachverhalte)	Prozedurales Sachwissen (z.B. automatisches Erkennen von Mustern)
Handlungswissen	Deklaratives Handlungswissen (z.B. Wissen über Prozeduren, Techniken, Strategien, Heuristiken)	Prozedurales Handlungswissen (z.B. automatisierte Handlungsabläufe)

Wissenserwerb als aktiver, konstruktiver Prozess. Der Prozess des Lernens, der zum Erwerb von Wissen führt oder zumindest führen soll, ist mehrstufig. Er beinhaltet das Produzieren und/oder Wahrnehmen, das Abrufen, das Verstehen und das Speichern von Informationen und ist die Voraussetzung dafür, dass Wissen angewandt und gegebenenfalls auch auf andere, ähnliche Inhaltsbereiche transferiert werden kann. In der vorliegenden Arbeit werden die Begriffe „Lernen" und „Wissenserwerb" gleichbedeutend verwendet. Dadurch soll der aktive, konstruktive Charakter kognitiver Aspekte des Lernens im Sinne Piagets (1974, 1983) hervorgehoben werden.

Gleichzeitig soll der Wissenserwerb von Sichtweisen abgegrenzt werden, die Lernen als eher passive Verhaltensänderung aufgrund von Erfahrung im Sinne unreflektierter Reiz-Reaktions-Muster auffassen, wie sie beispielsweise in der Definition von Bower und Hilgard (1981) zum Ausdruck kommt: „Lernen bezieht sich auf die Veränderung im Verhalten oder im Verhaltenspotenzial eines Organismus hinsichtlich einer bestimmten Situation, die auf wiederholte Erfahrungen des Organismus in dieser Situati-

---

[1] Dieser Zusammenhang wird beispielsweise in Bezug auf Handlungswissen unter dem Stichwort „Bandbreiten-Genauigkeits-Dilemma" (Friedrich & Mandl, 1992) diskutiert. Je allgemeiner und abstrakter eine Strategie ist, auf umso mehr (Lern-)Aufgaben oder Probleme lässt sie sich zwar anwenden. Mit einer erhöhten Allgemeinheit ist jedoch eine beschränkte Nützlichkeit für die Bewältigung der konkreten Aufgabe verbunden, da die Strategie nur wenig auf die spezifischen Gegebenheiten der Situation abgestimmt ist (vergleiche auch Baumert & Köller, 1996; Weinert, 2001).

on zurückgeht, vorausgesetzt, dass diese Verhaltensänderung nicht auf angeborene Reaktionstendenzen, Reifung oder vorübergehende Zustände (wie etwa Müdigkeit, Trunkenheit, Triebzustände, usw.) zurückgeführt werden kann" (S. 31, zitiert nach Gruber, Prenzel & Schiefele, 2001).

Lernen im Sinne des Wissenserwerbs wird in der vorliegenden Arbeit als aktiver und intentionaler Prozess verstanden, bei dem Informationen konstruktiv verarbeitet werden, um eine Erweiterung und/oder Modifikation der eigenen Wissensbasis im Sinne eines „kumulativen Lernens" (s.a. Baumert, Bos & Watermann, 1999; Gagné, 1962, 1973) zu erreichen. Lernen bedeutet nach dieser Vorstellung, dass die Gestaltung des Lernprozesses zu einem großen Teil in den Händen der lernenden Person liegt und diese so auch die Verantwortung dafür hat, „ob, was, wann, wie und worauf" (Weinert, 1982, S. 102) gelernt wird.

Die Annahme eines aktiven Prozesses des Lernens ist jedoch nicht gleichzusetzen mit der Annahme eines bewusstseinspflichtigen Prozesses. Vielmehr werden unter einem aktiven Lernen auch Vorgehensweisen gefasst, welche zum Beispiel während der Bearbeitung eines Problems (Bereiter & Scardamalia, 1989), beim Spielen (Oerter, 1997) oder im Zusammenhang mit der Bedienung einer komplexen Maschine (Berry & Broadbent, 1987, 1988) neue Informationen scheinbar beiläufig („inzidentell" oder „implizit") in die persönliche Wissensbasis integrieren. In diesem Zusammenhang schreibt Oerter (1997): „Die Nicht-Bewusstheit von Lernprozessen hat nichts damit zu tun, dass Lernen ein aktiver Konstruktionsprozess ist. Vermutlich die Mehrzahl menschlicher Konstruktionsaktivität ist nicht bewusst. Daher kann man für inzidentelle (nicht bewusste) Lernvorgänge, vielleicht mit Ausnahme assoziativen Lernens, das Kriterium der aktiven Konstruktion aufrecht erhalten" (S. 140).

Wissenserwerb und Wissensanwendung. Die Betonung des Erwerbs von Wissen grenzt den konstruktiven Lernprozess zudem vom Prozess der Anwendung des Wissens ab. Diese Unterscheidung versteht sich weniger als eine Trennung zweier streng voneinander getrennter Prozesse, sondern vielmehr als Klassifikation von Prozesskomponenten aufgrund unterschiedlicher Zielsetzungen. Während beim Wissenserwerb das Ziel darin besteht, die individuelle Wissensstruktur quantitativ und qualitativ zu verändern, das Ziel sozusagen „innerhalb" einer Person verortet ist (Klauer, 1988), ist die Intention der Wissensanwendung in einer Veränderung situationaler Gegebenheiten zum Beispiel beim Bearbeiten einer Aufgabe oder beim Lösen eines Problems zu sehen, ein Ziel, welches nach Klauer „außerhalb" einer Person liegt.

Selbstregulation des Lernens. Die aktive und bestimmende Rolle, die der lernenden Person innerhalb des Wissenserwerbsprozesses zugeschrieben wird, beinhaltet, dass der Erfolg beziehungsweise Misserfolg des Prozesses zu einem guten Teil davon abhängt, wie die Person den Prozess gestaltet. Welche Techniken oder Strategien einer Person für diese Prozessgestaltung zur Verfügung stehen und welche Strategien sie wann und wie in Lernhandlungen umsetzt beziehungsweise umsetzen sollte, sind Fragen, der sich eine Vielzahl von Veröffentlichungen widmen, die sich unter den Begriffen des „selbstgesteuerten" oder „selbstregulierten" Lernens zusammenfassen lassen. Diese Bezeichnungen sind zwar weder im wissenschaftlichen Kontext noch im alltäglichen Umgang einheitlich und präzise definiert (Mandl & Weinert, 1982). Nach

Schreiber (1998) haben jedoch die meisten Ansätze und Definitionen zumindest die grundlegende Annahme gemeinsam, dass Lernen durch die lernende Person geschieht und nicht mit ihr. Die lernende Person bestimmt selbst den Verlauf des Lernprozesses. Lernen wird so als, zumindest größtenteils, „selbstgesteuert" und nicht als beispielsweise durch eine Lehrperson oder ein Computerprogramm vollständig fremdbestimmt beziehungsweise „fremdgesteuert" betrachtet. Schreiber macht in diesem Zusammenhang aber auch darauf aufmerksam, dass es keinen ausschließlich selbstgesteuerten Lernprozess gibt, genauso wenig wie ein vollständig fremdgesteuerter Wissenserwerb denkbar ist. Selbst- und Fremdsteuerung bilden vielmehr zwei entgegengesetzte Pole einer Dimension, die in der Realität jedoch nicht erreicht werden können. Eine entsprechende Darstellung findet sich bei Simons (1992), der die Dimensionsenden mit den Begriffen „Selbstständigkeit" und „Unselbstständigkeit" kennzeichnet.

Schreiber (1998) differenziert darüber hinaus zwischen dem Begriff der „Selbststeuerung" und dem Begriff der „Selbstregulation". Unter „Selbststeuerung" versteht sie die selbstständige Ausrichtung eines Prozesses auf ein selbstgewähltes Ziel hin. Der Begriff der „Selbstregulation" beinhaltet darüber hinaus eine adaptive Komponente, wobei (Lern-)Handlungen unter Berücksichtigung von Informationen über den augenblicklichen (Wissens-)Zustand ausgewählt und ausgeführt werden (s.a. Leutner, 1992, 1995).

Die Annahme der Selbstregulation des Lernprozesses basiert auf einem Menschenbild, das die (erfolgreich) lernende Person als aktives und selbstreflexives Individuum versteht, das den Interaktionsprozess zwischen Lernhandlung, Lerngegenstand, Lernziel und persönlichen kognitiven und motivationalen Lernressourcen selbstbestimmt steuert und reguliert. Eine kompetent lernende Person steuert zum einen den Lernprozess auf eine Weise, dass sie durch eine proaktive Informationsselektion sinnhaftes Wissen konstruiert. Zum anderen reguliert sie den Prozess, indem sie das eigene Vorgehen kontinuierlich beobachtet und überwacht und es im Falle auftretender Schwierigkeiten korrigiert (Baumert, 1993; Schreiber, 1998). Die kompetente Steuerung und Regelung setzt voraus, dass eine Person dazu in der Lage ist, aus einem entsprechendem Repertoire an Lernstrategien zur Sammlung, Aufnahme, Speicherung und Nutzung neuer Informationen auszuwählen und diese an die entsprechenden situationalen Gegebenheiten angepasst anzuwenden.

2.2 Strategien des aktiven Wissenserwerbs

Lernstrategie-Definitionen. Eine Strategie ist eine Sequenz von Handlungen, mit der ein bestimmtes Ziel erreicht werden soll. In Anlehnung daran kann eine Lernstrategie als Handlungssequenz definiert werden, die zur Erreichung eines Lernziels durchgeführt wird (Klauer, 1988). Von einer Strategie werden Techniken oder Prozeduren abgegrenzt. Techniken und Prozeduren sind Teilhandlungen, welche je nach Situation und Aufgabe in eine Strategie integriert werden. Die Unterscheidung zwischen Strategie, Technik und Prozedur ist jedoch kein absolutes Ordnungsschema, sondern in starkem Maß abhängig von der Größe der Handlungseinheiten, die bei der Analyse von Wissenserwerbshandlungen beobachtet werden (Friedrich & Mandl, 1992).

Unter dieser sehr allgemein gehaltenen Definition von Lernstrategien lassen sich zwar alle unterschiedlichen Strategiebeschreibungen fassen. Sie leistet jedoch nur einen geringen Beitrag zur Klärung, welche spezifischen Eigenschaften eine Vorgehensweise als Lernstrategie auszeichnen. So bestehen in der Literatur unterschiedliche Ansichten zum Beispiel darüber, ob der Einsatz von Lernstrategien bewusstseinspflichtig (Garner, 1990; Paris, Lipson & Wixson, 1983) oder „nur" bewusstseinsfähig (Brown, Bransford, Ferrara & Campione, 1983; Klauer, 1996; Pressley, Borkowski & Schneider, 1989) ist, ob ihre Anwendung eher Ausdruck eines Personenmerkmals im Sinne eines Lernstils (Geisler-Brenstein & Schmeck, 1995; Schmeck, 1988) oder eher als situationsspezifischer approach to learning (Biggs, 1993; Biggs & Collis, 1982; Entwistle, 1988) anzusehen ist, ob sie eher als sehr allgemeine, so genannte „schwache" Strategien und Heuristiken oder eher als sehr spezifische „starke" Prozeduren oder Techniken beschrieben werden (Newell, 1980). Diese Unterscheidungsdimensionen bedenkend schlägt Lompscher (1994) folgende, etwas spezifischere Lernstrategiedefinition vor: „Lernstrategien sind mehr oder weniger komplexe, unterschiedlich weit generalisierte beziehungsweise generalisierbare, bewusst oder auch unbewusst eingesetzte Vorgehensweisen zur Realisierung von Lernzielen, zur Bewältigung von Lernanforderungen" (S. 115).

Die Unterschiedlichkeit von Vorgehensweisen, die zu dem Begriff der „Strategie" gezählt werden, spiegelt sich auch in ihren kognitiven Entsprechungen wider, in denen Wissen über diese Vorgehensweisen, ihre Anwendungsvoraussetzungen und ihre erwarteten Effekte repräsentiert ist. In Tabelle 1 (S. 17) wird die Unterschiedlichkeit der Generalisierbarkeit von Handlungswissen in den Beispielen für deklaratives Handlungswissen ausgedrückt. Ob dieses Wissen bewusst oder unbewusst abrufbar ist, hängt eng mit der Unterscheidung zwischen deklarativem und prozeduralem Wissen zusammen.

Die hohe Vielfalt an beschreibbaren Lernstrategien und des entsprechenden Wissens über diese liegt auch in der Tatsache begründet, dass jede Interaktion zwischen Lerner und Lerngegenstand von jeweils spezifischen Eigenschaften sowohl des Lerners als auch des Lerngegenstandes geprägt ist. Die lernende Person muss in der Lage sein, Lernstrategien in Abhängigkeit von der Lernsituation flexibel abzurufen und einzusetzen, um den Wissenserwerb ökonomisch zu strukturieren (Baumert, 1993). Die Verfügbarkeit einer möglichst hohen Anzahl unterschiedlicher Strategien ist eine notwendige Voraussetzung, um selbstgesteuert effektiv und flexibel die jeweiligen Anforderungen einer Lernaufgabe bewältigen zu können (Corno, 1989; Schiefele & Pekrun, 1996).

Lernstrategie-Taxonomien. Lernstrategien lassen sich nach einer Vielzahl von Gesichtspunkten klassifizieren und taxonomieren (Dansereau, 1985; Friedrich, 1995; Friedrich & Mandl, 1992; Klauer, 1988; Weinstein & Mayer, 1986). So teilt zum Beispiel Dansereau (1985) Lernstrategien in Primärstrategien und Stützstrategien ein. Primärstrategien sind die „eigentlichen" Lernstrategien, die direkt auf die Verarbeitung von Informationen abzielen und zu Veränderungen kognitiver Strukturen und Prozesse führen. Friedrich und Mandl (1992) zählen zu ihnen Strategien des Wissenserwerbs wie das Zusammenfassen von Text in Worten oder mit Hilfe graphischer Repräsentationstechniken, Mnemotechnik oder die Schlüsselwortmethode. Außerdem fassen sie hierunter auch Strategien des Problemlösens wie Mittel-Ziel-Analyse, Hypothesenbilden und -testen oder Teilzielbildung (s. Tabelle 2). Stützstrategien dienen eher indirekt der Informationsbearbeitung und helfen, sie in Gang zu setzen, aufrecht zu erhalten und zu steuern. Unter Stützstrategien werden Strategien der Selbstmotivierung, Strategien der Abschirmung willentlicher Vorannahmen gegen konkurrierende Handlungstendenzen, Strategien der Aufmerksamkeitssteuerung, der Zeitplanung und der metakognitiven Kontrolle des eigenen Lernens gefasst.

Weinstein und Mayer (1986) unterteilen direkt informationsverarbeitende Primärstrategien des Wissenserwerbs weiter auf in Wiederholungs-, Elaborations- und Organisationsstrategien. Wiederholungsstrategien dienen dazu, neue Informationen entweder im Arbeitsspeicher zu halten oder aber ihre Übernahme in das Langzeitgedächtnis zu unterstützen (s.a. Abschnitt 2.4). Da hierbei Informationen nicht verändert oder zu einem neuen Produkt verarbeitet werden, werden Wiederholungsstrategien in Anlehnung an das Konzept der Verarbeitungstiefe von Craik und Lockhart (1972) auch als Oberflächenstrategien bezeichnet (Artelt, 1999, 2000).[2] Elaborationsstrategien dienen einer tieferen Verarbeitung neuer Informationen durch die Konstruktion von Sinnstrukturen, die Integration neuer Informationen in vorhandene Wissensstrukturen oder den Transfer von neu Gelerntem auf andere Kontexte. Auch Organisationsstrategien sind Tiefenverarbeitungsstrategien. Sie ermöglichen durch Informationsselektion, durch Zusammenfassen von Detailinformationen zu größeren Sinneinheiten, durch Kategorisieren von Informationen und durch andere informationsreduktive Vorgehensweisen eine angemessene Verarbeitung komplexer Informationen trotz begrenzter kognitiver Kapazitäten. Weniger informationsverarbeitend als die Informationsverarbeitung kontrollierend und regulierend wirken nach Weinstein und Mayer (1986) Kontrollstrategien (s.a. Gräsel, 1997). Diese metakognitiven Strategien helfen, den Lernprozess zu planen, zu überwachen und zu regulieren. Zu ihnen gehört der Einsatz von Wissen darüber, wie gut das Gedächtnis für welche Art von Lernstoff ist, welche (direkt informationsverarbeitende) Lernstrategie geeignet ist und auch allgemeines Wissen über das eigene kognitive System (Waldmann & Weinert, 1990).

Weitere Klassifikationsschemata von Lernstrategien lassen sich z.B. bei Friedrich und Mandl (1992) finden, die elementare, komplexe und sich zeitlich lang streckende Informationsverarbeitungsprozesse einer Mikro-, einer Meso- und einer Makroebene zuordnen. Eine auf den Grad der Kontextunabhängigkeit abzielende Unterteilung vollzieht Kirby (1988), der Taktiken von Strategien und Lernstilen trennt.

In Anlehnung an Weinstein und Mayer (1986) stellt Baumert (1993, Baumert und Köller, 1996) eine Klassifikation vor, mit deren Hilfe sich die durch gängige Inventare erfassten Lernstrategien systematisieren lassen (Tabelle 2). Hierbei werden durch drei Kategorien kognitive und metakognitive Strategien, sowie Strategien des Ressourcen-

---

[2] Der Annahme, dass Wiederholungsstrategien weder zu einer Veränderung, noch zu neuen Produkten führt, wird im Rahmen dieser Arbeit nicht uneingeschränkt gefolgt (siehe die Ausführung zur „Proceduralisierung" und zur „Komposition" in Abschnitt 2.4). Die Unterscheidung zwischen Oberflächen- und Tiefenverarbeitungsstrategien wird weniger als absolute Entweder/Oder-Unterscheidung als vielmehr als eine „Mehr-oder-Weniger"-Bewertung betrachtet.

managements voneinander unterschieden. Zu den kognitiven Strategien werden Techniken und Strategien gezählt, die direkt informationsverarbeitenden Charakter besitzen. Metakognitive Strategien äußern sich in der zielgerichteten, prozessregulierenden Anwendung von Wissen über den eigenen kognitiven Apparat, seine Funktionsweisen und Ressourcen. Metakognitive Prozesse zeichnen sich durch ein kontinuierliches selbstreflexives Beobachten und Korrigieren der eigenen kognitiven Zustände und Prozesse aus, auf dessen Grundlage der Prozess des Wissenserwerbs kontrolliert und reguliert werden kann. Waldmann und Weinert (1990) fassen unter dem von Flavel (1971) eingeführten Begriff „Metakognition" „[...] das individuelle Wissen über die eigenen kognitiven Prozesse und die für eine Aufgabenbearbeitung notwendigen kognitiven Strategien. Metakognitionen umfassen also das deklarative und prozedurale Wissen über die in einer konkreten Aufgabe zu wählenden Strategien und deren Verknüpfung. Außerdem überwachen und regulieren sie den Verlauf der Problemlösung" (S. 131).

Das Management von Ressourcen kann sowohl persönliche, begrenzte Ressourcen wie Aufmerksamkeitskapazität oder zur Verfügung stehende Zeit als auch externe Ressourcen wie die Gestaltung des Arbeitsplatzes oder das Hinzuziehen von weiteren Informationsquellen beinhalten (Wild, Schiefele & Winteler, 1992).

Identifikation und Integration. Im Rahmen der vorliegenden Arbeit wurde dieses Klassifikationsschema leicht erweitert. Die kognitiven Strategien werden zusätzlich dahingehend bewertet, ob ihre Funktion eher in der Identifikation neuer Informationen zu sehen ist oder ob sie hauptsächlich der Integration von Informationen in das bereits vorhandene, persönliche Wissen dienen. Zu Strategien der Identifikation werden dabei Vorgehensweisen gezählt, die eingesetzt werden, damit zu erlernende Informationen überhaupt wahrgenommen werden können. Dies umfasst Strategien, die allgemein zum Bearbeiten bislang unbekannter Aufgaben genutzt werden. Zum Beispiel werden durch ein Experiment oder bei der Nutzung eines Lackmus-Streifens (S. 9) neue Informationen in Form eines Ergebnisses produziert, welche zum Überprüfen von Hypothesen genutzt werden können. In ähnlicher Weise werden zu erlernende Informationen eventuell erst dadurch zugänglich, dass bei der Bearbeitung eines Problems durch das Bilden von Teilzielen Handlungen planbar und ausführbar werden, die eine Person ihrem Ziel zumindest etwas näher bringen.

Strategien, die der Identifikation von bis dahin nicht wahrgenommenen beziehungsweise wahrnehmbaren Informationen oder Wissensinhalten dienen, sind üblicherweise Gegenstand der Forschung zum Problemlösen. Wie Tabelle 2 veranschaulicht, werden diese kognitiven Strategien in den üblichen Konzeptionen des selbstregulierten Lernens und den entsprechenden Lernstrategieinventaren wenig bis gar nicht beachtet, obwohl sie durchaus wichtige Strategien im Kontext des Lernens darstellen.

Strategien der Integration dienen dem Verankern von Informationen im eigenen Wissen mit dem Ziel, dieses Wissen zu späteren Zeitpunkten verfügbar zu haben. Hierzu zählt zum Beispiel das Herstellen von Zusammenhängen mit bereits bestehendem (Vor-)Wissen, die Methode der Orte, oder das Wiederholen von zu lernenden Vokabeln.

Tabelle 2: *Eine Taxonomie von Lernstrategien in Anlehnung an Baumert (1993; Baumert & Köller, 1996)*

Strategien		KSI[1]	LIST[2]	MSLQ[3]	LASSI[4]	Dansereau[5]
Kognitive Strategien	Identifikation					Primärstrategien des Problemlösens: „Planning by abstraction" Dekomposition Hypothesentesten
		Memorieren	Wiederholen	Rehearsal		Primärstrategien des Wissenserwerbs: Zusammenfassen Mnemotechnik Schlüsselwortmethode Schreiben
	Integration	Elaboration Konstruktion Integration Übertragung	Verbindungen herstellen Kritisches Denken	Elaboration Critical Thinking	Selecting the Main Idea Information Processing	
		Transformation	Hauptgedanken identifizieren Strukturieren	Organization	Organization Study aids	
Metakognitive Strategien		Planung Überwachung Regulation	Metakognitive Strategien	Metakognitive Self-Regulation	Self-Testing	Metakognitive Stützstrategien: Monitoring
Ressourcenmanagement		Zeitmanagement	Interne Ressourcen Anstrengung Aufmerksamkeit Zeit	Effort Management Time Management	Concentration Scheduling	Stützstrategien des Ressourcenmanagements: Aufmerksamkeit Zeitplanung
			Externe Ressourcen Studienumgebung Zusammenarbeit Personale Hilfe Sachliche Hilfe	Study Environment Peer Learning Help Seeking		
						Selbstmotivierung Abschirmung konkurrierender Handlungstendenzen

[1] Kieler Lernstrategie-Inventar (Baumert, Heyn & Köller, 1992)
[2] Inventar zur Erfassung von Lernstrategien im Studium (Wild & Schiefele, 1994; Wild et al., 1992)
[3] Motivated Strategies for Learning Questionaire (vergleiche auch Nenninger, 1992; Pintrich, Smith, Garcia & McKeachie, 1991)
[4] Learning and Study Strategies Inventory (Weinstein, 1987)
[5] Dansereau (1985), erweitert nach Friedrich und Mandl (1992)

Wie Tabelle 2 zeigt, befasst sich die Lernstrategie-Forschung schwerpunktmäßig mit Strategien des Integrierens. Im Rahmen der vorliegenden Arbeit wird hierzu zudem das wiederholte Anwenden von Handlungswissen in Form von Tätigkeiten und Handlungen gezählt, wie es zum Beispiel zum Erlernen des Schreibmaschinenschreibens oder des routinierten Bedienens des Gas- und Kupplungspedals beim Autofahren notwendig ist und eine Proceduralisierung dieses Wissens zur Folge haben kann (vgl. Abschnitt 2.4).

Ein Ansatz, der sich nicht auf Integrationsstrategien des Lernens beschränkt, stellt die von Friedrich und Mandl (1992) durch die Unterscheidung zwischen Primärstrategien des Problemlösens und Primärstrategien des Wissenserwerbs erweiterte Klassifikation von Dansereau (1985) dar. Durch Primärstrategien des Problemlösens werden neue Informationen produziert und wahrnehmbar gemacht. Sie dienen damit der Identifikation neuer Informationen, die dann durch entsprechende aktive Lernhandlungen in die Wissensstruktur einer Person integriert werden. Mit dieser erweiterten Klassifikation kognitiver Strategien werden sowohl Strategien der Identifikation als auch der Integration angesprochen, womit sie eine Ausnahme unter den Ansätzen aus der Lernstrategieforschung bildet.

Die Aufnahme dieser Konzeption des selbstregulierten Lernens in die Klassifikation von Lernstrategien ist zwar nicht ganz stimmig, da Baumert (1993; Baumert & Köller, 1996) diese Klassifikation auf der Basis von Lernstrategieinventaren entwarf, die Konzeption der Primär- und Stützstrategie jedoch nicht anhand eines entsprechenden Inventars dargestellt wird. Seine Aufnahme dient jedoch der Illustration, wie eng die Konzepte des Problemlösens und des Lernens im Sinne des Wissenserwerbs miteinander verbunden sind und wie wenig Beachtung dieser Verbindung oftmals geschenkt wird.

Fazit. Der Begriff der Lernstrategie ist vielschichtig. Je konkreter das Niveau ist, auf dem Strategien und Handlungen des selbstregulierten Lernens beschrieben werden, desto unterschiedlicher fallen die Definitionen aus. Baumert hat in der von ihm vorgeschlagenen Taxonomie verschiedener Lernstrategieinventare Gemeinsamkeiten in den ihnen zugrunde liegenden Konzeptionen herausgearbeitet. Dabei zeigt sich, dass im Bereich der direkt informationsverarbeitenden, kognitiven Lernstrategien informationsidentifizierende Lernhandlungen keine Berücksichtigung finden. Der Fokus dieser Ansätze liegt vielmehr auf der Integration verfügbarer Informationen. Im Rahmen der vorliegenden Arbeit wird jedoch betont, dass nur identifizierte Informationen auch integriert werden können.

2.3 Interaktiver Wissenserwerb

Ein Großteil der im vorangegangenen Abschnitt angeführten Lernstrategien bezieht sich auf das Lernen mit Texten. Lernen mit Texten unterscheidet sich zum Beispiel vom Lernen durch Experimentieren in der Art, dass beim Lernen mit Texten keine Interaktion zwischen der lernenden Person und dem zu erlernenden Text im Sinne einer Handlung-Feedback-Kopplung stattfindet. Die Person kann einen Text wohl verändern, indem sie zum Beispiel wichtige Textstellen unterstreicht und so einfacher auffindbar macht. Der Text „reagiert" jedoch nicht auf diese Handlung in der Art, dass dadurch neue Informationen produziert werden, die vor der Handlung nicht existent waren. Beim Experimentieren oder allgemein beim Problemlösen wird jedoch durch eine Handlung eine Situation verändert. Diese neue Situation kann sich durch neue Informationen auszeichnen, die erst in ihr wahrnehmbar und erwerbbar sind.

Ansätze, die sich auf diese interaktive Art des Lernens und auf die dabei anwendbaren Strategien konzentrieren, finden sich beispielsweise in der Forschung zum Lernen mit Neuen Medien (z.b. Leutner & Brünken, 2000) oder auch unter dem Label „Scientific Discovery Learning" (Dunbar, 1993, 1998; Klahr & Dunbar, 1988; Klahr, Dunbar & Fay, 1993; Vollmeyer & Burns, 1996; Vollmeyer, Burns & Holyoak, 1996). Dabei werden Prozesse untersucht, bei denen naturwissenschaftlichen Fragen nachgegangen wird. Es werden Merkmale erfolgreichen wissenschaftlichen Vorgehens beschrieben, die beispielsweise beim Experimentieren in einem physikalischen Labor zu Erkenntnissen führen, die einer Person vor diesem Experimentieren nicht verfügbar waren. Dabei wird die Bedeutung von Feedbackinformationen, ihrem systematischen Erzeugen und ihrem Interpretieren hervorgehoben. In der vorliegenden Arbeit wird davon ausgegangen, dass dieses Identifizieren neuer Informationen ein zentraler Bestandteil des Wissenserwerbs nicht nur im wissenschaftlichen Kontext ist.

Durch die Nutzung von Informationen, die erst durch Lernhandlungen entstehen, kann jeder Lernprozesses an die sich verändernden situationalen und kognitiven Bedingungen angepasst werden. In diesem Abschnitt wird zunächst ein Modell vorgestellt, das den Prozess des Wissenserwerbs unter Betonung dieses interaktiven Charakters beschreibt. Danach wird auf Ansätze eingegangen, die sich schwerpunktmäßig mit dem strategischen Identifizieren von neuen Informationen beschäftigen.

2.3.1 Lernen als mehrphasiger Prozess

Einige Modelle des selbstregulierten Lernens zielen nicht darauf ab, Lernen als mehr oder weniger situationsinvariante Fähigkeit zu beschreiben, sondern betonen explizit den prozesshaften Charakter des Wissenserwerbs. Damit verbunden kommt Feedbackinformationen als Reaktion auf Lernhandlungen insofern eine hohe Bedeutung zu, wie sie ein zentraler Bestandteil des zu erwerbenden Wissens werden. Beispielsweise sehen Winne und Hadwin (1998; s.a. Winne & Perry, 2000) Lernen als interaktives Ereignis an, das sich nicht nur über eine Zeitspanne erstreckt, sondern dem auch immer andere Ereignisse vorangehen beziehungsweise nachfolgen und die somit den Prozess des Wissenserwerbs mit beeinflussen. Den Lernprozess selbst teilen Winne und Mitarbeiter in vier Phasen, innerhalb derer kognitive und motorische Operationen zu unterschiedlichen „Produkten" führen. Anhand dieser Produkte werden die Phasen identifiziert, womit herausgestrichen wird, dass es sich um eine qualitative Gliederung des Prozesses handelt, die nicht mit einer chronologischen Ordnung gleichgesetzt werden kann. Winne und Mitarbeiter nehmen rekursive Prozesse an, die eine Adaptation des Wissenserwerbsprozesses an die situationalen und kognitiven Lernanforderungen auf der Grundlage von Feedbackinformationen über Bedingungen, Produkte, Bewertungen und Standards ermöglichen. Insofern sehen sie den selbstregulierten Lernprozess nur sehr bedingt als zeitlich sequenzierbar an.

Orientierung. In der „ersten" Phase, der Phase der „Aufgabendefinition", wird auf der Grundlage wahrgenommener situationaler Informationen unter Hinzunahme von aus dem Gedächtnis abgerufenem Wissen ein erstes persönliches Abbild der Lernsituation aufgebaut. Dieses Vorwissen beinhaltet domänenspezifisches Wissen über ähnliche Situationen und Aufgaben, Wissen über Wertigkeiten wie zum Beispiel früher gezeigtes Interesse an ähnlichen Aufgaben und Wissen über Taktiken und Strategien, die in ähnlichen Situationen bereits angewandt wurden. Nach dem Modell von Winne und Mitarbeitern bringt die erste Phase wenigstens zwei Produkte im Sinne von Hypothesen über die Ergebnisse unterschiedlicher möglicher Vorgehensweisen hervor. Zum einen wird das Ergebnis antizipiert, das durch das Anwenden standardisierter Routinen erreicht werden kann. Zusätzlich wird mindestens ein weiteres Abbild entworfen, anhand dessen das Ergebnis im Falle einer nicht-routinisierten Bearbeitung der Aufgabe eingeschätzt wird. Winne und Mitarbeiter sehen für eine Selbstregulation des Wissenserwerbs die logische Notwendigkeit von wenigstens zwei Produkten, weil erst dadurch die Möglichkeit zur Wahl zwischen unterschiedlichen Vorgehensweisen (zum Beispiel routiniertes versus nicht-routiniertes Vorgehen) gegeben ist. Da die Möglichkeit zu wählen eine der Voraussetzungen selbstregulierter Prozesse ist, sind wenigstens zwei verfügbare Handlungsalternativen für ein Modell des selbstregulierten Lernens logisch erforderlich.

Planung. In der zweiten Phase wird zumindest ein Ziel und wenigstens ein Plan zu seiner Erreichung aufgestellt. Hierbei wird Wissen über Standards herangezogen, an denen diese Produkte gemessen werden können. Über einen zyklischen Prozess werden Ziele, Pläne und Standards immer wieder aktualisiert, wobei in anderen Phasen erzielte Ergebnisse immer mit einbezogen werden.

Durchführung. In der dritten Phase werden Prozeduren[3] angewandt, die zuvor geplant wurden. Durch sie werden Informationen in das Arbeitsgedächtnis kopiert oder in ihm konstruiert. Prozeduren bestehen aus „Bündeln" von Wissen über Voraussetzungen von Handlungen und Wissen über Veränderungs- und Konstruktionsprozesse. Ihre Anwendung erzeugt sowohl kognitive als auch behaviorale Produkte, die wiederum Feedbackinformationen erzeugen. Feedback kann im Falle rein kognitiver Operationen ausschließlich „interner" Natur sein, im Falle einer motorischen Handlungsausführung aber auch „extern" als situationale Information verfügbar werden.

Anpassung. Mit der optionalen, vierten Phase werden Anpassungsprozesse beschrieben, mit denen, auch auf der Grundlage von Feedback, die Komponenten des Wissenserwerbsprozesses modifiziert werden, die unter der Kontrolle der lernenden Person stehen. Überwachungsprozesse können während des gesamten Prozesses dafür sorgen, dass sowohl innerhalb einer der qualitativen Phasen zyklische Anpassungsprozesse durchgeführt werden als auch Feedbackinformationen einer Phase die kognitiven Operationen einer anderen Phase beeinflussen.

---

[3] Winne und Perry (2000) benutzen den Begriff „tactics". In der vorliegenden Arbeit wird „tactics" mit „Prozeduren" übersetzt, um die Ähnlichkeit mit dem entsprechenden Konzept von Anderson (1983, 1993) zu unterstreichen (vgl. Abschnitt 2.4).

Das Vier-Phasen-Modell von Winne und Hadwin (1998; Winne & Perry, 2000) hebt beispielhaft zwei zentrale Merkmale des selbstregulierten Lernprozesses hervor. Erstens wird betont, dass Lernen ein Prozess ist, der in der Interaktion von lernender Person mit der Lernsituation besteht. Zweitens wird die Bedeutung von Regulation im Sinne der Anpassung des Prozesses auf der Grundlage situationaler und kognitiven Feedbacks hervorgehoben. Feedback wird in diesem Kontext als neue Informationen verstanden, die zum einen „intern" durch kognitive Operationen wie dem Bilden von Analogien, dem mentalen Durchspielen von Handlungen und anderen, schlussfolgernden Denkprozessen, entstehen können. Zum anderen erzeugen motorische Handlungen eine Veränderung der Umwelt, wodurch neue, „externe" Informationen erzeugt und damit identifiziert werden können.

2.3.2 Identifizieren

2.3.2.1 Bilden und Testen von Hypothesen

Das planvolle und systematische Identifizieren neuer Informationen ist ein zentraler Bestandteil des Wissenserwerbs. Wenn Informationen einer Person noch nicht verfügbar sind, zeichnet sich ein strategisches Identifikationsverhalten durch Aufstellen von Hypothesen aus, die durch angemessene Operationen überprüft werden müssen. Das Ergebnis dieser Prüfung muss unter Berücksichtigung des bereits bestehenden Wissens interpretiert und in die eigenen Wissensstrukturen integriert werden. Sowohl das Identifizieren als auch das spätere Integrieren neuer Informationen fällt umso leichter, je systematischer und planvoller zuvor Hypothesen aufgestellt werden, deren Testung den Lernprozess gestaltet. Die Bedeutung von Hypothesen für den Prozess des Wissenserwerbs wurde insbesondere durch Ansätze hervorgehoben, die im Rahmen der „Scientific Discovery in Dual Space" (SDDS)-Theorie entwickelt wurden.

Klahr und Dunbar (1988) stellen auf der Basis des Zwei-Räume-Modells von Simon und Lea (1974) das SDDS-Modell vor, das die Bedeutung des Generierens und Testens von Hypothesen auf der theoretischen Ebene verankert. Die Autoren modellieren die Repräsentation von Wissen als aus einem Experimente-Raum und einem Hypothesen-Raum bestehend. Im Hypothesen-Raum werden Annahmen über die Beziehungen zwischen Variablen oder über Effekte von Wertzuweisungen zu Variablen generiert. Zum Beispiel kann beim Erwerb von Wissen über die Eigenschaften und Funktionen einer Computertastatur die Annahme aufgestellt werden, dass das Drücken der Taste „A" dazu führt, dass ein „a" auf dem Computerbildschirm angezeigt wird.[4]

Hypothesen werden im Hypothesen-Raum entworfen, verändert und als gültig oder ungültig bewertet. Dagegen werden im Experimente-Raum Tests oder eine Serie von Tests entworfen, deren Ergebnisse Aufschluss über die Gültigkeit der generierten Hypothesen geben. Im Beispiel vom Wissenserwerb über die Taste „A" besteht ein möglicher Test darin, die Taste „A" zu drücken, sprich der Variablen den Wert „gedrückt" zuzuweisen. Durch das Drücken der Taste „A" wird eine Information in Form

---

[4] Etwas formaler ausgedrückt: Es wird vermutet, dass die Zuweisung des Wertes „gedrückt" zu der Variablen „Taste A" den Wert der Variablen „Bildschirmanzeige" mit „a" festlegt.

einer „a"-Darstellung auf dem Bildschirm produziert. Diese wird dadurch wahrnehmbar und kann dann zur Überprüfung der Hypothese genutzt werden.

Beide Räume stellen Problemräume[5] im Sinne von Newell und Simon (1972) dar, die miteinander interagieren. Im Hypothesen-Raum aufgestellte Annahmen können Aktivitäten im Experimente-Raum auslösen. Das Durchführen von Tests im Experimente-Raum kann wiederum zu Ergebnissen führen, die Nährstoff für neue Hypothesen bilden.

Hypothesen haben somit eine handlungsleitende Funktion. Hypothesen stellen Annahmen über Variablen beziehungsweise über Beziehungen zwischen Variablen der Situation oder des Systems dar, über die eine Person bis dahin kein eindeutiges und überprüftes Wissen besitzt und die es deshalb zu entdecken und zu identifizieren gilt. Um mit Hilfe identifizierter neuer Informationen möglichst eindeutig aufgestellte Hypothesen testen und so die Lücken des eigenen Wissens möglichst zuverlässig schließen zu können, sollten die Informationen zum einen möglichst eindeutig und zum anderen möglichst wenig fehlerbehaftet sein (Gräsel, 1997).

Systematisches Bilden und Testen von Hypothesen. Um solche Informationen identifizieren zu können, ist ein systematisches Vorgehen hilfreich. Eine mögliche, systematische Strategie des Experimentierens beschreibt Tschirgi (1980) mit dem Begriff „VOTAT" („Vary One Thing At a Time"). Nach dieser Strategie der „isolierenden Variablenkontrolle" wird bei einem Experiment immer nur eine einzige Hypothese getestet. Die Werte aller anderen Variablen werden konstant gehalten. Diese systematische Strategie wäre in obigem Beispiel verletzt, wenn nicht nur die Taste „A", sondern gleichzeitig eine oder mehrere weitere Tasten gedrückt würden. Das Erscheinen eines „a" auf dem Bildschirm ist in dem Fall nicht mehr mit Sicherheit auf das Drücken der Taste „A" zurückzuführen. Eine isolierende Variablenkontrolle erlaubt es, beobachtete Effekte auf die Manipulation einer einzigen Variablen zurückzuführen.

Empirische Belege für die Bedeutung des systematischen Hypothesentestens für den Erwerb von Wissen sind vielfältig erbracht worden (Dunbar & Klahr, 1989; Klahr & Dunbar, 1988; Kröner, 2001; Schröter, 2001; Vollmeyer & Burns, 1996; Vollmeyer & Rheinberg, 1999; Vollmeyer, Rollett & Rheinberg, 1997). Zum Beispiel zeigen Vollmeyer und Burns (1996), dass Probanden und Probandinnen, die während der Exploration eines komplexen, in einen naturwissenschaftlichen Kontext eingebetteten Systems systematisch Hypothesen testen, mehr Wissen über das System erwerben, selbst wenn die zu überprüfenden Hypothesen sich als unzutreffend herausstellen (Vollmeyer & Burns, 1996). Das explizite Formulieren von Hypothesen scheint demzufolge für den Erwerb von Wissen gerade in Bezug auf komplexe Sachverhalte oder Strukturen von entscheidender Bedeutung zu sein. Klahr, Fay und Dunbar (1993) konnten zeigen, dass Personen, die die VOTAT-Strategie anwenden, erfolgreicher gültige Regeln und Zusammenhänge identifizieren als Personen, die unsystematisch vorgehen. Vollmeyer und Rheinberg (1998) zeichnen mit einem „kognitiven Pfad" auf, dass das Anwenden

---

[5] An dieser Stelle wird auf eine Darstellung des Problemraumkonzeptes noch verzichtet. Auf Seite 33 in Abschnitt 2.4 wird darauf näher eingegangen.

von VOTAT in hohem Zusammenhang mit dem erworbenen Wissen steht, das wiederum stark mit der Zielerreichung bei der Steuerung eines Systems zusammenhängt. Das Aufstellen und Testen von Hypothesen führt jedoch nicht nur in wissenschaftlichen Kontexten zur Identifikation und Integration wertvoller neuer Informationen. Zum Beispiel führte Schröter (2001) eine Studie durch, bei der Schülerinnen und Schüler Wissen über die Steuerung einer computersimulierten Rakete und eines Planetenfahrzeugs durch die Interaktion mit den Systemen erwerben sollten. Die kontextuelle Einkleidung der Simulation ist hierbei eher dem Bereich „Computerspiele" als dem Bereich „Wissenschaft" zuzuordnen. Trotzdem findet Schröter auf der Grundlage sorgfältiger Analysen von Protokollen des lauten Denkens, dass Personen, die im Vorfeld einer Handlung Hypothesen über die dadurch ausgelösten Effekte äußern, mehr Wissen über die simulierten Systeme erwerben und diese besser steuern können. Kröner (2001) nutzt in seinen Untersuchungen eine computersimulierte Maschine mit Reglern und Zustandsanzeigen, die keinem konkreten Kontext zugeordnet werden kann (wohl aber dem abstrakten Inhaltsbereich „Benutzung einer Maschine"). Sogar in diesem sehr abstrakten Kontext findet er einen direkten Einfluss der isolierenden Variablenkontrolle beim interaktiven Wissenserwerb auf das später verfügbare Wissen und seine Anwendung.

2.3.2.2 Identifizieren als Teil der Lernprozessregulation

Das Aufstellen und Testen von Hypothesen ist ein Aspekt des interaktiven Lernens, der nur im Zusammenhang mit weiteren Aspekten wie beispielsweise der Integration in die persönlichen Wissensstrukturen zum Erwerb von Wissen führt. Selbstregulierte Vorgehensweisen, bei denen das Aufstellen und Testen von Hypothesen in den Rahmen eines interaktiven Wissenserwerbs gestellt wird, sind Gegenstand zahlreicher Studien und Veröffentlichungen (Dunbar, 1993, 2000; Klahr & Dunbar, 1988; Klahr et al., 1993; van Jooling & de Jong, 1997; Veenman & Elshout, 1999). Exemplarisch werden an dieser Stelle die Arbeiten der Gruppe um Veenman und Elshout zusammenfassend dargestellt. Veenman und Elshout (Prins & Veenman, 1999, 1999) untersuchen in computersimulierten Physiklaboren interaktive Lernprozesse und Lernstrategien, wie sie auch im schulischen Unterricht vermittelt werden. Sie nehmen unter Bezugnahme auf den Systematic Approach to Problem Solving (SAP; Mettes, 1987; Mettes, Pilot, Roossink & Kramsers-Pals, 1980, 1981), fünf „Aspekte metakognitiven Vorgehens" an, die einen erfolgreichen, interaktiven Wissenserwerbsprozess auszeichnen.

Umfangreiche Orientierung. Eine umfangreiche Orientierung dient der Vorbereitung des Wissenserwerbs und beinhaltet eine umfassende Situations- beziehungsweise Problemanalyse. Ihr Ergebnis besteht in einem ersten mentalen Situationsabbild, in dem Lücken oder Unschärfen identifiziert werden können. Um diese Lücken oder Unschärfen stopfen oder korrigieren zu können, werden Hypothesen generiert, deren Testung die zur Ergänzung oder Korrektur nötigen Informationen verfügbar macht. Eine angemessene, umfangreiche Orientierung stellt die Basis für Entscheidungen darüber dar, welche Informationen identifiziert werden müssen und von welcher Wichtigkeit die einzelnen zu identifizierenden Informationen sind. Sie ist damit die Grundlage für ein systematisches Aufstellen und Testen von Hypothesen.

Systematische Ordnung: Planung und Durchführung. Unter den Begriff „systematische Ordnung" fassen Veenman und Mitarbeiter alle Aktivitäten, die eine systematische, planvolle Testung der Hypothesen regulieren. Darunter zählt sowohl das jeweilige Planen eines einzelnen Tests/Experiments mit dem Ziel, ein möglichst eindeutiges Ergebnis zu erhalten – zum Beispiel unter Beachtung einer isolierenden Variablenkontrolle im Sinne von Tschirgi (1980) – als auch das Entwerfen einer systematischen Sequenz mehrerer Experimente unter Vermeidung unsystematischer Ereignisse. Des Weiteren zählt Veenman nicht nur die Planung an sich, sondern auch die vollständige Durchführung des Plans zu einer systematischen Ordnung.

Auf der Ebene eines einzelnen Experiments soll durch eine systematische Ordnung hauptsächlich sichergestellt werden, dass die Ergebnisse eindeutig interpretierbar und nicht durch unnötiges „Rauschen" überlagert sind, dass die Ergebnisse genau auf die Wissenslücken oder Ungereimtheiten in der persönlichen Wissensstruktur abgestimmt sind und valide das testen, was getestet werden soll. Auf der Ebene mehrerer Experimente sorgt eine systematische Ordnung dafür, dass die Experimente in Bezug zueinander stehen, dass keine überflüssigen Experimente gemacht werden und damit überflüssige neue Informationen zusätzlich verarbeitet werden müssen und dass zwei oder mehr Experimente nicht gegenseitig ihre Ergebnisse ungewollt beeinflussen.

Elaboration. Sie dient dem Integrieren der neuen identifizierten Informationen in die eigene Wissensbasis, womit die Verfügbarkeit dieser Informationen zu späteren Zeitpunkten gewährleistet wird. Hierbei spielen schlussfolgernde Prozesse und Interpretationen der neuen Informationen vor dem Hintergrund der bisherigen Wissensbasis eine entscheidende Rolle. Die Interpretation und Integration von Informationen ist umso weniger aufwändig, je weniger Informationen zu verarbeiten sind und je eindeutiger die Informationen sind.

Akkuratheit und Evaluation. Veenman benennt als Aspekte eines „metakognitiven Vorgehens" unter den Begriffen „Akkuratheit" und „Evaluation" alle regulativen Tätigkeiten, die der Prävention und Kontrolle von (Flüchtigkeits-)Fehlern während des (Wissenserwerbs-)Prozesses dienen. Durch ein akkurates Vorgehen, wozu auch das Nutzen externer Wissensspeicher zählt, wird in allen Phasen der Handlung Flüchtigkeitsfehlern vorgebeugt. Evaluation umfasst Aktivitäten des Monitoring sowohl auf „lokaler" als auch auf „globaler" Ebene. Es dient auf lokaler Ebene dem Aufdecken von unabsichtlichen Fehlern bei der Handlungsdurchführung. Auf globaler Ebene wird der gesamte Handlungsplan kontinuierlich auf seine Gültigkeit und Angemessenheit hin überprüft und an die sich ändernden Gegebenheiten angepasst. Ein akkurates Vorgehen und ein verlässliches Monitoring sollen gewährleisten, dass ungewollte, uneindeutige oder unnötige Informationen gar nicht erst generiert beziehungsweise sofort entdeckt und korrigiert oder ignoriert werden.

Gemeinsam haben die fünf Aspekte metakognitiven Vorgehens nach Veenman und Mitarbeitern, dass sie die Umsetzung von Wissen über Aktivitäten darstellen, die alle Teile eines effektiven, interaktiven Lernprozesses sind. Unter einer handlungsregulationstheoretischen Perspektive lassen sie sich in Anlehnung an Gräsel (1997) in zwei Kategorien aufteilen, die sie mit den Etiketten „domänenspezifische Strategien" und „metakognitiven Kontrollstrategien" bezeichnet. Unter domänenspezifischen Strategien fasst Gräsel alle kognitiven Prozesse des Bildens und Testens von Hypothesen („Verdachtsdiagnosen") sowie der Interpretation der Testbefunde und der Organisation dieser Befunde durch Hierarchisierung oder Bilden von kausalen oder konditionalen Beziehungen. Diese Prozesse beschreibt die Arbeitsgruppe um Veenmann, wie oben dargestellt, mit den metakognitiven Fertigkeiten „Umfangreiche Orientierung", „Systematische Ordnung" und „Elaboration". In Tabelle 2 können diese Fertigkeiten den „Kognitiven Strategien" zugeordnet werden. Die Prozesse, die als eine Umsetzung von „Akkuratheit" und „Monitoring" anzusehen sind, ordnet Gräsel (1997) den metakognitiven Kontrollstrategien zu („Metakognitive Strategien" in Tabelle 2). Nach Gräsel kommt es zu einer Regulation, wenn das Überwachen des eigenen Vorgehens Schwierigkeiten oder Probleme während der Problembearbeitung offenbart („negatives Monitoring"), die auf ein Defizit im eigenen Wissen oder der Art des Vorgehens zurückgeführt werden. Diesem Defizit kann entgegengesteuert werden, indem zum Beispiel weiteres Vorwissen aktiviert wird oder indem zusätzliche Informationen exploriert und genutzt werden. Einen Prozess, bei dem ein Fehler nicht nur erkannt, sondern durch das Fehlen eigenen Wissens erklärt wird und zu einer Regulation des eigenen Lernverhaltens führt, bezeichnet Gräsel als „fehlerregulierend", im Gegensatz zu fehlerignorierenden Prozessen, bei denen weder nach Erklärungen für Fehler gesucht wird, noch der Prozess reguliert wird. Zu einer Erweiterung/Korrektur des eigenen Wissens führt nach Gräsel nur die fehlerregulierende Anwendung von Kontrollstrategien.

Fazit. Modelle des Lernens, die den Erwerb von Wissen als interaktiven Prozess zwischen Person und Situation beschreiben, machen auf die Bedeutung von Feedbackinformationen aufmerksam. Der Lernprozess wird weniger als selbstgesteuert als vielmehr als selbstreguliert betrachtet. Der Lernprozess muss durchgängig an die sich ändernden Gegebenheiten angepasst werden und weist dadurch eher von einem zyklischen als einen streng sequenziellen Prozessverlauf auf. Interaktive Lernprozessmodelle fokussieren auch stärker auf Strategien des Identifizierens von Informationen. Welches Feedback erzeugt und damit identifizierbar wird, ist ein zentraler Bestandteil der Selbstregulation eines Lernprozesses. Ein systematisches und hypothesengeleitetes Vorgehen erhöht dabei nicht nur die Wahrscheinlichkeit, dass eindeutige Informationen identifizierbar werden. Ebenso ist die Integration eindeutiger und geplant erzeugter Informationen in die aktivierte Wissensstruktur einfacher als die Verarbeitung mehrdeutiger und eher zufällig produzierter Informationen.

2.4 Interaktiver Erwerb von Fertigkeiten

Die bisherigen Darstellungen strategischen, aktiven oder sogar interaktiven Handelns fokussierten den Erwerb von deklarativem Sach- und Handlungswissen. Die Verarbeitung deklarativen Wissens ist jedoch kognitiv aufwändig, was mit steigendem Umfang oder Komplexität sehr bald die Kapazitäten des kognitiven Apparates überschreiten kann. Insbesondere der Erwerb von Fertigkeiten bedeutet, dass hoch komplexes Wissen über mögliche Handlungsalternativen und über deren Anwendung erworben werden muss. Um diese Komplexität bewältigen zu können, müssen immer bessere Strategien angewandt werden, was jedoch nicht ausreichen kann, um die kognitiven Anforderungen ausreichend zu senken. Zusätzlich muss der Abruf und die Anwendung von Fertigkeitswissen immer weiter automatisiert werden, was durch eine Repräsentation als prozedurales Wissen erreicht werden kann.

Anderson (1976, 1983, 1993) beschreibt diesen Prozess des Wissenserwerbs innerhalb seiner „Adaptive Control of Thought"-Theorie (ACT), welche er im Laufe von fast zwanzig Jahren immer weiter modifizierte. Die Grundannahme der ACT-Theorie besteht in der Trennung von deklarativem und prozeduralem Wissen (vgl. Tabelle 1). Sie geht davon aus, dass der Erwerb komplexer, kognitiver Fertigkeiten als Prozess der Proceduralisierung deklarativen Wissens durch wiederholtes Anwenden vonstatten geht („learning-by-doing"), wodurch Produktionen gebildet werden, welche unmittelbar anwendbar sind.

Drei Phasen des Fertigkeitserwerbs. Anderson gliedert diesen Prozess in Anlehnung an Fitts (1964; Fitts & Posner, 1967) in drei Phasen[6] (s.a. die Skillerwerbstheorie von Ackerman, 1987, 1988, 1989). In der ersten, „deklarativen" oder „interpretativen" Phase bearbeitet eine Person eine Aufgabe unter Anleitung oder geleitet von Beispielen. Die ihr zur Verfügung stehenden Informationen sind deklarativ repräsentiert und müssen durch allgemeine, domänenunspezifische Problemlöseprozeduren interpretiert und in eine angemessene Handlung übersetzt werden. Durch wiederholtes Anwenden dieser so genannten „schwachen" Prozeduren kommt es zur zweiten Phase. In dieser Phase der „Wissenskompilierung" wird die erworbene Repräsentation des Fertigkeitswissens durch Wiederholen und Üben „prozeduralisiert", was zur Folge hat, dass immer weniger kognitive Anstrengungen für seine Anwendung nötig werden. In demselben Maß nimmt dabei die Deklarierbarkeit des Wissens ab. In der abschließenden Phase der Wissensoptimierung („tuning") erreicht das Fertigkeitswissen einen Status, den Berry und Broadbent als „implizit" bezeichnen (Berry & Broadbent, 1987, 1988). Hier wird Wissen, welches in deklarativer Form erworben und in eine prozedurale Form transformiert wurde, durch Übung zu „motorischen Programmen" (Anderson, 1995), die sich weitestgehend der kognitiven Kontrolle entziehen und entsprechend, einmal in Gang gesetzt, nur schwer zu unterbrechen oder gar vorzeitig beendbar sind. Im Folgenden soll dieser Prozess, der zu einer kognitiv immer weniger aufwändigen aber auch immer weniger kontrollierbaren Anwendbarkeit von Handlungswissen führt, etwas ausführlicher dargestellt werden.

Anderson (1983, 1995) sieht eine enge Verbindung zwischen dem Erwerb von Fertigkeiten und dem Lösen eines Problems. Nach seiner Auffassung beginnt der Prozess des Fertigkeitserwerbs mit dem Bearbeiten und, zumindest im idealen Fall, Lösen eines Problems (vgl. Tabelle 2). Die erste Phase des Fertigkeitserwerbs wird somit durch einen Problemlöseprozess gestaltet, im Zuge dessen deklarative Informationen identifiziert werden.

Identifizieren als Teil des Problemlösens. Ein Problem besteht für eine Person dann, wenn ihr nicht alle Informationen zur Verfügung stehen, die sie benötigt, um ihr ange-

---

[6] Fitts (1964; Fitts & Posner, 1967) bezeichnet die drei Phasen mit den Begriffen „kognitiv", „assoziativ" und „autonom". Anderson selbst verwendet später dieselben Begriffe (Anderson, 1995). Bei der hier vorliegenden Darstellung wird jedoch auf die ursprünglichen Bezeichnungen von Anderson (1983) zurückgegriffen.

strebtes Ziel zu erreichen. Ihre Aufgabe besteht dann darin, diese fehlenden Informationen zu identifizieren und sie für die Problemlösung nutzbar zu machen. Auf einer etwas abstrakteren Ebene beschreiben Newell und Simon (1972) diesen Prozess des Lösens eines Problems im Rahmen des Problemraumansatzes. Der Problemraum besteht, neben dem aktuellen Zustand einer mehr oder weniger problematischen Situation, aus allen weiteren möglichen Zuständen, in die diese Situation durch eine oder mehrere Manipulationen überführt werden kann. Einer (oder mehrere) dieser Zustände definieren das Ziel. In diesem Zielzustand gilt das Problem als gelöst. Ein aktueller Zustand wird im erfolgreichen Fall durch einen oder mehrere Operatoren in den Zielzustand überführt. Operatoren sind dabei Handlungen, die in definierten Zuständen anwendbar sind und eine definierte Wirkung auf diesen Zustand in der Form haben, dass sie den Zustand in einen bestimmten anderen Zustand transformieren. Der Prozess des Problemlösens besteht in der Suche nach dem bislang unbekannten Operator beziehungsweise der unbekannten Operatorsequenz, die den aktuellen Zustand in den Zielzustand überführt. Erfolgreich ist der Problemlöseprozess, wenn diese Handlungsinformationen identifiziert und in Handlungen umgesetzt werden.

Es gibt viele Möglichkeiten, die fehlenden Informationen zu identifizieren. Das Durchlesen einer Anleitung, das Befragen von Experten, das Experimentieren zum Testen zuvor aufgestellter Hypothesen (vgl. Abschnitt 2.3), das Nutzen möglichst ähnlicher, analoger Beispiele, ein erstes wahlloses trial-and-error-Verhalten oder andere schwache Prozeduren führen zur Identifikation von deklarativ repräsentierten Informationen, von denen einige hilfreich für die Problemlösung sein können. Andere Informationen sind dagegen weniger hilfreich, irrelevant oder sogar hinderlich. Der Prozess des Problemlösens besteht somit nicht ausschließlich in der Identifikation aller möglichen Informationen über die Situation und das Problem, sondern auch in der Interpretation und Selektion von Informationen über Problemeigenschaften und Handlungsalternativen.

Integrieren durch Prozeduralisieren. Die Identifikation und Selektion von Informationen ist kognitiv äußerst aufwändig. Die identifizierten Informationen können nicht unmittelbar in Handlungen umgesetzt werden, sondern müssen durch bereichsunspezifische Prozeduren, wie zum Beispiel einer Mittel-Ziel-Analyse oder möglicher Analogiebildungen, interpretiert werden. Die Lösung des Problems erfolgt langsam und unterteilt in kleine Schritte, wobei das deklarative Wissen fortdauernd im Arbeitsgedächtnis präsent gehalten werden muss. Dies äußerst sich zum Beispiel durch ein wiederholtes Sich-Vorsagen („rehearsal") bestimmter Informationen während der Bearbeitung eines Problems. Das Arbeitsgedächtnis wird durch das Verfügbarhalten vieler einzelner, deklarativer Wissenseinheiten sehr belastet, wodurch die Wahrscheinlichkeit von Fehlern stark erhöht ist.

Wenn ein Problem nicht nur einmal gelöst werden muss, sondern die einmal identifizierten Informationen über die zielführenden Handlungen und Eingriffe auch in weiteren zukünftigen Situationen genutzt werden sollen, ist es sinnvoll, den kognitiven Aufwand, der mit der Interpretation des deklarativen Wissens verbunden ist, möglichst zu reduzieren. Mit der zweiten Phase des Fertigkeitserwerbs, der Phase der Wissenskompilierung, beschreibt die ACT-Theorie einen Prozess der Prozeduralisierung, der diese kognitive Aufwandsreduktion zum Ziel hat. Danach wird durch wiederholtes Anwenden deklaratives Wissen in unmittelbar verhaltenswirksames, prozedurales Wissen überführt. Eine Interpretation situationaler Informationen wird immer weniger erforderlich, da die spezifische Situation und die erfolgsversprechenden Handlungsalternativen aufgrund der Wiederholungen immer bekannter und die Strategien immer spezifischer an die situationalen Gegebenheiten adaptiert werden. Formal kann dieses prozedurale Wissen mit Produktionen in Form von „Wenn-Dann"-Regeln beschrieben werden. Der Bedingungsteil enthält Informationen über situationale Anwendungsvoraussetzungen und Handlungsziele. Der Handlungsteil spezifiziert, welche Aktion ausgeführt wird.

Da in diesem prozeduralen Wissen zuvor deklarativ repräsentierte Informationen integriert sind, entfällt die Notwendigkeit, dieses deklarative Wissen im Arbeitsgedächtnis verfügbar zu machen und zu halten, wodurch der kognitive Aufwand bedeutend reduziert wird. Ein rehearsal wie in der interpretativen Phase ist nach ausreichender Proceduralisierung nicht mehr beobachtbar. Anderson (1995) nimmt an, dass diese Form des Fertigkeitserwerbs die Fähigkeit beinhaltet, auf der Grundlage eines Mustererkennungsprozesses zu entscheiden beziehungsweise zu wissen, welche Handlungen ausgeführt werden müssen. Beispielsweise wird beim Lesen des Wortes „Drücken" an einer Tür nicht jeder einzelne Buchstabe „D-R-Ü-C-K-E-N" nacheinander identifiziert. Der geübte Leser erkennt das vollständige Wort auf einen Blick, woraufhin das Aufstoßen der Tür (an Stelle eines Ziehens) sehr schnell und ohne große kognitive Mühen ausgeführt werden kann. Eine Proceduralisierung führt dazu, dass nicht mehr viele einzelne situationale Merkmalsinformationen interpretiert werden müssen, um auf der Basis dieser Interpretationsprozesse sich für eine geeignete Handlung zu entscheiden. Vielmehr sind diese als eine Information über ein einziges Muster innerhalb des prozeduralen Wissens repräsentiert. Es ist somit nur ein einziger Erkennungsprozess notwendig, der zur Ausführung der entsprechenden Aktion führt.

Integration durch Komposition. Die Proceduralisierung von Wissen führt dazu, dass weniger deklaratives Wissen aus dem Langzeitgedächtnis abgerufen und im Arbeitsgedächtnis verfügbar gehalten werden muss. Zusätzlich zu diesem aufwandsreduzierendem Prozess durch wiederholtes Üben derselben Handlungssequenz kann Wissen darüber so zusammengefasst werden, dass mehrere einzelne Produktionen als eine Wissenseinheit repräsentiert wird. Anderson (1982, 1983) nimmt hierfür einen Kompositionsprozess an, wie er auch von Lewis (1987) beschrieben wurde (s.a. Frensch, 1991). Über einen Kompositionsprozess werden dabei zwei oder mehr einzelne Produktionen in einer großen „Makro-Produktion" integriert, welche dann als eine Wissenseinheit abgerufen und genutzt werden kann (Frensch & Geary, 1993). Diese Produktion enthält als Handlungsanweisung eine ganze Sequenz von Aktionen, die in dieser Reihenfolge nacheinander ausgeführt werden, wenn die entsprechenden Voraussetzungen des Bedingungsteils erfüllt sind. Die Ausführung dieser Sequenz erfolgt schnell, flüssig und ist mit deutlich reduziertem kognitiven Aufwand verbunden.

Durch die Prozesse der Proceduralisierung und der Komposition wird Wissen über Handlungen, ihre Voraussetzungen und Wirkungen so organisiert und integriert, dass mit möglichst wenig kognitivem Aufwand möglichst ganze Handlungssequenzen als eine Einheit abgerufen und angewandt werden können. Dies kann oftmals zur Folge haben, dass das Wissen über diese Sequenz zwar angewandt, jedoch nicht mehr verbalisiert beziehungsweise deklariert werden kann. Als Beispiel für ein solches prozeduralisiertes, mehrere Handlungsanweisungen umfassendes Wissen führt Anderson (1976, 1983) das Wissen über eine Telefonnummer an. Durch häufig wiederholtes Wählen kann es vorkommen, dass der Zugriff auf dieses ursprünglich deklarative Nummernwissen nicht mehr möglich ist und die Nummer nicht mehr verbal angegeben werden kann. In einem solchen Fall kann das Wählen selbst die einzige Möglichkeit sein, dieses prozeduralisierte Wissen abzurufen (s.a. S. 16).

Wiederholtes Anwenden von Wissen. Anderson führt drei Prozesse der Wissensoptimierung an, mit welchen auf der Grundlage fortwährenden Wiederholens und Übens die Anwendung des erworbenen prozeduralen Wissens noch weiter erleichtert und beschleunigt werden kann. Über Generalisierungs-Prozesse lässt sich die Anwendungsbreite der Prozeduren erweitern (vgl. Fußnote 1, S. 17). Dieser Prozess beinhaltet, dass die Ähnlichkeit zweier Produktionen erkannt wird und diese zu einer Produktion mit allgemeinerem Wissensinhalt zusammengeführt werden. Der Prozess der Diskriminierung bewirkt das Gegenteil. Durch Diskriminierung wird die Anzahl an Gelegenheiten, in denen das Wissen angewandt werden kann, beschränkt. Dies ist sinnvoll, wenn bei der Anwendung des Wissens Fehler auftreten, welche zum Beispiel auf eine Übergeneralisierung zurückzuführen sind. Durch das wiederholte Anwenden prozeduralen Wissens in immer ähnlichen Situationen kann Generalisierung dazu führen, dass relevantes Wissen über Anwendungsvoraussetzungen gelöscht wird. Kommt es daraufhin zu einer fehlerhaften Nutzung des Wissens, kann dieses auf der Grundlage der Informationen über den oder die aufgetretenen Fehler korrigiert werden. Haider und Frensch (1996) konnten zeigen, dass durch extensives Wiederholen der immer selben Handlungssequenzen, nicht nur Generalisierungsprozesse auftreten können, sondern dass es auch zu einer Reduktion der Informationen kommen kann, welche für die Anwendung beachtet werden. So lernen Personen, irrelevante situationale Informationen zu ignorieren, wodurch die Wissensanwendung effizienter gestaltet werden kann. Einen ähnlichen Effekt beschreibt K.C. Klauer (1993) als deklaratives Vereinfachen.

Ein kontinuierliches Anwenden prozeduralen Wissens führt zu einer Verstärkung dieses Wissens. Dies führt dazu, dass die Anwendung mehr und mehr automatisch vollzogen wird, dass die Ausführung der Handlungen immer weniger Aufmerksamkeit erfordert und somit auch immer weniger beeinflussbar ist. Das Wissen und seine Anwendung werden durch häufiges Wiederholen und Üben immer autonomer in dem Sinne, dass immer weniger kognitive Ressourcen damit verbunden sind und dass es im Falle von Handlungssequenzen immer schwieriger ist, eine einmal begonnene Ausführung zu unterbrechen oder frühzeitig zu beenden. Anderson (1995) spricht in diesem Fall von einem motorischen Programm, das außerhalb kognitiver Kontrolle steht und welches entsprechend nicht mehr verbalisierbar ist.

Wiederholtes Anwenden von Wissen kann zu seiner Prozeduralisierung führen. Über Kompositionsprozesse kann ein Wiederholen zum Zusammenfügen einzelner Wissensbestandteile zu einer einzigen Einheit führen. Wiederholungen beeinflussen über Generalisierungs-, Diskriminierungs- und Verstärkungsprozesse die Abrufbarkeit und

Anwendbarkeit von Wissen. Wiederholungen führen somit zu deutlichen Veränderungen der Wissenseigenschaften, die gerade im Falle der Prozeduralisierung und der Komposition eine tiefergehende Verarbeitung darstellen. Aus diesem Grund muss, wie in der Fußnote 2 auf Seite 21 bereits angedeutet, auch Wiederholungsstrategien eine informationsverändernde und tiefenverarbeitende Funktion zugeschrieben werden, durch die Informationen in die persönliche Wissensstruktur integriert werden.

Potenz-Gesetz der Übung. Insbesondere die Prozeduralisierung von Wissen, die Komposition von Makro-Produktionen und das Verstärken prozeduralen Wissens, aber auch die Generalisierung und die Diskriminierung setzen voraus, dass identifiziertes Wissen über Handlungen, seine situationalen Voraussetzungen und seine Wirkungen häufig wiederholt angewandt wird beziehungsweise angewandt werden kann. Das Wiederholen und Üben ist die Voraussetzung, dass das Wissen sozusagen „in Fleisch und Blut" übergeht. Extensives Wiederholen und Üben wird von einigen Autoren sogar als der einzige Weg zum Erwerb von Expertise gesehen (z.B. Ericsson, Krampe & Tesch-Römer, 1993). Allerdings kann man nicht davon ausgehen, dass zwischen Wiederholungsaufwand und anwendungsbegünstigendem Effekt ein streng linearer Zusammenhang besteht. Anderson (1995; Anderson & Lebiere, 1998) nimmt vielmehr an, dass der Verlauf durch eine Potenzfunktion bestimmt ist, wobei diese Funktion Zusammenhänge zwischen investiertem Lerneinsatz und Lernleistung allgemeingültig beschreiben soll (s.a. Logan, 1988). Dieses „Potenz-Gesetz der Übung" wurde beim wiederholten Ausführen derselben einfachen Reiz-Reaktionsaufgaben beobachtet (Fitts & Posner, 1967). Es gibt jedoch einige Hinweise, dass es auch für den Erwerb komplexer kognitiver Fertigkeiten wie zum Beispiel die Programmierung von Computern (Anderson, Conrad & Corbett, 1989), die Verarbeitung von Texten (Singley & Anderson, 1989) oder das Spielen eines Instruments (Ericsson et al., 1993) gültig sein könnte. Es besagt, dass dieselbe Aufgabe mit zunehmender Übung immer schneller und immer weniger fehlerhaft ausgeführt werden kann. Die Funktion zwischen erbrachtem Wiederholungsaufwand und möglicher Lernleistung ist dabei jedoch nicht streng linear ansteigend. Die wissensintegrierende Funktion erfährt eine negative Beschleunigung, was bedeutet, dass je mehr bereits gelernt wurde, eine weitere Absicherung und Erleichterung des Wissensabrufs und seiner Anwendung umso mehr Aufwand erfordert (Newell & Rosenbloom, 1981). Anderson (1995) führt diese nahezu einheitlich anzutreffende Verlaufsform der Lernkurven unterschiedlicher Funktionen des Lernens darauf zurück, dass letzten Endes alles Lernen auf einem einfachen Assoziationsprinzip beruht, das den Gesetzmäßigkeiten des Potenzgesetzes folgt. Dieser Argumentation zufolge setzt sich der Erwerb komplexer Fertigkeiten aus einer Vielzahl solcher Assoziationen zusammen, woraus folgt, dass auch dieser komplexe Prozess diese Verlaufsform aufweist.

In neueren Arbeiten werden jedoch Zweifel an der Allgemeingültigkeit des Potenzgesetzes angemeldet. Die Kritikpunkte beziehen sich dabei zum einen auf die angenommene Form des Lernverlaufs. Zum Beispiel weisen Anderson und Tweny (1997) darauf hin, dass die Annahme einer Potenz-Funktion bei Studien zur Gedächtnisleistung auch auf methodische Artefakte zurückzuführen sein könnte und besser durch die Annahme einer Exponentialfunktion ersetzt werden sollte. Heathcote, Brown und Mewhort (2000) kommen zu ähnlichen Schlüssen in Bezug auf den Erwerb von Fertigkeitswissen. Der zweite, damit in Zusammenhang stehende Kritikpunkt weist darauf hin, dass die Beschreibung von Wissenserwerbsverläufen mit einer Potenz-Funktion nur für aggregierte Maße gültig ist, welche die durchschnittliche Entwicklung einer ganzen Personengruppe beschreiben, und somit das Problem eines Methodenartefakts nicht kontrolliert wird. Die individuellen Lernkurven, welche zu einem solchen gruppierten Verlauf zusammengefasst werden, können durchaus starke Abweichungen von der Potenzfunktion aufweisen. Selbst größere Sprünge in individuellen Lernverläufen, die auf einen Wechsel der angewandten Strategie zurückzuführen sind, können durch eine Durchschnittsbildung verdeckt werden (Haider & Frensch, 2002).

Unabhängig von der genauen Form des Wissenserwerbsverlaufs zeigt sich aber in allen Studien, dass zum einen der Effekt von Wiederholen und Üben auf den Wissenserwerb keiner streng linearen Funktion folgt, sondern sich prinzipiell einem bestimmten Maximum annähert und dass zum anderen sich diese Annäherung mit steigender Übung in immer kleineren Schritten vollzieht. Diese allgemeine Eigenschaft findet sich in Potenzfunktionen, Exponentialfunktionen und auch in Verläufen mit Diskontinuitäten.

Fazit. Der Prozess des Wissenserwerbs kann beschrieben werden als ein anfängliches Identifizieren von Handlungsinformationen, welche als deklaratives Wissen verarbeitet und im Arbeitsgedächtnis verfügbar gehalten werden. Durch ein andauerndes Wiederholen und Üben der Wissensanwendung erfolgt über Prozesse der Prozeduralisierung, Komposition, Generalisierung, Diskriminierung und Verstärkung eine Transformation des ursprünglich deklarativ erworbenen Wissens zu prozeduralem Wissen, welches an die Anwendungsbedingungen optimiert ist, kognitiv wenig aufwändig angewandt werden kann und dadurch kognitiv wenig kontrollierbar ist. Somit sind auch beim Fertigkeitserwerb Lernhandlungen, die dem Identifizieren dienen, von Lernhandlungen abgrenzbar, die diese Informationen in die persönliche Wissensstruktur integrieren. Strategien und Heuristiken, die zur Identifikation von Informationen führen, werden im Sinne „schwacher" Prozeduren der Problemlösung beschrieben. Ebenso ist ein hypothesengeleitetes Vorgehen (s. Abschnitt 2.3), oder aber das Nachahmen oder Befragen von Experten ein erfolgsversprechendes Vorgehen der Informationsidentifizierung. Der wiederholten Anwendung identifizierter Informationen kommt eine zentrale Bedeutung beim Integrieren dieser Informationen in die eigene Wissensbasis zu. Die Integration führt dazu, dass Handlungswissen auch bei späteren Gelegenheiten leicht und sicher abrufbar ist. Der Zusammenhang zwischen Wiederholungsaufwand und Lernleistung scheint jedoch nicht linear wachsend zu sein. Vielmehr ist eine negative Beschleunigung der Wachstumsfunktion zu vermuten, unabhängig von der konkreten Form des Verlaufs.

2.5 Weitere Aspekte des selbstregulierten Wissenserwerbs

Neben einem strategischen, selbstregulierten Vorgehen ist weiteren Faktoren ein substanzieller Einfluss auf den Erwerb und die Anwendung von Wissen zuzusprechen. So bestimmen allgemeine kognitive Grundfähigkeiten zum einen die Menge an aufzunehmenden, zu verarbeitenden und zu speichernden Informationen und zum anderen die Qualität des Umgangs mit Informationen (Stern, 2001; Sternberg, 1985; Süß, 1996;

Süß et al., 1991). Auf die Bedeutung von mehr oder weniger systemspezifischem Vorwissen, insbesondere in der Anfangsphase des Wissenserwerbs, haben beispielsweise Süß, Oberauer und Kersting (1991) aufmerksam gemacht (s.a. Renkl, 1996b). Von motivationalen Faktoren beziehungsweise die Lernmotivation beeinflussenden Faktoren wie zum Beispiel Selbstwirksamkeitsüberzeugung, Erfolgszuversicht beziehungsweise Misserfolgsbefürchtung hingegen kann angenommen werden, dass sie sich im Verlauf des Wissenserwerbs in ihrem Ausmaß und in ihrer Richtung ändern (Boekaerts, 1997, 1999; Pressley et al., 1989; Schneider, 1996; Vollmeyer & Rheinberg, 2000; Vollmeyer et al., 1997). Sie beeinflussen nicht unwesentlich die Wahl des Ziels, welches verfolgt wird, das Ausmaß an Einsatz, der gezeigt wird, und den Grad an Beharrlichkeit, mit dem das Ziel verfolgt wird. Im Folgenden werden die Aspekte der Intelligenz, des Vorwissens und der Motivation in Bezug auf den Wissenserwerbsprozess ausführlicher dargestellt.

2.5.1 Kognitive Grundfähigkeiten

Allgemeinen kognitiven Grundfähigkeiten wurden bereits seit der ersten Entwicklung eines Intelligenztests durch Binet und Simon (1905) substanzielle Einflüsse auf die Möglichkeiten des Wissenserwerbs zugesprochen. Und auch neuere Verfahren zur Testung kognitiver Fähigkeiten haben explizit den Anspruch, das Lernpotenzial zu erfassen (Guthke & Wiedl, 1996), womit sie den engen Zusammenhang zwischen kognitiven Grundfähigkeiten und dem Wissenserwerb weiterhin betonen. Thorndike (1924) definiert Intelligenz als Fähigkeit zum Lernen, Asendorpf (1996) sieht in der Intelligenz die „Fähigkeit zur hohen Bildung" (S. 145) und auch nach Stern (2001) kann Intelligenz „als das Potenzial verstanden werden, Lern- und Bildungsangebote zur Aneignung von Wissen zu nutzen" (S. 163). Resnick und Glaser (1976) betonen darüber hinaus den selbstregulativen Charakter intelligenten Handelns und Lernens, indem sie argumentieren, dass Intelligenz in der Fähigkeit zu sehen ist, ohne direkte oder vollständige Instruktion lernen zu können.

Intelligenz und Metakognition. Einige Studien aus der Hochbegabtenforschung stützen die Annahme eines starken Zusammenhangs zwischen Intelligenz und Metakognition. So finden beispielsweise Kurtz und Weinert (1989) bei einem Vergleich hochbegabter und durchschnittlich begabter Schülerinnen und Schüler der fünften und siebten Jahrgangsstufe Unterschiede in der Qualität metakognitiven Wissens über Lernstrategien, und auch andere Autoren nehmen an, dass Personen mit einer hohen Testintelligenz mit einem besseren metakognitiven Wissen ausgestattet sind (s.a. Shore, 2000). Sternberg (1990) sieht in der Metakognition sogar einen zentralen Faktor der Intelligenz.

Allerdings bedeutet eine hohe Testintelligenz nicht automatisch, dass über den Einsatz metakognitiven Wissens der Lernprozess effektiv und erfolgreich reguliert wird. Üblicherweise finden sich sogar eher geringe Zusammenhänge zwischen metakognitivem Wissen und seiner Anwendung (für einen Überblick siehe beispielsweise Veenman & Elshout, 1999). In dem Zusammenhang argumentieren Flavel und Wellman (1977), dass zwar die Lernstrategien selbst wohl bekannt sind, jedoch nicht ihre Anwendungsbedingungen. Zwar berichtet Schneider (1985) auf der Grundlage einer Meta-Analyse einen durchschnittlichen Zusammenhang zwischen Wissen über Lernstrategien und ihrem tatsächlichen Einsatz von immerhin $r = 0{,}41$. Waldmann und Weinert (1990) geben diesbezüglich jedoch zu bedenken, dass die Werte zwischen den Untersuchungen beträchtlich streuen. Insofern kann aufgrund des Zusammenhangs zwischen Intelligenz und Metakognition nicht geschlossen werden, dass begabte Personen den Prozess des Lernens automatisch erfolgreicher regulieren.

Intelligenz und Vorwissen. Weitere Einschränkungen des Zusammenhangs zwischen Intelligenz und Lernen beziehungsweise Lernleistung sind auf die Abhängigkeit des Wissenserwerbs von bereits verfügbarem bereichsspezifischen Wissen zurückzuführen (Renkl, 1996b; Renkl & Stern, 1994). Durch umfangreiches und gutes Vorwissen können Defizite in der allgemeinen Intelligenz zum Beispiel beim Bearbeiten von Texten oder von mathematischen Aufgaben kompensiert werden. Stern (2001) resümiert, dass kognitive Grundfähigkeiten als Prädiktor für Leistungen an Bedeutung verlieren, sobald inhaltsspezifisches Wissen herangezogen wird. Renkl und Schweizer (2000) sehen die Intelligenzausstattung als „günstige Voraussetzung für den Erwerb von Wissen" (S. 86) an. Erworbenes Wissen erleichtert wiederum den weiteren Wissenserwerb.

In diesem Zusammenhang stehen auch die Darstellungen von Elshout (1987) und Raaheim (1988), die die Stärke des Zusammenhangs zwischen Intelligenz und Leistungen in einer kurvilinearen Abhängigkeit vom Wissen über die zu bearbeitende, mehr oder weniger komplexe Aufgabe sehen. Intelligenz hat wenig Einfluss in Situationen, mit denen eine Person sehr vertraut ist (Routine kills intelligence; Veenman & Elshout, 1999, S. 511). In solchen Situationen besteht jedoch auch keine Notwendigkeit zu lernen. Das Handeln erfolgt routinisiert und seine Regulation erfordert einen nur geringen kognitiven Aufwand (vgl. Abschnitt 2.4). Allerdings finden sich ebenfalls keine Zusammenhänge in Situationen, über die eine Person keinerlei Vorwissen besitzt. Hier stehen keine Wissensinhalte zur Verfügung, auf deren Basis durch eine intelligente Informationsverarbeitung, zum Beispiel durch das Bilden von Hypothesen, der Lernprozess gestaltet werden könnte (vgl. Abschnitt 2.3). Kognitive Grundfähigkeiten können dann am effektivsten genutzt werden, wenn auf der einen Seite ein gewisser Umfang an Vorwissen zwar verfügbar ist, dieser Umfang jedoch nicht so groß ist, dass kein Lernen mehr erforderlich wäre. Daher sind auf einem mittleren Niveau von Vertrautheit mit der Situation die stärksten Zusammenhänge zwischen Intelligenz und Leistung zu beobachten (s.a. Leutner, 2002).

Intelligenz als selbstregulierte Informationsverarbeitung. Sternberg (1985) hebt in seiner recht einflussreichen Theorie der menschlichen Intelligenz neben anderen Intelligenzaspekten auch die Bedeutung von Metakognition und die Bedeutung der Fähigkeit zum Wissenserwerb hervor. Seine „triarchische" Theorie setzt sich aus drei Subtheorien zusammen, von denen sich die „Komponenten-Subtheorie" explizit auf die Prozesse intelligenter Informationsverarbeitung bezieht. Die erste Komponente dieser Subtheorie beschreibt sieben metakognitive Strategien für die Bearbeitung von Problemen oder Wissenserwerbsaufgaben. Zu ihnen zählt Sternberg (a) das Entscheiden über die Art der Aufgabe, (b) die Auswahl einer oder mehrerer geeigneter Repräsentationen zur Organisation der Informationen, (c) die Auswahl geeigneter Techniken und Prozeduren, (d) die Planung der seriellen und/oder parallelen Kombination von Techniken und Prozeduren, (e) die Überwachung des Bearbeitungsprozesses (f) das Wahrnehmen und Verarbeiten von Feedbackinformationen und (g) die bewusste Regulation der Aufmerksamkeit. Auch die Arbeitsgruppe um Veenman (Veenman & Elshout, 1995, 1999; Veenman, Elshout & Busato, 1994; Veenman, Elshout & Meijer, 1997) konnte wiederholt moderate Korrelationen zwischen allgemeinen „metakognitiven Fertigkeiten" (vgl. Abschnitt 2.3) und Intelligenz finden. Sie konnten aber darüber hinausgehend zeigen, dass ein strategisches Vorgehen einen von Intelligenz unabhängigen, eigenständigen Einfluss auf den (interaktiven) Wissenserwerb hat. Zudem berichten Veenman und Elshout (1999), dass der Zusammenhang zwischen Intelligenz und Metakognition im Verlauf des Wissenserwerbsprozess immer weiter abnimmt.

Eine weitere Komponente der Subtheorie menschlicher Intelligenz von Sternberg (1985) ist die Komponente des Wissenserwerbs. Sie besteht aus drei Teilkomponenten, die relevant für den Erwerb sowohl deklarativen als auch prozeduralen Wissens sind. Davidson und Sternberg (1984; Davidson, Deuser & Sternberg, 1994) führen dieselben Teilkomponenten zur Beschreibung einsichtsvollen Lernens und Problemlösens an, wobei Sternberg (1985) argumentiert, dass Lernen immer zumindest einen kleinen Anteil an Einsicht beinhaltet. Die erste Teilkomponente des Wissenserwerbs dient der Unterscheidung zwischen relevanten und irrelevanten Informationen. Gerade in komplexen Situationen besteht für den Lerner die Aufgabe, unter den präsentierten Informationen „die Spreu vom Weizen zu trennen" und die für die Aufgabe relevanten Informationen aus der Informationsflut herauszufiltern. Selektives Kombinieren als zweite Teilkomponente besteht in dem Zusammenfügen von Informationen auf eine originelle Art und Weise. Durch selektives Vergleichen werden schließlich neu erworbene Informationen auf bereits vorhandenes Wissen bezogen. Nach Davidson und Mitarbeitern (1994) bestehen enge Zusammenhänge gerade zwischen diesen Komponenten des Wissenserwerbs und den kognitiven Grundfähigkeiten, wie sie in herkömmlichen allgemeinen Intelligenztests gemessen werden. So ist der Wissenserwerbsprozess bei hoch intelligenten Personen mit höherer Wahrscheinlichkeit durch die spontane Anwendung von wenigstens einer der drei Komponenten geprägt. Die Fähigkeit, die Komponenten des Wissenserwerbs anzuwenden, korreliert nach ihren Angaben mit ungefähr $r = 0{,}60$ mit allgemeinen kognitiven Grundfähigkeiten. Sie zitieren eine früher von ihnen durchgeführte Trainingsstudie, bei der in einer insgesamt 14-stündigen Schulung hoch- und durchschnittlich begabte Personen bezüglich der Anwendung selektiven Enkodierens, Kombinierens und Vergleichens trainiert wurden. Es zeigte sich, dass die durchschnittlich Begabten mehr von dem Training profitierten als die Hochbegabten, woraus gefolgert werden kann, dass hoch-begabte Personen den Erwerb von Wissen bereits vor dem Training deutlich besser zu regulieren wussten. Insbesondere nahmen sich hoch intelligente Personen mehr Zeit, die Aufgabe zu analysieren.

Die dritte und letzte Komponente, die so genannte „Performanz-Komponente", beinhaltet mehr oder weniger starke Prozeduren und Strategien im Sinne basaler kognitiver Operationen zur Bearbeitung konkreter Aufgaben. Auf einer konkreten Ebene beziehen sich diese Prozeduren auf sehr eng umgrenzte Teilprozesse spezifischer Aufgaben und Aufgabenteile. Entsprechend unterschiedlich und vielfältig sind die darunter zu fassenden Kognitionen. Auf einer sehr allgemeinen Ebene ordnet Sternberg diese Prozeduren drei Teilprozessen zu, die für die Bearbeitung der meisten Aufgaben gültig sind. Dazu gehört das Enkodieren neuer Informationen und ihre Speicherung im Arbeitsgedächtnis, kognitive Operationen des Vergleichens und Kombinierens und auszuführende Reaktionen in Form von Antwortverhalten. Sternberg (1985) sieht in den Performanzkomponenten in erster Linie „fluide" Leistungen (vgl. Cattell, 1971), die insbesondere beim Umgang mit eher unbekannten Situationen und Gegenstandsbereichen induktive Denkprozesse erfordern.

Schlussfolgerndes Denken und Lernen. Der Fähigkeit zum induktiven Denken, als einem Aspekt intelligenter Informationsverarbeitung, wird gerade beim interaktiven Erwerb von Wissen über einen (nahezu) unbekannten Inhaltsbereich große Bedeutung zugeschrieben, wenn durch das Bilden und Testen von Hypothesen Informationen erschlossen werden müssen. Lüer und Spada (1990) zufolge hat das induktive Denken „[...] Inferenzen vom Besonderen auf das Allgemeine zum Inhalt [...]. Induktives Denken ist prinzipiell mit Unsicherheit behaftet [...]. Induktives Denken führt somit zu Hypothesen. Es beinhaltet ihre Bildung und Prüfung" (S. 236).

Induktive Denkprozesse dienen dem Erkennen von Regelhaftigkeiten innerhalb einer großen Fülle von Informationen und dem Ableiten von Hypothesen. Auf die zentrale Bedeutung von Hypothesen für den interaktiven Wissenserwerb wurde bereits in Abschnitt 2.3 eingegangen. Der enge Zusammenhang zwischen der Fähigkeit, Vermutungen systematisch aufzustellen und zu überprüfen und induktiven Denkprozessen führt wiederum dazu, dass insbesondere solchem schlussfolgerndem Denken ein großer Einfluss auf das Identifizieren neuer Informationen zugeschrieben werden muss. Auch Süß, Oberauer und Kersting (1991; Süß, Kersting et al., 1993) betonen die Rolle induktiver Denkprozesse beim interaktiven Erwerb von Wissen und seiner Anwendung. Kröner (2001) findet in seinen Untersuchungen mit dem (nahezu) kontextfreien System „Multiflux" ebenfalls bedeutsame Zusammenhänge zwischen der Intelligenz – in einer Studie erfasst durch die Advanced Progressive Matrices (APM) von Raven (1958), in einer weiteren Studie erfasst über die Skala K „Verarbeitungskapazität" des Berliner Intelligenzstruktur-Tests (BIS) von Jäger, Süß und Beauducel (1997) – und dem systematischen Bilden und Testen von Hypothesen in Form der Strategie isolierender Variablenkontrolle.

Fazit. Es kann davon ausgegangen werden, dass die Intelligenz und insbesondere die Fähigkeit zum induktiven Schlussfolgern einen bedeutsamen Einfluss auf das systematische Identifizieren neuer Informationen haben. Dieser zeigt sich insbesondere im interaktiven Umgang mit neuen Wissensbereichen, der das Aufstellen und Überprüfen von Hypothesen erfordert.

2.5.2 Vorwissen

Beim Erwerb von Wissen tritt eine Art von Matthäus-Effekt auf (Renkl, 1996b). Personen mit umfangreichem (Vor-)Wissen über einen bestimmten Gegenstandsbereich lernen schneller und mehr dazu als Personen mit nur sehr beschränktem domänenspezifischen Wissen. Weinert (1994) weist unter dem Stichwort „Wissens-Paradox" in dem Zusammenhang darauf hin, dass das menschliche Gedächtnis offensichtlich nicht als Lager zu verstehen ist, bei dem umso mehr Aufwand für das Einlagern weiterer Informationen betrieben werden muss, je mehr Lagerkapazitäten bereits belegt sind. Vielmehr ist die Behaltensleistung umso höher, je mehr Vorwissen verfügbar ist, in welches neue Informationen integriert werden können.

Definition von Vorwissen. Unter Vorwissen ist alles Wissen zu verstehen, über das eine Person vor Beginn eines Lernprozesses bereits verfügt und das sie zu Beginn des Lernprozesses, bezogen auf die Lernaufgabe abruft. Welches Wissen dabei als Vor-Wissen zu definieren ist, kann letzten Endes weder umfassend noch abgrenzend definiert werden. Renkl (1996b) fasst entsprechend vage unter den Begriff „Vorwissen" alles deklarative und prozedurale Wissen einer Person über eine bestimmte Domäne, gibt dabei aber zu bedenken, dass „[...] eine exakte und formal einwandfreie Abgrenzung von Domänen schwierig, wenn nicht gar unmöglich ist" (S. 175). Diese Definitionsproblematik zeigt sich auch bei der Erfassung domänenspezifischen Vorwissens. Nach Süß (1996) ist eine vollständige Erfassung von (Vor-)Wissensstrukturen und -inhalten nicht möglich. Er gibt in Bezug auf die Erfassung von Wissen über einen komplexen Gegenstandsbereich zu bedenken:

> *„Idealtypisches Ziel einer kognitionspsychologischen Wissensdiagnostik ist die komplette Rekonstruktion der Inhalte und der Struktur des Wissens einer Person (Spada & Reimann, 1988; Tergan, 1986). Das Ziel ist bei realitätsnahen komplexen Problemen unerreichbar und auch bei weniger komplexen, abstrakten Systemen bestenfalls in kasuistischen Analysen möglich. Dies liegt einmal daran, dass Wissen, anders als Intelligenz, theoretisch ein änderungssensitives Konstrukt ist, das gelernt und vergessen werden kann. Vor allem ist Wissen nicht einfach vorhanden oder nicht vorhanden, sondern wird durch die konkreten Anforderungssituation aktiviert. Die Erhebungssituation und die gewählte Erhebungsmethode kann so entscheidend dafür sein, welches Wissen aktiviert und damit diagnostisch erfasst wird."* (S. 71).

Domänenspezifisches Wissen zeichnet sich insbesondere dadurch aus, dass zumindest bei Experten Wissenselemente durch zahlreiche und starke Assoziationen so miteinander verknüpft sind, dass sie als eine funktionale Einheit beim Bearbeiten domänenspezifischer Aufgaben kognitiv weniger aufwändig abgerufen und angewandt werden können. Von Vorwissen trennt Renkl (1996b) Wissen über eine spezifische Lernaufgabe einer bestimmten Domäne, welches er, bezugnehmend auf Alexander, Kulikowich und Schulze (1994), unter dem Begriff „Themenwissen" fasst. Über je mehr Themenwissen eine Person bereits verfügt, umso weniger kann sie über die spezifische Aufgabe darüber hinaus noch hinzulernen. Ein hoher Zuwachs an Wissen kann demzufolge dann erwartet werden, wenn eine Person auf der einen Seite über ein umfangreiches domänenspezifisches Vorwissen und auf der anderen Seite über ein geringes Themenwissen verfügt.

Positive Einflüsse von Vorwissen. Sowohl im schulischen Kontext als auch in Laborstudien oder in experimentellen Untersuchungen erweist sich immer wieder die hohe Prädiktionskraft von Vorwissen auf Leistungen des Wissenserwerbs (Byrnes, 1995; Dochy, 1996; Helmke, 1992; O'Donell, 1993). So kann beispielsweise Leutner (1992) zeigen, dass durch die Induktion von Vorwissen der weitere Erwerb von Wissen über eine komplexe Domäne verbessert werden kann. Durch ausgeprägtes Vorwissen kann sogar mangelnde Fähigkeit oder geringere Intelligenz ausgeglichen werden (Schneider, Körkel & Weinert, 1989). Die Forschung zu Unterschieden zwischen Experten und Novizen betont ebenfalls wiederholt die Bedeutung bereichspezifischen (Vor-) Wissens. So verfügen Experten nicht unbedingt über bessere kognitive Grundfähigkeiten oder einen umfangreicheren Satz effektiver, bereichsspezifischer Strategien als Novizen. Vielmehr ist ihre Überlegenheit auf eine reichhaltige und gut organisierte Wissensbasis über die entsprechende Domäne zurückzuführen (z.B. Chi, Feltovich & Glaser, 1981; Chi, Glaser & Rees, 1982). Schraagen (1993) stellt in einem Experten-Novizen-Vergleich heraus, dass Experten über eine abstraktere, prinzipiellere und nutzungsfreundlichere Wissensbasis verfügen, welche die effektive Anwendung allgemeinen lern- und kontrollstrategischen Handlungswissens ermöglicht.

Die Bedeutsamkeit von Vorwissen lässt sich zu einem großen Teil im Rahmen des konstruktivistischen Ansatzes des Informationsverarbeitung erklären. Auf der Basis eines Mehrspeicher-Modells führt Renkl (1996b) fünf Phasen der Informationsverarbeitung an, in denen Vorwissen genutzt werden kann, um neue Informationen für spätere Anlässe verfügbar zu erwerben. So erhöht angemessenes Vorwissen die Effizienz bei der Auswahl zu beachtender und zu erwerbender Informationen. Die Enkodierung von Informationen wird erleichtert, wenn durch Vorwissen ein Schema bereitgestellt wird, in welches diese eingeordnet werden können. Durch die Möglichkeit der chunk-Bildung kann Vorwissen sowohl die Kapazität des Arbeitsgedächtnisses bei der Informationsverarbeitung erhöhen als auch die Speicherung der Informationen im Langzeitgedächtnis erleichtern. Zudem wird die Abrufwahrscheinlichkeit neuer Informationen durch adäquates Vorwissen umso mehr erhöht, je mehr assoziative Verknüpfungen zwischen neuen und bereits verfügbaren Wissenselementen geknüpft wurden.

Neben diesen förderlichen Effekten auf die Informationsverarbeitung spricht Renkl (1996b) angemessenem und umfangreichem Vorwissen zudem positive Zusammenhänge mit Aspekten der Lernmotivation zu. Eine qualitativ und quantitativ hochwertige, aktivierte Vorwissensbasis geht zum Beispiel einher mit einem positiven Selbstkonzept, einem hohen themenbezogenen Interesse und geringer leistungsbezogener Ängstlichkeit. Im Zusammenspiel mit motivationalen Variablen und mit Aspekten der Intelligenz sind so beachtliche Varianzaufklärungen der Lernleistung zu erzielen (z.B. Renkl & Stern, 1994; Rheinberg, 1996).

Einen ähnlich engen Zusammenhang sehen Baumert und Köller (1996) zwischen der Nutzbarkeit von Strategien des Wissenserwerbs und positivem, domänenspezifischen Vorwissen (s.a. Schraagen, 1993). Sie gehen davon aus, dass bereichsspezifisches Wissen eine zentrale Voraussetzung für den Erwerb von Strategien darstellt. Die Nutzung erworbener Strategien erleichtert wiederum den Erwerb neuen domänenspezifischen Wissens. Im schulischen Kontext ist von einem fundierten Vorwissen seitens der Schülerinnen und Schüler außerdem eine unterrichtserleichternde Wirkung zu erwarten, so dass dieser reibungsloser und anspruchsvoller gestaltet werden kann (Renkl, 1996b).

Schwindender Einfluss von Vorwissen. Der Einfluss von Vorwissen ist jedoch im Verlauf des Wissenserwerbsprozesses nicht konstant. Während zu Beginn des Lernprozesses Vorwissen die dominierende Wissensbasis darstellt, in die neue Informationen integriert werden können, bewirkt dieser Integrationsprozess, dass sich das aktivierte Wissen immer stärker aus erlernten Informationen zusammensetzt. Allgemeines Vorwissen verliert in dem Maß an Einfluss auf den Lernprozess, wie frisch erworbenes Wissen an Einfluss gewinnt. Süß, Kersting und Oberauer (1993) demonstrieren diesen Prozess im Zusammenhang mit der Steuerung eines anfänglich unbekannten, komplexen System. Sie erfassten allgemeines, domänenspezifisches Vorwissen vor dem Umgang mit dem System und systemspezifisches Vorwissen direkt vor und einmal während der Bearbeitung. Es zeigte sich ein anfänglicher positiver Zusammenhang zwischen allgemeinem Vorwissen und Systembearbeitung, der im Verlauf der Bearbeitung an Stärke einbüßte. Ähnliche Effekte waren auch für das systemspezifische Vorwissen zu beobachten. Der Einfluss des vor dem Umgang mit dem System aktivierten, spezifischen Vorwissens zeigte sich am deutlichsten auf den direkt folgenden Bearbeitungsprozess. Spätere Leistungen waren weniger stark mit anfänglichem Vorwissen in Verbindung zu bringen. Das mit demselben Test während der Systembearbeitung erhobene Wissen zeigte hingegen deutlich stabilere Zusammenhänge mit der Bearbeitungsleistung. Demnach gewinnt mit zunehmender Erfahrung spezifisches, erworbenes Wissen an Einfluss, während gleichzeitig allgemeines und unspezifisches Vorwissen an Bedeutung verliert.

Einflusslosigkeit trägen Vorwissens. In den meisten Untersuchungen und Überlegungen wird davon ausgegangen, dass Vorwissen einen förderlichen Einfluss auf spätere Prozesse des Wissenserwerbs und seiner -anwendung hat. Trifft dieses tatsächlich zu, kann solches Vorwissen als "positives" Vorwissen bezeichnet werden. Vorwissen kann jedoch auch gar keine Wirkung auf den Erwerb neuen Wissens haben. Renkl (1996a) spricht in diesem Fall, bezugnehmend auf Whitehead (1929), von „trägem Wissen". Er stellt drei Ansätze vor, welche die Nicht-Nutzung adäquaten Vorwissens zu erklären versuchen. Metaprozesserklärungen gehen davon aus, dass angemessenes Vorwissen zwar vorhanden ist, dieses jedoch aufgrund metakognitiver, motivationaler oder volitionaler Defizite, aufgrund ungünstiger Kosten-Nutzen-Abwägungen oder aufgrund ungünstiger epistemologischer Überzeugungen nicht genutzt wird. Strukturdefiziterklärungen sehen die Ursache in der Qualität des Vorwissens. Defizite im Verständnis oder eine mangelhafte Transformationen von Fakten- und Handlungswissen können dazu führen, dass die Anwendbarkeit des Vorwissens nicht realisiert wird. Eine stark kontextgebundene Abspeicherung von Wissen bewirkt nach Mandl, Gruber und Renkl (1993) eine „Wissenskompartmentalisierung". Ein solches, „in Schubladen abgelegtes" Vorwissen wird nur innerhalb dieser engen Domänen angewandt und nicht über Domänen oder Situationen hinweg transferiert.

Innerhalb des Ansatzes der „situierten Kognition" wird die Nicht-Nutzung von Vorwissen als Normalfall betrachtet, da nach dieser Überzeugung Wissen nicht als abstrakte, dekontextualisierte Repräsentation existiert, und somit auch nicht in der einen Situation erworben und in der anderen Situation angewandt werden kann (z.B. Brown, Collins & Duguid, 1991; Clancey, 1993; Greeno, Moore & Smith, 1993). Wissen ist danach relational definiert. Es konstituiert sich jedes Mal neu in der Koordination zwischen Person und Situation, weshalb der Begriff des „Vor-Wissens" eher auf einen Sinngebungsprozess eines Forschers als auf tatsächlichen beobachtbaren Begebenheiten zurückzuführen ist (Clancey, 1993).

Negative Einflüsse von Vorwissen. Vorwissen kann den Erwerb positiven Wissens auch behindern oder sogar vollständig verhindern. In diesen Fällen kann von „negativem" Vorwissen gesprochen werden. Negatives Vorwissen behindert den Wissenserwerbsprozess dann, wenn die neuen Informationen und Konzepte mit bestehendem Wissen unvereinbar sind (s. Perkins & Simmons, 1988). So konnte zum Beispiel Funke (1992) Hinweise dafür finden, dass der Wissenserwerb und die Wissensanwendung im Umgang mit einem simulierten komplexen System erschwert wird, wenn die anfangs unbekannte Systemstruktur nicht mit dem Vorwissen übereinstimmt, das unter anderem durch die semantische Einkleidung aktiviert wurde. Personen, die ein System mit einer unplausiblen Struktur zu bearbeiten hatten, konnten weniger systemspezifisches Wissen erwerben als Personen, deren System eine mit der semantischen Einkleidung übereinstimmende Struktur aufwies. Zudem war ihre Steuerungsleistung auch deutlich geringer. Auch Süß, Kersting und Oberauer (1993) weisen auf die Problematik negativen Vorwissens hin, wenn auch nur implizit wie zum Beispiel in ihrer Definition von Vorwissen: „Unter Vorwissen verstehen wir problembezogenes Wissen, das Probanden bereits mitbringen, unabhängig davon, wie sie es erworben haben. Aktiviertes Vorwissen ist für die Problemlösung hilfreich, wenn es nicht nur für das reale Problem, sondern auch für die Simulation des realen Systems zutrifft" (S. 193).

Die Forschung zu „Fehlkonzepten", die sich ebenfalls mit negativen Effekten von Vorwissen beschäftigt, zeigt, dass es äußerst schwer ist, naive und fehlerhafte Konzepte des Vorwissens so zu restrukturieren, dass das Wissen darüber den Realitäten entspricht (z.B. Vosniadou, 1992, 1994). Ein vorhandenes Misskonzept wird oftmals durch Lernerfahrungen nicht korrigiert, sondern es wird ein zusätzliches korrektes Konzept erworben, welches parallel zum Misskonzept existiert (Dahlgren & Marton, 1978; Vosniadou, 1992). Diese und ähnliche Effekte negativen Vorwissens können darauf zurückgeführt werden, dass sich das fehlerhafte Vorwissen gerade im Fall von naivem Alltagswissen bei vermutlich einigen, früheren Anwendungen bereits bewährt hat und nun das erste Mal unpassend ist. Wenn Wissen wiederholt hilfreich genutzt werden konnte, erscheint es wenig sinnvoll, an der Richtigkeit dieses Wissens zu zweifeln. Zudem steuert dieses unangemessene Vorwissen bereits die Wahrnehmung und Interpretation neu zu erwerbender Informationen, weshalb es eher zu Fehlinterpretationen kommt als zur Revidierung von Fehlkonzepten. Im Gegensatz zu neu zu erwerbenden Informationen sind Fehlkonzepte des Vorwissens bereits mit vielen weiteren Wissensinhalten verknüpft. Entsprechend muss nicht nur ein Misskonzept korrigiert werden, sondern es bedarf der Lösung beziehungsweise Neubildung vieler einzelner Assoziationen. Da erscheint es einfacher und sinnvoller, zuerst zu versuchen, neue Informationen zu re-interpretieren und mit der eigenen Wissensbasis stimmig zu machen.

Fazit. Es lässt sich festhalten, dass Vorwissen ein sehr bedeutsamer Prädiktor für Leistungen des Wissenserwerbs und der Wissensanwendung ist, wie vielfach theoretisch hergeleitet und empirisch gezeigt werden konnte. Allerdings ist eine umfassende Definition des Vorwissensbereichs nicht möglich. So wird oftmals der Begriff des „Vorwissens" auf Inhalte reduziert, die einen positiven Effekt auf spätere Leistungen haben. Vorwissen kann jedoch im Falle von „trägem" Wissen gar keinen oder im Falle von „negativem" Wissen einen be- und verhindernden Einfluss haben. Zudem ist der

Einfluss von Vorwissen nicht als zeitliche Konstante zu betrachten. Allgemeines Vorwissen über eine Domäne ist unspezifisches Vorwissen über eine bestimmte Aufgabe. Je mehr spezifisches Wissen über die Lernaufgabe erworben wird („Themenwissen" nach Alexander et al., 1994; Renkl, 1996b), desto geringer wird der Einfluss dieses unspezifischen Vorwissens.

2.5.3 Motivation

Ein Großteil der Theorien und Konzepte zum selbstregulierten Lernen fokussiert sehr stark auf kognitive und metakognitive Aspekte des Wissenserwerbs. Dabei werden diese Komponenten des Lernprozesses und seiner Regulation so weit in den Vordergrund gestellt, dass weitere Facetten des Wissenserwerbs wie Motivation oder Emotionen vernachlässigt oder sogar unerwähnt bleiben.

Schneider (1996) kritisiert diesen Umstand und gibt zu bedenken, dass der Erwerb von Wissen sich nicht ausschließlich über Prozesse beschreiben lässt, wie sie innerhalb der Kognitionsforschung üblicherweise mittels Mehrspeicher-Modelle beschrieben werden. Der Transformationsprozess von Informationen zu Wissenselementen wird von diesen unter Zuhilfenahme der Computermetapher als ein mehrphasiger Prozess beschrieben, bei dem Informationen aus dem Ultrakurzzeitgedächtnis erst in das Kurzzeitgedächtnis transferiert werden, wo sie weiterverarbeitet und zum Beispiel durch Wiederholen aktiv gehalten und als Wissen dem Langzeitgedächtnis zugeführt werden können (Shiffrin & Atkinson, 1969). Der Selektionsprozess, durch den entschieden wird, welche Informationen erworben werden und welche nicht, wurde in den ersten Mehrspeichermodellen nur sehr eingeschränkt behandelt. Spätere Beschreibungen der Informationsauswahl reduzieren ihn auf einen Algorithmus, womit die Komplexität des Prozesses nur ungenügend abgebildet werden kann. Schneider sieht hier insbesondere die Notwendigkeit, auch motivationale Einflussfaktoren bei der modellhaften Beschreibung zu berücksichtigen.

Gegenseitige Beeinflussung von Kognition und Motivation als Teil guter Informationsverarbeitung. Einen ersten Ansatz, kognitive und motivationale Konzepte des Wissenserwerbs zu integrieren, stellt das Modell des „Guten Informationsverarbeiters" (GIP; Pressley et al., 1989) dar. Dieses Modell ist eine Erweiterung des Modells des „Guten Strategieanwenders" (Pressley, Borkowski & Schneider, 1987), der sich durch einen reflektierten Gebrauch effizienter Prozeduren und Strategien auszeichnet. Auch dem guten Informationsverarbeiter werden positive kognitive und metakognitive Merkmale zugeschrieben. Pressley und Mitarbeiter führen an, dass ein GIP sein Denken und Verhalten plant, den Prozess und die eigene Leistung überwacht, effizient mit der Kapazität seines Kurzzeitgedächtnisses umzugehen vermag, seinen Gebrauch von Strategien und informationsverarbeitenden Prozeduren immer weiter automatisiert, sowie dass er über einen großen allgemeinen Wissensumfang verfügt und mit diesem angemessen umgehen kann. Zusätzlich zu diesen Eigenschaften verfügt ein guter Informationsverarbeiter aber auch über ein hohes Selbstvertrauen und eine hohe Selbstwirksamkeitsüberzeugung (Bandura, 1986). Er hat den Willen, seine Fähigkeiten immer weiter zu verbessern und hat den Glauben, dass diese eigene Weiterentwicklung unter seiner Kontrolle ist. Unter anderem diese motivationalen Merkmale führen wiederum dazu, dass er sein Leben und seine Umwelt auf eine Weise gestaltet, dass die Entwicklung der eigenen Fähigkeit zur Informationsverarbeitung ständig angeregt und gefördert wird.

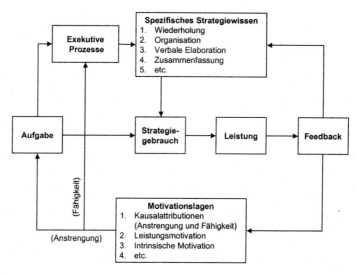

Abbildung 1: Modell des Guten Informationsverarbeiters von Borkowski und Mitarbeitern (nach Schneider, 1996, S. 124)[7]

Schneider (1996) fasst das Modell des Guten Informationsverarbeiters mit weiteren Entwicklungen der Arbeitsgruppe um Borkowski so zusammen, dass die wechselseitige Beeinflussung kognitiver, metakognitiver und motivationaler Merkmale des GIP betont wird (s. Abbildung 1). Bei der Bearbeitung einer (Lern-)Aufgabe wird über exekutive Prozesse generelles Strategiewissen genutzt, um die Merkmale der Aufgabe zu analysieren und darauf basierend spezifische Strategien auszuwählen. Die Anwendung spezifischer Strategien führt zu Leistungsergebnissen. Über eine Feedbackschleife werden Informationen über die Effizienz der Strategieanwendung dem Wissen über die Strategien zugeführt. Darüber hinaus beeinflusst Feedback die Motivation. Wird beispielsweise im Fall positiver Lernerfahrungen dieses gute Ergebnis auf die eigene Fähigkeit attribuiert, kann dies bei einer zukünftigen Bearbeitung ähnlicher Aufgaben zu einer höheren Selbstwirksamkeitsüberzeugung und Anstrengungsbereitschaft füh-

---

[7] In der Darstellung von Schneider (1996) wird ein direkter Pfad von der erbrachten Leistung auf das spezifische Strategiewissen aufgeführt. Genau genommen wird jedoch nicht die Leistung direkt, sondern die Information über die Leistung in die Wissensbasis integriert. Um die Rolle der Feedbackinformationen zu betonen, wurde in der vorliegenden Abbildung ein indirekter, über Feedback vermittelter Pfad eingezeichnet.

ren. Eine hohe Selbstwirksamkeitsüberzeugung wiederum hat überaus förderliche Effekte auf kognitive und metakognitive Aspekte des Wissenserwerbsprozesses (Kurtz & Borkowski, 1984).

Die Betonung des Modells des guten Informationsverarbeiters liegt auf der wechselseitigen Beeinflussung metakognitiver und motivationaler Eigenschaften. Die Verfügbarkeit eines umfassenden generellen und spezifischen Strategienwissens geht mit einer hohen Selbstwirksamkeitsüberzeugung und einer hohen Lernmotivation einher. Diese wiederum regt weitere Wissenserwerbsprozesse an, wodurch auch der Umfang metakognitiven Wissens erweitert wird.

Wissen über kognitive und motivationale Regulationsstrategien. Ähnlich deutlich weist Boekaerts (1997, 1999) auf die Bedeutung motivationaler Aspekte des Wissenserwerbs hin. Boekaerts geht davon aus, dass für eine erfolgreiche Regulation eigener Wissenserwerbshandlungen Vorwissen notwendig ist. Allerdings stellt sie in der entsprechenden Literatur zum selbstregulierten Lernen eine leichte Konfusion darüber fest, wie solches Vorwissen definiert werden könnte und welche Art von Vorwissen für die Selbstregulation verfügbar sein muss. In einem Sechs-Komponenten-Modell bildet sie sechs Arten von Vorwissen ab, welche prinzipiell einer Person zugänglich sind, welche jedoch nicht unbedingt in jeder Situation abrufbar sein müssen (Boekaerts, 1997). Dabei betont sie die Bedeutung motivationaler Einflüsse auf das Lernen, indem sie Wissen über Aspekte kognitiver Selbstregulation und Wissen über die Selbstregulation der Motivation gleichbedeutend nebeneinander stellt. Sie gliedert sowohl das Wissen über kognitive als auch jenes über motivationale Selbstregulation in jeweils drei Ebenen, die sie mit „domänenspezifisch", „strategisch" und „Ziele" voneinander abgrenzt.

Kognitive Regulation. Auf der untersten Ebene kognitiver Selbstregulation verkörpert die domänenspezifische Komponente konzeptuelles und prozedurales Wissen über den Inhaltsbereich, in den eine (Lern-)Aufgabe eingebettet ist. Es beinhaltet auf der einen Seite Wissen über Ideen, Fakten und Definitionen und auf der anderen Seite Wissen über Regeln und Formeln (Dochy, 1996). Der Ebene allgemeiner kognitiver Strategien der Informationsverarbeitung ordnet Boekaerts zum einen Prozesse der Aufmerksamkeitskontrolle, des Dekodierens, der Wiederholung, der Elaboration oder der Organisation zu, welche dem Erwerb konzeptuellen Wissens dienen. Zum anderen zählt sie mit Prozessen der Aktivierung und Anwendung von Regeln und der Prozeduralisierung dieses Wissens auch Strategien zum Erwerb prozeduralen Wissens zu dieser Komponente. Auf der Ebene der Ziele fasst Boekaerts unter kognitiver Selbstregulation Wissenskomponenten, die oftmals unter dem Begriff „Metakognitive Fertigkeiten" subsummiert werden (z.B. Veenman, 1993). Hierzu zählen kognitive Regulationsstrategien wie Orientierung, Planung, Ausführung, Überwachung und Reflexion, die dabei helfen, auf der Basis domänenspezifischen Wissens ein Handlungsziel aufzustellen, einen Plan zu entwerfen und diesen auszuführen.

Motivationale Regulation. Auf der untersten Ebene der motivationalen Selbstregulation platziert Boekaerts domänenspezifisches metakognitives Wissen und motivationale Überzeugungen. Dazu gehören aufgabenbezogene Überzeugungen, Einstellungen und Wertschätzungen, Wissen über die Nützlichkeit spezifischer Strategien, Kontrollüberzeugungen und Zielorientierungen. Während metakognitives Wissen dazu führen kann, dass Personen zu einem besseren Verständnis konzeptuellen und prozeduralen Wissens gelangen und den Prozess des Wissenserwerbs besser überwachen und bewerten können, helfen motivationale Überzeugungen, die Motivation aufrecht zu erhalten. Motivationsstrategien bilden die mittlere Komponente motivationaler Selbstregulation. Zu diesen Strategien zählt Boekaerts retrospektive und prospektive Attributionen im Sinne Weiners (1986), Coping-Strategien der Stressbewältigung und des Umgangs mit negativen Emotionen (Boekaerts, 1993, 1996), Anstrengungsvermeidung (Rollet, 1987) oder auch das Schaffen einer Lernintention. Auf der Ebene der Ziele werden motivationale Regulationsstrategien wie das mentale Repräsentieren der Lernintention und das Verknüpfen dieser Intention mit dem durch kognitive Regulationsstrategien entworfenen Handlungsplan gefasst. Auch das Aufrechterhalten des Gesamtplans beim Auftauchen kleinerer Probleme oder Hindernisse fällt nach Boekaerts in diese Kategorie.

Ähnlich wie bereits die Arbeitsgruppe um Borkowski betont Boekaerts die wechselseitigen Beeinflussungen und Abhängigkeiten sowohl zwischen kognitiver und motivationaler Selbstregulation als auch zwischen den jeweiligen drei Ebenen. Wissen über kognitive und über motivationale Regulationsstrategien sind miteinander verflochtene Aspekte selbstregulierten Lernens, die gemeinsam zu einem guten Teil die Wahl und den Einsatz von Strategien, das Ausmaß des betriebenen Aufwandes und die letztendlich erzielte Leistung bestimmen.

Boekaerts (1992, 1997) stellt jedoch selbst heraus, dass das Sechs-Komponenten-Modell von hauptsächlich heuristischem Wert ist, das durch die empirische Forschung nicht in allen seinen Punkten gestützt wird. Artelt (2000) gibt zu bedenken, dass die gleiche Gliederung des Wissens über kognitive und über motivationale Selbstregulation durch die drei Ebenen „Wissen", „Strategiegebrauch" und „Ziele" auch theoretisch nicht vollends haltbar ist. Leutner, Barthel und Schreiber (2001) stellen die Frage, ob angesichts der von ihnen gefundenen kognitiven und metakognitiven Anteile an der Selbstregulation der eigenen Lernmotivation die „strikte Unterscheidung kognitiver und motivationaler Regulationsstrategien sinnvoll ist" (S. 165).

Selbst-Reguliertes Lernen. Boekaerts (1999) stellt später ein entsprechend weniger differenziertes Modell vor (Abbildung 2). Ausgehend von drei Forschungsrichtungen, nämlich der Forschung zu unterschiedlichen Lernstilen, der Metakognitionsforschung und der Forschung zu Theorien des Selbst, leitet sie drei Schichten ab, die unter den Stichworten „Selbst", „Reguliert" und „Lernen" drei am Wissenserwerb beteiligte Regulationssysteme beschreiben.

Die Schicht des „Lernens" beschreibt auf der Ebene der Lernstile die Regulation des Informationsverarbeitungsmodus, welche durch die Auswahl kognitiver Strategien, ihrer Kombination und Koordination erfolgt. Metakognitive Fertigkeiten, die der „Regulations"-Schicht zugeordnet werden, helfen, den Lernprozess zu steuern. Zu ihnen zählen Aktivitäten wie Orientieren, Planen, Überwachen, Bewerten und Korrigieren (vgl. Veenman, 1993; Weinstein & Mayer, 1986). Die Schicht der Regulation des „Selbst" repräsentiert die Beziehung einer Person zu einem gesetzten Ziel und ihren Willen, dieses Ziel zu erreichen. Dies beinhaltet die Fähigkeit, innerhalb eines Prozesses die ausgeführten und auszuführenden Handlungen und zur Verfügung stehenden Ressourcen auf die eigenen Wünsche, Bedürfnisse und Erwartungen bezogen zu definieren, und die Fähigkeit, die eigenen Ziele bei ihnen entgegenstehenden Alternativen aufrecht zu erhalten.

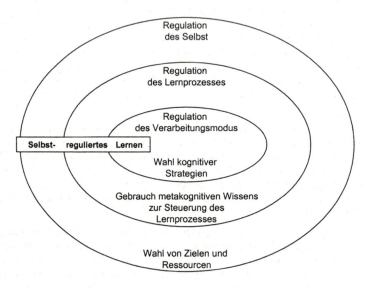

Abbildung 2: Drei-Schichten-Modell des selbstregulierten Lernens nach Boekaerts (1999, S. 449)

Mit diesem Drei-Schichten-Modell liefert Boekaerts eine anschauliche Rahmenkonzeption für die Auflistung aller am Wissenserwerb beteiligter Aspekte des Vorwissens und der Handlungsregulation. Die Trennung der drei Schichten erscheint dabei jedoch strikter als es theoretisch sinnvoll und empirisch zu stützen ist. Insbesondere der Übergang zwischen kognitiven Strategien im Sinne von Lernstilen und metakognitiven Regulationsstrategien ist eher fließend. Ebenso enthält dieses Schichtenmodell keine explizite Darstellung der Interaktionen zwischen motivationalen und (meta-)kognitiven Aspekten des Wissenserwerbs. Diese Interaktionen sind jedoch dann in dem Modell enthalten, wenn man die Schichten nicht als streng voneinander getrennte Regulationssysteme ansieht.

Empirische Stützung der theoretischen Modelle. Die Annahme der wechselseitigen Beeinflussung von Kognition und Motivation erhält unterschiedliche empirische Unterstützung. Zum Beispiel kommen Schiefele und Schreyer (1994) auf der Grundlage einer Meta-Analyse zu dem Schluss, dass eine intrinsische Lernmotivation mit der Verwendung von Tiefenverarbeitungsstrategien zusammenhängt. Bouffard, Boisvert,

Vezeau und Larouche (1995) berichten ähnliche Zusammenhänge nicht nur mit der Verwendung von Tiefenverarbeitungsstrategien, sondern zudem mit Leistungen in der Schule beziehungsweise im Studium. Inwiefern Tiefenverarbeitungsstrategien im schulischen Kontext oder im Studium als Mediatorvariablen zwischen Motivation und Lernerfolg angesehen werden können, ist jedoch fraglich (Baumert, 1993). So stellen Schiefele, Wild und Winteler (1995) fest, dass dem Lernaufwand eine deutlich größere Vermittlerrolle zugesprochen werden muss und der Strategieneinsatz diesbezüglich unbedeutend ist.

Auf der Basis eines Trainingsexperimentes konnten Leutner und Mitarbeiter (2001) zeigen, dass Personen, die an einem computerbasierten Trainingsprogramm zur Anwendung der Selbstmotivierungsstrategie „Persönlichen Nutzen verdeutlichen" teilnahmen, diese Strategie beim Bearbeiten eines eher langweiligen Chemielehrtextes tatsächlich anwandten. Damit verbunden war nicht nur eine im Vergleich zu nicht trainierten Personen höhere Motivation zu lernen (s.a. Klauer, 1982; Klein & Freitag, 1992). Leutner und Mitarbeiter finden bei trainierten Personen zudem höhere Wissenserwerbsleistungen.

Selbstwirksamkeitsüberzeugung als aufgabenspezifischer Aspekt der Lernmotivation.
Auch bei Untersuchungen, die sich auf stärker aufgabenspezifische Aspekte der Motivation wie zum Beispiel der Selbstwirksamkeitsüberzeugung beziehen, zeigt sich der Zusammenhang zwischen motivationalen und kognitiven Aspekten des Wissenserwerbs. Der Begriff „Selbstwirksamkeitsüberzeugung" beschreibt die subjektive Einschätzung der eigenen Fähigkeit, eine Vorgehensweise zur Erreichung bestimmter Ziele zu organisieren und auszuführen (Bandura, 1997; Zimmermann, 2000). Diese Einschätzung ist unter anderem von der Schwierigkeit der Anforderungen abhängig. Das Vertrauen in die eigene Fähigkeit, die gesteckten Ziele trotz der sich aufzeigenden Barrieren zu erreichen, ist abhängig von den spezifischen Anforderungen und daher weniger eine generelle Personeneigenschaften. Selbstwirksamkeitsüberzeugungen sind durch Leistungskriterien beeinflussbar, anhand derer der Erfolg oder der Misserfolg eingeschätzt wird. Normative oder andere Kriterien sind diesbezüglich weniger bedeutsam.

Selbstwirksamkeitsüberzeugungen sind aufgabenbezogene beziehungsweise anforderungsspezifische Aspekte des Selbstwertgefühls, die zu einem großen Teil für das Erreichen beziehungsweise Nicht-Erreichen des gesteckten Ziels verantwortlich sind (Graham & Weiner, 1996). Wood und Bandura (1989; Bandura & Wood, 1989) konnten zeigen, dass ein direkter Zusammenhang zwischen der Höhe der Selbstwirksamkeitsüberzeugung und der Güte der ausgewählten Strategien bei der Aufgabenbearbeitung besteht. Personen mit einer hohen Selbstwirksamkeitsüberzeugung setzen beim Personalmanagement einer simulierten Möbelschreinerei bessere analytische Strategien ein und erzielten damit bessere Leistungen. Bessere Leistungen wiederum führen zu einer höheren Selbstwirksamkeitsüberzeugung beim weiteren Umgang mit dieser Simulation. Nach Bandura (1997) finden sich indirekte Effekte der Selbstwirksamkeitsüberzeugung auf Leistung vermittelt über den Aufwand, den Personen investieren, über die Persistenz bei der Aufgabenbearbeitung und über die Höhe der Ziele, die sie sich setzen. Bouffard-Bouchard, Parent und Larivee (1991) führen an, dass Personen mit einer hohen Selbstwirksamkeitsüberzeugung ein besseres Monitoringverhalten zeigen. Solche Personen halten besser die geplanten Bearbeitungszeiten ein, sind hartnäckiger, laufen weniger Gefahr, korrekte Hypothesen voreilig zu verwerfen und sind besser im Lösen konzeptueller Probleme. Zudem bestimmt die Selbstwirksamkeitsüberzeugung die Kriterien, anhand derer die Ergebnisse von Monitoring-Prozesses bewertet werden (Zimmermann & Bandura, 1994).

Ähnliche Befunde berichten Vollmeyer und Rheinberg (1998; Vollmeyer et al., 1997), die jedoch den ihrer Meinung nach irreführenden Begriff der „Selbstwirksamkeitsüberzeugung" ablehnen und durch die Begriffe „Erfolgszuversicht" beziehungsweise „spezifische Erfolgserwartung" ersetzen. Sie verwenden diese Bezeichnungen, da ihrer Meinung nach durch die übliche Erfassung der Selbstwirksamkeitsüberzeugung weniger diese als eine aufgabenbezogene Erfolgszuversicht beziehungsweise Erfolgserwartung abgebildet wird. (Zur Kritik an der Erfassung von Selbstwirksamkeitsüberzeugung siehe Eastman & Marziller, 1984; Meyer, 1984; Rheinberg, Vollmeyer & Lehnik, 2000). Mittels Pfadanalysen demonstrieren sie, dass eine anfangs hohe Erfolgszuversicht vermittelt über eine hohe anstrengungsfreie Konzentration und vermittelt über die Anwendung einer systematischen Strategie zu höheren Leistungen führen kann (Vollmeyer & Rheinberg, 1998). In weiteren Untersuchungen gehen sie stärker auf die Motivationsentwicklung während der Aufgabenbearbeitung ein und finden Hinweise, dass eine hohe allgemeine Erfolgszuversicht und insbesondere ein hohe spezifische Erfolgserwartung den motivationalen Zustand während der Wissenserwerbsaufgabe positiv beeinflussen, was wiederum zu einem strategischeren Vorgehen und zu einem höheren Wissenserwerb führen kann (Rheinberg et al., 2000).

Fazit. Es lässt sich festhalten, dass sowohl aufgrund theoretischer Modellbildungen als auch aufgrund empirischer Untersuchungen motivationalen Regulationsstrategien dieselbe Bedeutung für den selbstregulierten Wissenserwerbsprozess zugeschrieben werden muss wie kognitiven und metakognitiven Strategien. Kognitive und motivationale Aspekte der Lernprozessregulation beeinflussen sich gegenseitig. Es kann aufgrund der Untersuchungen zum Konzept der Selbstwirksamkeitsüberzeugung und ähnlichen Konstrukten davon ausgegangen werden, dass insbesondere aufgabenspezifischen Motivationsfaktoren eine entscheidende Rolle bei der Auswahl anzuwendender kognitiver Strategien, bei der Zielsetzung, beim Ausmaß investierter Anstrengung und der gezeigten Persistenz zukommt.

2.6 Zusammenfassung

Im Rahmen dieser Arbeit werden Handlungsprozesse betrachtet, die bewusst auf den Erwerb von Wissen gerichtet sind. Damit soll die Möglichkeit inzidentellen Lernens nicht prinzipiell ausgeschlossen werden. Ein solcher unbewusster Lernprozess ist jedoch nicht Gegenstand dieser Untersuchung.

Lernen kann als der Erwerb von deklarativem und prozeduralem Sach- und Handlungswissen verstanden werden. Der Wissenserwerb erfolgt durch einen konstruktiven Prozess, dessen Gestaltung die lernende Person verantwortet. Während des Lernprozesses müssen zwei zentrale Ziele verfolgt werden. Zum einen müssen die zu erwerbenden Informationen identifiziert werden. Zum anderen müssen diese Informationen so in die eigene Wissensstruktur integriert werden, dass ihr möglichst sicherer und kognitiv möglichst wenig aufwändiger Abruf gewährleistet wird.

Eine erfolgreich lernende Person gestaltet den Wissenserwerbsprozess planvoll und systematisch. Das setzt voraus, dass die Person dazu in der Lage ist, aus einem entsprechendem Repertoire an Lernstrategien und -techniken zur Sammlung, Aufnahme, Speicherung und Nutzung neuer Informationen auszuwählen und diese anzuwenden. Die Forschung zum selbstregulierten Lernen beschreibt eine Vielzahl hilfreicher Strategien und Techniken, die meist mit fragebogenbasierten Verfahren erfasst werden. Direkt informationsverarbeitende Strategien, die in dieser Tradition beschriebenen werden, haben jedoch fast ausschließlich die Integration identifizierter Informationen zum Ziel. Identifikationsstrategien werden wenig berücksichtigt. Im Gegensatz dazu beschäftigen sich Ansätze, die entdeckendes Lernen in wissenschaftlichen Domänen beschreiben, hauptsächlich mit systematischen Identifikationsstrategien, die sich auch in nicht-wissenschaftlichen Inhaltsgebieten anwenden lassen. Insbesondere dem Aufstellen und Testen von Hypothesen wird in diesem Zusammenhang eine hohe Bedeutung beigemessen.

Ein solches Hypothesenbilden und -testen ist insbesondere beim interaktiven Lernen gefordert, bei dem durch möglichst systematische Veränderungen neue Informationen generiert, identifiziert und entsprechend verarbeitet werden müssen. Die hierfür zu erbringenden induktiven Denkleistungen führen dazu, dass diesem Aspekt der Intelligenz eine entscheidende Rolle beim Lernen zukommt. Einige Autoren sprechen sich darüber hinausgehend dafür aus, dass auch zwischen metakognitiven Aspekten des Lernens und allgemeiner Intelligenz zumindest moderate Zusammenhänge bestehen.

Die Möglichkeiten zur Hypothesenbildung sind in beträchtlichem Maße abhängig von dem Ausmaß und der Qualität des verfügbaren Wissens, das die Basis für schlussfolgernde Denkprozesse bietet. Zu Beginn des Lernprozesses besteht dieses Wissen zu einem großen Teil aus aktiviertem Vorwissen, wodurch das Vorwissen den Wissenserwerb zumindest am Anfang deutlich mitbestimmt. Jedoch kann nur von tatsächlich aktiviertem Vorwissen ein Effekt ausgehen. Träges Wissen, welches zwar in der Lernsituation hilfreich wäre, aber nicht abgerufen wurde, hat keinen Effekt. Ebenso muss aktiviertes Vorwissen nicht immer hilfreich sein. Aktiviertes Vorwissen, das die reale Lernsituation nicht korrekt abbildet, kann den Lernprozess auch eher behindern.

Neben den kognitiven Faktoren des Lernens wie der Fähigkeit zum schlussfolgernden Denken und dem mehr oder weniger bereichsspezifischen Vorwissen über Sachverhalte und Handlungsalternativen tragen auch motivationale Faktoren zum Erfolg oder auch Misserfolg des Lernens bei. Dabei ist von einer wechselseitigen Beeinflussung zwischen (meta-)kognitiven und motivationalen Wissenserwerbsaspekten auszugehen. So zeigt sich gerade bei aufgabenbezogenen Aspekten der Motivation, wie zum Beispiel der Selbstwirksamkeitsüberzeugung beziehungsweise der Erfolgszuversicht, ein deutlicher Einfluss auf die Auswahl systematischer Lernstrategien. Systematisches Lernen führt wiederum zu Lernergebnissen, die als Feedbackinformationen auch die motivationale Lage der lernenden Person beeinflussen.

Lernen ist ein Prozess. Lernen findet nicht zu einem Zeitpunkt statt, sondern während einer Zeitspanne. Innerhalb dieser Zeitspanne ändert sich nicht nur das Wissen der lernenden Person. Es ändern sich in dem Zusammenhang auch die Anforderungen, die Lernziele und damit auch die Handlungsweisen, die für die Zielerreichung ausgeführt werden sollten. Auch die Stärke der Effekte von Lernhandlung ändert sich in Abhängigkeit von bereits erworbenem Wissen. Während zu Beginn große Lernforschritte mit relativ wenig Einsatz zu erzielen sind, ist mit steigender Expertise selbst mit einem hohen Aufwand nur noch ein geringer positiver Effekt auf die Lernleistung im Sinne sicher und leicht abrufbarem Wissen zu erreichen.

3 Fragestellungen

Der Wissenserwerbsprozesses muss im Verlauf der Zeit aufgrund der sich ändernden Wissensstruktur, aufgrund der sich ändernden situationalen Lernbedingungen oder auch aufgrund der sich ändernden persönlichen Ressourcen wie zum Beispiel einer schwindenden Aufmerksamkeit immer wieder auf neue Ziele und/oder Teilziele ausgerichtet werden. Je mehr eine Person über einen Inhaltsbereich weiß, desto weniger wird sie gegebenenfalls darauf Wert legen, noch mehr Informationen zu erhalten und stattdessen dafür Sorge tragen wollen, dass sie ihr verfügbares Wissen nutzvoll miteinander kombinieren und einsetzen kann. Ist sie sich ihres Wissens und seiner Anwendbarkeit sicher, wird sie eventuell überprüfen wollen, ob es doch noch weitere Informationen über diesen Inhaltsbereich zu entdecken gibt oder ob sie über wirklich alle wissenswerten Informationen verfügt. Oder die lernende Person versucht zu Beginn, sich einen ersten Gesamtüberblick über den Inhaltsbereich zu verschaffen, um später nur noch über einen spezifischen Teilbereich tiefergehendes Wissen zu erwerben. Die Lernziele sind vielfältig und variieren intra- wie interindividuell von Lernsituation zu Lernsituation. In Abhängigkeit von den aufgestellten und sich verändernden Lernzielen variieren auch die Handlungen, die zu ihrer jeweiligen Erreichung durchgeführt werden.

Lernziele und Lernhandlungen sind Teil und Ausdruck der zugrunde liegenden Regulation des Wissenserwerbsprozesses. Dieser Prozess ist selbstreguliert, wenn eine Person selbst bestimmt, welche Lernziele sie durch welche Lernhandlungen erreichen will. Die Unterschiedlichkeit verschiedener selbstbestimmter Lernprozesse ergibt sich dann aus der individuellen Fähigkeit, einen Lernprozess so zu regulieren, dass er möglichst optimal an die spezifischen Besonderheiten der Lernsituation angepasst ist. Gerade aus der Unterschiedlichkeit verschiedener Lernprozesse erwächst jedoch die Frage, ob es auch Gemeinsamkeiten zwischen Lernprozessregulationen gibt, die über Personen und Situationen hinweg als mehr oder weniger allgemeingültig angesehen werden können. Damit verbunden ist die Frage nach generellen Zielen, die im Verlauf eines jeden Lernprozesses verfolgt werden.

Bezogen auf reine Lernziele, also direkte Ziele der Informationsverarbeitung, können in Anlehnung an die Unterscheidung zwischen Primärstrategien des Problemlösens und Primärstrategien des Wissenserwerbs von Fiedrich und Mandl (Dansereau, 1985, 1992) auf einer allgemeinen Ebene zwei qualitativ unterschiedliche Lernziele angenommen werden (vgl. Tabelle 2, Abschnitt 2.2). Auf der einen Seite müssen zu erlernende Informationen identifiziert werden. Zum anderen muss dafür Sorge getragen werden, dass Informationen in die Wissensstruktur integriert werden, sodass sie später sicher und leicht abgerufen werden können. In der vorliegenden Arbeit wird davon ausgegangen, dass diese beiden allgemeinen Lernziele bei jedem Prozess verfolgt werden, durch den etwas gelernt wird. Werden keine Informationen identifiziert, können keine Informationen gelernt werden. Werden Informationen nicht integriert, stehen sie zu späteren Anlässen nicht zur Verfügung, weshalb auch in einem solchen Fall nicht von einem Erwerb von Wissen gesprochen werden kann. Beim Lernen besteht somit die Notwendigkeit, den Prozess des Wissenserwerbs so zu regulieren, dass beide

Ziele möglichst gut umgesetzt werden. Wie der Lernprozess im Allgemeinen gestaltet wird, um beide Ziele angemessen aufeinander abzustimmen, und welche Merkmale dabei einen erfolgreichen gegenüber einem weniger erfolgreichen Regulationsverlauf auszeichnen, sind die zentralen Fragen der vorliegenden Arbeit.

Frage nach einer generellen Verlaufsform der Lernprozessregulation. Das Verfolgen von zwei Zielen bedarf einer Regulation, die den zeitlichen Ablauf beim Verfolgen dieser beiden Ziele festlegt. Betrachtet man den theoretischen Fall, dass nur eine einzige Information identifiziert und in die persönliche Wissensstruktur integriert werden soll, ergibt sich die zeitliche Gestaltung des Prozesses automatisch. Eine Information muss immer zuerst identifiziert worden sein, damit sie für eine Integration überhaupt verfügbar ist. Selbstregulative Aspekte des Lernprozesses beziehen sich in diesem Fall nur auf die Auswahl der geeigneten Handlungen zur Identifikation und Integration, eine zeitliche Koordination dieser Handlungen ist weder nötig noch möglich. Beim Erwerb von Wissen über einen komplexeren Inhaltsbereich mit einer Vielzahl zu erlernender Informationen sind hingegen unterschiedliche zeitliche Abstimmungen der Zielsetzungen denkbar. Sobald eine Person eine oder mehrere lernenswerte Informationen identifiziert hat, muss sie fortwährend selbst entscheiden, ob sie diese Information(en) durch entsprechende Lernhandlungen erst so integriert, dass ihre spätere Abrufbarkeit gewährleistet ist, oder ob sie es vorzieht, noch weitere neue Informationen zu identifizieren. Diese Entscheidungen sind von einigen Faktoren abhängig, wie zum Beispiel der Anzahl an Informationen, die bereits identifiziert wurden, den individuellen Möglichkeiten, Informationen aktiv im Arbeitsgedächtnis verfügbar zu halten, oder auch der Qualität und dem Umfang von bereits erworbenem Wissen. Daraus ergeben sich sowohl interindividuelle Unterschiede in der Selbstregulation beim Erlernen desselben Gegenstandes als auch intraindividuelle Differenzen beim Erwerb von Wissen über unterschiedliche Bereiche. Trotz beziehungsweise gerade wegen dieser Unterschiede ist es das Anliegen der vorliegenden Arbeit, nach einer Prozesscharakteristik zu suchen, welche die Selbstregulation von Lernprozessen allgemeingültig beschreibt.

Dabei wird davon ausgegangen, dass zu Beginn des Wissenserwerbsprozesses das Ziel, neue Informationen zu identifizieren, in den Vordergrund gestellt wird und dass die Integration am Anfang eine eher geringere Bedeutung für die Handlungsregulation besitzt. Je mehr Informationen aber identifiziert wurden, desto mehr sollte das Integrieren der Informationen an Wert gewinnen. Ab einem gewissen Punkt der Integration wird jedoch der Zugewinn an Sicherheit und Leichtigkeit des Informationsabrufs immer geringer, beziehungsweise es muss dafür ein zunehmend höherer Integrationsaufwand betrieben werden. Dies kann bei umfangreichen und komplexen Wissensgebieten dazu führen, dass die zur Verfügung stehenden Ressourcen ab diesem Punkt nicht mehr hauptsächlich für einen (immer geringer werdenden) Integrationsgewinn verwendet, sondern wieder vermehrt auf das Identifizieren von Informationen gelenkt werden. In Bereichen, über die aufgrund ihres Umfangs und ihrer Komplexität nie vollständiges Wissen erreicht werden kann, ist es ein durchaus sinnvolles Vorgehen, weiter Informationen zu identifizieren, nachdem ein ausreichend großer Grundstamm an Informationen ausreichend sicher und leicht abrufbar integriert wurde. Das Ziel, Informationen zu identifizieren, wird nur dann bedeutungslos, wenn eine Person zu der Einschätzung kommt, alles über einen bestimmten Bereich gelernt zu haben. Eine solche Einschätzung ist jedoch umso unwahrscheinlicher, je komplexer und umfangreicher der Lerngegenstand ist.

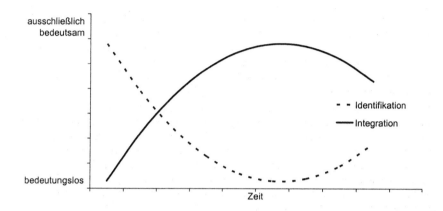

Abbildung 3: Annahme über die Bedeutung von Identifikations- und Integrationszielen für die selbstbestimmte Lernprozessregulation

Abbildung 3 stellt diese Annahmen über die Regulation des Lernprozesses in Form von Zielsetzung mit sich gegenläufig verändernder Bedeutung grafisch dar. Das primäre Anliegen der vorliegenden Arbeit besteht in der Überprüfung, ob eine solche Art der (Selbst-)Regulation des Lernprozesses als allgemeingültig angesehen werden kann. Dabei soll nicht die Gültigkeit einer spezifischen mathematischen Funktion für die Beschreibung im Vordergrund stehen (wie beispielsweise bei der Diskussion um die Gültigkeit des Potenzgesetzes des Übens, vgl. Abschnitt 2.4). Vielmehr beschränken sich die Annahmen darauf, dass das Identifizieren neuer Informationen zunächst immer mehr an Bedeutung verliert, dass der Verlauf dieser Veränderung jedoch nicht linear ist und sich beim Lernen umfangreichen Wissens durchaus wieder in ein positives Wachstum umkehren kann. Zum anderen wird für die Bedeutung des Integrierens ein gegenteiliger Verlauf für die Lernregulation angenommen.

Frage nach Unterschieden zwischen den Verlaufsformen erfolgreicher und weniger erfolgreicher Lernprozessregulationen. Neben dieser Überprüfung genereller Merkmale der Selbstregulation stellt sich aber auch die Frage nach interindividuellen Unterschieden in den Regulationsverläufen und damit nach der Beschreibung von Merkmalen, die eine erfolgreiche Lernregulation gegenüber einer weniger erfolgreichen auszeichnen. Eine erfolgreiche Lernregulation führt zu einem umfassenden Satz an Informationen, die nicht nur eindeutig und korrekt den Realitätsbereich abbilden, sondern später auch leicht und sicher abgerufen werden können. Für ein umfassendes und eindeutiges Wissen muss das Identifizieren von Informationen stark vorangetrieben werden. Je mehr Wert gerade zu Beginn des Prozesses auf das Identifizieren gelegt wird, desto eindeutiger, korrekter und umfassender sollten erlernenswerte Informationen verfügbar werden. Diese Informationen müssen dann jedoch durch einen starken Wechsel in der Zielsetzung für spätere Gelegenheiten abrufbar gemacht werden. Der Lernprozess muss immer stärker auf das Integrieren der Informationen ausgerichtet werden. Ab einem gewissen Punkt bewirken weitere integrierende Lernhandlungen jedoch nur noch sehr wenig Zugewinn an Sicherheit und Leichtigkeit des Abrufs. Für eine erfolgreiche Lernprozessregulation ist zu vermuten, dass dieser Punkt schneller erreicht wird als bei einem wenig erfolgreich regulierten Lernprozess. Insofern sollte sich eine erfolgreiche Lernprozessregulation auch durch eine frühere und deutlichere Wiederausrichtung auf identifizierende Ziele auszeichnen.

Diesen Überlegungen zufolge sollte sich also eine erfolgreiche Lernprozessregulation zum einen durch eine anfänglich deutlichere Ausrichtung auf das Identifizieren von Informationen von einer weniger erfolgreichen Regulation unterscheiden. Dafür sollte das Lernen später umso stärker das Integrieren von Informationen zum Ziel haben. Dieser Wechsel fällt umso ausgeprägter aus, je mehr Bedeutung dem Ziel zu identifizieren zu Beginn des Prozesses gegeben wird und je bedeutsamer im Verlauf das Ziel zu integrieren wird. Zudem ist davon auszugehen, dass bei einer erfolgreichen Lernprozessregulation ein Punkt erreicht wird, ab dem das Identifizieren erneut in den Vordergrund gerückt wird. Bei einem weniger erfolgreich regulierten Lernprozess ist diese Rückkehr zur anfänglichen Zielsetzung erst zu einem späteren Zeitpunkt zu erwarten.

Frage nach Faktoren, die die Verlaufsform der Lernprozessregulation beeinflussen. Neben der Frage nach einer allgemeingültigen Verlaufsform der Lernregulation und den Merkmalsausprägungen, die einen erfolgreichen von einem weniger erfolgreichen Lernprozess unterscheiden, soll im Rahmen der vorliegenden Arbeit auch auf Faktoren eingegangen werden, von denen angenommen wird, dass sie zu interindividuellen Unterschieden in der Prozessgestaltung führen und über Quantität und Qualität des erworbenen Wissens (mit-)entscheiden. In der vorliegenden Arbeit wird hierbei insbesondere Unterschieden in den kognitiven Grundfähigkeiten eine bedeutende Rolle zugeschrieben. Die Annahme, wie sie in Abbildung 3 dargestellt ist, bezieht sich auf die Regulation direkt informationsverarbeitender Lernprozesse. Insofern sollte die individuelle kognitive Grundfähigkeit zur Verarbeitung von Informationen die Regulation des Lernprozesses deutlich prägen. Auch metakognitive Aspekte des Wissenserwerbsprozesses beruhen letzten Endes auf der Möglichkeit, über schlussfolgerndes Denken zu Entscheidungen und Zielsetzungen zu gelangen, an denen sich die Prozessregulation orientieren kann. Insofern wird angenommen, dass zumindest moderate Zusammenhänge zwischen der Fähigkeit zum induktiven Denken und der Selbstregulation des Lernprozesses bestehen.

Als weiterer kognitiver Faktor, der einen Einfluss auf den Lernprozess und seine Regulation hat, wird das aktivierte Vorwissen angesehen. Vorwissen kann genutzt werden, um Hypothesen zu bilden und systematisch Informationen zu identifizieren. Es bildet darüber hinaus auch die erste Basis, in die identifizierte Informationen integriert werden können. Im weiteren Verlauf der Arbeit soll deshalb unter anderem auch beleuchtet werden, inwiefern der Wissenserwerbsprozess und seine selbstregulierte Gestaltung von der Art und dem Umfang von Vorwissen zumindest zu Beginn des Prozesses berührt sind. Dabei soll ein besonderes Augenmerk auf die gegenseitigen Abhängigkeiten zwischen Vorwissen, erworbenem Wissen und den kognitiven Grundfähigkeiten gerichtet werden. Der von Elshout (1987) und Raaheim (1988) berichtete kurvilineare Zusammenhang zwischen dem Einfluss der Intelligenz auf Leistungen und dem Umfang verfügbaren Wissens bezieht sich auf die Fähigkeit, komplexe Probleme zu lösen. Leistung definieren sie als Problemlöseerfolg. Im Rahmen der vorliegenden Arbeit soll in Anlehnung an diese Befunde geprüft werden, ob ein gleiches Zusammenhangsmuster auch in Bezug auf den Erfolg einer Lernprozessregulation zu finden ist.

Neben diesen kognitiven Faktoren wird im Rahmen der vorliegenden Arbeit auf das Zusammenspiel aufgabenbezogener Motivation in Form der eigenen Kontrollüberzeugung und der Selbstregulation des Lernprozesses eingegangen. Auf der Grundlage des Modells des Good Information Processors und dem Modell des selbstregulierten Lernens von Boekaerts (s. Abschnitt 2.5.3) wird dabei von einem gegenseitigen Einfluss von Kontrollüberzeugung und Lernprozessregulation ausgegangen. Demnach führte ein adäquat regulierter Lernprozess zu einer höheren aufgabenspezifischen Kontrollüberzeugung. Diese wiederum sollte die Wahl der Strategie und damit verbunden die Festlegung zu verfolgender Lernziele beeinflussen. Jedoch muss auch dieses Wechselspiel vor dem Hintergrund des verfügbaren Vorwissens und des erworbenen Wissens gesehen werden. Daher wird weniger auf die Frage eingegangen, ob dieser in der Literatur dokumentierte Zusammenhang zwischen einer aufgabebezogenen Kontrollerwartung und der Lernprozessregulation besteht. Vielmehr soll überprüft werden, in welchem Ausmaß dieser motivationale Aspekt die Güte der Regulation zusätzlich zum verfügbaren (Vor-)Wissen beeinflussen kann.

Anforderungen an die Erfassung selbstregulierter Lernprozesse. Um den aufgeworfenen Fragen nachgehen zu können, sind in erster Linie zwei Probleme zu lösen, die im Zusammenhang mit der Erfassung von Aspekten der Selbstregulation von Lernprozessen stehen. Zum einen muss eine Lernumgebung konstruiert werden, die auf der einen Seite die Regulation des Lernprozesses vollständig der lernenden Person überlässt. Auf der anderen Seite muss es innerhalb dieser Umgebung möglich sein, den Lernprozess beziehungsweise seine Regulation valide und reliabel zu erfassen.

Zum anderen muss dafür ein Maß definiert werden, anhand dessen die Art (Identifikation oder Integration) und die Bedeutsamkeit der Ziele eingeschätzt werden können, die während des Lernprozesses verfolgt werden. Ein solches Maß muss außerdem dazu in der Lage sein, Veränderungen in der Art und der Bedeutsamkeit der Ziele abzubilden. Es ist demzufolge ein Prozess-Maß gefordert, mit dessen Hilfe diese beiden Aspekte und ihr sich im Laufe der Zeit ändernder Einfluss auf die Lernprozessregulation erfasst werden können.

4 Erfassung selbstregulierter Wissenserwerbsprozesse

Ausblick auf Kapitel 4. Im folgenden Kapitel 4 wird zuerst auf bereits verfügbare Ansätze zur Erfassung selbstregulierter Lernprozesse eingegangen, und diese werden dahingehend bewertet, ob sie eine solche Erfassung gewährleisten. Auf der Kritik an den bestehenden Verfahren aufbauend wird daran anschließend ein eigener Ansatz zur Beschreibung des Verlaufs selbstregulierter Lernprozesse vorgestellt. Im Mittelpunkt dieses Ansatzes steht eine komplexe und dynamische Lernumgebung, die aus der psychologischen Forschung zum komplexen Problemlösen entliehen wurde. Für die Erfassung des selbstregulierten Erwerbs von Wissen über dieses System wurde ein verhaltensbasiertes Maß entwickelt, das Aufschluss über die Art und die Bedeutsamkeit des verfolgten Lernziels gibt. Mit Hilfe dieses Maßes können die Veränderungen in den Zielsetzungen und in der Bestimmtheit, mit der die sich ändernden Ziele verfolgt werden, modelliert werden. Damit wird die Beschreibung von Verlaufsmerkmalen einer selbstbestimmten Lernprozessregulation möglich. Es können Unterschiede zwischen erfolgreichen und weniger erfolgreichen Regulationsverläufen aufgedeckt werden, und es können genaue Analysen der Abhängigkeiten zwischen der Lernprozessregulation und anderen Faktoren wie vorangegangene Lernerfahrungen, kognitiven Grundfähigkeiten oder motivationalen Aspekten durchgeführt werden.

Ein wesentliches Anliegen von Untersuchungen zum selbstregulierten Wissenserwerb besteht im Identifizieren von Merkmalen, die die Interaktion einer Person mit einem Lerngegenstand beschreiben. In diesem Zusammenhang wurden in den letzten Jahrzehnten unterschiedlichste Verfahren zur Erfassung dieser Merkmale entwickelt, wobei sowohl bezüglich der Definition der erfassten Merkmale als auch bezüglich des eingesetzten Testformats zum Teil deutlich unterschiedliche Wege eingeschlagen wurden. Die Spanne untersuchter Merkmale geht von domänenspezifischen Lerntechniken bis hin zu allgemeinen Lernstilen und Prädisposition (vgl. Abschnitt 2.2). Diese werden mit Fragebogen, Videografien, lautem Denken und einer weiteren Anzahl unterschiedlicher Arten von Tests und Verfahren erhoben.

Drei Dimensionen von Testformaten. Um die unterschiedlichen Testformate einstufen und vergleichen zu können, werden im Folgenden Bewertungen auf drei Dimensionen vorgenommen. Eine erste Klassifizierung erfolgt in Bezug auf die Dynamik der Verfahren. Bei statischen Verfahren wie zum Beispiel Fragebogen findet keine Interaktion zwischen der Person und dem Erhebungsinstrument statt, wohingegen dynamische Verfahren auf die Handlungen der Person mit Feedback oder Interventionen reagieren. Damit verknüpft sind meist auch Unterschiede im Zeitpunkt der Erfassung. Während zum Beispiel die dynamische Methode des lauten Denkens direkt während des Lernprozesses Daten erhebt, werden statische Lernstrategiefragebogen erst zeitlich versetzt, meist nach Abschluss des Lernens oder einzelner Lernabschnitte eingesetzt. Auf einer zweiten Dimension zeigen sich Unterschiede in der Möglichkeit zur selbstbestimmten Regulation des erfassten Lernprozesses. Während die Prozesskontrolle bei den meisten computerbasierten Simulationsverfahren in den Händen der lernenden Person liegt, ist der Lernprozess zum Beispiel im Falle von Lernpotenzialtests stark von der testdurchführenden Person (oder dem testdurchführenden Computer) abhängig und somit stärker fremdbestimmt. Die dritte Dimension zielt auf das Format der erhobenen Daten ab. Hierbei können Tests, die Verbaldaten erzeugen, von Tests, die ausschließlich Verhaltensdaten erfassen, voneinander abgegrenzt werden.

Diese drei Bewertungsdimensionen sind arbiträre Festlegungen. Sie erheben weder den Anspruch gegenseitiger Unabhängigkeit noch den einer hierarchischen Ordnung. Sie dienen lediglich als Raster bei der Darstellung der unterschiedlichen Verfahrensarten zur Erfassung verschiedener Aspekte von Lernprozessen. Im Folgenden wird eine erste Unterteilung zwischen statischen und dynamischen Verfahren vollzogen (Abschnitt 4.1). Weiter werden innerhalb der dynamischen Verfahren auf der Dimension der Selbstregulation Lernpotenzialtests (Abschnitt 4.2.1) von den übrigen dynamischen Tests abgegrenzt. Bei letzteren wird auf der Dimension des Datenformats die Methode des lauten Denkens (Abschnitt 4.2.2) von computerbasierten Methoden (Abschnitt 4.2.3) unterschieden.

Nach der Beschreibung existierender Verfahren zur Erfassung selbstregulierter Lernprozesse und der Bewertung der unterschiedlichen Probleme, mit denen diese Verfahren zu kämpfen haben, wird in Abschnitt 4.3 der eigene Ansatz vorgestellt, innerhalb dessen ein dynamisches Verfahren zur direkten Erfassung selbstbestimmter Lernprozessregulationen auf der Basis von Verhaltensdaten entwickelt wurde. Und es wird gezeigt, inwiefern durch diese Vorgehensweise die Probleme anderer Verfahren gelöst oder umgangen werden.

4.1 Statische Verfahren

Während erste Fragebogenentwicklungen die Erfassung von Lerntechniken zum Gegenstand hatten (z.B. Brown & Holtzman, 1967), erheben neuere Lernstrategiefragebogen den Anspruch, darüber hinaus auch Lernstrategien und Lernstile abzubilden. Wild und Schiefele (1993) teilen diese Verfahren in Anlehnung an Biggs (1993) danach ein, ob sie durch ein „induktives" oder ein „deduktives" Vorgehen konstruiert wurden. Induktive Verfahren, für welche die Autoren als Beispiele den „Study Process Questionaire" (SPQ) von Biggs (1978, 1979) und das „Approaches to Studying Inventory" (ASI) von Entwistle (1988; Entwistle & Ramsden, 1983) aufzählen, werden auf der Grundlage qualitativer Interviewanalysen entworfen. Die Analysen zielen auf Definitionen recht umfassender Maße für Lernorientierungen, Lernzugänge („approaches to learning"; Biggs, 1978, 1979; Entwistle, 1988; Marton & Säljö, 1976a, 1976b) beziehungsweise Lernstilen. Sie haben den Vorteil, sich stärker an konkreten Lerngelegenheiten zu orientieren und somit den Lernprozess mit plausiblen und realistischen Items zu erfragen. Wild und Schiefele (1993) geben aber zu bedenken, dass diese Verfahren eine angemessene lerntheoretische Verankerung vermissen lassen und dadurch schwer interpretierbar und generalisierbar sind. Im Gegensatz dazu sind deduktive Verfahren stark auf die Operationalisierung theoretischer Konstrukte und Kategorien bedacht, wodurch allerdings die ökologische Validität der Daten eingeschränkt wird. Den deduktiven Verfahren können zum Beispiel das „Learning and Study Strategies Inventory" (LASSI) von Weinstein (1987; Weinstein, Zimmermann & Palmer, 1988) oder der „Motivated Strategies for Learning Questionaire" (MSLQ) von Pintrich, Smith, Garcia und McKeachie (1991) zugeordnet werden. Letzterer wurde ins Deutsche in Form des „Inventar zur Erfassung von Lernstrategien im Studium" (LIST; Wild & Schiefele, 1993) übertragen. Deduktive Verfahren haben ihre theoretische Heimat im Informationsverarbeitungsmodell des Lernprozesses von Pintrich (1989; Weinstein & Mayer, 1986). Auf dieser Basis werden Items konstruiert, mit deren Hilfe Lernstrategien und Lerntechniken abgefragt werden sollen. Darüber hinaus enthält der LASSI neben den kognitiven Aspekten des Lernens auch drei Skalen zu den affektiven Merkmalen des Lernprozesses. Der MSLQ erweitert seine Batterie kognitiver Lernstrategiefragen um Skalen der extrinsischen und intrinsischen Lernmotivation.

Wissen über Lernstrategien und ihre Anwendung. Die Erfassung des Wissenserwerbsprozesses anhand von Lernstrategiefragebogen ist unabhängig von der Vorgehensweise bei ihrer Konstruktion mit Validitätsproblemen behaftet. Aufgrund des statischen Charakters von Fragebogen und der damit zusammenhängenden meist zeitfernen Erfassung des Lernprozesses ist es sehr fraglich, ob mit Fragebogen tatsächlich Daten über einen Lernprozess und seine Regulation erhoben werden können. Fragebogenangaben haben eher die Qualität retrospektiver Selbstaussagen und sind damit weniger geeignet, ein konkretes Lernverhalten zu erfassen. Vielmehr kann mit Hilfe von Lernstrategiefragebogen auf Wissen über Lernstrategien und auf eine Disposition beim Lernen geschlossen werden. Wie dieses Wissen in einer konkreten Lernsituation genutzt wird, wie sich eine Disposition in konkretem Lernverhalten ausdrückt und wie der Lernprozess reguliert wird, ist jedoch von einer Vielzahl von Faktoren abhängig, die nicht umfassend bekannt und kontrollierbar sind. Hierin ist sicherlich ein Grund für die häufig nur sehr geringen Zusammenhänge zwischen per Fragebogen erhobenen Lernstrategien und konkretem Lernerfolg zu sehen (Biggs, 1993).

Statisches Testformat. Das statische Testformat von Fragebogen und Inventaren erfordert, dass Personen ihren eigenen Lernprozess mit ebenfalls statischen Angaben einordnen müssen. Es findet keine Interaktion zwischen der Person und dem Fragebogen statt. Das Ausfüllen eines Fragebogens beinhaltet nur sehr geringe Lernanteile, weshalb Lernen nicht zeitgleich mit dem Ausfüllen eines Fragebogens erfahrbar ist. Für die Beantwortung der Items muss über einen vorherigen Lernprozess reflektiert werden. Lompscher (1994, 1998) spricht von der „Reflexionsebene", auf der erhoben wird, was auf der „Handlungsebene" gezeigt wird beziehungsweise diese mit bedingt. Daraus resultieren ernsthafte Validitätsprobleme. Es gibt keine Garantie, dass Personen tatsächlich das Verhalten zeigen beziehungsweise gezeigt haben, das sie im Fragebogen, zeitlich von ihrem Lernverhalten entkoppelt, angeben (vgl. Kardash & Amlund, 1991; Wild & Schiefele, 1993). Um die Items von Lernstrategiefragebogen zu beantworten, muss eine Person über ihr eigenes Verhalten reflektieren. Daraus folgt, dass eine Person dafür über einen gewissen Umfang an Lernstrategiewissen verfügen muss, um die Items angemessen beantworten zu können. Die Bewertung des eigenen Lernverhaltens erfolgt in Abhängigkeit von der Qualität und dem Umfang des Wissens, weshalb das gleiche Verhalten interindividuell sehr unterschiedlich eingestuft werden kann.

Kontextuelle Entkopplung deduktiver Verfahren. Neben der zeitlichen Trennung von Lernsituation und Erhebung muss gerade bei deduktiv konstruierten Verfahren zudem eine mehr oder weniger starke kontextuelle Entkopplung angenommen werden. Fragebogen wie der LIST oder das LASSI erheben Lernstrategien in Bezug auf beliebiges Lernmaterial. Ob aufgrund der resultierenden, recht abstrakten Angaben valide auf konkretes Lernverhalten beziehungsweise seine zugrunde liegende Regulation geschlossen werden kann, ist fraglich. Bei deduktiven Verfahren kommt erschwerend hinzu, dass aufgrund allgemeiner Vorstellungen vom Lernen Fragen und Antworten vorformuliert sind. Dabei ist nicht garantiert, dass anhand dieser allgemeingültigen Formulierungen individuelles Verhalten angemessen kategorisiert werden kann. Im Vergleich dazu sind offene Angaben, die gleichzeitig mit dem Lernen abgefragt werden, deutlich näher am tatsächlichen Lerngeschehen als diese zeitlich versetzten Kategorisierungen (Vogel, Gold & Mayring, 1998).

Retrospektive Selbstberichte. Validitätsprobleme ergeben sich bei Fragebogen daraus, dass die erhobenen Angaben die Qualität von Selbstaussagen aufweisen. Selbstaussagen können effektiv genutzt werden, um die Wahrnehmung auf kognitive und motivationale Aspekte beim Lernen zu erfragen. Um jedoch Aussagen über tatsächliches Verhalten treffen zu können, müssen diese Daten anhand weiterer, alternativ erhobener Daten validiert werden. Diese Forderung stellen unter anderem auch die Autoren von Lernstrategiefragebogen selbst (Lompscher, 1994; Pintrich & De Groot, 1990; Schneider, 1989; Wild & Schiefele, 1993). Darüber hinaus bemängelt Artelt (2000) die Art, wie die Validität der Fragebogen von ihren Autoren geprüft und angegeben wird. Nach ihrer Auffassung ist die inhaltliche Konstruktvalidierung mittels konfirmatorischer Faktorenanalysen und ähnlichen Verfahren weder angemessen noch ausreichend. Sie beklagt insbesondere den für die meisten Verfahren fehlenden zusätzlichen Nachweis ihrer prädiktiven Validität anhand externer Kriterien. Die Validität von Selbstaussagen ist nach Artelt (2000) abhängig:

- vom Niveau der kognitiven und sprachlichen Entwicklung der Befragten;
- von der Qualität der Erfahrungen mit entsprechenden Lernanforderungen;
- von der Fähigkeit, die Fragen auf diese Erfahrungen zu beziehen und vor diesem Hintergrund zu beurteilen;
- von der Bereitschaft, eigene Lernerfahrungen zu analysieren;
- von der Einstellung zum Lernen;
- von der Beziehung zwischen bewussten und unbewussten Strategien.

Fazit. Artelt kommt in Anlehnung an Kinnuen und Vauras (1995) zu dem Schluss, dass es der Prozessanalyse vorbehalten zu sein scheint, strukturelle Beziehungen zwischen Lernstrategien, Überwachungs- und Regulationsprozessen und Lernerfolg zu beschreiben. Um diese als Faktoren aufeinander beziehen zu können, müssen sie als Teile ein und desselben Prozesses diagnostiziert werden. Dieses kann nicht durch statische Verfahren zeitlich und kontextuell entkoppelt vom tatsächlichen Lernprozess in Form von retrospektiven Selbstaussagen geschehen. Insofern sind dynamische Verfahren gefordert, welche in der Lage sind, den Lernprozess direkt abzubilden und auf dieser Basis die Güte seiner Regulation zu bewerten.

4.2 Dynamische Verfahren

Zur Erfassung von Prozessen sind statische Verfahren nicht geeignet. Statische Verfahren können nur Ergebnisse bewerten. Auf die Prozesse, die zu diesen Ergebnissen geführt haben, auf deren Verlauf und deren Qualität, kann nur indirekt geschlossen werden. Besteht das Ziel in der direkten Erfassung eines Prozesses, muss auf dynamische Verfahren zurückgegriffen werden. Sie sind insbesondere dann angezeigt, wenn den zu testenden Personen die Möglichkeit der Selbstregulation des Prozesses eingeräumt werden soll. Allerdings sind dynamische Verfahren im Vergleich zu statischen Verfahren oftmals zeitaufwändiger und nicht nur im Falle sehr komplexer Simulationen bezüglich klassischer Testgütekriterien mit großen Problemen behaftet. Auch ermöglichen nicht alle Verfahren, die unter das Stichwort „dynamisch" fallen, ein selbstreguliertes Vorgehen. Dies ist jedoch zu fordern, wenn die Qualität des Wissenserwerbsprozesses und die Fähigkeit, diesen zu gestalten, bewertet werden soll. Im Folgenden sollen unterschiedliche Arten dynamischer Verfahren vorgestellt werden. Es wird jeweils diskutiert, welche Möglichkeiten diese für die Erfassung selbstregulierter Prozesse bieten und mit welchen Problemen diese Verfahren behaftet sind. Im Anschluss daran werden mögliche Lösungen für diese Probleme aufgezeigt und darauf aufbauend ein Maß vorgestellt, mit dessen Hilfe die Selbstregulation des Wissenserwerbsprozess erfasst werden kann.

4.2.1 Dynamisches Testen eines Lernpotenzials

Das Anliegen dynamischer Testverfahren besteht darin, Prozesse direkt zu erfassen, im Gegensatz zu statischen Verfahren, die ausschließlich Produkte von Prozessen zu erfassen vermögen. So steht zum Beispiel beim dynamischen Testen von Lernfähigkeiten die Frage im Vordergrund, ob und wenn ja, wie Personen das ihnen zur Verfügung stehende Wissen ändern, wenn ihnen die Möglichkeit dazu gegeben wird (z.B. Beckmann & Guthke, 1997; Budoff, 1970; Burns, Haywood, Delcos & Siewart, 1987; Feuerstein, Rand & Hoffman, 1979; Feuerstein, Rand, Jensen, Kaniel & Tzuriel, 1987). Dieses Potenzial, sich Wissen anzueignen, ist die zu messende und zu bewertende Fähigkeit. Welches Wissen erworben wurde, ist bei dieser Fragestellung eher nebensächlich.

Dynamische Lernpotenzialtests zielen auf die Erfassung einer latenten Lernfähigkeit ab (Grigorenko & Sternberg, 1998). Gemessen wird innerhalb dynamischer Testsituationen, da nach Überzeugung der Autoren solcher Verfahren sich nur in dynamischen Situationen das Lernpotenzial einer Person erfassen und zeigen lässt. Ihrer Meinung nach basieren die Messwerte, welche von herkömmlichen, statischen Tests geliefert werden, um die Güte des Wissenserwerbsprozesses einzuschätzen, auf der vermutlich falschen Annahme, dass die Prozesse, die zu einer guten Testleistung führen, auch dieselben sind, die den Wissenserwerbsprozess formen (z.B. Resnick & Neches, 1984).

Die Zone nächster Entwicklung. Bemühungen und Forderungen, das Potenzial zum Wissenserwerb und nicht das Ausmaß an erworbenem Wissen zu messen, haben innerhalb der psychologischen Forschung eine lange Geschichte (z.B. Dearborn, 1921; Kern, 1930). Dabei hat sich insbesondere Vygotskys Konzept der „Zone nächster

Entwicklung" als theoretische Grundlage für die Entwicklung und Durchführung dynamischer Messverfahren bis heute etabliert (Embretson, 1987, 1990, 2000; Guthke & Wiedl, 1996; Meijer & Elshout, 2001; Rogoff & Wertsch, 1984; Vygotsky, 1983), obwohl bis heute keine experimentelle Validierung des Konstrukts vorliegt. Mit der Zone nächster Entwicklung wird das Ausmaß eines Lernprozesses eingeschätzt, durch den eine Person unter optimalen Bedingungen einen möglichst hohen Zugewinn an Wissen erhält. Sie zeichnet sich durch die Perspektive aus, die für eine Person in Bezug auf ihren möglichen Wissenserwerb besteht, und nicht durch den Wissensstatus dieser Person. Es ist sozusagen nicht das bereits Entwickelte, sondern das sich potenziell Entwickelnde, was die Zone nächster Entwicklung ausmacht.

Lernen in der sozialen Interaktion. Die Zone nächster Entwicklung ist ein soziales Konstrukt, das ausschließlich in und durch die Interaktion mit anderen gemessen werden kann. Das aktuell erreichte Entwicklungsniveau einer Person lässt sich zum Beispiel anhand des Schwierigkeitsgrades von Problemen abschätzen, welche die Person unabhängig von anderen Personen selbstbestimmt und selbstreguliert bewältigen kann. Die Differenz zu dem vermutlich höheren Schwierigkeitsgrad von Problemen, welche die Person in Kooperation mit oder unter Anleitung durch diesbezüglich fähigere Personen zu lösen fähig ist, beschreibt die Zone nächster Entwicklung (Vygotsky, 1983). Sie zeichnet sich demzufolge durch das Wissen aus, das eine Person sich unter mehr oder weniger starker Fremdregulation zusätzlich zu dem bereits Gelernten aneignen kann.

Der Lernprozess erfolgt in dynamischen Situationen durch Ausprobieren, durch Hypothesenbilden und Hypothesentesten (vgl. Abschnitt 2.3). Ein solches Handeln ist unsicher und fehleranfällig. Dieses trial-and-error-Verhalten wird zudem in einer sozialen Situation in Anwesenheit einer älteren beziehungsweise kompetenteren Person gezeigt. Diese soziale Situation muss nicht ausschließlich fördernde Effekte auf das Lernverhalten einer Person haben, sondern kann dieses auch hemmen (Moore & Zabrucky, 1989). Damit sich ein Lernpotenzial entfalten kann, muss ein Raum gefunden werden, in dem unsicheres, testendes Verhalten zumindest sanktionsfrei bleibt. Vygotsky (1978) geht davon aus, dass spielerische Situationen am besten geeignet sind, um einen sanktionsfreien Raum zu bieten. Spielen erlaubt ein ungezwungenes Ausprobieren mit der Möglichkeit, aus Fehlern zu lernen, unabhängig von dem spezifischen sozialen Gefüge. Allgemein kann davon ausgegangen werden, dass spielerische Umwelten oder Simulationen besonders geeignet sind, um die Fähigkeit zu messen, sich Wissen selbstständig aneignen zu können.

Vorteile dynamischer Verfahren. Mit dem Einsatz dynamischer Messverfahren sind einige Annahmen über damit erreichte Verbesserungen gegenüber statischen Verfahren verbunden. So schreibt Embretson (1990) dynamischen Verfahren eine höhere Konstruktvalidität zu, weil ihrer Meinung nach nur durch dynamische Verfahren die Fähigkeit, Wissen erwerben zu können, gemessen werden kann. Daraus leitet sie auch eine höhere Prädiktionskraft dynamisch erhobener Maße ab. Bereits Kern (1930) vertritt die Ansicht, dass als Prädiktor für zukünftigen Erfolg die Fähigkeit zu lernen und nicht das bisher Erlernte herangezogen werden muss (s.a. Babad & Budoff, 1974; Carlson & Wiedl, 1979; Guthke, Beckmann & Dobat, 1997; Hamilton & Budoff,

1974; Meijer & Elshout, 2001). Grigorenko & Sternberg (1998) weisen außerdem darauf hin, dass dynamische Tests eine höhere Fairness aufweisen, weil interindividuell unterschiedliche vorangegangene Lerngelegenheiten weniger Einfluss auf die Testleistung haben. Den Autoren zufolge besitzen dynamische Testverfahren damit auch eher die Eigenschaften, die zum Beispiel echte kulturfreie Tests auszeichnen. Insofern eignen sie sich auch insbesondere für Vergleiche zwischen unterschiedlichen Populationen bis hin zu unterschiedlichen Kulturen. Da sie weniger stark die individuell vorangegangene Lerngeschichte berücksichtigen, haben sie auch Vorteile bei der Bewertung von Personen, deren Lerngelegenheiten eingeschränkt sind und/oder waren. Allgemein kann angenommen werden, dass ein dynamisch gemessenes Lernpotenzial einer Person deutlich weniger stark von Kultur, sozialer Zugehörigkeit und früherer Lerngelegenheit beeinflusst ist als tatsächlich verfügbares Wissen.

Messtheoretische Probleme aufgrund des Testdesigns. Dynamische Testverfahren des Lernpotenzials, die auf Vygotskys Zone nächster Entwicklung basieren, betrachten, welche qualitativen und quantitativen Lern- beziehungsweise Wissenszuwächse eine Person unter bestimmten, mehr oder weniger gut definierten und kontrollierten Lerngelegenheiten erreichen kann. Das Grunddesign besteht meist aus Prätest-Intervention/Lerngelegenheit-Posttest. „Kurzzeitlerntests" (Guthke & Wiedl, 1996), die sich auf eine Testsitzung beschränken, verzichten oftmals auf den Prätest. Zusammenfassende Darstellungen verschiedener Verfahren finden sich zum Beispiel bei Grigorenko und Sternberg (1998), Guthke und Wiedl (1996), Dillon (1997) oder Lidz (1987). Die Prä- und Posttests sind in den meisten Fällen Adaptationen existierender Tests auf Wissen, Intelligenz oder andere kognitive Fähigkeiten, die entweder sowohl vor als auch nach einer Phase des Wissenserwerbs bearbeitet werden müssen (z.B. Budoff, 1970; Swanson, 1996), oder aber in der Schwierigkeit ansteigend nach einer von mehreren kurzen Phasen des Wissenserwerbs wiederholt präsentiert werden (z.B. Guthke et al., 1997; Guthke, Räder, Caruso & Schmidt, 1991; Hessels & Hamers, 1993). Klauer (1993) macht in diesem Zusammenhang auf die Problematik aufmerksam, dass in die mit einem derartigen Testdesign erhobenen Leistungsmaße nicht nur die gewünschten Effekte der Intervention und Lerngelegenheit einfließen, sondern zusätzlich Retesteffekte auftreten. Das pure Lernpotenzial lässt sich mit diesen Leistungswerten nicht messen. Abgesehen von diesen messtheoretischen Schwierigkeiten ermöglicht ein solches Vorgehen auch nicht die direkte Erfassung des Lernprozesses und seiner Regulation im strengen Sinne. Diese Verfahren beurteilen die Prozessgüte anhand der im Vergleich zum Prätest zusätzlichen Leistung, die im Zwischen- beziehungsweise Posttest erbracht wird. Insofern wird auch hier ein Produkt beziehungsweise die Differenz zwischen zwei Produkten und nicht der Prozess an sich betrachtet. Die Verfahren beschränken sich auf die Erfassung des Randes der Zone nächster Entwicklung. Sie beschreiben jedoch nicht den Weg, der vom Mittelpunkt aus zum Rand führt. Dadurch kann ein Potential eingeschätzt werden. Aus der Dynamik der Verfahren resultiert jedoch keine Beschreibung des Prozesses hinsichtlich seiner Qualität oder seines Verlaufs.

Probleme aufgrund der sozialen Interaktion. Die Interventionen und Lerngelegenheiten umfassen sowohl einfaches Feedback seitens der Testdurchführung als auch gezielte Interventionen in Form von individuell an die (Fehl-)Leistungen der zu bewertenden

Person adaptierte Hilfestellungen. Eine Standardisierung der Interventionen wird in den meisten Verfahren durch entsprechend detaillierte Testleiterhandbücher oder, wie zum Beispiel im Fall des ACIL (Beckmann & Guthke, 1997), durch eine computerbasierte Teststeuerung zu erreichen versucht. Die Anzahl der benötigten Hilfen fließt zudem bei einigen Kurzzeitlerntests in die Leistungsbewertung mit ein (z.B. Campione & Brown, 1987; Guthke, 1972). Es ist jedoch oftmals schwierig, die Qualität der Hilfen einzuschätzen und entsprechend zu gewichten. Guthke und Wiedl (1996) sehen zwar vor dem Hintergrund der „Erfahrungen der klassischen Testtheorie" (S. 116) in einer Gewichtung ohnehin keine diagnostischen Vorteile gegenüber einer ungewichteten Berücksichtigung der Hilfestellungen. Nichtsdestotrotz muss von einer Beeinträchtigung der interindividuellen Vergleichbarkeit der Leistungen ausgegangen werden, wenn jede Person mit unterschiedlichen Hilfestellungen und/oder unterschiedlichen Sequenzen und Kombinationen von helfenden Hinweisen unterstützt wird, auch wenn die einzelnen Hilfen standardisiert sind. Interindividuelle Vergleiche von Leistungskennwerten sind bei allen dynamischen Verfahren problembehaftet (vgl. Abschnitt 4.2.3.2). Bei dynamischen Lernpotenzialtests wird dieses Problem jedoch durch die soziale Interaktion, die nur beschränkt standardisierbar ist, noch vergrößert.

Die Definition der Zone nächster Entwicklung als soziales Konstrukt impliziert, dass die gemessene Leistung nicht ohne Interaktion zutage treten kann. Der Prozess des Wissenserwerbs ist immer geprägt von der Interaktion mit der testdurchführenden Person oder dem entsprechenden Computerprogramm. Die Interaktion besteht bei Verfahren dieser Tradition immer aus mehr oder weniger starken adaptiven Hilfen. Der Prozess des Wissenserwerbs wird durch diese Hilfestellungen auf ein möglichst optimales Ergebnis hin geführt. Je nachdem, wie häufig und wie massiv diese helfenden Interventionen sind, ist der Prozess stärker durch die getestete oder stärker durch die testende Person bestimmt. Die Regulation des Prozesses liegt jedoch nie ausschließlich in den Händen der getesteten Person.

Fazit. Dynamische Lernpotenzialtests eignen sich eventuell für die Erfassung einer latenten Fähigkeit, Wissen zu erwerben. Die Erfassung und Beschreibung des einem Lernverlaufs zugrunde liegenden Regulationsprozesses ist mit Verfahren, die sich auf Vygotsky beziehen, jedoch nicht möglich. Die Differenzmaße machen keine Aussage über die Verlaufsform und sind mit testtheoretischen Problemen einer wiederholten Messung behaftet. Die soziale Interaktion führt zu einer Einschränkung der Selbstbestimmtheit, mit der Ziele aufgestellt und der Prozess daraufhin ausgerichtet werden kann.

4.2.2 Dynamisches Testen selbstregulierter Prozesse durch lautes Denken

Die direkte Erfassung von Aspekten kognitiver und metakognitiver Prozesse kann mit Hilfe der Methode des lauten Denkens realisiert werden. Bei dieser Methode werden Personen vor der Bearbeitung einer Aufgabe darin trainiert, alles laut auszusprechen, was sie gerade denken. Unter bestimmten Voraussetzungen kann man davon ausgehen, dass damit die Ideen und Gedanken, die eine Person während einer Aufgabenbearbeitung hat, erfasst werden können (Ericsson & Simon, 1980). Die Methode hat mittlerweile auch in die psychologische Forschung zu selbstregulierten Lernprozessen Einzug gefunden. So nutzt zum Beispiel Renkl (1997) die Methode des lauten Denkens, um interindividuelle Unterschiede in den Selbsterklärungen während des Lernens mit Beispielaufgaben zu erfassen (s.a. Chi, Bassok, Lewis, Reimann & Glaser, 1989). Gräsel (1997) sucht mit dieser Methode Lernstrategien beim Diagnostizieren von Krankheiten aufzudecken und Möglichkeiten ihrer Förderung zu testen. Veenman, Elshout und Busato (1994; Veenman, Elshout & Groen, 1993) identifizieren in Protokollen des lauten Denkens metakognitive Aspekte des wissenschaftlichen, entdeckenden Lernens. Dafür lassen sie Personen ihre Gedanken verbalisieren, während sie in einem computersimulierten Labor durch Experimentieren Gesetzmäßigkeiten entdecken sollen. In Anlehnung an die Arbeiten von Veenman und Mitarbeitern untersucht Schröter (2001) den Einfluss des Hypothesenbildens und -testens auf den Lernprozess im Umgang mit einem diskreten, komplexen System (vgl. Abschnitt 4.2.3.3), wobei auch hier die Probandinnen und Probanden ihre Gedanken verbalisieren.

Theorie des lauten Denkens. Alle angeführten und weitere Untersuchungen, die die Methode des lauten Denkens während eines Lernprozesses einsetzen, gehen davon aus, dass unter bestimmten Bedingungen durch diese Methode Kognitionen und Metakognitionen direkt und nahezu unverzerrt verbalisiert und somit erfasst werden können. Die theoretische Fundierung dieser Annahme geht auf das Prozessmodell von Ericcson und Simon (1980, 1993) zurück. Das Modell wurde im Rahmen des Informationsverarbeitungsansatzes entwickelt und beschreibt auf der Grundlage eines Mehrspeicher-Modells des Gedächtnisses (Shiffrin & Atkinson, 1969) die Bedingungen und Mechanismen für verschiedene Formen des Verbalisierens. Mit diesem Prozessmodell reagierten Ericsson und Simon auf die Kritik an der Methode des lauten Denkens von Nisbett und Wilson (1977), die argumentieren, dass Personen keinen direkten Zugang zu kognitiven Prozessen, sondern ausschließlich zu den Produkten dieser Prozesse haben. Ericsson und Simon lehnen ein solch absolutes Argument ab und benennen stattdessen Voraussetzungen, unter denen ihrer Meinung nach Personen sehr wohl die eigenen (meta-)kognitiven Prozesse verbalisieren können. Als wichtigste Voraussetzung sehen sie dabei die Verfügbarkeit der zu verbalisierenden Informationen im Kurzzeitgedächtnis an. Liegen hier Informationen bereits im verbalen Code vor, so kann diese Information ohne zusätzlichen kognitiven Aufwand geäußert werden. Die primäre (Lern-)Aufgabe wird dadurch nicht beeinflusst. Informationen, die nicht verbal kodiert sind, wie zum Beispiel Bildinformationen, müssen vor ihrer Versprachlichung einen Rekodierprozess durchlaufen. Nach Ericsson und Simon ändert dies nicht die Qualität der Primärkognitionen, sondern führt höchstens zu einer verlangsamten Bearbeitung der eigentlichen Aufgabe.

Reaktivität des lauten Denkens. Allerdings räumen Ericsson und Simon auch ein, dass verschiedene Faktoren durchaus die unverfälschte Verbalisierbarkeit von (Meta-)Kognitionen einschränken oder aber sogar den primären kognitiven Prozess direkt verändern können. So werden zum Beispiel nach Kuhl (1983) Personen durch die Aufforderung, laut zu denken, automatisch dazu angewiesen, sequenziell und analytisch vorzugehen. Dies kann eine deutliche Änderung des Prozesses bedeuten, wenn Personen ohne diese Aufforderung die Aufgaben zum Beispiel eher in einem „intuitiv-holistischen" Stil bearbeitet hätten. Auch Merz (1969) macht ein deutlich analytischeres Vorgehen aufgrund des lauten Denkens bei der Bearbeitung von Intelligenztestaufgaben für verbesserte Leistungen verantwortlich. Lautes Denken führt zudem zu verlängerten Antwortzeiten, was für eine Bevorzugung von akkuratem Vorgehen vor einem schnellen Bearbeiten spricht. Positive Effekte des lauten Denkens auf Problemlöseprozesse findet auch Brown (1984). So lösen Personen beispielsweise schneller das Turm-von-Hanoi-Problem, wenn sie die entdeckten Regeln verbalisieren (s.a. Ahlum-Heath & Di Vesta, 1986; Gagné & Smith, 1962).

Ericsson und Simon selbst machen auf negative Effekte des lauten Denkens aufmerksam, die besonders dann auftreten, wenn die primäre Aufgabe schwierig und nur mit verstärktem kognitiven Aufwand zu lösen ist (Cavanaugh & Perlmutter, 1982). Zudem finden Knoblich und Rhenius (1995) beim Umgang mit einem unbekannten, komplexen System Hinweise darauf, dass laut denkende Personen im Vergleich zu „Still-Denkern" sich stärker auf direkt präsentierte Informationen beschränken und weniger versuchen, eigenes Vorwissen zu aktivieren und zu nutzen. In Anlehnung an Schooler, Ohlson und Brooks (1993) vermuten sie zusätzliche negative Effekte des lauten Denkens auf den Primärprozess, wenn die Aufgabenerfüllung das Einbeziehen bisher nicht beachteter Aspekte oder das Integrieren weiteren Vorwissens erfordert. Dies sind Anforderungen, die nach Knoblich und Rhenius nicht verbalisierbar sind. Problematisch ist die Methode des lauten Denkens auch dann, wenn automatisierte und damit nicht vollständig bewusste Prozesse verbalisiert werden sollen. Zum einen wird durch das Bewusstmachen wiederholt geübter Vorgehensweisen und prozedural abgespeicherten Wissens der kognitive Prozess an sich stark geändert. Zum anderen wird Personen mit der Methode des lauten Denkens ein kognitiver Prozess nur dann bescheinigt, wenn sie ihn verbalisieren können. Wiederholt angewandtes Wissen und stark trainierte Vorgehensweisen zeichnen sich jedoch gerade durch eine eingeschränkte Verbalisierbarkeit aus (Anderson, 1983, 1993; Berry & Broadbent, 1987, 1988; Schröter, 2001). Es besteht also die Gefahr, eigentliche Experten zu Anfängern zu stempeln (Brown, 1984).

Fazit. Insbesondere die zuletzt angeführten Zweifel an der Validität der per lautem Denken erhobenen Daten lassen diese Methode als eher ungeeignet für der Erfassung von Regulationsprozessen erscheinen. Lernen besteht neben dem Identifizieren neuer Informationen gerade aus dem Integrieren dieser Informationen in die eigene Wissensbasis, in einem Verändern dieser Wissensbasis und dem Gewährleisten eines Abrufs diesen Wissens, der möglichst sicher und mit möglichst geringem kognitiven Aufwand möglich ist. Wenn die Aufforderung, laut zu denken, diesen Wissenserwerbsprozess be- oder sogar verhindert, können die verbalen Äußerungen zwar durchaus ein valides Abbild des selbstbestimmten Regulationsprozesses zeichnen. Es kann jedoch nicht ausgeschlossen werden, dass dieser Lernprozess durch andere Kognitionen, Metakognitionen und Aktivitäten geprägt ist, als die, welche den Lernprozess ohne lautes Denken normalerweise gestalten.

Zudem beruhen verbale Daten über Kognitionen ihrerseits auf Kognitionen und sind so entsprechend anfällig für Verzerrungen zum Beispiel aufgrund sozial erwünschter Antworttendenzen (Garner & Alexander, 1989) oder aufgrund eines „desire to gain approval of adults" (Moore & Zabrucky, 1989). Es erscheint wenig valide, Lernregulationsprozesse mit Verbaldaten erfassen zu wollen (Artelt, 2000). Im Folgenden wird deshalb auf die Möglichkeit eingegangen, durch den Einsatz von Computern verhaltensbasierte Prozessdaten für den Wissenserwerb zu erhalten.

4.2.3 Dynamisches Testen selbstregulierter Prozesse mit computerbasierten Simulationen

Hoffnungen in Bezug auf computerbasierte Verfahren. Computerbasierte Verfahren zur verhaltensbasierten Erfassung selbstregulierter Prozesse wurden hauptsächlich durch die Forschung zum komplexen Problemlösen bekannt. Ende der 1970er/Anfang der 1980er Jahre etablierte sich in Deutschland mit den Arbeiten von Dörner (1981; Dörner et al., 1983; Dörner & Reither, 1978; Putz-Osterloh, 1981) diese Forschungstradition der kognitiven Psychologie, innerhalb derer die Möglichkeiten computerbasierter Verfahren für eine Erfassung von Problemlösestrategien genutzt wurden. Mit dem Einsatz von Computern waren zwei Hoffnungen verbunden: Zum einen ging man davon aus, dass durch die Präsentation auch hoch-komplexer Systeme in einer semantisch reichhaltigen Einkleidung die ökologische Validität der Problemsituationen im Vergleich zu bisherigen Laboruntersuchungen deutlich erhöht werden könne. Und in der Tat ist es offensichtlich, dass das Regieren einer deutschen Kleinstadt wie „Lohhausen" (Dörner et al., 1983) oder das Produzieren von Hemden in einer Schneiderwerkstatt (Funke, 1984) alltagsnäher ist als das Lösen von zum Beispiel abstrakten Analogieaufgaben. Außerdem war es nun möglich, Simulationen zu programmieren, bei denen Aktionen Neben- und Fernwirkungen auslösen. Es wurden nicht mehr kleine, isolierte Einzelprobleme gelöst, sondern es mussten gleichzeitig viele, voneinander abhängige Probleme angegangen und ihre jeweiligen Lösungsbemühungen miteinander reguliert und koordiniert werden. So waren also nicht nur die simulierten Situationen beziehungsweise Systeme, sondern auch die geforderten Vorgehensweisen offensichtlich näher an der Realität als es bisherige Laboruntersuchungen für sich beanspruchen konnten (Dörner, 1981).

Funke (1998, 2001) sieht in dem computerbasierten Einsatz komplexer Szenarien insbesondere den Vorteil, dass dynamische Simulationen die Entwicklung direkter Prozessmaße erlauben, welche zum Beispiel den Erwerb sowohl deklarativen als auch prozeduralen Wissens durch „learning-by-doing" beschreiben. Der selbstregulative Wissenserwerb wird dadurch ermöglicht, dass in dem komplexen System eine Vielzahl unterschiedlicher Eingriffe möglich ist und auf jeden Eingriff in das System ein Feedback erfolgen (und protokolliert werden) kann, ohne dass dieses Systemfeedback im Sinne adaptiver Hilfen gestaltet sein muss. Die Simulation eines komplexen Systems, die zum einen immer mehrere Handlungsalternativen zu Verfügung stellt und zum anderen ein nicht-handlungsauffordernd gestaltetes Systemfeedback gibt, ermöglicht somit die Erfassung und Beschreibung selbstregulierten Verhaltens.

Skepsis gegenüber computerbasierten Verfahren. So einleuchtend und nachvollziehbar die Hoffnungen sind, die mit dynamischen, komplexen Computersimulationen verbunden sind, so stark kann auch bezweifelt werden, dass diese tatsächlich bisher realisiert wurden beziehungsweise überhaupt realisierbar sind. So zeigen sich unter anderen Beckmann und Guthke (1997) skeptisch gegenüber dem Argument, dass die bisher vorgestellten Systemsimulationen gegenüber herkömmlichen Potenzial- oder Statustests sich durch eine höhere Alltagsnähe auszeichneten. Der vermeintlich hohe Bezug zur Realität bezieht sich ihrer Meinung nach zum einen beinahe ausschließlich auf die oberflächliche, semantische Einkleidung der Systeme. Zudem existierten meist keine a priori definierten Kriterien der Alltagsnähe, sodass diese auch nicht geprüft wird beziehungsweise geprüft werden kann. Dies gilt nicht nur für die semantische Einkleidung, sondern auch für die simulierte Systemstruktur. Wie valide diese die reale Struktur abbildet, ist meist nicht nachvollziehbar, weil die Systemstruktur nicht publiziert wurde (unter anderem, weil bei vielen Systemen die formale Beschreibung ihrer Struktur nicht möglich ist). Darüber hinaus sind auch die Personen, welche mit den Systemsimulationen arbeiten, oftmals alles andere als „realitätsnah". Die wenigsten der Probanden beziehungsweise Testanden beschäftigen sich im Alltag zum Beispiel mit dem Regieren einer Kleinstadt, dem Leiten einer Hemdenfabrik, dem Löschen von Waldbränden oder anderen Tätigkeiten, die in solchen Simulationen gefordert sind (z.b. Funke, 1998; Guthke et al., 1997; Streufert, Pogash & Piasecki, 1988).

Vorwissensproblematik. Eine reichhaltige semantische Einkleidung ist zudem testtheoretisch problematisch. Kröner (2001) spricht in diesem Zusammenhang von einer „Vorwissensproblematik". Ihr Effekt auf individuelles Verhalten kann nur schwer eingeschätzt werden. Jede oberflächliche semantische Information kann interindividuell unterschiedliche Assoziationen auslösen, die wiederum mehr oder weniger übereinstimmend mit dem simulierten System sein können. Dies kann sowohl zu fördernden als auch zu hemmenden Effekten auf die zu erfassenden Testleistungen führen, wobei diese unterschiedlichen Effekte wiederum interindividuell stark variieren können (vgl. Abschnitt 2.5.2). Um solche Vorwissenseffekte aufgrund der semantischen Einkleidung der simulierten Systeme zu vermeiden, könnten „semantikfreie" Systeme genutzt werden, deren Variablen fiktive Namen wie zum Beispiel „Olschen" oder „Gaseln" (Funke, 1992) oder abstrakte Bezeichnungen wie „+" und „–" (Kröner, 2001) erhalten. Inwieweit die Systeme durch derartige Bezeichnungen tatsächlich semantik- und sinnfrei werden, ist jedoch diskutierbar (vgl. Abschnitt 6.1).

Komplexität und Dynamik. Zu den Problemen, die man sich durch eine reichhaltige semantische Einkleidung erkauft, gesellen sich weitere methodische Probleme bezüglich der Erfassung selbstregulierter Prozesse, die sowohl die Validität als auch die Reliabilität der Maße einschränken. Diese Probleme resultieren aus den beiden Hauptmerkmalen aller Systeme oder Szenarien, welche innerhalb der Forschung zum komplexen Problemlösen eingesetzt werden (vgl. Funke, 2001). Dies ist zum einen die gewollt hohe Komplexität beziehungsweise hohe Konnektivität der Systeme (Kotkamp, 1999; Wallach, 1998) und zum anderen die bewusst implementierte (Eigen-)Dynamik. Im Folgenden werden die gravierendsten Testgüteprobleme entsprechend diesen Ursachen zusammengefasst dargestellt (vgl. Beckmann & Guthke, 1997; Buchner & Funke, 1993; Funke, 1985, 1998; Funke & Buchner, 1992; Kröner, 2001; Putz-Osterloh, 1987; Süß, 1999; Süß, Kersting et al., 1993).

4.2.3.1 Testgüteprobleme komplexer Systeme

Formale Beschreibbarkeit. Die Komplexität der Systeme stellt nicht nur für die getesteten Personen eine hohe Herausforderung dar, sondern auch für die Testdurchführenden und sogar für die Testentwickler. Viele Systeme sind derart komplex, dass selbst die Entwickler einen vorab definierten Lösungsweg beziehungsweise eine optimale Systemsteuerung nicht angeben können. Darüber hinaus ist es oftmals auch nicht möglich, die Systeme formal zu beschreiben. Eine Vielzahl struktureller, aber auch semantischer Merkmale einer Systemsimulation werden nie publiziert, weil dies die Kapazitäten sowohl eines Textes als auch eines Textverfassers sprengen würde. Daraus entspringt jedoch das Problem, dass sich die Leistungen von Personen, die im Umgang mit unterschiedlichen System erbracht werden, nicht in der Form standardisieren lassen, dass sie miteinander verglichen werden können. Damit ist gleichzeitig die Generalisierbarkeit dieser Leistungswerte auf andere Systeme oder Situationen stark eingeschränkt.

Polytelie. Zudem sind die innerhalb einer Simulation zu verfolgenden Ziele derart mannigfaltig und die Zieldefinitionen oftmals derart vage, dass es schwer fällt, ein Maß zu finden, mit dem sich die Regulationsleistung bei jeder Person gleichermaßen fair messen lässt. Sicherlich ist eine eigenständige Zielsetzung Bestandteil einer selbstständigen Handlungsregulation, und komplexe Systeme bieten die Möglichkeit dazu. Wenn jedoch jede Person sich unterschiedliche und unterschiedlich viele Ziele steckt, ist es schwer, für alle Personen mit demselben Maß abzuschätzen, wie nah sie ihrem Ziel beziehungsweise ihren Zielen gekommen sind. Eine hohe Komplexität hat dadurch zur Folge, dass sich nur schwer eine einheitliche Leistungsskala mit theoretischem Maximum und Minimum angeben lässt.

Kontrollierbarkeit. Ein weiteres Validitätsproblem ergibt sich, wenn eine Person aufgrund der hohen Komplexität des Systems zu der Überzeugung gelangt, dass sie dieses System nicht kontrolliert steuern und regulieren kann. Viele Systeme werden auch selbst nach langer Erfahrung als unkontrollierbar bewertet. In ein als nicht kontrollierbar wahrgenommenes System können jedoch auch keine kontrollierten und planvollen Eingriffe getätigt werden. Vielmehr ist der Umgang mit einem solchen System als zufälliges trial-and-error-Verhalten einzuschätzen. Nur wenige Maße vermögen, kontrolliertes Verhalten valide von zufälligem Verhalten zu trennen, da bei komplexen Systemen beides durchaus zu einem ähnlichen Ergebnis führen kann.

Post hoc-Definitionen. Viele Systeme produzieren eine Fülle von Verhaltensdaten, deren psychologische Bedeutung nicht a priori definiert wurde. Gleichermaßen werden auch viele Prozessgüte- und Strategiemaße erst post hoc und ohne Bezug auf die Güte der Problemlösung beziehungsweise auf das Erreichen des (meist vage definierten) Steuerungsziels definiert. Dies kann dazu führen, dass trotz guter Regulationsleistungen schlechte Ergebnisse bei der Lösung beziehungsweise bei der Zielerreichung produziert werden (z.B. Putz-Osterloh, 1987; Strohschneider & Schaub, 1991). Zudem lassen sich viele Systeme in solch ausweglose Zustände steuern, aus denen eine Person das System auch bei bester Leistung nicht wieder heraussteuern kann. Dies schränkt die Reliabilität des Tests stark ein.

4.2.3.2 Testgüteprobleme dynamischer Systeme

Intra-individuelle Anforderungsunterschiede. Der Umgang mit einem dynamischen System verändert nicht nur das System beziehungsweise den Zustand, in dem das System sich befindet. Es verändert sich auch die das System steuernde Person und das

Wissen, welches sich die Person über das System, seine Struktur und die möglichen Eingriffs- und Handlungsalternativen während der Bedienung des Systems aneignen konnte. Daraus ergeben sich aber auch sich stetig verändernde Anforderungen und Ziele. Während zu Beginn der Bearbeitung die Identifikation von Sach- und Handlungswissen hohe Priorität besitzt, steht mit zunehmendem Wissensumfang und zunehmender Integration dieses Wissens die Erreichung von meist vagen und immer stärker selbst bestimmten Steuerungszielen im Vordergrund. Unterschiedliche Ziele wie Wissenserwerb und Wissensanwendung führen zu unterschiedlichen Eingriffsmustern und Strategien, die mit unterschiedlichen Maßen bewertet werden müssen. Die meisten Systeme lassen jedoch eine unabhängige Messung dieser beiden Prozesse nicht zu, was die Validität der eingesetzten Maße weiter einschränkt.

Inter-individuelle Anforderungsunterschiede. Im Umgang mit dynamischen Systemen kommt es jedoch nicht nur zu intra-individuellen Unterschieden in den Anforderungen und Zielen im Verlauf der Zeit. Die Möglichkeit zur Selbstregulation führt zusätzlich dazu, dass die Anforderungen inter-individuell stark variieren können, weil die spezifischen Anforderungen abhängig vom individuellen Eingriffsverhalten sind. In jedem Zustand, in dem sich ein dynamisches System befindet, stehen der systemsteuernden Person eine gewisse Anzahl von Eingriffsalternativen zur Verfügung. In jedem einzelnen Zustand besteht für die Person die Aufgabe darin, sich für eine Eingriffsalternative zu entscheiden und sie auszuführen. Hat sie einen Eingriff ausgeführt, ändert sich der Zustand des Systems, und für die Person stehen neue Eingriffsalternativen zur Auswahl. Im Vergleich dazu bearbeitet eine Person bei einem statischen Verfahren, beispielsweise einem Multiple-Choice-Fragebogen, nacheinander mehrere Aufgaben. In jeder Aufgabe muss sie sich für eine Antwortalternative entscheiden. Hat sie sich für eine Antwort entschieden und diese markiert, geht sie zur nächsten Aufgabe weiter und entscheidet sich bei der neuen Aufgabe für eine der dafür angebotenen Antwortalternativen. Die Sequenz an Aufgaben, die eine Person nacheinander zu bearbeiten hat, ist bei statischen Verfahren im voraus und unabhängig von den gewählten Antwortalternativen festgelegt. Bei dynamischen Verfahren hingegen ist die Sequenz an Zuständen, die eine Person während der Bearbeitung besucht, abhängig von den Eingriffsalternativen, welche diese Person ausführt. Es ist die zu testende und nicht die testdurchführende Person, die mehr oder weniger intentional selbst reguliert, welche Systemzustände und welche Eingriffsalternativen im Umgang mit dem System präsentiert und bearbeitet werden. Jede Person besucht einen individuellen Satz an Zuständen. Dies hat zur Folge, dass die Leistungen, die einzelne Personen jeweils im Umgang mit demselben dynamischen System erbringen, nicht miteinander vergleichbar sind, weil jede Person einen anderen, auf der Grundlage ihres Verhaltens individuell zugeschnittenen Test bearbeitet. Um die Leistungen interindividuell zu vergleichen, müssen sie in Relation zu den besuchten Zuständen (zu den bearbeiteten Aufgaben) und den damit verbundenen Anforderungen gesehen werden. Diese Möglichkeit besteht bei den meisten Systemen jedoch nicht.

Prozessmaße. Die stark eingeschränkte interindividuelle Vergleichbarkeit der Leistungen wird bei dynamischen Systemen in Kauf genommen, weil sich mit deren Nutzung die Hoffnung verbindet, Prozessmaße für Leistungen des Planens und Entscheidens, der Informationsverarbeitung, des Wissenserwerbs oder der Handlungssteuerung erheben zu können. Diese Möglichkeit ist einzigartig und bei herkömmlichen statischen Tests nicht gegeben. Umso enttäuschender ist es, dass die Leistungsgüte meist nicht als wirkliches Prozessmaß, sondern wie bei statischen Tests als reines Produktmaß definiert ist. So werden für die Prozessgüte Maße wie zum Beispiel die mittlere Abweichung von Zielabständen, Summe des erwirtschafteten finanziellen oder sonstigen Kapitals oder ähnliches herangezogen (z.b. Leutner & Schrettenbrunner, 1989; Preußler, 1997; Süß et al., 1991). Damit weisen diese Verfahren eine höhere gemeinsame Methodenvarianz mit statischen Tests auf als auf den ersten Blick zu vermuten wäre.

4.2.3.3 Finite Automaten als Antwort auf die Testgüteprobleme komplexer System

Wenn Computersimulationen genutzt werden sollen, um den Regulationsprozess beim Lernen zu erfassen und zu bewerten, müssen die Testgüteprobleme, die sich aus der Komplexität und der Dynamik der Verfahren ergeben, gelöst oder zumindest gemindert werden. Funke und Buchner stellen 1992 ein Untersuchungsparadigma vor, das die Nutzung komplexer Systeme erlaubt, ohne sich die damit verbundenen Probleme einzukaufen (s.a. Buchner & Funke, 1993; Funke, 2001; Vollmeyer & Funke, 1999). Dafür entwickeln sie einen formalen Bezugsrahmen, innerhalb dessen sich komplexe Systeme beschreiben lassen. Dies ermöglicht nicht nur eine genaue Analyse des Systems, seiner möglichen Zustände und Anforderungen und das Erkennen und Verhindern „auswegsloser" Zustände. Weiter lassen sich dadurch gut-definierte Ziele vorgeben, was Leistungen, die innerhalb desselben Systems oder in unterschiedlichen Systemen gezeigt werden, interindividuell vergleichbar macht. Zudem wird auf der Grundlage formaler Beschreibungen der Vergleich unterschiedlicher Systeme möglich.

Formale Beschreibbarkeit. Die Autoren entwickeln zwei Ansätze zur formalen Beschreibung komplexer Systeme, die sich für unterschiedliche Skalenniveaus der Werte eignen, welche die in dem System implementierten Variablen annehmen können (Funke, 2001). Der Ansatz linearer Strukturgleichungen (Funke, 1985, 1993; Vollmeyer & Funke, 1999) bietet sich zur Beschreibung von Systemen an, deren Variablen unbegrenzte quantitative Wertebereiche aufweisen. Dagegen sind so genannte „Finite Automaten" (Buchner, 1999; Buchner & Funke, 1991, 1993; Funke & Buchner, 1992) durch Variablenwerte auf dem Nominalskalenniveau charakterisierbar.

Lineare Gleichungssysteme. Abbildung 4 zeigt ein einfaches System, das mit linearen Gleichungen beschreibbar ist (Vollmeyer & Funke, 1999). In ihm enthalten sind die beiden „Eingangsvariablen" A und B. Das sind diejenigen Systemvariablen, deren jeweiliger Wert von einer Person durch den entsprechenden Systemeingriff geändert werden kann. Y und Z sind die „Ausgangsvariablen". Ihr Wert ist nur indirekt durch eine Person kontrollierbar und in diesem Modell vollständig von den Eingangsvariablen abhängig. Die Zahlen an den Pfeilen, welche die Eingangs- und die Ausgangsvariablen aufeinander beziehen, geben an, mit welcher Stärke eine Wertveränderung der Eingangsvariablen auf die Ausgangsvariable wirkt. Für jede Ausgangsvariable lässt sich eine lineare Gleichung angeben, die diese Beziehungen wiedergibt. Im vorliegenden Beispiel sind die Werte von Y und Z zum Zeitpunkt $t + 1$ folgendermaßen von den Werten der Variablen A und B zum Zeitpunkt t abhängig:

$$Y_{t+1} = 2 \cdot A_t \qquad (1)$$

$$Z_{t+1} = 3 \cdot A_t - 2 \cdot B_t \qquad (2)$$

Lineare Gleichungssysteme erlauben auf diese recht einfache Weise eine formale Konstruktion und Beschreibung beliebig komplexer Systeme. So sind auch Nebenwirkungen (Einfluss einer Ausgangsvariablen auf eine andere Ausgangsvariable) und eigendynamische Wirkungen (Einfluss einer Ausgangsvariablen zum Zeitpunkt t auf ihren eigenen Wert zum Zeitpunkt $t + 1$) problemlos modellierbar. Aufgrund der unbegrenzten Wertebereiche der quantitativen Variablen können Systeme, die mit linearen Gleichungssystemen beschrieben werden, eine unendliche Anzahl von Zuständen annehmen. Will man die Anzahl potenzieller Zustände (innerhalb der Analogie zu statischen Verfahren ist das die Anzahl möglicher Aufgaben) festlegen oder bestimmen können, müssen Systeme herangezogen werden, deren Variablen jeweils nur eine begrenzte Anzahl von Werten annehmen können.

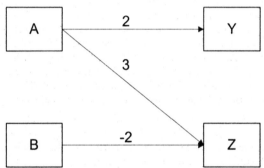

Abbildung 4: Struktur eines einfachen linearen Systems (aus: Vollmeyer & Funke, 1999, S. 213)

Finite Automaten. Eine endliche Anzahl aller möglichen Zustände ist eines der drei Hauptmerkmale so genannter „Finiter Automaten" (Buchner & Funke, 1993; Funke, 2001; Funke & Buchner, 1992). Beispiele für Finite Automaten sind Systeme wie Videorekorder (Funke & Gerdes, 1993), Fahrkartenautomaten oder laut Buchner (1999) auch viele Computerbetriebssysteme und -anwendungen. Auch wenn die Anzahl möglicher Zustände gerade bei höher komplexen Systemen wie Computersoftware durchaus beachtlich sein kann, ergibt sich aus dieser Begrenztheit der große Vorteil, dass alle möglichen Zustände des Systems a priori definiert und damit umfassend und vollständig in Bezug auf ihre jeweiligen Anforderungen analysierbar sind. Außerdem lassen sich für jeden Zustand alle darin möglichen Systemeingriffe und systemautonomen Zustandsänderungen angeben, da auch ihre Anzahl durch die begrenzte Anzahl diskreter Variablenwerte endlich ist. Die aus der Kybernetik stammenden Finiten Automaten lassen sich nach Starke (1969) durch drei Mengen und zwei Funktionen definieren (s.a. Ashby, 1974; Hopcroft & Ullmann, 1979):

- eine endliche Menge X von so genannten „Eingabesignalen" (direkt wählbare Eingriffsalternativen);
- eine endliche Menge Y von so genannten „Ausgabesignalen" (nicht direkt beeinflussbare Variablen, die Zustandsmerkmale repräsentieren);
- eine endliche Menge S von Zuständen;
- eine Übergangsfunktion δ, die angibt, welcher Zustand auf einen Eingriff in einem gegebenen Zustand folgt;
- eine Ergebnisfunktion λ, die angibt, welches Ausgangssignal auf einen Eingriff in einem gegebenen Zustand folgt.

Ist der Wert des Ausgangssignals ausschließlich vom Zustand abhängig und damit unabhängig von dem zuvor getätigten Eingriff, tritt an die Stelle der Ergebnisfunktion eine reine Markierfunktion μ, die das Ausgabesignal direkt mit dem Zustand verknüpft.

Der *„Heidelberger Finite Automat" (HFA)*. Abbildung 5 zeigt als Beispiel für Finite Automaten die Bildschirmoberfläche des „Heidelberger Finiten Automaten" (HFA), einer computerbasierten Simulation, die von Funke, Töpfer und Wagener (1998) im Zusammenhang mit der internationalen Schulleistungsstudie PISA entwickelt wurde (s.a. Klieme, Funke, Leutner, Reimann & Wirth, 2001). Semantisch ist der Automat in einen Raumfahrtkontext eingebettet. Als zu steuernde Subsysteme, über die Sach- und Handlungswissen erworben werden soll, stehen eine Rakete und ein Planetenfahrzeug zur Verfügung, die analoge Strukturen aufweisen. Mit der Rakete kann zwischen vier Planeten hin- und hergeflogen werden, auf jedem dieser Planeten kann mit dem Planetenfahrzeug zu jeweils drei Diamanten und der Rakete gefahren werden. In der oberen Hälfte des Bildschirms sind die Menge der Eingabesignale als Schalter dargestellt (durch den Computer als rot gefärbte Schaltflächen präsentiert). In der Simulation werden die Rakete und das Fahrzeug gesteuert, indem mit der Computermaus diese roten Schalter angeklickt werden. Die Menge an Ausgabesignalen ist in der unteren Hälfte als Anzeigen gegeben (sie erscheinen auf dem Computerdisplay in Blautönen), die durch Wechseln von Dunkel- zu Hellblau angeben, in welchem Zustand sich das Gesamtsystem befindet. Diese Anzeigen ändern ihren Wert nur als Reaktion auf das Drücken eines roten Schalters. Das direkte Anklicken dieser Ausgabesignale führt zu keiner Zustandsänderung des Systems. Im Beispiel in Abbildung 5 befindet sich die Rakete im Orbit um den Planeten Alpha, ihr Hitzeschild ist angeschaltet und ihr Landegestell ist ausgefahren. Das Planetenfahrzeug befindet sich in der Rakete mit ausgeschaltetem Detektor und Zoom.

Zustand und Ausgabesignale sind im Falle des Heidelberger Finiten Automaten durch eine Markierfunktion μ verknüpft. Jeder Zustand wird durch ein einzigartige Kombination an hell- und dunkelblauen Ausgabesignalen charakterisiert, unabhängig von der Eingabe, die zu diesem Zustand geführt hat. Bei 20 Ausgabesignalen, die jeweils zwei Werte – hell- oder dunkelblau – annehmen können, sind theoretisch $2^{20} = 1.048.576$ unterschiedliche Zustände denkbar. Der Heidelberger Finiten Automaten ist jedoch so konstruiert, dass er nicht in alle theoretisch möglichen Systemzustände versetzt werden kann. Eine so hohe Komplexität würde nicht nur die kognitiven Ressourcen einer Person, sondern auch die Kapazitäten des simulierenden Computers überschreiten. Insgesamt kann der Automat 116 Zustände annehmen, so dass er trotz der umfassenden Beschreibbarkeit seiner potenziellen Zustände als hoch komplex eingestuft werden kann (hier ist „komplex" auf die Anzahl der Zustände bezogen). Die Übergangsfunktion δ lässt sich als Transitionsmatrix angeben, in die für jeden möglichen Zustand eingetragen ist, in welchen Zustand dieser durch jeden der möglichen Eingriffe transformiert wird. Im Falle des Heidelberger Finiten Automaten ergibt dies eine Matrix mit 116 · 20 = 2320 Zellen.

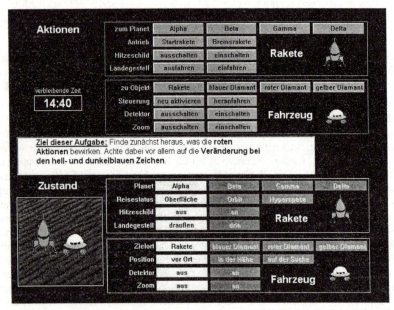

Abbildung 5: Bildschirmoberfläche des „Heidelberger Finiten Automaten" (HFA)

Polytelie. Finite Automaten weisen eine begrenzte Anzahl an möglichen Zuständen auf und sind formal vollständig beschreibbar. Damit ist ebenfalls eine vollständige Beschreibbarkeit aller möglichen Ziele gegeben, auf die eine Prozessregulation ausgerichtet werden kann. Dies bedeutet zwar nicht, dass damit die Ziele, die sich eine Person im Umgang mit einem Finiten Automaten setzt, bekannt sind. Diese kognitiven Aspekte der Regulation können auch auf der Grundlage einer formalen Systembeschreibung nur geschätzt werden. Diese Schätzung ist jedoch aufgrund der begrenzten Auswahl genauer als bei dynamischen Systemen mit einem unbegrenzten Problemraum.

Post hoc-Definitionen. Aufgrund der endlichen Anzahl von sowohl Zuständen als auch Zustandstransformationen lässt sich der Umgang mit einem Finiten Automaten auf der theoretischen Grundlage des Problemraumkonzepts von Newell und Simon (1972) beschreiben. Auf dieser Grundlage kann für alle möglichen Systemzustände überprüft werden, ob sie wenigstens eine Handlungsalternative als Ausweg aus diesem Zustand gewährleisten und das System notfalls entsprechend geändert werden. Es können Anforderungen a priori definiert werden, indem zu erreichende Zielzustände vorgegeben werden, die von einem gegebenen Anfangszustand zu erreichen sind.

Kontrollierbarkeit. Das Validitätsproblem, das entsteht, wenn aufgrund der Komplexität des Systems dieses als unkontrollierbar eingestuft wird, was dann zu einem mehr oder weniger starken trial-and-error-Verhalten führt, lässt sich durch die Formalisierung an sich nicht lösen. Ab welcher Komplexität ein System als unkontrollierbar eingestuft wird, ist letzten Endes ein Personenmerkmal, das durch die Formalisierung selbst nicht manipuliert werden kann. Die formale Beschreibung erlaubt aber eine Einschätzung der Komplexität des Systems. Mit Hilfe solcher Einschätzungen beziehungsweise Messungen wird es möglich, die Komplexität eines Systems so an die zu untersuchende Stichprobe anzupassen, dass sie ein optimales Ausmaß im Sinne eines validen Tests annimmt.

4.2.3.4 Begrenzung der Messzeiträume als Antwort auf das Problem intra-individueller Anforderungsunterschiede

Auf ein prinzipielles Problem der meisten dynamischen Verfahren macht Süß (1999) aufmerksam: „Obwohl die Arbeit mit computersimulierten Systemen oft mehrere Stunden dauert, liefert ein solcher Problemlöseprozess genau genommen nur die Daten einer einzigen unabhängigen Messung. Entsprechend begrenzt ist deren Reliabilität und damit verbunden deren Vorhersagbarkeit" (S. 222).

Dynamisches Testen führt zwangsläufig dazu, dass ganze Messzeiträume betrachtet werden müssen, anstatt sich auf Messzeitpunkte beschränken zu können. Dynamisches Testen bedeutet gleichzeitig, dass mehrere aufeinander folgende Aktionen gemessen und zu einem einzigen Gütemaß zusammengeführt werden müssen. Je größer dabei der betrachtete Messzeitraum ist, der mit einer Maßzahl beschrieben wird, desto stärker ist die Beeinträchtigung der Testgüte einzuschätzen. Dies rührt zum einen daher, dass von der Größe des Messzeitraumes die Anzahl der darin getätigten Aktionen abhängig ist, was zu genanntem Reliabilitätsproblem führt. Zum anderen kommen bei großen Messintervallen Validitätsprobleme stärker zum Tragen, die sich aufgrund der intraindividuellen Anforderungsänderungen im Umgang mit dem System ergeben (vgl. Abschnitt 4.2.3.2).

Tatsächliche Begrenzung des Messzeitraums. Die Beeinträchtigungen der Testgüte lassen sich umso geringer halten, je kleiner der Messzeitraum gewählt wird. Die erfolgreiche Bearbeitung der meisten komplexen Systeme lässt sich jedoch nicht innerhalb eines kurzen Zeitraumes bewerkstelligen. Ebenso zeigen sich Leistungseffekte oftmals erst nach einem längeren Arbeiten mit dem System. Eine starke Begrenzung der insgesamt zur Verfügung stehenden Bearbeitungszeit führt dazu, dass nur der Beginn des Lernprozesses, der idealerweise vom ersten Arbeiten mit dem bis dahin unbekannten System bis hin zu einem routinierten Umgang mit ihm führen sollte, gezeigt und erfasst werden kann. Je weniger Zeit zum Lernen verwendet werden kann, desto geringer ist der Anteil an dem bis zum routinierten Umgang eigentlich benötigten Prozess, der durch diesen begrenzten Zeitraum abgebildet wird, und desto weniger ist zu erwarten, dass ein routiniert abrufbares und anwendbares Wissen gelernt werden konnte.

Post hoc-Definition vieler Messzeiträume. Um trotzdem kurze Messintervalle zu erhalten, muss nicht unbedingt der Gesamtbearbeitungsprozess an sich gekürzt werden. Als Alternative lässt sich der gesamte Prozessverlauf auch in mehrere gleiche, aufeinander folgende Zeiteinheiten unterteilen. Dies kann durch eine mehr oder weniger arbiträre Einteilung in gleich große Zeiteinheiten geschehen, in die die gesammelten Daten im Nachhinein gruppiert werden. Diese post hoc-Gliederung wird von den bearbeitenden Personen nicht wahrgenommen und hat demzufolge keinen Einfluss auf ihr Eingriffsverhalten.

Teilzielbildung. Zum anderen kann durch die Festsetzung von zu erreichenden Zielen der Prozess nach inhaltlichen Gesichtspunkten gegliedert werden. Dies hat auf der einen Seite zur Folge, dass die Selbstregulation des Prozesses in dem Maße beschnitten wird, wie konkret und feingliedrig das Zielesystem ist (vgl. Strohschneider, 1991). Auf der anderen Seite ist aber für die Erreichung eines jeden dieser konkreten Ziele jeweils ein valideres Maß definierbar. Für eine grobe inhaltliche Zweiteilung des Bearbeitungsprozesses wird oftmals zwischen „internen" und „externen" Zielen unterschieden (vgl. Abschnitt 2). So unterscheidet zum Beispiel Funke (1990) theoretisch zwischen der „Identifikation" der Systemstruktur und der „Kontrolle" des Systems. Methodisch setzt er diese Trennung um, indem er als Ziele „Systemidentifikation" in einer „Phase des möglichen Wissenserwerbs" und „Systemkontrolle" in einer darauf folgenden „Phase zielgerichteter Wissensanwendung" zeitlich getrennt voneinander vorgibt (Funke, 1985, 1991; Funke & Müller, 1988). Diese nach theoretischen Gesichtspunkten durch Trennung vorgenommene Verkürzung der jeweiligen Messzeiträume wird mittlerweile in den meisten Untersuchungen, in denen komplexe, dynamische Systeme eingesetzt werden, übereinstimmend vorgenommen (z.B. Preußler, 1998; Putz-Osterloh, 1993; Putz-Osterloh & Lemme, 1987; Strohschneider, 1990; Süß et al., 1991; Süß, Kersting et al., 1993; Süß, Oberauer et al., 1993).

4.2.3.5 Prozessgütemaße bei komplexen, dynamischen Systemen

Wenig Übereinstimmung findet sich in den entwickelten Maßen und Indikatoren, mit deren Hilfe die Güte des Wissenserwerbs- und des Wissensanwendungsprozesses jeweils eingestuft wird. Um zum Beispiel die Güte des Lernprozesses einzuschätzen, werden üblicherweise Umfang und Güte des erworbenen Wissens erhoben. Umfassendes und korrektes, leicht abrufbares Wissen als Ziel ist jedoch ein internes Handlungsziel, welches nicht direkt beobachtbar ist. Deshalb ist es notwendig, zu definieren, welches Wissen als qualitativ hochwertig bewertet wird. Diese Definitionen weisen zwischen verschiedenen Autoren und Systemen durchaus Unterschiede auf (vgl. Strohschneider, 1990), woraus auch eine beträchtliche Vielfalt an Testformaten resultiert, mit denen erworbenes Wissen erfasst wird. Diese reichen von allgemeinen Wissensfragen und „kontentvalide" konstruierten, systemspezifischen Multiple-Choice-

Items (Kersting & Süß, 1995; Süß, 1996; Süß et al., 1991), über Paar-Assoziationsaufgaben (Preußler, 1996) bis hin zum grafischen Abfragen von Zusammenhängen vorgegebener Systemvariablen (Putz-Osterloh, 1993) und freiem Erstellen von Kausaldiagrammen (Funke, 1985; Funke & Müller, 1988). Die Unterschiedlichkeit der theoretischen Grundlagen mit der Konsequenz stark unterschiedlicher Operationalisierungen erschwert die Vergleichbarkeit der Ergebnisse, die in Bezug auf die Wissenserwerbsleistung in unterschiedlichen Systemen und Untersuchungen berichtet werden. Gemeinsam haben diese Maße, dass sie als reine Produktmaße konzipiert sind und die Güte des Lernprozesses ausschließlich anhand seines Ergebnisses bewerten. Sie werden meist nach der Wissenserwerbsphase bearbeitet (z.b. Preußler, 1997; Putz-Osterloh, 1993). Einige Untersuchungen unterteilen den Lernprozess noch weiter in mehrere kurze, aufeinander folgende Wissenserwerbsphasen und erfragen das Wissen wiederholt nach jeder Teilphase (z.B. Funke & Müller, 1988; Süß et al., 1991; Süß, Kersting et al., 1993). Auch diese Maße sind als Produktmaße konzipiert. Insofern erfassen sie keine Kriterien, mit deren Hilfe die Güte des Regulationsverlaufs eines Lernprozesses direkt bewertet werden könnte.

Nicht nur interne Ziele wie Qualität und Ausmaß erworbenen Wissens sind oftmals nur schwer und mehr oder weniger systemabhängig definierbar. Zu entscheiden, ob eine Person externe Ziele erreicht hat beziehungsweise wie nahe sie diesen gekommen ist, stellt bei vielen komplexen Systemen in der Tradition von „Lohhausen" (Dörner et al., 1983) eine Herausforderung sowohl für das System kontrollierende Person als auch für die Forscher und Testentwickler dar. Zum Beispiel verwendet Strohschneider (1991) das System „Moro" (Dörner, Stäudel & Strohschneider, 1986), welches das Leben eines Stammes von Halbnomaden am Nordrand der Sahelzone simuliert, und gibt in der Bedingung mit vager Zieldefinition die Aufgabe, Maßnahmen zu planen und durchzuführen, „die zu einer langfristigen Verbesserung der Lebensbedingungen der Moros führen". Die Erreichung dieses Ziels wird nach der Bearbeitung unter anderem anhand der „Bevölkerungszahl", der Höhe des „Grundwasserspiegels" oder auch anhand des Ausmaßes des „Fliegenbefalls" bewertet. Eine Vergleichbarkeit mit entsprechenden, ebenfalls die Wissensanwendungsgüte messenden Variablen wie zum Beispiel „Maximierung des Verkaufs" von Hemden bei gleichzeitiger „Maximierung der Gewinnspanne pro verkauftem Hemd" im Falle des Systems „Schneiderwerkstatt" (Süß et al., 1991) oder auch „Anzahl überlebter Jahre" im Falle des Systems „Hunger in Nordafrika" (Leutner & Schrettenbrunner, 1989) kann dabei nur bedingt hergestellt werden. Zudem gilt für diese Maße dasselbe wie für die oben erwähnten Maße der Wissenserwerbsgüte. Es sind resultatsbezogene Maße, die einen Prozess anhand seines Ergebnisses einschätzen.

Vergleichbarkeit auf der Grundlage des Problemraumkonzepts. Finite Automaten, deren Struktur sich jeweils mit Hilfe des Problemraumkonzepts darstellen lässt, bieten wie oben erwähnt die Möglichkeit, genaue Zielzustandsdefinitionen vorzugeben. Genauso ist die exakte Definition einzelner Anfangszustände möglich. Aufgrund der Endlichkeit des Problemraums, seiner Zustände und der Eingriffsalternativen in den jeweiligen Zuständen, ist es zudem möglich, optimale Wege von einem gegebenen Anfangszustand zu einem gegebenen Zielzustand im voraus zu definieren. Die Anzahl der zu überquerenden Zwischenzustände, die auf diesem Lösungsweg liegen, kann dabei als schwierigkeitsindizierendes Kriterium bei der Konstruktion entsprechender Testaufgaben dienen. Ebenso wirkt eine große Anzahl alternativer Eingriffe, die zu Zuständen führen, die nicht Teil des optimalen Lösungsweges sind und damit eine Distraktorfunktion erfüllen, erschwerend. Dies berücksichtigend können Probleme definiert werden, die sich mit Hilfe eines einzigen Eingriffs oder aber nur durch eine Kombination vieler verschiedener Eingriffe lösen lassen, welche wiederum aus einem mehr oder weniger großen Eingriffsalternativen-Pool mit entsprechender Anzahl an Disktraktoren gewählt werden müssen. Es lassen sich dadurch Wissensanwendungstests konstruieren, die mit vielen Aufgaben unterschiedlicher Schwierigkeit nicht nur einen einzigen Kontroll- oder Steuerungsprozess erfassen, sondern viele unterschiedliche und mehr oder weniger kurze Prozesse. Als reine Ergebnismaße lassen sich dabei wie bei üblichen statischen Tests die Anzahl der gelösten Aufgaben oder der maximale Schwierigkeitsgrad, den die gelösten Aufgaben aufweisen, definieren. Preußler (1997) definiert in Anlehnung an Müller (1993) als Maß der „Güte der Steuerung" die Summe der Zielabstände über alle Aufgaben. Als Zielabstand wird dafür bei jeder Aufgabe die Anzahl der Zwischenzustände zusammengezählt, die zwischen Endzustand und vorgegebenem Zielzustand liegen.

Als zumindest „ergebnisorientiert" bewertet Funke (2001) die mit Finiten Automaten erfassbaren Maße der Optimalität und der Effektivität. Das Maß der Optimalität gibt an, wie nahe der Weg durch den Problemraum, den eine Person vom Anfangszustand aus möglichst in Richtung Zielzustand gegangen ist, an dem theoretisch optimalen Lösungsweg ist (s.a. Bösser, 1983; Funke, 1991). Die Effektivität gibt den Anteil von Eingriffen an allen während des Lösungsversuchs getätigten Eingriffen an, welche zu einer Zustandsänderung des Systems geführt haben. Der neue Zustand muss dabei jedoch nicht zwangsläufig näher am Zielzustand sein als der vorherige Zustand, weshalb der Begriff „Effektivität" hier vielleicht nicht ganz glücklich gewählt ist.

Prozessmaße auf der Grundlage des Problemraumkonzepts. Ein echtes Prozessmaß für die Kontroll- oder Steuerungsleistung zu definieren, ist bei Finiten Automaten möglich, kann sich aber in Abhängigkeit von der Komplexität und der Dynamik des Systems äußerst aufwändig gestalten. Anfangszustand, Zielzustand und die optimale Sequenz an Eingriffen, mit denen der Anfangs- in den Zielzustand transformiert werden kann, sind zwar a priori definiert und stehen insofern als Referenz für die Bewertung des gezeigten Lösungsverhaltens zur Verfügung. Je komplexer jedoch das System ist, desto mehr unterschiedliche Eingriffskombinationen sind potenziell denkbar und müssen demzufolge auch in Bezug auf diese eine Referenz bewertbar sein. Abgesehen davon lässt sich zwar sehr wohl die Anzahl aller möglichen unterschiedlichen Einzeleingriffe angeben, im Falle des Heidelberger Finiten Automaten (HFA) ist diese Anzahl zum Beispiel auf 2320 Eingriffe begrenzt. Dies bedeutet jedoch nicht, dass damit auch die Anzahl an Kombinationen von Eingriffen begrenzt ist. Diese Anzahl kann beim HFA zum Beispiel nicht angegeben werden, da sie theoretisch unendlich groß ist.

Da nur die Anzahl an möglichen unterschiedlichen Eingriffen begrenzt ist, kann auch nur auf der Basis von Einzeleingriffen a priori ein Bewertungsmaß definiert werden, was aufgrund der begrenzten Anzahl einen endlichen Aufwand bedeutet. Es könnte zum Beispiel für einen gegebenen Zielzustand bei einem Finiten Automaten für jeden möglichen Eingriff eines jeden möglichen Systemzustandes a priori bestimmt werden, ob dieser zu einem Systemzustand führt, welcher näher, weiter entfernt oder gleich weit entfernt vom Zielzustand ist als der aktuelle Zustand. Durch eine Kodierung von zum Beispiel „näher = +1", „weiter entfernt = –1" und „gleich weit entfernt = 0" ließe sich das gezeigte Verhalten durch ein entsprechendes Summenmaß einschätzen. Aber auch wenn auf der Basis von Einzeleingriffen der gezeigte Lösungsweg bewertet wird, müssen zum Beispiel beim HFA für jede Aufgabe 2320 mögliche Eingriffe im voraus bewertet werden, was einen erheblichen Definitionsaufwand bedeutet. Darüber hinaus muss aufgrund der Selbstregulation des Prozesses das gezeigte Verhalten an den Zuständen, in die das System gesteuert wurde, und an den dort jeweils zur Verfügung stehenden Eingriffsalternativen relativiert werden, um trotz der individuell und selbstreguliert zusammengestellten Zustandsauswahl zu interindividuell vergleichbaren Werten zu gelangen.

Fazit. Für die Erfassung des Regulationsverlaufs von Lernprozessen muss auf solche dynamische Testverfahren zurückgegriffen werden, die eine uneingeschränkte Selbstregulation des Prozesses gewährleisten. Dynamische Lernpotenzialtests schränken die Selbstregulation durch soziale Interaktion und gezielte Interventionen ein. Verfahren, die sich der Methode des lauten Denkens bedienen, begrenzen die Selbstregulation zwar nicht. Aufgrund der Reaktivität der Methode und der eingeschränkten Validität von Verbaldaten muss jedoch davon ausgegangen werden, dass das erfassbare Regulationsverhalten nicht der üblichen Lernprozessregulation entspricht. Computerbasierte Verfahren haben das Potenzial, unverzerrte Verhaltensdaten über den Lernregulationsprozess zu liefern, wenn die testtheoretischen Probleme aufgrund ihrer Komplexität und ihrer Dynamik gelöst werden können. Finite Automaten bieten Lösungsmöglichkeiten für komplexitätsbedingte Probleme. Durch eine Teilzielbildung und/oder eine post hoc-Definition mehrerer Messzeiträume lassen sich die Verzerrungen aufgrund intraindividueller Anforderungsunterschiede minimieren. Auf der Basis des Problemraumkonzepts lassen sich für Finite Automaten echte Prozessmaße entwickeln, auch wenn dieses sehr aufwändig ist. Der Fokus dieser Arbeit liegt auf dem Regulationsprozess des Wissenserwerbs, weshalb in diesem Rahmen auf die Entwicklung eines echten Prozessmaßes für die Kontroll- und Steuerungsleistung verzichtet werden soll. Vielmehr wird der entsprechende Aufwand für die Entwicklung eines Prozessmaßes betrieben, welches zur Bewertung der Regulationsgüte des Lernprozesses herangezogen wird. Im Folgenden wird diese Entwicklung und das resultierende Maß vorgestellt.

4.3 Dynamisches Testen selbstregulierter Prozesse des Wissenserwerbs

Der verbleibende Teil dieses Kapitels wird genutzt, um das im Rahmen dieser Arbeit entwickelte Maß zur Erfassung des selbstregulierten Lernprozessverlaufs darzustellen. Hierbei wird auf der Grundlage verhaltensbasierter Daten zum einen das Ziel bestimmt, auf das ein Lernprozess innerhalb eines bestimmten Zeitraums ausgerichtet ist. Zum anderen wird das Ausmaß an Selbstbestimmtheit eingeschätzt, mit dem dieser Lernprozess reguliert wird. Nach der Darstellung dieses Maßes folgt eine Beschreibung, wie mit seiner Hilfe Prozessmerkmale des Regulationsverlaufs modelliert und bewertet werden können.

Zur Erfassung eines Prozesses muss, wie oben dargestellt, auf ein dynamisches System zurückgegriffen werden, da statische Verfahren ausschließlich Resultate von Prozessen erheben können. Von denen aus der Literatur bekannten dynamischen und komplexen Systemen zeichnen sich Finite Automaten dadurch aus, dass sie aufgrund ihrer umfassenden, formalen Beschreibbarkeit auf der Basis des Problemraumkonzepts gegenüber anderen dynamischen und komplexen Simulationen bedeutsame testtheoretische Vorteile aufweisen (s. Abschnitt 4.2.3.3). Aus diesem Grunde wird für die Konstruktion eines dynamischen Verfahrens zur Bewertung der Regulationsgüte von Lernprozessen ein Finiter Automat, namentlich der ebenfalls in Abschnitt 4.2.3.3 vorgestellte Heidelberger Finite Automat, genutzt.

Logfile-Daten. Als computerbasierte Simulation schreibt der HFA jeden Systemeingriff, der während der Bearbeitung in Form von Anklicken der roten Schalter (der Eingabesignale) ausgeführt wird, in ein so genanntes Logfile. In diese Protokolldatei wird für jeden Mausklick, den eine Person ausführt, eingetragen, in welchem Zustand das System sich befindet, um welchen Eingriff es sich handelt und wann dieser Eingriff ausgeführt wird. Diese so gewonnen Daten zeichnen sich wie alle Logfile-Daten dadurch aus, dass sie aufgezeichnet werden, ohne dass dies von der Person bemerkt wird. Damit weisen sie auch keine Verzerrungen auf, wie sie bei Selbstangaben oder bei der Methode des lauten Denkens aufgrund von Reflexion oder sozialer Erwünschtheit nicht auszuschließen sind. Mit allen Logfile-Maßen haben sie jedoch ebenso gemeinsam, dass sie reine Verhaltensdaten sind, die keine direkte Erfassung kognitiver Prozesse erlauben. Auf die einem Eingriff zugrunde liegende Kognition kann nur geschlossen werden.

Teilzielbildung. Wie in Abschnitt 4.2.3.4 dargelegt, kann durch eine Begrenzung der Messzeiträume die Validität der erhobenen Maße erhöht werden. Eine übliche Begrenzung erfolgt dabei oftmals durch die zeitlich getrennte Vorgabe der Ziele Wissenserwerb und Wissensanwendung. Im Folgenden soll ein Maß für die Regulation des Wissenserwerbsprozess entwickelt werden, so dass es sich anbietet, auch die Bearbeitung des HFA durch entsprechende Zielsetzung in die Phasen Wissenserwerb und Wissensanwendung zu gliedern. Diese einschränkenden Effekte auf die Selbstregulation können dabei problemlos in Kauf genommen werden, da die Aussagen der Arbeit nur für den Lernprozess gültig sein sollen und die Wissensanwendungsleistung „nur" als ein zusätzliches Außenkriterium für die Bewertung der Regulationsgüte genutzt wird. Die in diesem Abschnitt 4.3 dargestellten Überlegungen und Entwicklungen beziehen sich deshalb ausschließlich auf den Regulationsprozess, der im Umgang mit dem Heidelberger Finiten Automaten innerhalb einer 15-minütigen Wissenserwerbsphase auftritt. Als Ziel ist in dieser Phase vorgegeben herauszufinden, zu welchen Zustandsänderungen die einzelnen Eingriffsalternativen führen (vgl. schriftliche Instruktion in der Mitte in Abbildung 5).

4.3.1 Wissen im Umgang mit Finiten Automaten

Sach- und Handlungswissen. Durch die Wahl des Systems wird gleichzeitig auch das spezifische Wissen, das im Umgang damit erworben werden muss, festgelegt. Im Falle eines Finiten Automaten kann dieses zu erwerbende Wissen formal mit Hilfe des Problemraums definiert werden, der die Struktur des Automaten ausmacht. Der Problemraum besteht aus allen möglichen Zuständen, die das System annehmen kann und aus allen möglichen Eingriffen, die einen Systemzustand in einen anderen Systemzustand überführen. Relevantes Wissen über einen Finiten Automaten besteht also aus einem Sachwissen über die möglichen Zustände und aus einem Handlungswissen über die in diesen Zuständen jeweils zur Verfügung stehenden Eingriffsalternativen. Dieses Wissen über Eingriffe, die in bestimmten Zuständen zu bestimmten anderen Zuständen führen, kann zu „Produktionen" (Anderson, 1983, 1993) in Form von „Wenn-Dann-Regeln" zusammengefasst werden (Kluwe, 1997; Kluwe & Haider, 1990). Im „Wenn"-Teil sind relevante Informationen über den aktuellen Zustand und den Zielzustand miteinander verknüpft. Er bildet die Bedingung für den einzelnen, auszuführenden Eingriff, welcher im „Dann"-Teil definiert ist. Wie Müller, Funke und Buchner (1994) zudem zeigen konnten, können diese Produktionen auch zu Wissen über ganze Eingriffssequenzen verknüpft werden (vgl. Abschnitt 2.4).

Vorwissen. Mit Hilfe des Problemraums wird alles relevante Wissen beschrieben, welches für den kontrollierten Umgang mit dem Automaten notwendig ist. Dieses spezifische und relevante Wissen wird jedoch nicht isoliert von allem bisherigen Wissen erworben. Um seine Abrufbarkeit zu erleichtern, muss es mit bereits verfügbarem, weniger spezifischem Sach- und Handlungswissen verknüpft werden. Welches Wissen zu diesem Zweck aktiviert wird, ist zu einem großen Teil von oberflächlichen Merkmalen des Systems abhängig. Es unterscheidet sich interindividuell, da nicht alle Personen mit derselben Wissensbasis ausgestattet sind, und kann den Prozess positiv, negativ oder gar nicht beeinflussen (vgl. Abschnitt 2.5.2). Wissen beziehungsweise Vorwissen ist eine Personenvariable, die von der individuellen Lerngeschichte geprägt ist. Dadurch entzieht es sich zu einem großen Teil einer vorherigen Festlegung oder einer Erfassung auf der Grundlage einer System- beziehungsweise Problemraumanalyse. Dieses wenig spezifische, aktivierte Vorwissen ist für den Umgang mit dem System jedoch nur so lange relevant, bis es durch den Erwerb spezifischen Wissens erweitert und/oder modifiziert wurde. Es bildet damit die anfängliche Basis, in die neues Wissen integriert werden kann, verliert aber im Verlauf des Lernprozesses immer mehr an Bedeutung.

Identifikation und Integration. Das Ziel eines Lernprozesses besteht in einer möglichst vollständigen und korrekten Wissensbasis. Dieses Wissen sollte zudem möglichst sicher und mit möglichst geringem kognitiven Aufwand abrufbar sein. In Bezug auf den HFA bedeutet dies, dass der Prozess des Wissenserwerbs so gestaltet sein sollte, dass möglichst vollständig alle Informationen über die möglichen Systemzustände und die Eingriffsmöglichkeiten identifiziert werden. Das reine Identifizieren vieler Informationen über Zustände und Eingriffe ist jedoch nutzlos, wenn nicht dafür Sorge getragen wird, dass dieses Wissen auch später noch zur Verfügung steht. Der Prozess des Wissenserwerbs sollte sich demzufolge gleichermaßen durch Aktionen auszeichnen, die der Integration dieser Informationen in die Wissensbasis dienen, wodurch ihre spätere Verfügbarkeit gewährleistet werden soll. Entsprechend muss für die Bewertung eines Wissenserwerbsprozesses berücksichtigt werden, inwiefern dieser Aspekte sowohl der Identifikation als auch der Integration aufweist, aus denen eine sowohl vollständige als auch abrufbare Wissensbasis resultiert.

Um mit Hilfe des HFA ein angemessenes Prozessmaß der Lernregulation entwickeln zu können, muss in einem ersten Schritt eindeutig definiert werden, wie die Prozessaspekte der Identifikation und der Integration im Umgang mit dem HFA erfasst werden können. In einem zweiten Schritt müssen die entsprechend definierten Variablen so zueinander in Beziehung gesetzt werden, dass eine interindividuell vergleichbare Bewertung der Prozessregulationsgüte möglich wird.

4.3.2 Identifikation und Integration

Bei der Nutzung von Logfile-Daten kann die Güte der Lernprozessregulation nur auf der Grundlage beobachtbaren Verhaltens bewertet werden, welches sich in ausgeführten Eingriffen und Eingriffssequenzen zeigt. Zu diesem Zweck ist für jeden Eingriff einzuschätzen, welche Funktion er in Bezug auf die Erreichung der beiden Lernteilziele erfüllt beziehungsweise erfüllen kann. Das bedeutet, dass jeder einzelne Eingriff danach bewertet werden muss, welchen Beitrag er zur Identifikation von Informationen leistet, und wie förderlich er in Bezug auf die erfolgreiche Integration der Informationen ist.

Identifikation im Umgang mit dem Heidelberger Finiten Automaten. Umfassendes Wissen bedeutet in Bezug auf einen Finiten Automaten, dass nicht nur jeder mögliche Zustand des Automaten bekannt ist. Zusätzlich ist im Idealfall vollständiges Wissen über die darin zur Verfügung stehenden Eingriffsalternativen samt ihrer Ausführungsbedingungen verfügbar. Die notwendige Voraussetzung für ein vollständiges Wissen ist, dass jeder Systemzustand besucht wird und dass in jedem Zustand jede präsentierte Eingriffsalternative mindestens einmal ausgeführt wird. Erst durch das Ausführen eines Eingriffs werden Informationen über diesen Eingriff erzeugt und dadurch wahrnehmbar. Ein Eingriff führt dabei immer dann einen Schritt weiter in Richtung eines vollständigen Wissens, wenn damit neue Informationen über einen Zustand beziehungsweise über eine Eingriffsalternative dieses Zustandes wahrgenommen und der weiteren Informationsverarbeitung zugänglich gemacht werden. Dies kann immer genau dann geschehen, wenn ein Eingriff in einem Systemzustand zum ersten Mal ausgeführt wird. Wenn zum Beispiel eine Person zum ersten Mal den HFA in den in Abbildung 5 dargestellten Zustand überführt hat, wird ihr auch jede der 20 dargestellten Eingriffsalternativen das erste Mal in diesem Zustand präsentiert. Egal welchen Eingriff sie in diesem Zustand ausführen wird, er wird zu neuen Informationen führen, die die Person identifizieren kann. Drückt sie beispielsweise auf den Schalter „zum Planet – Alpha" (rotes Eingabesignal oben links), meldet die Simulation die Information zurück, dass dieser Eingriff nicht zu einer Änderung des Systemzustandes führt. Diese Information ist durch die Person identifizierbar. Drückt sie auf den Schalter „Landegestell – einfahren", ändert sich der Systemzustand dahingehen, dass das Landegestell in den Zustand „drin" versetzt wird. Auch diese Information ist in diesem

Fall das erste Mal identifizierbar. Eingriffen, die das erste Mal ausgeführt werden, kann in Bezug auf den Wissenserwerb die Funktion zugeschrieben werden, Informationen identifizierbar zu machen und so den Umfang an Wissen über das System zu erweitern, unabhängig davon, ob sie den Systemzustand ändern oder nicht. Das erste Mal ausgeführte, identifizierende Eingriffe tragen so zur Vervollständigung des Wissen bei.

Integration im Umgang mit dem Heidelberger Finiten Automaten. Um die spätere Abrufbarkeit der identifizierten Informationen zu gewährleisten, sollten diese so in die Wissensbasis integriert werden, dass der kognitive Aufwand, der für ihren Abruf eingesetzt werden muss, möglichst gering ist. Ein nahezu automatischer und nicht notwendigerweise bewusster Abrufprozess ist durch eine Prozeduralisierung von Wissen möglich. Diese Form der Integration kann durch extensives Üben („Einschleifen"; Aebli, 1983) in Form von wiederholter Wissensanwendung erreicht werden (vgl. Abschnitt 2.4). Im Bezug auf Finite Automaten bedeutet ein extensives Üben ein häufiges, wiederholtes Ausführen derselben Eingriffe. Wenn beispielsweise wie oben beschrieben in dem Zustand von Abbildung 5 der Eingriff „zum Planet – Alpha" ausgeführt wurde, was nicht zu einer Systemzustandsänderung führte, und diese Eingriffsalternative später erneut gewählt wird, wird wieder dieselbe Information präsentiert, dass keine Systemzustandsänderung eingetreten ist. Das wiederholte Durchführen desselben Eingriffs in demselben Systemzustand führt somit nicht zu neuen, identifizierbaren Informationen. Solche wiederholte Eingriffe führen im günstigen Fall zu einer Integration dieser Informationen und damit zu einer verbesserten Verfügbarkeit des Wissens über diese Eingriffsalternativen zu späteren Zeitpunkten. Anders verhält es sich im zweiten Beispiel. Wurde im Zustand von Abbildung 5 der Eingriff „Landegestell – einfahren" gewählt, hat dieses den Systemzustand geändert. Das nochmalige Ausführen der Eingriffsalternative „Landegestell – einfahren" in diesem neuen Zustand führt zu einer neuen Information, in diesem Fall zu der Information, dass keine Systemzustandsänderung aufgetreten ist. Dieses scheinbare wiederholte Ausführen desselben Eingriffs ist in Wahrheit ein erstes Ausführen einer Eingriffsalternative in einem neuen Zustand und hat somit keine integrierende Funktion, wie sie Eingriffswiederholungen zugeschrieben werden kann.

Je häufiger ein Eingriff wiederholt wird, desto geringer wird der kognitive Aufwand, der für den Abruf des ihm zugrunde liegenden Wissens notwendig ist. Müller, Funke und Buchner (1994) machen außerdem auf die Bedeutung von Konzepten sequenziellen Lernens aufmerksam. In Anlehnung an Servan-Schreiber und Anderson (1990) nehmen sie an, dass im Sinne eines „competitive chunkings" einzelne Wissenseinheiten miteinander verknüpft und zu einer eigenständigen Wissenseinheit verarbeitet werden (vgl. Miller, 1956). Dies führt zu einer Abrufbarkeit größerer Wissenseinheiten bei gleichem kognitiven Aufwand, was insbesondere bei begrenzter Verarbeitungskapazität zu Performanzsteigerungen führen kann. Frensch (1991, 1994) und auch Müller, Funke und Buchner (1994) konnten zeigen, dass die Komposition solcher neuer Wissenseinheiten insbesondere durch häufiges Wiederholen einer Handlungssequenz erreicht werden kann.

Unabhängig davon, ob einzelne Eingriffe oder ganze Eingriffssequenzen betrachtet werden, lässt sich festhalten, dass dem wiederholten Ausführen eines Eingriffs die integrierende Funktion zugeschrieben werden kann, mit der die spätere Abrufbarkeit des Wissens über das System gewährleistet wird. Wiederholt ausgeführte Eingriffe tragen also dazu bei, dass die einmal identifizierten Informationen auch zu späteren Zeitpunkten noch verfügbar sind.

Identifizierende versus integrierende Eingriffe. Das erste Ausführen eines Eingriffs dient der Identifikation neuer Informationen zur Vervollständigung des Wissens, das wiederholte Ausführen der Integration dieses Wissens mit dem Ziel der späteren Verfügbarkeit des Wissens. Ob ein Eingriff des erste Mal oder wiederholt ausgeführt wurde, kann aus den Logfiles des HFA gelesen werden. Somit lässt sich für jede Person, die selbstreguliert Wissen über den HFA durch den Umgang mit diesem erwirbt, angeben, ob sie im Verlauf des Lernprozesses eher identifizierende oder eher integrierende Eingriffe tätigt. Als Index dafür, welche Art von Eingriffen häufiger ausgeführt werden, ist für einen festgelegten Zeitraum das Verhältnis von identifizierenden zu integrierenden Eingriffen berechenbar. Tätigt zum Beispiel eine Person A innerhalb eines Zeitraumes zehn Eingriffe, und dienen davon sechs dem Integrieren und vier dem Identifizieren, drückt der Quotient $odds_b$ = 6 : 4 = 1,5 aus, dass Person A innerhalb dieser Minute mehr integrierende als identifizierende Eingriffe tätigt.[8] Dabei ist der Quotient unabhängig von der Gesamtanzahl an Eingriffen. Werden zum Beispiel innerhalb einer Minute von einer Person B nicht zehn, sondern zwanzig Eingriffe durchgeführt, von denen zwölf eine integrierende Funktion besitzen, errechnet sich für Person B dasselbe Verhältnis von $odds_b$ = 12 : 8 = 1,5. Durch dieses Verhältnis wird das beobachtete Eingriffsverhalten dahingehend bewertet, ob mehr integrierende oder mehr identifizierende Eingriffe innerhalb eines festgelegten Zeitraumes ausgeführt werden.

Dieser Index lässt jedoch keine Aussagen über die dem Verhalten zugrunde liegende Regulation zu. Aus dem beobachteten Verhalten allein ist zum Beispiel nicht ersichtlich, ob Person A genauso viel Wert auf die Integration von Informationen gelegt hat wie Person B oder ob das vermehrte Ausführen integrierender Handlungen eher auf eine hohe Anzahl präsentierter Eingriffsalternativen zurückzuführen ist, die ihr bereits bekannt sind. Um vergleichende Aussagen über die Regulation des Lernprozesses machen zu können, ist es erforderlich, dass der Quotient $odds_b$ in Bezug gesetzt wird zu den während des Prozesses zur Verfügung stehenden Eingriffsalternativen. Aufgrund der Selbstregulation des dynamischen Systems sind diese interindividuell unterschiedlich, weshalb der Index $odds_b$ für sich genommen keinen Vergleich zwischen Lernprozessen von Person A und B und ihrer zugrunde liegenden Regulationen erlaubt.

4.3.3 Interindividuelle Vergleichbarkeit

Für die Vergleichbarkeit selbstregulierter Prozesse im Umgang mit dynamischen Systemen müssen die per Logfiles erfassten Systemeingriffe an der jeweils individuellen Auswahl an zur Verfügung stehenden Eingriffsalternativen, beim HFA als rote Schalter präsentiert, relativiert werden (vgl. Abschnitt 4.2.3.2), sodass zumindest rechne-

---

[8] Auf die Bedeutung von odds wird im direkt anschließenden Abschnitt 4.3.3 näher eingegangen.

risch eine Chancengleichheit zwischen Personen besteht. Die beobachteten Eingriffe, die eine Person im Umgang mit dem HFA bezogen auf den Wissenserwerb tätigt, werden wie oben erläutert danach bewertet, ob sie erstmalig oder wiederholt ausgeführt werden. Um das so charakterisierbare Lernverhalten an den einer Person zur Verfügung stehenden Eingriffsalternativen relativieren zu können, muss analog dazu auch jede dieser Alternativen danach eingestuft werden, ob sie zuvor bereits einmal gewählt wurde oder nicht. Dabei muss diese Einstufung der Eingriffsalternativen immer in Bezug auf den aktuellen Systemzustand geschehen und nach jedem Systemeingriff erneut durchgeführt werden. Hat ein Eingriff zu einer Zustandsänderung geführt, ändern sich auch die Eingriffsalternativen, die in diesem neuen Zustand zur Verfügung stehen, und damit auch das Wissen, auf dessen Basis der nächste Eingriff geplant werden muss. Deshalb ist eine Neubewertung erforderlich. Aber auch wenn sich der Systemzustand nicht geändert hat, hat der Eingriff trotzdem zu Informationen geführt, die das Wissen einer Person über diesen Zustand verändert haben können. Auch in diesem Fall muss unter Berücksichtigung des eben getätigten Eingriffs erneut bewertet werden, welche der Eingriffsalternativen zuvor einmal ausgeführt wurden und welche nicht.

Tabelle 3: *Vier-Felder-Tafeln zur Bewertung der Lernprozessregulationen der Beispielspersonen A und B*

	Person A				Person B			
	Ausgeführte Eingriffe		Zur Verfügung stehende Eingriffsalternativen		Ausgeführte Eingriffe		Zur Verfügung stehende Eingriffsalternativen	
Integration	6	a	c	50	12	a	c	320
Identifikation	4	b	d	150	8	b	d	80
	$odds_b = 1{,}5$		$odds_e = 0{,}333$		$odds_b = 1{,}5$		$odds_e = 4$	
	$or = odds_b / odds_e = 4{,}50$				$or = odds_b / odds_e = 0{,}375$			
	$\log_{(or)} = 1{,}50$				$\log_{(or)} = -0{,}980$			

$odds_b$ = Wettquotient zwischen beobachteten, identifizierenden und integrierenden Eingriffen
$odds_e$ = Wettquotient zwischen erwarteten, identifizierenden und integrierenden Eingriffen
or = odds ratio
$\log_{(or)}$ = Natürlicher Logarithmus des odds ratios

Relation zwischen beobachtetem und erwartetem Verhalten. Für einen gegebenen Messzeitraum kann angegeben werden, wie viele der ausgeführten Eingriffe eine identifizierende und wie viele eine integrierende Funktion erfüllen (vgl. Abschnitt 4.3.2). Ebenso kann für diesen Messzeitraum über alle darin besuchten Systemzustände berechnet werden, wie viele der in diesen Zuständen präsentierten Eingriffsalternativen bereits zuvor einmal gewählt beziehungsweise noch nicht gewählt wurden. Diese Werte ergeben eine Vier-Felder-Tafel zur Bewertung der Lernprozessregulation, wie für die beiden Beispielspersonen *A* und *B* aus Abschnitt 4.3.2 in Tabelle 3 dargestellt. In Zelle *b* wird für den Messzeitraum die Anzahl der Eingriffe eingetragen, welche erstmalig ausgeführt wurden. Zelle *a* enthält die Anzahl wiederholt ausgeführter Eingriffe.

Der Quotient $odds_b = a : b$ gibt an, welche Art von Eingriffen häufiger ausgeführt wurde. In dem Beispiel aus Abschnitt 4.3.2 beträgt das Verhältnis a zu b für beide Beispielspersonen A und B jeweils $odds_b = 1,5$. Ein dazu analoger Index kann für die Eingriffsalternativen durch den Quotienten $odds_e = c : d$ berechnet werden. Der Index $odds_e$ gibt demnach an, welche Art von Eingriffsalternativen innerhalb eines Messzeitraums häufiger zur Verfügung stand.

Diese Art von Verhältnissen sind unter dem englischen Namen „odds" oder auch dem deutschen Begriff „Wettquotient" bekannt (Rost, 1996). Wettquotienten ergeben sich, wenn die Wahrscheinlichkeiten zweier sich gegenseitig ausschließender Ereignisse zueinander in Beziehung gesetzt werden. Sie drücken die Chance aus, die für ein Ereignis bestimmter Qualität besteht.

Im Falle des $odds_e$ für die zur Verfügung stehenden Eingriffsalternativen wird die Chance angegeben, dass Eingriffsalternativen mit integrierender Funktion gewählt werden.[9] Diese ist für Beispielperson B mit $odds_e = 4$ zwölfmal so hoch wie für Person A, für die sich ein $odds_e = 0,33$ errechnet. Der $odds_e$ drückt das Verhältnis zwischen integrierenden und identifizierenden Eingriffen aus, das unter der Annahme eines vollständig durch den Zufall determinierten Eingriffsverhaltens zu erwarten ist. Er ist damit gleichzeitig Ausdruck eines Eingriffsverhalten, das in keiner Weise durch die lernende Person selbst, sondern ausschließlich durch den Zufall und somit fremdbestimmt ist. Für einen gegebenen Zeitraum gibt dieser Wettquotient an, für welche Art von Eingriffen bei einem rein zufälligen Verhalten eine höhere Chance besteht, ausgeführt zu werden. Diese Angabe ist dabei spezifisch für die von einer Person innerhalb eines Messzeitraums besuchten Zustände und der für diese Person dabei individuell präsentierten Eingriffsalternativen. Der Quotient $odds_e$ kann somit als Referenz herangezogen werden, wenn das beobachtete Verhalten einer Person an ihrer individuellen Chance, dieses Verhalten zu zeigen, relativiert werden soll.[10] Dies entspricht einer Relativierung des beobachteten Verhaltens, von dem angenommen wird, dass es zu einem bestimmten Anteil durch die lernende Person bestimmt ist, an einem erwarteten Verhalten, von dem angenommen wird, dass es vollkommen zufällig ist. Damit wird

---

[9] Da die Wahrscheinlichkeit für identifizierende Eingriffsalternativen die Gegenwahrscheinlichkeit zu integrierenden Eingriffen bildet, ist in diesem Quotienten implizit die Chancenangabe für identifizierende Eingriffalternativen enthalten.

[10] Der Wettquotient (odds) als Verhältnis zwischen Wahrscheinlichkeit und Gegenwahrscheinlichkeit empfiehlt sich immer dann, wenn die relative Chance für ein Ereignis berechnet werden soll. Er hat sich in der Ungleichheitsforschung als auch in der Epidemiologie zu einem Standardmaß entwickelt, weil es unabhängig von der absolute Anzahl der beobachteten Ereignisse und sich daraus eventuell ergebenden unterschiedlichen Randverteilungen einer Vier-Felder-Tafel ist. Diese Eigenschaft ist für die in diesem Abschnitt verfolgten Ziele allerdings weniger wichtig. Die absoluten Häufigkeiten zwischen beobachteten Eingriffen und präsentierten Eingriffsalternativen unterscheiden sich zwar, sie stehen aber in einem konstanten Verhältnis zueinander. Da jeder getätigte Eingriff aus einer Auswahl von zwanzig Eingriffsalternativen ausgesucht wird, entspricht die Summe der innerhalb eines Zeitraums präsentierten Eingriffsalternativen immer genau dem Zwanzigfachen der tatsächlich ausgeführten Eingriffe. Insofern ist sowohl die Betrachtung von Chancen als auch die von Wahrscheinlichkeiten gleich geeignet. Aus konventionellen Gründen wird jedoch die Verwendung von Chancen bevorzugt.

das Ausmaß an Selbstbestimmtheit geschätzt, die dem Eingriffsverhalten zugrunde liegt. Die Relativierung erfolgt durch die Berechnung des Quotientenverhältnisses

$$or = \frac{odds_b}{odds_e} = \frac{a:b}{c:d} \qquad (3)$$

Das $log_{(or)}$-Maß der Selbstbestimmtheit regulativer Prozesse. Dieses mit „odds ratio" bezeichnete Verhältnis zweier Wettquotienten kann Werte annehmen, die zwischen $or = 0$ und $or = +\infty$ liegen. Durch seine Logarithmierung wird das Maß auf einen Wertebereich transformiert, der sich von $-\infty \leq log_{(or)} \leq +\infty$ erstreckt. Dieses so erhaltenen $log_{(or)}$-Maß als logarithmiertes odds ratio zeichnet sich dann durch folgende Eigenschaften aus:

- Das Maß besteht aus dem Verhältnis zweier Verhältnisse. Es ist unabhängig von der absoluten Anzahl der Eingriffe. Ob eine Person viele oder wenige Eingriffe pro Zeiteinheit durchführt, fließt nicht in die Bewertung durch dieses Maß ein.

- Die Art der Eingriffe einer Person wird in Relation gesetzt zu den dieser Person individuell präsentierten Eingriffsalternativen. Dadurch wird die testtheoretische Problematik dynamischer Systeme kompensiert, dass jede Person aufgrund des selbstregulierten Wissenserwerbsprozesses einen individuellen Satz an Zuständen, sozusagen einen individuellen Satz an Testitems, bearbeitet. Die individuelle Lerngeschichte geht in die Bestimmung des Prozesscharakters direkt mit ein. Auf diese Weise wird keine Person aufgrund einzelner Handlungsentscheidungen übervorteilt oder benachteiligt, sodass dieses Maß für interindividuelle Vergleiche der Selbstbestimmtheit des Lernprozesses herangezogen werden kann.

- Der Absolutbetrag des Maßes gibt an, wie sehr sich das beobachtete Verhalten von einem rein zufälligen Verhalten unterscheidet. Ein Wert von Null zeigt aufgrund der Logarithmierung an, dass während des Messzeitraums genauso häufig identifizierende Eingriffe und genauso häufig integrierende Eingriffe ausgeführt werden, wie es aufgrund der präsentierten Eingriffsalternativen auch für ein rein zufälliges Verhalten zu erwarten ist.[11] Je mehr sich der Betrag des $log_{(or)}$-Maßes von Null unterscheidet, desto stärker unterscheidet sich das beobachtete Verhalten von einem rein zufälligen Verhalten und desto stärker ist die Selbstbestimmtheit dieses Verhaltens einzuschätzen.

- Die in dem Betrag ungleich Null ausgedrückte Überzufälligkeit des Verhaltens kann als Schätzer für die dem Verhalten zugrunde liegenden selbstregulierenden Kognitionen genutzt werden. Auf der Basis eines Verhaltensmaßes kann auf interne Aktivitäten wie Selbstregulation immer nur indirekt geschlossen werden. Verhalten wird jedoch durch selbstregulative Prozesse stark geprägt, falls die Möglichkeit zur Selbstregulation nicht durch weitere Faktoren beschnitten wird.

---

[11] Ein $log_{(or)} = 0$ wird oftmals als ausgeglichenes Verhältnis zwischen identifizierenden und integrierenden Eingriffen fehl-interpretiert. Diese Interpretation ist falsch. Ein ausgeglichenes Verhältnis zwischen identifizierenden und integrierenden Eingriffen resultiert in einem $odds_b = 1$. Das $log_{(or)}$-Maß gibt an, ob dieses ausgeglichene Verhältnis überzufällig ist oder nicht, indem es den $odds_b$ an dem Verhältnis der präsentierten Eingriffsalternativen, ausgedrückt durch $odds_e$, relativiert.

Es wird deshalb davon ausgegangen, dass ein selbstregulierter, systematischer Wissenserwerbsprozess sich von einem zufälligen, unsystematischen Prozess unterscheidet, weshalb interne, selbstregulierende Kognitionen ihren Ausdruck in überzufälligem, selbstbestimmten Verhalten finden sollten.

Zielsetzung und beobachtetes Verhalten. Für die Beispielsperson A errechnet sich ein $or = 4,5$ und damit ein $log_{(or)} = 1,50$. Dieser Wert unterscheidet sich deutlich von Null, womit angezeigt wird, dass sich das Eingriffsverhalten von Person A deutlich von einem Verhalten unterscheidet, das nur vom Zufall bestimmt ist. Im Umkehrschluss kann damit Person A ein zu guten Teilen selbstbestimmtes Verhalten zugeschrieben werden. Bei der hier verwendeten Kodierung[12] zeigt das positive Vorzeichen des Wertes zudem an, dass Person A innerhalb des Zeitraumes deutlich mehr Wert auf das Integrieren von Informationen gelegt hat als auf das Identifizieren neuer Informationen. Im Gegensatz dazu erreicht Person B ein odds ratio von $or = 0,38$ und damit ein $log_{(or)} = -0,98$. Auch dieser $log_{(or)}$-Wert unterscheidet sich von Null, jedoch nicht ganz so stark wie bei Person A. Ihr Eingriffsverhalten ist demzufolge stärker vom Zufall und damit weniger von der eigenen Regulation abhängig als das von Person A. Zudem tendiert Person B dazu, Informationen zu identifizieren, was durch das negative Vorzeichen ausgedrückt wird. Beide Personen führen mehr integrierende als identifizierte Eingriffe durch, was durch denselben $odds_b$-Wert von $odds_b = 1,5$ ausgedrückt wird. Durch die Relativierung zeigt sich aber, dass dieses Verhalten bei Person A darauf zurückgeführt werden kann, dass sie eher integrierende Ziele verfolgt, wohingegen Person B integrierende Handlungen offensichtlich eher vermeidet und mehr Wert auf das Identifizieren von Informationen legt. Obwohl beide Personen, abgesehen von der Gesamtanzahl der Eingriffe, dasselbe Verhalten zeigen, muss ihnen offensichtlich eine unterschiedliche Zielsetzung bei der Gestaltung des Lernprozesses zugeschrieben werden.

4.3.4 Abbildung des Verlaufs der Lernprozessregulation

Ein $log_{(or)}$-Wert wird immer bezogen auf einen Messzeitraum berechnet. Innerhalb des Messzeitraumes werden alle identifizierenden Eingriffe zur Summe b und alle integrierenden Eingriffe zur Summe a zusammengefasst (s. Tabelle 3). Entsprechend wird mit den präsentierten Eingriffsalternativen verfahren, welche jeweils bei der Durchführung eines Eingriffs zur Auswahl stehen. Alle potenziellen Eingriffsalternativen, welche bei Ausführung eine Identifikation neuer Information bedeuten, werden zur Summe d, alle potenziell integrierenden Eingriffsalternativen zu Summe c addiert. Setzt man eine konstante Eingriffsfrequenz voraus, steigt mit der Größe des Messzeitraums die An-

---

[12] In Abhängigkeit davon, welche Art von Eingriffen als Ereignis beziehungsweise als Gegenereignis definiert wird, drückt das Vorzeichen des Maßes inhaltlich etwas anderes aus. Im Folgenden ist als Ereignis immer ein Eingriff beziehungsweise eine Eingriffsalternative mit integrierender Funktion definiert. Daraus ergibt sich, dass identifizierende Eingriffe beziehungsweise Eingriffsalternativen als Gegenereignisse betrachtet werden. Bei dieser Kodierung bedeutet ein $log_{(or)} > 0$, dass das Lernverhalten einer Person durch überzufällig häufiges Ausführen integrierender Eingriffe geprägt ist. Ein $log_{(or)} < 0$ gibt entsprechend an, dass häufiger identifizierende Eingriffe getätigt wurden, als aufgrund der präsentierten Eingriffsalternativen bei einem rein zufälligen Verhalten erwartet wurde.

zahl der Eingriffe, welche die Summe $(a + b)$ ausmachen. Entsprechend vergrößert sich auch die Summe $(c + d)$, da gilt: $(c + d) = 20 \cdot (a + b)$. Eine konstante Eingriffsfrequenz stellt einen rein theoretischen Fall dar. Für einen großen Messzeitraum kann jedoch zumindest angenommen werden, dass in ihm mit einer hohen Wahrscheinlichkeit mehr Eingriffe getätigt werden als innerhalb eines kleinen Messzeitraums.

Die Größe des Messzeitraumes kann variieren. Der Messzeitraum kann sich maximal über die Spanne des gesamten Wissenserwerbsprozesses erstrecken. In diesem Fall wird jedoch die vollständige Lernprozessregulation durch nur einen $log_{(or)}$-Wert beschrieben. Im Falle des HFA beträgt die für den Wissenserwerb zur Verfügung stehende Zeit zum Beispiel 15 Minuten. Diese 15 Minuten mit nur einem einzigen Wert zu beschreiben, bedeutet zum einen, dass damit ein eher ergebnisorientiertes Maß als ein echtes Prozessmaß definiert wird, da auf der Grundlage eines einzelnen Wertes nur schwerlich der Verlauf eines Prozesses dargestellt werden kann. Zum anderen ist die Bewertung der Verlaufsgüte anhand eines Messwertes sehr unzuverlässig. Für eine möglichst exakte Darstellung des Regulationsprozesses ist vielmehr eine möglichst hohe Anzahl an Messwerten wünschenswert. Je geringer die zeitlichen Abstände zwischen den einzelnen Messwerten sind, desto genauer wird durch diese Messwerte der tatsächliche Prozessverlauf dargestellt.

Die Beschränkung auf einen Messwert für die Bewertung eines langen Messzeitraumes birgt außerdem testtheoretische Probleme in sich (vgl. Abschnitt 4.2.3.2). Es ist anzunehmen, dass sich im Verlauf dieser 15 Minuten die Anforderungen an eine Person bezüglich des Wissenserwerbs ändern. Während zu Beginn vermutlich eher identifizierende Aktionen im Vordergrund stehen und die absolute Anzahl integrierender Eingriffe wohl eher gering ist, wird in der vorliegenden Arbeit davon ausgegangen, dass sich dieses Verhältnis zumindest bei einem erfolgreichen Wissenserwerbsprozess während seines Verlaufs umdreht (vgl. Kapitel 3). Dieser Wechsel in den Anforderungen an die Lernregulation kann mit einem einzigen Wert nicht abgebildet werden, was die Validität des Messwertes beeinträchtigt.

In Abschnitt 4.2.3.4 wird die Möglichkeit diskutiert, durch eine Begrenzung der Messzeiträume dieses Testgüteproblem zu mindern. Eine erste Verkürzung des Messzeitraumes wurde bereits durch die Zielvorgabe des Wissenserwerbs durchgeführt. Eine zeitliche Begrenzung durch Zielvorgaben bedeutet immer eine Beschränkung der Selbstregulation. Da ein Maß für den selbstregulierten Wissenserwerbsprozess entwickelt werden soll, bedeutet diese Einschränkung keinen Validitätsverlust. Innerhalb der so definierten Wissenserwerbsphase soll jedoch die Selbstregulation nicht durch weitere Zielvorgaben eingeschränkt werden. Um trotzdem zu kleineren Messzeiträumen zu gelangen, bietet sich bei Logfiles die Möglichkeit, post hoc die Daten in gleich großen Zeiteinheiten getrennt voneinander zu analysieren. Die Größe der jeweiligen Zeiteinheiten kann dabei beliebig definiert werden, sollte aber für alle zeitlichen Einheiten des Wissenserwerbs gleich sein. Eine gleichmäßige Einteilung ist dabei weniger aufgrund des verwendeten Maßes gefordert. Dieses ist unabhängig von der absoluten Anzahl der Eingriffe und ebenfalls unabhängig von der Größe des Messzeitraums (Eine Einschränkung dieser Unabhängigkeit wird im folgenden Absatz diskutiert). Vielmehr ist es für die Darstellung eines Verlaufes hilfreich, wenn die einzelnen Werte, die sich durch die Aufteilung des Messzeitraumes ergeben, gleiche zeitliche Abstände widerspiegeln. Ebenso wird die Interpretation von Unterschieden zwischen diesen Messwerten erleichtert, wenn sie auf gleich große Zeitdifferenzen zurückzuführen sind (vgl. Abschnitt 4.3.5).

Messzeitraumgröße und Eingriffsfrequenz. Das $log_{(or)}$-Maß zeichnet sich dadurch aus, dass es weitestgehend unabhängig von der Anzahl der in diesem Messzeitraum ausgeführten Eingriffe ist. Die einzige Einschränkung dieser Unabhängigkeit besteht jedoch darin, dass innerhalb des betrachteten Messzeitraumes wenigstens so viele Eingriffe ausgeführt werden müssen, dass jede Zelle der in Tabelle 3 dargestellten Vier-Felder-Tafel durch eine Anzahl von $f > 0$ besetzt ist. Für die Größe des betrachteten Zeiteinheiten bedeutet dies, dass sie mindestens so groß gewählt sein muss, dass diese Bedingung erfüllt ist. Beim HFA kann diese Voraussetzung bereits mit nur zwei Eingriffen erfüllt werden. Damit bietet der HFA die Möglichkeit einer recht feinen Unterteilung des Wissenserwerbsprozesses in kleine Messzeiträume.

Bei der Festlegung, in wie viele gleich große Messzeiträume der Wissenserwerbsprozess unterteilt werden soll, sind gleichzeitig zwei Ziele zu verfolgen. Auf der einen Seite sollte die Einteilung möglichst fein sein, damit mit vielen, kleinen Messzeiträumen eine exaktere Annäherung an den tatsächlichen Prozessverlauf gelingt. Auf der anderen Seite muss für jeden Messzeitraum gewährleistet werden, dass alle Zellen der Vier-Felder-Tafel Häufigkeitswerte größer Null aufweisen. Es lässt sich keine allgemeingültige Regel für die Bestimmung der Feingliedrigkeit der Einteilung angeben. Letzten Endes ist diese mehr oder weniger willkürlich zu wählen, wobei die Größe des gesamten Messzeitraumes und die empirisch gefundene Eingriffsfrequenz die Wahl entscheidend beeinflussen müssen.

In Abschnitt 5.6 werden Kriterien vorgestellt, welche zu einer weniger willkürlichen Bestimmung der Messzeitraumgröße herangezogen werden können. An dieser Stelle soll darauf noch verzichtet werden und zu reinen Darstellungszwecken eine willkürliche Einteilung der Wissenserwerbsphase in sieben gleich große Einheiten angenommen werden. Mit Hilfe dieser sieben $log_{(or)}$-Messwerte kann recht detailliert der Verlauf des Regulationsprozesses abgebildet werden. Bevor jedoch solche Abbildungen von empirisch gefundenen Verläufen präsentiert werden, sollen im Folgenden anhand simulierter Lernprozesse die spezifischen Charakteristika dieser Art von Regulationsdarstellung aufgezeigt werden.

Generelle Verlaufsform der Lernprozessregulation. In Abbildung 6 ist ein möglicher Prozessverlauf der Lernregulation dargestellt.[13] Für diese Darstellung wurde ein Regulationsverhalten im Umgang mit dem HFA simuliert, das sich nach den in Kapitel 3 ausgeführten Annahmen richtet (vgl. Abbildung 3, S. 57). Dabei wird davon ausgegangen, dass zu Beginn des Wissenserwerbsprozesses das Ziel, neue Informationen zu identifizieren im Vordergrund steht. Mit zunehmender Anzahl identifizierter Informa-

---

[13] Im Sinne der Anschaulichkeit werden in Abbildung 6 und auch in Abbildung 7 die jeweils sieben Messwerte mit Liniendiagrammen dargestellt, obwohl ein Punkte- oder Balkendiagramm die korrekte Darstellungsform wäre. Durch die Verwendung von Liniendiagrammen wird jedoch hervorgehoben, dass durch die Messwerte Prozessverläufe geschätzt werden.

tionen sollte im Verlauf des Lernprozesses immer mehr Wert auf das Integrieren der Informationen gelegt werden, damit dieses so erworbene Wissen später noch leicht und sicher abrufbar ist. Für das Erlernen umfangreicher Informationen und/oder komplexer Informationsstrukturen erscheint es zudem sehr unwahrscheinlich, dass zu irgendeinem Zeitpunkt eine Person dem Identifizieren keinerlei Bedeutung mehr zuschreibt, da vermutlich nie alle Informationen identifiziert sein werden. Vielmehr sollte sie sich dem Identifizieren wieder verstärkt zuwenden, wenn sie zu der Überzeugung gelangt, dass das bereits erworbene Wissen ausreichend sicher und leicht abrufbar ist.

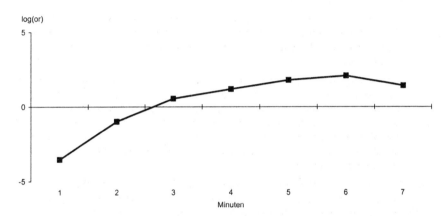

Abbildung 6: Simulierter Verlauf der Lernprozessregulation

In der Simulation für Abbildung 6 wurden zu Beginn der Lernphase ausschließlich Eingriffe getätigt, die zuvor noch nicht gewählt worden waren und die somit zur Identifikation neuer Informationen führen können. Im Laufe der Zeit wurden sukzessive immer mehr bekannte Eingriffe wiederholt. Wurden am Anfang der Lernphase erst möglichst viele der Eingriffsalternativen ausprobiert, wurde im fünften und sechsten Messzeitraum in jedem Systemzustand möglichst nur noch die Alternative gewählt, die zu einer Systemzustandsänderung führt. Es wurde also immer selektiver vorgegangen, weshalb auch immer weniger Informationen über die einzelnen Systemzustände und die darin präsentierten Eingriffsalternativen durch Eingriffe identifiziert wurden. Im siebten Messzeitraum wurden wieder verstärkt bislang unbekannte Eingriffsalternativen gewählt.

Ein solches Verhalten schlägt sich bei der in der vorliegenden Arbeit durchgängig verwendeten Kodierung in anfänglichen negativen $log_{(or)}$-Werten mit hohen Beträgen nieder. Im Verlauf der Zeit ändert sich das Vorzeichen jedoch sehr schnell, und es wird durch positive $log_{(or)}$-Beträge angezeigt, dass die Regulation das Integrieren bereits identifizierter Informationen in den Vordergrund rückt. Die Bestimmtheit, mit der das Integrieren bevorzugt wird, wird jedoch nicht unbegrenzt gesteigert, sondern nimmt nach Erreichen eines bestimmten Maximums wieder ab. Dies schlägt sich in gegen Ende wieder sinkenden $log_{(or)}$-Werten nieder.

Annahmen über generelle Merkmale eines Lernregulationsverlaufs. Der in Abbildung 6 simulierte Verlauf der Lernregulation spiegelt einen Prozess wider, wie er in Kapitel 3 für ein durchschnittlich erfolgreiches Lernen angenommen wird. Die Verlaufsform ist dabei durch drei Eigenschaften charakterisiert:

- *Ausgangsniveau*: Sie beginnt auf einem deutlich negativen Niveau, wodurch eine starke Zielsetzung auf das Identifizieren von Informationen zu Beginn des Lernprozesses indiziert wird.

- *Wachstum*: Im Verlauf des Lernprozesses strebt das $log_{(or)}$-Maß einen positiven Wert mit immer größer werdendem Betrag an. Dies entspricht einer immer stärker werdenden Bedeutung des Integrierens von Informationen für die Regulation des Lernens.

- *Beschleunigung*: Der Anstieg von anfänglich negativen Werten zu hohen positiven Werten gegen Ende des Prozesses verläuft nicht linear, sondern erfährt eine negative Beschleunigung. Darin schlägt sich nieder, dass bei der Regulation des Lernens die Selbstbestimmtheit, mit der Informationen integriert werden, nicht unendlich gesteigert wird, sondern nach Erreichen eines bestimmten Maximums das Identifizieren neuer Informationen wieder an Bedeutung für die Lernprozessregulation hinzugewinnt.

Annahmen über Verlaufsmerkmale erfolgreicher und weniger erfolgreicher Lernregulationsprozesse. Über die in Kapitel 3 formulierten Annahmen hinausgehend wird im Rahmen der vorliegenden Arbeit vermutet, dass auch sehr erfolgreiches Lernen diese Form des Regulationsverlaufs aufweist, dieser sich jedoch durch extremere Beträge der $log_{(or)}$-Werte auszeichnet.

Eher erfolglose Lernregulationen liegen den Lernprozessen zugrunde, die für Abbildung 7 simuliert wurden. Auch für diese vier unterschiedlich extremen Regulationsmuster wurde jeweils der Lernprozess in sieben Messzeiträume unterteilt, woraus sieben Messwerte resultieren.

Minimale Anzahl von Eingriffen. Abbildung 7a zeigt die Regulation eines „Nullverlaufs", welcher sich zeigt, wenn innerhalb der gesamten Wissenserwerbsphase kein einziger Eingriff in das System getätigt wird. Dieser Fall ist rein theoretisch und kann mit dem $log_{(or)}$-Maß eigentlich nicht dargestellt werden, weil nicht alle Zellen der Vier-Felder-Tafel Werte von $f > 0$ aufweisen. In der Praxis ist es jedoch auch nicht erforderlich, ein derartiges „Nullverhalten" abzubilden, da dieses wohl eher eine Testverweigerung als ein Wissenserwerbsverhalten ausdrückt und ersteres durch andere Maße erhoben werden kann. In diesem Extremfall kann man nicht zwischen Identifizieren und Integrieren trennen (da weder identifiziert noch integriert wird), sodass den einzelnen $log_{(or)}$-Maßen jeweils der Wert Null zugewiesen wird. Damit wird ein Nullverhalten mit einem rein vom Zufall bestimmten Verhalten gleich gesetzt. Auch wenn ein Nullverhalten nicht einem zufälligen Verhalten entspricht, so ist sein Eingriffsmuster am ehesten mit dem eines Zufallsverhaltens zu vergleichen. In beiden Fällen zeichnen sich die Eingriffsmuster dadurch aus, dass erstens weder das Identifizieren noch das Integrieren von Informationen bevorzugt wird und dass zweitens sich dieses im Verlauf des Wissenserwerbsprozesses auch nicht ändert. Dies drückt sich in der Darstellung des Regulationsprozesses dadurch aus, dass zum einen das Niveau des Prozesses auf Null gesetzt wird und zum anderen sich dieses Niveau auch nicht durch einen Anstieg oder einen Abfall ändert.

Maximales Identifizieren - minimales Integrieren. In Abbildung 7b ist ein Regulationsverlauf abgebildet, der durchgehend das Ziel anstrebt, einen einmal besuchten Systemzustand immer erst dann zu verlassen, nachdem möglichst viele Eingriffsalternativen dieses Zustands zum ersten Mal ausprobiert wurden. Dieses extreme Regulationsmuster führt dazu, dass immer gezielt diejenigen Eingriffsalternativen identifiziert werden, welche keine ändernde Wirkung auf den Systemzustand haben. Nur so ist die maximale Anzahl bisher unbekannter Eingriffsalternativen innerhalb desselben Zustands identifizierbar. Dies muss in jedem Systemzustand so lange vollzogen werden bis keine derartige Eingriffsalternative mehr zur Verfügung steht. Mit jedem neuen Eingriff ändert sich das Verhältnis zwischen Eingriffsalternativen, die innerhalb dieses Zustands bereits ausprobiert wurden, und den Eingriffsalternativen, deren Wirkung auf den Systemzustand noch nicht getestet wurde. Aus diesem Grund zeigt sich bei dieser Extremsimulation streng genommen auch keine monotone Verlaufsform, sondern diese pendelt sich über die sieben Messzeiträume eher auf einem bestimmten negativen Niveau ein. Sieht man von den Schwankungen ab, zeigt sich ein Verlauf, der bereits auf einem ausgeprägtem, negativen Niveau startet, wodurch eine starke Zielsetzung auf das Identifizieren angezeigt wird. Dieses Niveau wird über den gesamten Prozess gehalten. Es ist kein ansteigender Trend in dem Verlauf erkennbar, der eine Hinwendung zu integrierendem Eingriffsverhalten darstellen würde. Ebenso zeigt sich auch kein weiterer Abfall, der auf eine noch stärkere Bevorzugung identifizierender Eingriffe deuten würde. In diesem Ausbleiben eines Anstiegs beziehungsweise Abfalls ähnelt dieser Verlauf dem in Abbildung 7a dargestellten Nullverlauf. Während jedoch im Nullverlauf nur ein zufälliges Niveau erreicht wird, ist das in Abbildung 7b gezeigte Verhalten deutlich selbstbestimmt. Dadurch drückt sich das Ausmaß an Selbstregulation aus, das erforderlich ist, um gezielt alle identifizierenden Eingriffe zuerst auszuführen und integrative Eingriffe regelrecht zu unterdrücken. Durch dieses stark selbstregulierte Verhalten wird demzufolge das maximale Ausmaß an Informationen über möglichst viele Eingriffsalternativen identifiziert. Es ist jedoch zu bezweifeln, dass diese Fülle an Informationen später verfügbar und abrufbar ist, da ihre Integration offensichtlich vermieden wird.

Minimales Identifizieren - maximales Integrieren. Der simulierte Extremverlauf in Abbildung 7c offenbart eine Lernregulation mit einer genau gegenteiligen Prioritätensetzung. Diese Verlaufsform entsteht, wenn eine Person mit ihrem ersten Eingriff eine zustandsändernde Alternative auswählt und mit ihrem zweiten Systemeingriff in dem neuen Zustand diejenige Eingriffsalternative ausführt, welche genau diese Änderung des Systemzustands wieder rückgängig macht. Besteht das Ziel der Regulation ausschließlich darin, die Informationen über genau diese beiden Eingriffe möglichst leicht und sicher später verfügbar zu haben, führt dies zu einem Wissenserwerbsverhalten, das durch ein unzähliges Wiederholen dieser Eingriffskombination gekennzeichnet ist.

Das bedeutet, dass nach den ersten beiden identifizierenden Eingriffen ausschließlich Informationen über genau diese beiden Eingriffe wiederholt angewendet werden und somit bestmöglich integriert werden können. Dies schlägt sich in einem $log_{(or)}$-Maß nieder, welches spätestens ab dem zweiten Messzeitraum einen konstanten Wert annimmt, wenn auch im Gegensatz zu den zuvor besprochenen Verläufen auf einem sehr hohen positiven Niveau. Es ist davon auszugehen, dass die Person nach Ablauf der Zeit die Informationen über diese beiden Eingriffe äußerst sicher und kognitiv wenig aufwändig abrufen kann. Allerdings sind dies auch die einzigen identifizierten Eingriffe.

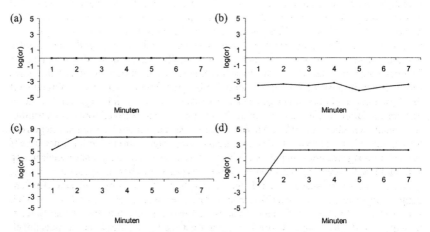

Abbildung 7:   *Simulierte Verläufe extremer Lernprozessregulationen*
    (a) minimale Anzahl von Eingriffen
    (b) maximales Identifizieren - minimales Integrieren
    (c) minimales Identifizieren - maximales Integrieren
    (d) minimale Anzahl von Zuständen

Minimale Anzahl von Zuständen. Als letzte Extremvariante wird ein Wissenserwerbsprozess dargestellt, bei welchem ausschließlich Informationen über den Ausgangszustand gelernt werden (Abbildung 7d). In dieser theoretischen Simulation werden nie die beiden Eingriffsalternativen ausgeführt, die den ersten Systemzustand in einen anderen Zustand überführen würden. Damit ähnelt dieses Verhalten zu Beginn dem in Abbildung 7b dargestellten Eingriffsmuster. Im Gegensatz dazu wird der Zustand jedoch nicht gewechselt, nachdem alle möglichen, nicht-zustandsändernden Eingriffe identifiziert wurden. Dies bedeutet, dass im weiteren Verlauf ausschließlich integrierende Eingriffe getätigt werden, obwohl noch zwei Eingriffsalternativen in diesem Zustand zur Verfügung stehen, deren Wirkung noch nicht getestet wurde. Insofern ist der Prozessverlauf nach einem anfänglich überzufälligen Identifizieren durch einen Wechsel zu einer deutlichen Zielsetzung auf das Integrieren gekennzeichnet. Ab einem bestimmten Zeitpunkt ändert sich das Ausmaß an Selbstbestimmtheit jedoch nicht mehr, und es ist kein weiterer An- oder Abstieg zu sehen. Die vier dargestellten Prozessformen sind rein theoretisch denkbare Lernprozessregulationen, welche so empirisch nicht gefunden wurden. Sie dienen ausschließlich der Veranschaulichung des Maßes. Sie demonstrieren, dass ein selbstbestimmtes Regulieren des Lernprozesses nicht per se erfolgreich sein muss. Zumindest für die in Abbildung 7b-d simulierten Regulationsverläufe muss angenommen werden, dass dieses durchaus selbstregulierte Verhalten entweder zu sehr wenig erworbenem Wissen oder aber zu später nicht mehr verfügbarem Wissen führt. Die Verläufe zeigen sowohl Gemeinsamkeiten als auch Unterschiede auf. Unterschiede zeigen sich in dem Ausmaß an Selbstbestimmtheit, mit dem das Identifizieren oder das Integrieren von Informationen verfolgt wird. Während ein Nullverhalten auf einem zufälligen Eingriffsniveau verbleibt, offenbart der Verlauf in Abbildung 7b eine stark identifizierende Prozessregulation. Der Verlauf in Abbildung 7c ist durch eine starke Tendenz zum Integrieren geprägt, während im letzten Verlauf zu Beginn des Wissenserwerbs ein Wechsel vom Identifizieren zum Integrieren vollzogen wird. Gemeinsam haben diese simulierten Regulationsprozesse, dass sie sich alle früher oder später auf einem bestimmten Niveau einpendeln und keinen weiteren Anstieg oder Abfall aufweisen. Es zeigt sich, dass sich extremes Lernverhalten durch sehr geringe bis keine zeitlichen Veränderungen in den $log_{(or)}$-Werten der einzelnen Messzeiträume auszeichnet. Diese Konstanz indiziert dabei die Vermutung, dass dieses Verhalten nur in geringem Maße zu später verfügbarem Wissen führt, sei es weil versäumt wurde, Wissen zu identifizieren oder weil nur extrem wenige Informationen sehr vehement integriert wurden.

4.3.5 Modellierung des Verlaufs der Lernprozessregulation

Für die Identifizierung von Verlaufseigenschaften, wie sie in Abbildung 6 für eine durchschnittliche Lernprozessregulation und in Abbildung 7 für extreme, erfolglose Varianten des Lernens grafisch dargestellt werden, muss eine Methode gefunden werden, mit der die intraindividuellen Veränderungen in den $log_{(or)}$-Werten im Verlauf des Wissenserwerbsprozesses modelliert werden können. Eine solche Modellierung sollte eine Bewertung der drei in Kapitel 3 beschriebenen Annahmen über allgemeingültige Verlaufsmerkmale eines Lernregulationsverlaufs durch die Zuordnung von Zahlen ermöglichen. Damit wäre nicht nur überprüfbar, ob der vermutete Regulationsverlauf als allgemeingültig angesehen werden kann. Auch könnten interindividuell unterschiedliche Regulationsprozesse so miteinander verglichen werden, dass sich differenzielle Merkmale oder Merkmalsausprägungen erfolgreicher und weniger erfolgreicher Regulationsverläufe identifizieren lassen.

ARIMA-Modelle. Für die Analyse von Prozessen werden üblicherweise Zeitreihenanalysen zur Modellierung autoregressiver Prozesse wie zum Beispiel ARIMA-Modelle („AutoRegressiver Integrierter Moving-Average"; Schmitz, 1989) herangezogen. Autoregressive Verfahren betrachten jeden Messwert zu einem Zeitpunkt als direkt abhängig von dem zuvor liegenden Zeitpunkt. Auf dieser Basis liefern diese Modelle eine Systematik für die Beschreibung der durchschnittlichen zeitlichen Veränderung eines bestimmten Merkmals, welche zur Vorhersage der weiteren Entwicklungen dieses

Merkmals oder zur Einschätzung zeitlicher Auswirkungen einer Intervention auf dieses Merkmal genutzt werden kann. Autoregressive Modelle beschreiben einen Prozess jedoch auf der Grundlage zeitlicher Beziehungen in Form von Korrelationen und Partialkorrelationen. Sie eignen sich damit weniger für die Beschreibung einer günstigen Form eines zeitlichen Verlaufs. Zudem betrachten sie die intraindividuellen Veränderungen über die Zeit ausschließlich auf einer Gruppenebene. Die Modellierung interindividueller Unterschiede in den Verläufen ist damit nicht möglich (Curran & Bollen, 2001).

Um entscheiden zu können, welche Eigenschaften die Verlaufsform einer erfolgreichen von einer weniger erfolgreichen Lernprozessregulation unterscheiden, reicht es nicht aus, ausschließlich die Mittelwertsverläufe auf Gruppenebene darzustellen und so den allgemein gültigen Prozessverlauf zu beschreiben. Ein angemessenes Prozessmodell muss zusätzlich auch interindividuelle Unterschiede in den intraindividuellen Veränderungen über die Zeit beschreiben und einschätzen können. Dies erweitert die Möglichkeiten der Modellierung zum einen um die Aufnahme von Prädiktoren für individuelle Unterschiede in das Modell, um der Frage nachgehen zu können, welche Variablen wichtige Einflüsse auf die Veränderung beziehungsweise auf bestimmte Eigenschaften der Veränderung haben. Ebenso wird dadurch die Modellierung der Veränderung selbst als Prädiktor ermöglicht. Dies gewährleistet die Identifizierung typischer Verlaufseigenschaften als mehr oder weniger günstig für spätere Leistungen. Es besteht damit die Notwendigkeit, dass nicht nur die Verläufe der Mittelwerte dargestellt werden, sondern dass ebenso die zeitlichen Veränderungen in den Varianzen und Kovarianzen der Messwerte berücksichtigt werden.

AVG-Modelle. Die Idee, dass selbst bei allgemeingültigen Prozessverläufen, die sich durch Veränderungen in den Mittelwerten abbilden lassen, interindividuelle Unterschiede auftreten können, die bedeutungsvolle Informationen enthalten, ist nicht neu, sondern wurde bereits durch die Arbeiten von Rao (1958) und Tucker (1958) in die Sozialwissenschaften eingeführt. Duncan, Duncan, Strycker, Li und Alpert (1999) stellen gemäß dieser Idee die Prozedur eines „Analysis of Variance Growth Models" (AVGM) vor, mit dem auf der Basis einer multivariaten Varianzanalyse (MANOVA) bei wiederholt gemessenen Variablen ein mathematisches Modell zur Beschreibung der durchschnittlichen Veränderung bestimmt wird. Für die mathematische Beschreibung wird dabei ein Polynom angemessen hoher Ordnung herangezogen, wodurch konstante, lineare und quadratische Verlaufskomponenten oder Komponenten höherer Ordnung abbildbar werden. Die Analyse erlaubt zudem die Einschätzung der Varianzen und der Kovarianzen zwischen den Komponenten sowie die Einbeziehung von entweder zusätzlichen unabhängigen oder zusätzlichen abhängigen Variablen. Duncan und Mitarbeiter weisen jedoch auf den Nachteil von AVGMs hin, die aufgrund der genutzten MANOVA-Prozedur keine statistische Bedeutsamkeit dieser interindividuellen Unterschiede und den angegebenen Zusammenhängen einschätzen können. Ebenso stellt diese Art der Modellierung keine Indizes zur Verfügung, anhand derer die Angemessenheit des Modells bewertet werden könnte.

LG-Modelle. Autoren wie McArdle (1988, 1998; McArdle & Bell, 2000) oder Meredith und Tisak (1990) haben die Idee von Rao und Tucker ebenfalls aufgegriffen. Sie modifizieren sie jedoch auf eine Art, dass sie mit gegenwärtigen Schätz- und Testprozeduren kombiniert werden können, wie sie in geläufigen Programmen zur Modellierung von Strukturgleichungen wie LISREL (Jöreskog & Sörbom, 1993), EQS (Bentler & Wu, 1995) oder AMOS (Arbuckle, 1995) verfügbar sind. Explizites Anliegen bei dieser Form der Modifizierung ist es, die Methoden zur Modellierung individuellen Wachstums mit Verfahren der Kovarianzstrukturanalyse zusammenzubringen. Dadurch lassen sich die im Rahmen der Strukturanalysen möglichen Modellgütebewertungen für die Untersuchung interindividueller Unterschiede in den Wachstumsverläufen nutzen. Möglich wird dies, indem Entwicklung als ein Faktor oder als eine Gruppe von Faktoren modelliert wird. Diese Faktoren werden als dem Prozessverlauf latent zugrunde liegend angenommen, woraus die Bezeichnung „Latent Growth Curve Model" (LGM) für diese Art von Prozessabbildungen resultiert. Die Modellierung latenter Wachstumskurven weist dabei hohe Ähnlichkeit mit Modellen der klassischen konfirmatorischen Faktorenanalyse auf. Latente Faktoren werden als gemeinsame chronometrische Faktoren interpretiert, welche individuelle Unterschiede über die Zeit repräsentieren (McArdle, 1988).

Das Modellieren von Faktoren erfordert, dass ein mathematisches Modell gefunden wird, welches die intraindividuellen Veränderungen über die Zeit angemessen beschreibt. Die Messwerte werden damit als eine Funktion aus Zeit und individualspezifischen Veränderungsparametern, den Prozessfaktoren, angesehen. Zudem wird angenommen, dass die individuellen Verlaufsformen aller Personen derselben Population sich mit derselben Funktion beschreiben lassen. Interindividuelle Unterschiede in den Verlaufsformen drücken sich dann in interindividuell unterschiedlichen Wertigkeiten der Prozessfaktoren aus. Auf diese Art repräsentieren latente Wachstumskurven-Modelle nicht nur den individuellen Status als eine Funktion der Zeit, sondern auch interindividuelle Unterschiede im wahren Wachstum.

Freie Schätzung versus Testung vorgegebener Verlaufsformen. LGM-Prozeduren erlauben zwei Vorgehensweisen, um zu einem solchen Modell zu gelangen. Bei der Definition von „Group Change Models" (Raykov, 2000) wird der durchschnittliche Verlauf des Prozesses durch eine Konstante („Intercept") und einen einzigen nahezu frei zu schätzenden „Slope"-Faktor dargestellt. Der Fokus dieser Modelle liegt auf der Bestimmung einer Verlaufsform, welche für eine Gruppe als gültig angesehen werden kann. Dabei wird geschätzt, mit welchem jeweiligen Gewicht L_{xS} der Slope-Faktor jeden einzelnen der x Messzeiträume zusätzlich zu dem konstanten Einfluss L_{xI} des Intercept-Faktors beeinflusst. Bei „Individual Change Models" wird hingegen a priori eine bestimmte allgemein gültige Verlaufsform angenommen. Das Interesse zielt hier auf die Bestimmung des Ausmaßes der interindividuellen Varianz, welche bei der gegebenen Form angenommen werden muss. Über das Messmodell eines Strukturgleichungssystems werden bei dieser Art der Modelle entsprechende Prozessfaktoren definiert und ihre Einflüsse auf die einzelnen beobachteten Messzeiträume gemäß der Annahme gewichtet.

Ausgangsniveau. Ein Beispiel für die zweite Variante ist in Abbildung 8 dargestellt. Der erste Faktor, der Intercept, repräsentiert das Ausgangsniveau beziehungsweise das Niveau, auf welchem sich der Prozess ohne intraindividuelle Veränderung bewegen würde. Sein Einfluss ist über alle Messzeitpunkte hinweg konstant. Dies wird modelliert, indem alle Pfade von diesem latenten Faktor auf alle beobachteten Variablen t_0 bis t_x mit dem Wert $L_{x1} = 1$ fixiert werden. Der erste Faktor zeichnet sich gegenüber den anderen Faktoren weiter dadurch aus, dass er als einziger Faktor den Wert für den Messzeitraum t_0 beeinflusst. Alle weiteren k Faktorladungen auf den Messzeitraum t_0 werden mit der Festsetzung von $L_{0k} = 0$ nicht zugelassen. Somit erhält der erste Faktor die Eigenschaft, dass er als Ausgangsniveau eines Prozesses interpretiert werden kann. Dies ist jedoch eine willkürliche Festlegung. Bei bestimmten Fragestellungen kann das Modell auch leichter interpretierbar sein, wenn ein anderer Messzeitraum als t_0 den Wert der Prozesskonstanten bestimmt (zum Beispiel Sayer & Willet, 1998).

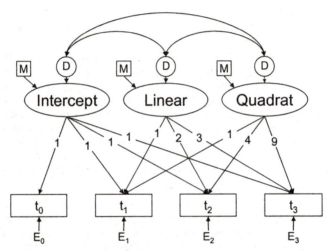

Abbildung 8: Latentes Wachstumskurven-Modell (LGM) mit Ausgangsniveau (Intercept) und linearem und quadratischem Prozessfaktor
M: Mittelwert des latenten Prozessfaktors
D: Varianz des latenten Prozessfaktors
t_x: beobachteter Messwert für den Zeitraum x
E_x: Nicht erklärte Varianz des beobachteten Messwerts für den Zeitraum x

Wachstum. Der zweite latente Faktor in Abbildung 8 ist mit „Linear" bezeichnet. Er repräsentiert die Annahme, dass die zeitlichen Veränderungen in den Messwerten lineare Trendanteile aufweisen. Sein Einfluss auf Messzeitraum t_0 wird aus oben dargestellten Gründen mit $L_{02} = 0$ nicht zugelassen. Die Modellierung eines (positiven) linearen Anstiegs erfolgt durch die Festsetzung seiner Gewichte auf die Messzeiträume t_1 mit $L_{12} = 1$, auf t_2 mit $L_{22} = 2$ und auf t_3 mit $L_{32} = 3$. Der lineare Faktor spiegelt das durchschnittliche Wachstum wider, welches als ein charakteristisches Merkmal den Verlauf der Lernprozessregulation beschreibt.

Beschleunigung. Wird ein durchschnittlicher Prozessverlauf im Sinne eines Polynoms zweiter Ordnung angenommen, kann dies durch die Hinzunahme eines dritten latenten Faktors modelliert werden, der entsprechend mit $L_{03} = 0$, $L_{13} = 1$, $L_{23} = 4$ und $L_{33} = 9$ kodiert wird (Prozessfaktor „Quadrat" in Abbildung 8). Dieser quadratische Faktor repräsentiert die Beschleunigung eines Prozesses. Ein positiver Betrag deutet auf ein anfänglich eher langsames Wachstum hin, welches im Verlauf der Zeit jedoch in immer größeren Schritten vorangeht. Ein negativer Faktorwert beschreibt im Gegensatz dazu eine anfänglich eher geringe Hemmung des Wachstums, welche jedoch im Verlauf der Zeit immer stärker wird.

Gemeinsamkeiten und Unterschiede. Latente Faktoren, die wie in Abbildung 8 als unabhängige Variablen modelliert werden, sind innerhalb eines LGM durch zwei Kennwerte definiert. Der Mittelwert M gibt den durchschnittlichen Faktorwert an, der in der untersuchten Stichprobe aufzufinden ist. Der Mittelwert des Intercepts repräsentiert so das durchschnittliche Ausgangsniveau, der Mittelwert der linearen Prozesskomponente spiegelt das Mittel der linearen Anstiege aller individuellen Prozessverläufe wider. Entsprechend repräsentiert der Mittelwert eines latenten quadratischen Faktors die durchschnittliche Krümmung über alle Prozessverläufe hinweg.

Die Varianzen (D) der Faktoren bilden die Unterschiede der Faktorwerte zwischen den individuellen Prozessverläufen ab. Die Varianz des ersten Faktors, des „Intercepts", stellt Unterschiede im Ausgangsniveau des Prozesses dar. Der zweite Faktor deutet durch seine Varianz interindividuell unterschiedlich stark ansteigende Verläufe an. Mit dem quadratischen Faktor wird gegebenenfalls die Varianz in der jeweiligen Krümmung des Prozessverlaufs eingeschätzt. Die Varianzen der latenten Faktorwerte können kovariieren, wodurch Beziehungen von der Art „Je stärker der Anstieg, desto stärker auch die Krümmung des Verlaufs" ausgedrückt werden können. Dafür ist es jedoch notwendig, dass die Faktoren orthogonal, also methodisch unabhängig voneinander kodiert sind (s.u.).

Latente Faktoren können sowohl als unabhängige als auch als abhängige Variablen definiert werden. Ist ein latenter Faktor ausschließlich als unabhängige Variable modelliert, drückt sich, wie beschrieben, im Mittelwert M der Faktormittelwert und in dem Wert D die Varianz des Faktors aus. Ist er jedoch gerichteten Einflüssen ausgesetzt, spiegelt M den Regressionsintercept wider, also nur noch den Teil des Faktormittelwertes, welcher bei einem Wert der unabhängigen Variablen von $UV = 0$ auftritt und somit nicht auf die beeinflussende, unabhängige Variable zurückzuführen ist. Entsprechend gibt D den Varianzanteil an, der nicht durch die unabhängige Variable erklärt werden kann.

Intra-individuelle Veränderungen der Lernbedingungen. Durch die Hinzunahme der Fehlervarianz-Terme E_x werden die latenten Faktoren um zufällige Messfehler bereinigt. In ihnen spiegelt sich der Anteil an Varianz in den Messwerten wider, welcher nicht durch den theoretisch angenommenen Einfluss der latenten Faktoren erklärt werden kann. In den meisten Fällen liegen keine a priori-Annahmen über die Verteilung der Messfehler über die einzelnen Messzeiträume vor. Es muss jedoch im Sinne der Interpretierbarkeit der Prozessfaktoren vorausgesetzt werden, dass diese unabhängig vom Messzeitraum sind. Wird diese Annahme der Homoskedastizität als gegeben angenommen, drückt sich dies in dem Modell durch eine Gleichsetzung der x Fehlervarianz-Terme mit $E_0 = E_1 = E_2 = ... = E_x$ aus.

Orthogonale Kodierung latenter Faktoren. Die Kodierung des linearen Prozessfaktors kann als Vektor $x_L = [0, 1, 2, 3]$, die des quadratischen als $x_Q = [0, 1, 4, 9]$ dargestellt werden. Dabei gilt, dass $x_Q = x_L^2$. Diese eindeutige Beziehung zwischen den beiden Vektoren bedeutet, dass durch diese beiden Vektoren die Prozessfaktoren nicht unabhängig voneinander kodiert sind. Die sie definierenden Vektoren stehen nicht orthogonal zueinander. Anders verhält es sich in Bezug auf den Intercept-Faktor. Es lassen sich keine eindeutigen Beziehungen zwischen ihm und dem linearen oder dem quadratischen Prozessfaktor herstellen, da er mit dem Vektor $x_I = [1, 1, 1, 1]$ als Konstante definiert ist. Weder x_L noch x_Q kann als Funktion von x_I dargestellt werden. Besteht zwischen zwei Faktoren keine methodische Unabhängigkeit, führt dies zu artifiziellen Zusammenhängen, wodurch eine Interpretation der Kovarianz zwischen den beiden Faktoren unmöglich wird (vgl. Duncan et al., 1999; Pedhazur, 2001). Um die in einem Modell möglicherweise auftretenden Zusammenhänge zwischen den latenten Faktoren eindeutig interpretieren zu können, muss deshalb eine Orthogonalisierung der sie definierenden Vektoren vorgenommen werden. Im Modell von Abbildung 8 betrifft dies die beiden Vektoren, mit denen der lineare und der quadratische Prozessfaktor definiert ist.

Zwei Faktoren x_0 und x_1 sind immer dann orthogonal zueinander, wenn ihre Produktsumme $(x_0, x_1) = 0$ ist. Mit Hilfe der „Gram-Schmidt"-Prozedur lassen sich zwei Vektoren so transformieren, dass die Produktsumme der resultierenden Vektoren diesem Kriterium entspricht (zit. nach Hays, 1988, S. 854ff.):

$$v_1 = x_1 - b_{10} \cdot v_0 \qquad (4)$$

$$\text{wobei } b_{10} = \frac{(x_1, v_0)}{\|v_0\|^2} \qquad (5)$$

$$(\text{und } v_0 = x_0)$$

x_1: zu x_0 nicht orthogonaler Vektor
v_0 und v_1: zueinander orthogonale Vektoren

Im Beispiel von Abbildung 8 besteht die Notwendigkeit, die beiden Vektoren x_L und x_Q, die den linearen und den quadratischen Faktor kodieren, zu orthogonalisieren. Dafür wird mit $x_0 = x_L$ festgelegt, dass $v_0 = x_0 = x_L$. Setzt man $x_1 = x_Q$, ergibt sich für b_{10} in Formel (5):

$$\begin{aligned} b_{10} &= \frac{(0) \cdot (0) + (1) \cdot (1) + (2) \cdot (4) + (3) \cdot (9)}{(0) \cdot (0) + (1) \cdot (1) + (2) \cdot (2) + (3) \cdot (3)} \\ &= \frac{18}{7}. \end{aligned}$$

Damit lässt sich v_1 nach Formel (4) bestimmen:

$$v_I = \begin{bmatrix} 0 \\ 1 \\ 4 \\ 9 \end{bmatrix} - \frac{18}{7} \cdot \begin{bmatrix} 0 \\ 1 \\ 2 \\ 3 \end{bmatrix} = \begin{bmatrix} 0 \\ \frac{7}{11} \\ -\frac{11}{7} \\ -\frac{8}{7} \\ \frac{9}{7} \end{bmatrix}$$

Multipliziert man v_I mit dem gemeinsamen Teiler, ergibt sich mit $v_Q = v_I = [0, -11, -8, 9]$ ein zu $v_L = v_0 = x_0 = [0, 1, 2, 3]$ orthogonaler Vektor. Die Überprüfung ihrer Produktsumme bestätigt dies mit

$$(v_L, v_Q) = (0) \cdot (0) + (1) \cdot (-11) + (2) \cdot (-8) + (3) \cdot (9)$$
$$= 0.$$

Damit können durch die Vektoren v_L und v_Q ein linearer und ein quadratischer Prozessfaktor kodiert werden, deren Kovarianz nicht durch ein methodisches Artefakt beeinflusst, und damit interpretierbar ist.

Vor- und Nachteile latenter Wachstumskurven-Modelle. Mit der Modellierung von Prozessverläufen als latente Wachstumskurven sind einige Vorteile gegenüber anderen Modellierungsverfahren wie zum Beispiel der Modellierung mit Hilfe von MANOVA-Prozeduren verbunden. Neben der Möglichkeit, interindividuelle Unterschiede in den intraindividuellen zeitlichen Veränderungen zu beschreiben, lässt sich mit Hilfe latenter Wachstumskurven darüber hinaus prüfen, ob die für eine Gruppe von Personen angenommene Form eines Verlaufes, ausgedrückt durch eine bestimmte mathematische Funktion, den tatsächlich gefundenen Prozess angemessen abbildet. Das beinhaltet, dass auch Kovarianzen zwischen Faktoren auf statistische Signifikanz überprüfbar werden. Ebenso kann getestet werden, ob die Messfehler E_x gleich verteilt sind oder nicht. Latente Wachstumskurven-Modelle erlauben darüber hinaus die gleichzeitige Modellierung eines latenten Faktors sowohl als unabhängige als auch als abhängige Variable. Eine solche Modellierung gewährleistet über die Möglichkeiten eines AVGMs hinausgehend zum Beispiel die Modellierung und statistische Bewertung von Mediatorhypothesen. Raykov (2000) demonstriert, wie innerhalb eines Modells die Verläufe, die in unterschiedlichen Personengruppen gefunden werden können, auf ihre Gleichförmigkeit getestet werden können. Zudem ist die Möglichkeit gegeben, andere sich über die Zeit hinweg verändernde Kovariaten in ein Modell mit aufzunehmen und so entweder die Annahmen über die Zusammenhänge zwischen Prozessverläufen unterschiedlicher Variablen innerhalb derselben Stichprobe (Zimprich, 1998) oder Annahmen über die Gleichförmigkeit der Verläufe derselben Variablen in unterschiedlichen Stichproben zu testen (Sayer & Willet, 1998).

Als weiteren bedeutenden Vorteil von LGMs führt Raykov (2000) an, dass sie im Vergleich zu varianzanalytischen Verfahren deutlich voraussetzungsärmer sind. Nichtsdestotrotz stellt auch ihre Modellierung gewisse Anforderungen an die Daten. So müssen die Daten eines Verlaufs längsschnittlich balanciert erfasst worden sein. Balanciert bedeutet in diesem Zusammenhang, dass nicht nur die Anzahl der Messungen für jede Person identisch sein muss. Zusätzlich dazu dürfen auch die zeitlichen Abstände, in denen die Messungen erfolgen, interindividuell nicht variieren. Zu fordern ist auch eine möglichst hohe Anzahl von Messungen pro Person, weil damit eine hohe Validität der Verlaufsschätzung einhergeht. Die erfassten Variablen müssen zudem auf einer kontinuierlichen Skala abgebildet werden. Außerdem muss sichergestellt sein, dass die Variable über die Zeit hinweg das identische Konstrukt misst und zudem keine zeitlich abhängige, metrische Invarianz aufweist. Um die Modellgüte bewerten zu können, werden die Testprozeduren herangezogen, die in Programmen zur Modellierung von Strukturgleichungssystemen verfügbar sind. Diese setzen jedoch einen relativ großen Stichprobenumfang voraus, der nicht bei allen Untersuchungen realisiert werden kann.

Kriterien der Modellgüte. Die Bewertung der Modellgüte erfolgt über Fit-Indizes, welche von den verschiedenen Modellierungsprogrammen automatisch berechnet werden. Für latente Wachstumskurven-Modelle empfehlen Marsh, Balla und Hau (1996), wie auch Duncan und Mitarbeiter (1999), neben dem χ^2-Wert die Verwendung des „Non-Normed Fit Index" (NNFI) und des „Comparative Fit Index" (CFI). Sowohl der NNFI als auch der CFI basieren auf der χ^2-Statistik und dem Nullmodell unkorrelierter beziehungsweise unabhängiger Variablen. Während der CFI maximal den Wert von CFI = 1 annehmen kann, ist der NNFI nicht in seiner Höhe begrenzt. Beide Indizes zeigen mit Werten nahe Eins, beziehungsweise im Falle des NNFI auch größer Eins, eine gute Anpassung des Modells an die modellierte Datenstruktur an. Für die Modellbewertung ebenso hilfreich ist der „Root Mean Square Error of Approximation" (RMSEA), der mit einem Wert RMSEA ≤ 0,05 für eine sehr gute Modellanpassung spricht (Brown & Cudeck, 1993). Alle bisher vorgestellten Güteindizes sind abhängig von der Stichprobengröße. Diese ist jedoch, wie unten noch ausgeführt wird, aufgrund der hierarchischen Datenstruktur und dem sich daraus ergebenden Designeffekt für die vorliegenden Daten nur als Schätzwert zu ermitteln. Deshalb wird für die Bewertung der Modelle, die auf der Grundlage dieser Datenstruktur den Prozessverlauf abbilden, in Anlehnung an Sayer und Willet (1998) mit dem „Goodnes-of-Fit"-Index (GFI) ein weiteres Maß der Modellgüte herangezogen, welches sich durch seine Unabhängigkeit von der Stichprobengröße auszeichnet (Jöreskog & Sörbom, 1988). Der GFI kann Werte zwischen Null und Eins annehmen, auch wenn Werte kleiner Null theoretisch vorkommen können. Für die folgenden Modelle wird eine gute Anpassung angenommen, wenn der GFI > 0,90. Dies entspricht einer durch das Gesamtmodell erklärten Varianz von 90%. Für eine zusammenfassende Diskussion verschiedener Modellgüte-Indizes siehe zum Beispiel Bollen (1989).

Fazit. Der Regulationsprozess des Erwerbs von Sach- und Handlungswissen über den Heidelberger Finiten Automat lässt sich auf der Grundlage verhaltensbasierter Logfile-Daten einschätzen, indem das beobachtete Verhalten an den inter-individuell unterschiedlichen Handlungsalternativen relativiert wird. Pro gewähltem Messzeitraum kann somit ein Wert für die Selbstbestimmtheit des gezeigten Lernverhaltens berechnet werden. Werden solche Werte für mehrere aufeinander folgende Messzeiträume berechnet, lassen sich intra-individuelle Veränderungen über die Zeit abbilden. Es wird angenommen, dass dieser Verlauf durch drei charakteristische Merkmale beschreibbar ist. Eine anfängliche Bevorzugung identifizierender Lernhandlungen sollte sich in einem negativen Ausgangsniveau der $log_{(or)}$-Werte abbilden. Die anzunehmende wachsende Bedeutsamkeit integrierender Ziele für die Regulation des Lernprozesses sollte zu einem Anwachsen der $log_{(or)}$-Werte führen. Dieses Wachstum sollte jedoch eine negative Beschleunigung erfahren, da vermutet wird, dass sich die Selbstbestimmtheit, mit der Informationen integriert werden, sich nicht unendlich steigern lässt. Diese drei Merkmale lassen sich durch die Methode latenter Wachstumskurven als einzelne Faktoren modellieren, wodurch „echte" Prozessmaße zur Verfügung gestellt werden. Dabei bildet der Intercept-Faktor das Ausgangsniveau, der lineare Faktor das Wachstum und der quadratische Faktor die Beschleunigung ab. Latente Wachstumskurven ermöglichen zum einen die Darstellung allgemeingültiger Verlaufsformen intra-individueller Veränderungen in Abhängigkeit von der Zeit anhand durchschnittlicher Faktorwerte. Inter-individuelle Unterschiede in unterschiedlich erfolgreichen Regulationsverläufen schlagen sich in den Varianzen latenter Faktoren nieder.

4.4 Zusammenfassung

Die vorliegende Arbeit möchte den folgenden zwei zentralen Fragen auf den Grund gehen. Erstens soll die Annahme einer allgemeingültigen Verlaufsform der Lernprozessregulation überprüft werden. Zweitens sollen differenzielle Merkmale beziehungsweise Merkmalsausprägungen erfolgreicher und weniger erfolgreicher Lernregulationsprozesse aufgezeigt und ihre Abhängigkeit von unterschiedlichen Lernvoraussetzungen betrachtet werden.

Zu diesem Zweck wurden herkömmliche Verfahren zur Erfassung verfügbarer Lernstrategien, zur Einschätzung der Lernfähigkeit, zur Beschreibung kognitiver Prozesse während des Lernens und zum Abbilden von Lernverhalten dahingehend bewertet, ob sie in der Lage sind, den Verlauf der Lernprozessregulation darzustellen. Aufgrund ihres statischen Charakters kann fragebogenbasierten Verfahren diese Eigenschaft nicht zugesprochen werden. Bei Lernpotenzialtests muss eine Beeinträchtigung der Selbstregulation angenommen werden, weshalb auch diese, trotz ihres dynamischen Testformats, sich nicht für die Abbildung eines Lernregulationsprozesses eignen. Die ebenfalls dynamische Methode des lauten Denkens schränkt die Selbstregulation zwar nicht ein. Jedoch ist aufgrund ihrer Reaktivität nicht auszuschließen, dass der damit erfasste Regulationsprozess sich von einem Prozess unterscheidet, bei dem nicht laut gedacht werden muss. Zudem ist die Validität von Verbaldaten als eher gering einzuschätzen. Mit computerbasierten Verfahren können logfile-basiert Verhaltensdaten erhoben werden, für die keine verzerrende Einflüsse aufgrund reflexiver Kognitionen, sozialer Erwünschtheit oder Ähnlichem angenommen werden müssen. Diese Verfahren, die hauptsächlich innerhalb des Paradigmas zum komplexen Problemlösen eingesetzt werden, sind jedoch aufgrund ihrer Komplexität und ihrer Dynamik, aber auch aufgrund ihrer semantischen Einkleidung mit anderen starken messtheoretischen Problemen behaftet.

Um einen selbstregulierten Lernprozess beobachten und erfassen zu können, wird im Rahmen dieser Arbeit ein Finiter Automat als Lernumgebung herangezogen. Finite Automaten können als dynamische und komplexe Systeme bewertet werden, die einige dieser Probleme umgehen oder lösen. Ihre vollständige formale Beschreibbarkeit auf der Grundlage des Problemraumkonzepts bietet die Möglichkeit, eindeutige Ziele vorzugeben, die Kontrollierbarkeit der Systeme zu variieren, selbstbestimmte Ziele genauer einzuschätzen und Leistungsmaße a priori zu definieren. Ebenso können sie als Basis zur Entwicklung echter Prozessmaße genutzt werden. Problemen der Validität aufgrund intra-individueller Veränderungen über die Zeit kann zum einen durch eine Teilzielbildung begegnet werden, durch die der Prozess in eine Wissenserwerbs- und eine Wissensanwendungsphase inhaltlich gegliedert wird. Zum anderen kann eine nachträgliche Gruppierung der logfile-basiert erfassten Daten in mehrere post hoc-definierte Messzeiträume die Validität der Maße weiter erhöhen.

Wie für alle Verhaltensdaten gilt auch für logfile-basierte Daten, dass auf ihrer Grundlage auf die verhaltensregulierenden Kognitionen und Metakognitionen nur geschlossen werden kann. Um die Selbstbestimmtheit, mit der das Lernverhalten im Umgang mit dem Finiten Automaten reguliert wird, einschätzen zu können, wurde die Entwicklung eines Maßes vorgestellt, für welches in einem ersten Schritt jede einzelne Lernhandlung nach ihrer Funktion bewertet wird. Dabei wird zwischen dem Identifizieren neuer Informationen und dem Integrieren von Informationen unterschieden. In einem zweiten Schritt wird das Verhältnis zwischen beobachtetem Identifizieren und Integrieren an der individuellen Chance, dieses Eingriffsverhältnis durch ein rein zufälliges, also fremdbestimmtes Verhalten zu erzeugen, relativiert. Dieses odds ratio gibt das Ausmaß an Überzufälligkeit an, mit dem das Verhalten ausgeführt wird und kann somit als Schätzer der Selbstbestimmtheit der zugrunde liegenden Regulation herangezogen werden.

Durch Berechnung logarithmierter odds ratios für mehrere aufeinander folgende und gleich große Messzeiträume lässt sich grafisch der Verlauf der Lernprozessregulation darstellen. Für diese Verlaufsform werden drei allgemeingültige Merkmale angenommen. Eine anfängliche Bevorzugung identifizierenden Lernverhaltens sollte im Verlauf der Zeit immer stärker einer integrierenden Zielsetzung weichen. Zumindest bei umfangreichen und komplexen Lerngegenständen sollte das Identifizieren jedoch nie vollständig an Bedeutung verlieren, sondern gegen Ende sogar wieder stärker zum Ziel der Regulation werden. Bei der in der vorliegenden Arbeit durchgängig verwendeten Kodierung drücken sich diese Verlaufsmerkmale in einem Ausgangsniveau mit einem hohen negativen Betrag, in einem positiven Wachstum und in einer negativen Beschleunigung des Wachstums aus.

Latente Wachstumskurven-Modelle erlauben es, diese Merkmale als Faktoren zu definieren, die dem gezeigten Verhalten zugrunde liegen. Sie ermöglichen nicht nur die Abbildung einer durchschnittlichen Verlaufsform intra-individueller Veränderungen über die Zeit und die Einschätzung der Güte dieser Abbildung. Ebenso werden interindividuelle Unterschiede in den Verlaufsformen in Form von Faktorvarianzen repräsentiert, wodurch sich differenzielle Ausprägungen der Verlaufsmerkmale zwischen erfolgreichen und weniger erfolgreichen Lernprozessregulationen beschreiben lassen.

Im Folgenden werden zwei Studien vorgestellt, bei denen der Verlauf der Lernprozessregulation beim Umgang mit dem Heidelberger Finiten Automaten beleuchtet wird. Dabei wird dieser Verlauf auf drei Ebenen betrachtet, auf denen jeweils eigene Hypothesen formuliert und überprüft werden. Auf der theoretischen Ebene interessiert, ob innerhalb eines bestimmten Messzeitraums stärker auf das Identifizieren neuer Informationen Wert gelegt wird oder ob das Integrieren im Vordergrund steht. Ebenso wird auf dieser Ebene betrachtet, wie sich diese Zielsetzung im Verlauf des Lernprozesses ändert, welche diesbezüglichen Unterschiede zwischen erfolgreichen und weniger erfolgreichen Lernprozessregulationen bestehen und welche Bedingungen die Regulation des Lernens vereinfachen oder erschweren.

Auf einer zweiten, deskriptiven Ebene werden diese Merkmale der Lernprozessregulation mit Hilfe des $log_{(or)}$-Maßes quantifiziert und dargestellt. Es werden Hypothesen über den Startwert und über die Veränderungen der Werte im Laufe der Zeit aufgestellt und vorerst rein grafisch überprüft. Auf einer dritten Ebene werden diese Hypothesen dann in Annahmen über Mittelwerte überführt, die für die Faktoren innerhalb eines latenten Wachstumkurvenmodells erwartet werden. Auf dieser Ebene der Modellbildung werden neben charakteristischen Verlaufsmerkmalen auch unterschiedliche, teilweise wechselseitige Einflüsse auf die Lernprozessregulation abgebildet und bezüglich ihrer Richtung und Stärke bewertet.

5 Studie I – Der Verlauf der Lernprozessregulation

Ausblick auf das Kapitel 5. In diesem Kapitel wird eine erste Studie vorgestellt, die neben der Evaluation des Heidelberger Finiten Automaten und des entwickelten $log_{(or)}$-Maßes zum Ziel hatte, generelle sowie differenzielle Verlaufsmerkmale der Lernprozessregulation aufzuzeigen und diese im Zusammenhang mit kognitiven Grundfähigkeiten und Vorwissen zu betrachten. Die zu diesen Zwecken zu beantwortenden Fragen werden ausführlich in Abschnitt 5.1 besprochen. Die Abschnitte 5.2 und 5.3 dienen der Darstellung der bei der Untersuchung eingesetzten Instrumente, der Beschreibung der Untersuchungsbedingungen, des Designs und der untersuchten Stichprobe. Bevor die inhaltlichen Fragestellungen anhand latenter Wachstumskurven-Modelle erörtert werden, wird vorbereitend in Abschnitt 5.4 zunächst auf einer deskriptiven Ebene die Entwicklung der $log_{(or)}$-Werte mit dem theoretisch erwarteten Verlauf verglichen. In dem Zusammenhang wird ebenfalls auf deskriptiver Ebene die Frage nach dem angemessenen Grad an Schwierigkeit aufgegriffen. Im Anschluss daran wird in Abschnitt 5.5 auf den Einfluss unspezifischen Vorwissens eingegangen und es werden weitere Aspekte angeführt, die neben dem Vorwissen den Beginn des Lernprozesses mitgestalten. Als letzte Vorbereitung für die Modellierung wird in Abschnitt 5.6 unter Berücksichtigung der Reliabilität die optimale Größe der Messzeiträume bestimmt.

In Abschnitt 5.7.1 wird auf die erste inhaltliche Fragestellung nach allgemeingültigen Verlaufsmerkmalen der Lernprozessregulation durch die Modellierung latenter Wachstumskurven eingegangen. Dabei werden die drei angenommenen Verlaufsmerkmale als Prozessfaktoren repräsentiert, wodurch ihre durchschnittliche Ausprägung eingeschätzt und bewertet werden kann.

Die Fragestellung nach den Unterschieden zwischen den Merkmalsausprägungen erfolgreicher und weniger erfolgreicher Lernprozessregulation wird untersucht, indem dieses latente Wachstumskurven-Modell in Abschnitt 5.7.2 um zwei Faktoren erweitert wird, die zum einen den Umfang erworbenen Wissens und zum anderen seine spätere Abrufbarkeit und Anwendbarkeit repräsentieren. Über die Modellierung gerichteter Pfade wird die Bedeutung unterschiedlich ausgeprägter Verlaufsmerkmale der Lernprozessregulation für das Erlernen korrekten und leicht und sicher abrufbaren Wissens dargestellt.

In einem dritten Modell werden in Abschnitt 5.7.3 die Einflüsse kognitiver Grundfähigkeiten auf die einzelnen Verlaufsmerkmale dargestellt. Die Ergebnisse dieser ersten Studie werden zusammenfassend in Abschnitt 5.8 diskutiert.

5.1 Fragestellungen und Annahmen

Die im Folgenden dargestellte, erste Studie dient der Überprüfung, ob sich mit Hilfe des $log_{(or)}$-Maßes spezifische Verlaufsmerkmale der Lernprozessregulation im Umgang mit dem Heidelberger Finiten Automaten darstellen und bewerten lassen. Darauf aufbauend soll getestet werden, ob diese Merkmale und ihre Ausprägungen den theoretischen Erwartungen entsprechen, wie sie in Kapitel 3 angeführt wurden. Zu diesem

Zweck müssen zunächst Fragen der Testgüte des $log_{(or)}$-Maßes gestellt (und beantwortet) werden. Daran anschließend wird der Erwerb von Wissen über den HFA in Hinblick auf drei inhaltliche Fragestellungen analysiert. Die erste Frage betrifft die Identifizierbarkeit allgemeingültiger Verlaufsmerkmale der Lernprozessregulation. Die zweite Frage zielt auf charakteristische Merkmalsunterschiede zwischen erfolgreichen und weniger erfolgreichen Regulationsprozessen. Abschließend wird die Frage nach Faktoren gestellt, die auf die Regulation des Lernprozesses Einfluss nehmen. Im Einzelnen geht es dabei um die folgenden, etwas ausführlicher dargelegten Fragen:

1. Weist das auf der Basis des Heidelberger Finiten Automaten entwickelte $log_{(or)}$-Maß eine angemessene Testgüte auf? Da es sich beim HFA um ein komplexes System handelt, ist in Bezug auf die Testgüte des $log_{(or)}$-Maßes zu klären, ob die Schwierigkeit des Wissenserwerbs im Umgang mit diesem System angemessen ist oder ob eventuell aufgrund der durchaus hohen Komplexität das Ausmaß an Selbstbestimmtheit, mit der der Lernprozess reguliert werden kann, eingeschränkt ist. Dabei wird davon ausgegangen, dass ein angemessener Grad an Schwierigkeit zu einem durchschnittlichen Regulationsverlauf führt, wie er in Abbildung 6 simuliert wird. Eine zu hohe Schwierigkeit sollte dazu führen, dass die Anforderungen der Lernprozessregulation überhöht sind, woraus ein stark fremdbestimmtes beziehungsweise vom Zufall abhängiges Lernverhalten resultiert. Eine derart fremdbestimmte Lernprozessregulation drückt sich in einem Verlauf aus, der durch das $log_{(or)}$-Maß durchgängig mit Werten nahe Null beschrieben wird. Gestaltet sich das Erwerben von Wissen über den HFA als zu einfach, kann dies dazu führen, dass alle Informationen über das System identifiziert werden. In diesem Fall besteht für eine Person keine Wahlmöglichkeit mehr zwischen identifizierenden und integrierenden Eingriffen, weshalb dieses Verhalten nach einem anfänglich durchaus selbstregulierten Lernprozess zu einem vollständig fremdbestimmten Lernen führt. Somit wird ab einem gewissen Punkt auch bei einem zu geringen Grad an Schwierigkeit das Lernverhalten durch einen Prozess reguliert, der von einem zufälligen Regulationsprozess nicht mehr zu unterscheiden ist.

In Zusammenhang mit der Testgüte sind auch Aspekte mehr oder weniger allgemeinen Vorwissens wie Computererfahrung oder Wissen über Raumfahrtszenarien zu betrachten. Wie in Abschnitt 2.5.2 dargelegt, kann Vorwissen sowohl einen positiven, einen unbedeutenden oder auch einen negativen Einfluss insbesondere auf den Beginn der Lernprozessregulation nehmen. Problematisch ist in diesem Zusammenhang, dass sowohl die Definition von Vorwissen als auch seine Erfassung weder erschöpfend noch abgrenzend möglich ist (Renkl, 1996b; Süß, 1996), weshalb sein Einfluss auf die Lernprozessregulation durch Vorwissenstests oder Selbstangaben nur entsprechend unzuverlässig erfassbar ist. In dieser ersten Untersuchung wird daher der Frage nachgegangen, ob sich Verhaltensindikatoren in den Logfile-Daten finden lassen, von denen auf einen Einfluss von Vorwissen geschlossen werden kann. Dabei soll nicht versucht werden, die Stärke des Vorwissenseinflusses zu bestimmen. Es soll ausschließlich eingeschätzt werden, ob Vorwissenseinflüsse anzunehmen sind oder nicht.

Eine weitere Frage der Testgüte der $log_{(or)}$-Werte betrifft die bereits in Abschnitt 4.3.4 angesprochene Bestimmung der optimalen Messzeitraumgröße. Damit der Wissenserwerbsprozess selbstreguliert gesteuert werden kann, muss gewährleistet sein, dass eine

Wahlmöglichkeit zwischen identifizierenden und integrierenden Eingriffen besteht. Dies kann aufgrund der Selbstregulation nicht für jeden einzelnen besuchten Systemzustand gewährleistet werden (vgl. Abbildung 7b und 7c). So ist zum Beispiel im Startzustand keine Möglichkeit gegeben, einen integrierenden Eingriff zu tätigen. Um jedoch ein $log_{(or)}$-Wert berechnen zu können, muss gewährleistet sein, dass innerhalb des betrachteten Messzeitraumes mindestens ein Eingriff beobachtet werden kann, bei dem diese Wahlmöglichkeit besteht. Um die Auftretenswahrscheinlichkeit solcher Eingriffe zu erhöhen, kann der betrachtete Messzeitraum vergrößert werden. Dadurch steigt die Anzahl besuchter Zustände an sich und damit auch die Anzahl von Systemeingriffen mit Wahlmöglichkeit. Eine Vergrößerung des Messzeitraumes birgt jedoch auch Probleme der Validität aufgrund der sich ändernden Anforderungen im Wissenserwerbsprozess mit sich (vgl. Abschnitt 4.2.3.4). Es gilt demzufolge ein Kriterium einzuführen, anhand dessen die Größe eines optimalen Messzeitraums bestimmt werden kann.

2. Lassen sich im Umgang mit dem Heidelberger Finiten Automaten generelle Verlaufsmerkmale der Lernprozessregulation identifizieren? In Kapitel 3 wurde argumentiert, dass zu Beginn eines selbstregulierten Wissenserwerbsprozesses das Verhalten durch ein verstärktes Bemühen um das Identifizieren von neuen Informationen geprägt sein sollte. Beim Erwerben von Wissen über den Heidelberger Finiten Automaten führte dieses Bemühen zu einer häufigeren Auswahl bislang unbekannter Eingriffe, als sie bei einem rein zufälligen Verhalten zu erwarten wäre. Dieses würde sich in einem negativen Ausgangsniveau der *log(or)*-Werte zu Beginn des Lernprozesses niederschlagen. Im Verlauf eines selbstregulierten Lernprozesses sollte jedoch ein Wechsel in der Zielsetzung eine stärkere Ausrichtung des Lernprozesses auf das Integrieren von Informationen nach sich ziehen. Eine solche Änderung des Regulationsziels führte im Umgang mit dem HFA zu einer immer konsequenteren Bevorzugung bekannter Eingriffe, was ein positives Wachstum[14] der $log_{(or)}$-Werte zur Folge hätte. Die Bedeutsamkeit des Integrierens für die Regulation von Lernprozessen sollte zwar stetig ansteigen und einem bestimmten Maximum entgegenstreben. Dieses Wachstum sollte jedoch eine zunehmend stärker werdende, negative Beschleunigung erfahren. Das bedeutete, dass ab einem bestimmten Punkt der Lernprozess erneut auf das Identifizieren ausgerichtet wird, was sich in sinkenden $log_{(or)}$-Werten ausdrückt.

Das erste inhaltliche Ziel dieser Untersuchung besteht in der Überprüfung, ob diese drei Verlaufsmerkmale, ausgedrückt durch ein negatives Ausgangsniveau, ein positives Wachstum mit einer nicht linearen, negativen Beschleunigung – als generelle Eigenschaften der Lernprozessregulation anzusehen sind.

3. Lassen sich im Umgang mit dem Heidelberger Finiten Automaten Unterschiede zwischen den Verlaufsmerkmalen erfolgreicher und weniger erfolgreicher Lernprozessregulation identifizieren? Ein Lernprozess wird als umso erfolgreicher bewertet, umso mehr korrektes und später leicht und sicher abrufbares Wissen durch diesen Prozess erworben werden konnte. In Kapitel 3 wurde argumentiert, dass erfolgreiche und

---

[14] Wenn im weiteren Verlauf der Arbeit aus Gründen der Lesbarkeit nur das Wort „Wachstum" verwendet wird, ist immer ein „positives Wachstum" gemeint.

weniger erfolgreiche Lernprozesse sich aufgrund unterschiedlicher Merkmalsausprägungen differenzieren lassen. Damit wird davon ausgegangen, dass ein erfolgreicher Regulationsprozess zwar dieselben Merkmale aufweist wie ein weniger erfolgreicher Verlauf, diese jedoch extremere Ausprägungen aufweisen. Ein erfolgreicher Lernprozess sollte demzufolge zu einem deutlicher von Null verschiedenen, negativen Ausgangsniveau der $log_{(or)}$-Werte führen als es durch wenig erfolgreiche Regulationen erreicht wird. Zudem ist für erfolgreiche Lernprozesse ein stärkeres Wachstum der $log_{(or)}$-Werte anzunehmen. Dieses stärkere Wachstum der $log_{(or)}$-Werte auf ein deutlich höheres, positives Niveau sollte aber auch eine stärkere, negative Beschleunigung erfahren.

Das zweite Ziel der Untersuchung besteht somit in der Überprüfung, ob sich eine erfolgreiche, durch das $log_{(or)}$-Maß beschriebene Lernprozessregulation durch ein stärker von Null verschiedenes, negatives Ausgangsniveau, durch ein stärkeres, positives Wachstum und durch eine stärkere, negative Beschleunigung auszeichnet als es für weniger erfolgreiche Regulationsverläufe angenommen werden kann.

4. Lassen sich Faktoren identifizieren, die den Regulationsverlauf des Lernprozesses im Umgang mit dem Heidelberger Finiten Automaten beeinflussen? Im Sinne einer Konstruktvalidierung soll überprüft werden, ob sich zwischen den Verlaufsmerkmalen der Lernprozessregulation und weiteren Aspekten des selbstregulierten Lernens solche Zusammenhänge zeigen, wie sie aufgrund theoretischer Überlegungen zu erwarten sind. Zu diesem Zweck wird in dieser ersten Studie der Einfluss kognitiver Grundfähigkeiten der Informationsverarbeitung auf den Verlauf der Lernprozessregulation betrachtet. In dem Zusammenhang wurde in Abschnitt 2.4.1 argumentiert, dass sich insbesondere auf einen interaktiven Lernprozess eine hohe Fähigkeit zum schlussfolgernden Denken förderlich auswirken sollte. Eine erfolgreiche Strukturierung des Lernprozesses basiert hierbei auf dem Bilden und Testen von Hypothesen, wofür schlussfolgernde Denkprozessen erforderlich sind.

In Anlehnung an Elshout (1987) und Raaheim (1988) ist von einem eher geringen Zusammenhang zwischen Ausgangsniveau und kognitiven Grundfähigkeiten auszugehen (s. Abschnitt 2.5.1). Zu Beginn des Lernprozesses steht kein spezifisches Wissen über den Lerngegenstand zum Bilden von Hypothesen zur Verfügung. Wenn zudem kein oder nur wenig unspezifisches Vorwissen aktiviert werden konnte, besteht nur eine entsprechend geringe Möglichkeit, über schlussfolgernde, informationsverarbeitende Prozesse das anfängliche Identifizieren von Informationen zu gestalten. Allerdings werden auch bei einem wenig hypothesengeleiteten Identifizieren sehr schnell neue Informationen verfügbar, auf deren Grundlage schlussfolgernde Denkprozesse das weitere Vorgehen regulieren können. Für einen solchen systematischen Lernprozess ist anzunehmen, dass er schnell zu Informationen führt, die in die eigene Wissensstruktur integriert werden sollten, weshalb auch der Regulationswechsel vom Identifizieren zum Integrieren schneller und bestimmter vollzogen werden sollte. Insofern kann ein positiver Einfluss der kognitiven Grundfähigkeiten auf das Wachstum der $log_{(or)}$-Werte angenommen werden. Damit einher geht die Annahme, dass schlussfolgernde Denkprozesse zu einem hohen Niveau selbstbestimmten Integrierens von Informationen führen. Außerdem ist ein negativer Einfluss der kognitiven Grundfähigkeiten auf die negative Beschleunigung des Lernregulationsprozesses zu erwarten.

Das dritte Ziel der Untersuchung besteht also in einem Einschätzen der gerichteten Zusammenhänge, die zwischen den kognitiven Grundfähigkeiten zum schlussfolgernden Denken und den Verlaufsmerkmalen der Lernprozessregulation bestehen. Damit wird geprüft, ob bei dem $log_{(or)}$-Maß davon auszugehen ist, dass es tatsächlich die einem Lernverhalten zugrunde liegende Regulation erfasst und ob die daraus resultierende Abbildung der zeitlichen Veränderungen den Regulationsverlauf eines Lernprozesses valide darstellt.

5.2 Instrumentierung

Regulation des Wissenserwerbs. Zur Erfassung des Regulationsverlaufs eines (interaktiven) Lernprozesses wurde auf den Heidelberger Finiten Automaten zurückgegriffen, der bereits in Abschnitt 4.2.3.3 ausführlich dargestellt wurde. Während einer Zeit von 15 Minuten kann durch möglichst gezieltes Eingreifen Wissen über dieses computersimulierte dynamische System, seine möglichen Systemzustände, die jeweils verfügbaren Eingriffsalternativen und ihre Wirkung auf den jeweiligen Systemzustand erworben werden. Jeder Eingriff wird automatisch und für die lernende Person nicht wahrnehmbar in einem so genannten Logfile protokolliert. Die Erfassung und Beschreibung des Regulationsprozesses erfolgt auf der Basis dieser Verhaltensdaten wie in Abschnitt 4.3 beschrieben.

Umfang erworbenen Wissens. Um den Umfang erworbenen Wissens einschätzen zu können, wurde ein aus zweimal acht Aufgaben bestehender Test eingesetzt. Die ersten acht Aufgaben können als „Interpolationsaufgaben" klassifiziert werden (Funke & Buchner, 1992). Bei diesen Aufgaben muss jeweils der eine Eingriff angegeben werden, der einen gegebenen Systemzustand in einen gewünschten Zustand überführt. Die zweiten acht Aufgaben sind „Prognoseaufgaben". Hierbei muss angegeben werden, in welchen Systemzustand ein bestimmter Eingriff einen gegebenen Zustand überführen wird. Mit diesen beiden Aufgabentypen wird der Umfang unterschiedlicher Formen des Eingriffswissens getestet, welche Funke und Buchner als grundlegend für den Umgang mit einem dynamischen finiten Automaten ansehen. Für die Beantwortung der insgesamt 16 Aufgaben stehen maximal 10,5 Minuten zur Verfügung. Die Testleistung wird als Anteil gelöster Aufgaben bestimmt. Obwohl der Test aus zwei unterschiedlichen Aufgabentypen besteht, weist er mit Cronbach's $\alpha = 0,82$ eine zufrieden stellende interne Konsistenz über alle 16 Aufgaben auf. Der durchschnittliche Lösungsanteil liegt bei $M_{WU} = 0,51$, was nahezu dem theoretischen Mittel von $M_e = 0,50$ entspricht. Insofern kann die Schwierigkeit des Tests als angemessen bewertet werden. In einer ersten Darstellung des Heidelberger Finiten Automaten berichten Klieme und Mitarbeiter (2001), dass keine Geschlechterunterschiede in Bezug auf den Umfang erworbenen Wissens gefunden werden konnten. Auch zeigt sich kein Zusammenhang zwischen per Selbsteinschätzung erhobenem Vorwissen und den Testleistungen. Klieme und Mitarbeiter berichten jedoch eine moderate Korrelation mit ebenfalls selbsteingeschätzter Computererfahrung in Höhe von $r = 0,18$.

Abruf und Anwendung erworbenen Wissens. Der in dieser Untersuchung eingesetzte Test auf Abrufbarkeit und Anwendbarkeit des erworbenen Wissens besteht aus insgesamt 22 Interpolationsaufgaben, die innerhalb von maximal 13 Minuten zu bearbeiten sind. Die Aufgaben werden in einer bezüglich ihrer Schwierigkeit ansteigenden Reihenfolge präsentiert. Die einfachsten sind auf dem kürzesten Lösungsweg mit zwei Systemeingriffen lösbar, die schwierigste erfordert eine Sequenz von mindestens 19 Eingriffen. Wenn eine Person eine dieser Aufgaben nicht weiter bearbeiten will, kann sie per Mausklick zur nächsten Aufgabe weitergehen. Nach Bearbeitung der letzten Aufgabe werden der Person die zurückgelegten Aufgaben jedoch erneut präsentiert, und zwar in dem Zustand, in dem sie diese abgebrochen hatte.

Die Leistung kann bei diesem Test unterschiedlich ermittelt werden. Ein erstes Maß besteht in dem Anteil gelöster Aufgaben. Dieses Vorgehen weist die höchste Ähnlichkeit zum Test des erworbenen Wissensumfangs auf. Alternative Berechnungen berücksichtigen den jeweiligen Abstand des erreichten Systemzustands vom Zielzustand, der bei einer gelösten Aufgabe gleich Null ist. Der Test des Umfangs erworbenen Wissens und der Test der Wissensanwendung sollen zwei Facetten desselben Konstrukts messen. Um möglichst geringe Unterschiede in den Testleistungen auf verschiedene Aufgabenformate beziehungsweise Leistungsberechnungen zurückführen zu müssen, wurde die Testleistung im Wissensanwendungstest entsprechend der Leistung im Wissenserwerbstest als Anzahl korrekt gelöster Aufgaben bestimmt. Die Leistungen der beiden Wissenstests korrelieren mit $r = 0{,}67$ erwartungsgemäß sehr hoch. Wie aber später noch gezeigt wird, sind sie trotzdem als zwei eigenständige Aspekte erworbenen Wissens zu betrachten (s. Abschnitt 5.7.2). Die Reliabilität in Form interner Konsistenz liegt für den Wissensanwendungstest mit seinen 22 Aufgaben mit Cronbach's $\alpha = 0{,}94$ ebenfalls sehr hoch. Der mittlere Lösungsanteil liegt mit $M_{WA} = 0{,}57$ etwas höher als das theoretische Mittel. Trotzdem ist auch der Test auf Abrufbarkeit und Anwendbarkeit erworbenen Wissens als angemessen schwierig einzuschätzen. In Bezug auf den Wissensanwendungstest berichten Klieme und Mitarbeiter (2001) Geschlechtereffekte in Höhe einer punktbiserialen Korrelation von $r = 0{,}35$. Dieser Zusammenhang verringert sich unter Kontrolle der Computererfahrung auf $r = 0{,}24$. Die Computererfahrung ihrerseits übt mit $r = 0{,}35$ einen deutlichen Einfluss auf Abrufbarkeit und Anwendbarkeit erworbenen Wissens aus. Im Gegensatz dazu ist das selbsteingeschätzte Vorwissen bei Kontrolle der Computererfahrung in diesem Zusammenhang bedeutungslos.

Kognitive Grundfähigkeiten. Die grundlegende Fähigkeit zur Informationsverarbeitung wurde anhand des Kognitiven Fähigkeits-Tests (KFT, Skalen V4 und N2; Heller, Gaedicke & Weinläder, 1985) ermittelt. Die Skalen bestehen aus verbalen und figuralen Analogieaufgaben, deren Lösung jeweils das Erkennen einer regelhaften Verbindung zwischen zwei Elementen erfordert, auf der aufbauend ein analoges Elementepaar benannt werden muss. Dafür müssen Hypothesen über die relevanten Beziehungen aufgestellt werden. Schließlich muss das so gewonnene Wissen genutzt werden, um ein analoges Paar zu identifizieren. Die kognitiven Anforderungen an die Informationsverarbeitung weisen demzufolge hohe Ähnlichkeiten mit denen auf, die für den interaktiven Wissenserwerb als zentral angenommen werden. Der Fähigkeitsscore wurde konventionell als prozentualer Anteil korrekter Lösungen ermittelt. Für die zwanzig

Aufgaben umfassende Skala V4 ergab sich anhand der untersuchten Stichprobe eine interne Konsistenz von Cronbach's $\alpha = 0{,}75$, die 25 Items der Skala N2 weisen eine diesbezügliche Reliabilität von $\alpha = 0{,}82$ auf (Kunter et al., 2002). Auf der Skala V4 wird ein durchschnittlicher Wert von $M_{V4} = 0{,}46$ ($SD = 0{,}21$) erreicht, bei der Skala N2 liegt dieser Wert bei $M_{N2} = 0{,}58$ ($SD = 0{,}25$). Damit weisen beide Skalen eine für die untersuchte Stichprobe angemessene Schwierigkeit auf.

5.3 Erhebung

5.3.1 Kontext

Für die Evaluation des Heidelberger Finiten Automaten konnte der Feldtest genutzt werden, der in Deutschland im Rahmen der internationalen Schülerleistungsvergleichsstudie „Programme for International Student Assessment" (PISA) im Frühjahr 1999 durchgeführt wurde (Baumert et al., 2001; OECD, 2001). An dem deutschen Teil des PISA-Feldtests nahmen 151 zufällig ausgewählte Schulen aller Schulformen aus allen deutschen Bundesländern teil. Pro Schule füllten bis zu 35 Schülerinnen und Schüler die Testhefte aus. Dafür wurden gemäß einer OECD-Festlegung Jugendliche ausgewählt, die zum Erhebungszeitpunkt 15 Jahre alt waren. Zusätzlich wurde in Deutschland eine altersunabhängige Stichprobe aus den neunten Klassen gezogen. Anders als in anderen Schulleistungsstudien wie zum Beispiel TIMSS (Baumert et al., 1997) basierte die Stichprobenzusammensetzung nicht auf den in den Schulen vorhandenen Schulklassen, sondern ausschließlich auf der OECD-Altersdefinition beziehungsweise auf der Zugehörigkeit zu der neunten Klassenstufe. Insgesamt nahmen knapp 4000 deutsche Schülerinnen und Schüler am PISA-Feldtest 1999 teil.

Erster und zweiter Testtag. Die Haupterhebung des Feldtestes fand an zwei aufeinander folgenden Testtagen statt. Am ersten Testtag bearbeiteten die Jugendlichen Aufgaben zum Leseverständnis, aus der Mathematik und aus den Naturwissenschaften. Diese Aufgaben bildeten den Itempool, aus dem ein Jahr später die Tests für den internationalen Vergleich von PISA 2000 zusammengestellt wurden. Am zweiten Testtag bearbeiteten die Schülerinnen und Schüler deutsche Ergänzungsaufgaben zu den jeweiligen Themenbereichen. Alle Schülerinnen und Schüler füllten zusätzlich einen Fragebogen zu ihrem sozialen Hintergrund und zu schulbezogenen Einstellungen und Einschätzungen aus. In 18 der 151 Schulen wurden einige der Ergänzungsaufgaben durch einen schriftlichen Problemlösetest mit Planungsaufgaben oder durch einen Test der analogen Problemlösefähigkeit ersetzt. Außerdem bearbeiteten diese Jugendlichen die Skalen des KFT (Heller et al., 1985).

Dritter Testtag. Diese 18 Schulen waren dazu bereit, an einem zusätzlichen dritten Testtag teilzunehmen, der ungefähr drei bis sechs Wochen nach den ersten beiden Testtagen stattfand. Während des Erhebungszeitfensters des dritten Testtages musste jedoch eine der Schulen ihre Teilnahme aus organisatorischen Gründen absagen. Ersatzweise konnte eine andere Schule für den dritten Testtag gewonnen werden. Die Schülerinnen und Schüler dieser Ersatzschule hatten am zweiten Testtag jedoch weder die schriftlichen Problemlöseaufgaben noch den Kognitiven Fähigkeits-Test bearbeitet.

Am dritten Testtag kamen hauptsächlich computerbasierte Testverfahren zum Einsatz. Dafür bereiste ein mit dreißig identisch konfigurierten Notebooks ausgerüstetes Team des Max-Planck-Instituts für Bildungsforschung, Berlin, die Schulen. Insgesamt wurden mit dem dritten Testtag sechs Problemlösetests evaluiert (s. Klieme et al., 2001). Da aus Zeitgründen nicht alle Teilnehmerinnen und Teilnehmer alle sechs Verfahren bearbeiten konnten, wurden in einem ausbalancierten Design wechselnde Kombinationen von zwei bis drei Testverfahren eingesetzt. Insgesamt wurden acht verschiedene Kombinationen gebildet (vgl. Tabelle 4). Damit jede Kombination in möglichst vielen verschiedenen Schulen und Schulformen eingesetzt werden konnte, wurde pro Schule die Stichprobe in zwei Gruppen geteilt, die zeitgleich in getrennten Räumen unterschiedliche Verfahrenskombinationen bearbeiteten. Dadurch konnte jede Kombination in vier bis fünf Schulen durchgeführt werden.

Tabelle 4: *Designplan des dritten Testtages des Feldtests 1999*

Variante A		Variante B		Variante C		Variante D	
Gruppe 1	Gruppe 2	Gruppe 1	Gruppe 2	Gruppe 1	Gruppe 2	Gruppe 1	Gruppe 2
Ökologisches Planspiel	Planungsaufgabe/ Analoger Transfer	Finiter Automat/ Virtuelles Labor	Ökologisches Planspiel	Finiter Automat/ Virtuelles Labor	Technisches Problemlösen	Finiter Automat/ Virtuelles Labor	Finiter Automat/ Virtuelles Labor
Pause	Pause	Pause	Pause	Pause	Pause	Pause	Pause
Finiter Automat/ Virtuelles Labor	Kooperatives Problemlösen	Finiter Automat/ Virtuelles Labor	Technisches Problemlösen	Ökologisches Planspiel	Finiter Automat/ Virtuelles Labor	Technisches Problemlösen	Kooperatives Problemlösen

Vorwissenseffekte aufgrund des Designs. Die Kombinationen bedingten, dass der HFA meist zusammen mit einem der beiden weiteren computerbasierten Testverfahren eingesetzt wurde. Dabei handelte es sich entweder um das ökologische Planspiel „Hunger in Nordafrika" (Leutner & Schrettenbrunner, 1989) oder um das „Virtuelle Labor" (s. Klieme et al., 2001), welches in der Tradition des SDDS-Ansatzes (Klahr & Dunbar, 1988) entwickelt wurde. In zwei Kombinationen wurde der Heidelberger Finite Automat bearbeitet, nachdem eines der beiden anderen computerbasierten Verfahren durchgeführt worden war (Kombination A1: Variante A, Gruppe 1; und Kombination B1: Variante B, Gruppe 1). In einer zusätzlichen Kombination waren die Schüler vor dem Arbeiten mit dem HFA mit einer schriftlichen Aufgabe zum technischen Problemlösen betraut (Kombination C2). Die Präsentation eines Verfahrens vor dem Umgang mit dem HFA birgt die Gefahr in sich, dass dies die Bearbeitung des Heidelberger Finiten Automaten beeinflusst. Dies wäre der Fall, wenn Vorwissens- und Transfereffekte von einem der zuvor bearbeiteten Verfahren auf die Leistungsfähigkeit im Umgang mit dem HFA auftreten würden. Wirth und Klieme (2000) konnten jedoch solche Transfereffekte zwischen den computerbasierten Verfahren und den Leistungen bei der Bearbeitung des HFA nicht finden. Auch offenbarte ein Vergleich der HFA-Leistungen zwischen den beiden Kombinationen C1 und C2 keinen Unterschied

($t = -0,08$; $p > 0,5$). Es kann somit davon ausgegangen werden, dass der Umgang mit dem Heidelberger Finiten Automaten unabhängig davon ist, ob zuvor eines der drei anderen Verfahren bearbeitet wurde oder nicht, weshalb alle Schülerinnen und Schüler, die den HFA am dritten Testtag bearbeiteten, zu einer Stichprobe zusammengefasst wurden.

5.3.2 Stichprobe

Insgesamt bearbeiteten 217 der am dritten Testtag teilnehmenden Schülerinnen und Schülern den Heidelberger Finiten Automaten.[15] Aufgrund technischer Probleme liegen für zwei dieser Personen keine Daten der Bearbeitung vor. Außerdem war es in der Ersatzschule aus organisatorischen Gründen nicht möglich, die Leistungen und Angaben der ersten beiden Testtage auf die Leistungen des dritten Testtages zu beziehen. Das Alter der 197 Jugendlichen, für die Angaben vorliegen, betrug im Durchschnitt $M = 15,90$ Jahre ($SD = 0,42$). Mädchen und Jungen waren nahezu gleich in der Stichprobe vertreten (49,45% Mädchen, 50,55% Jungen).

Klumpenstichprobe. Die 18 Schulen waren auf vier Länder der Bundesrepublik Deutschland (Baden-Württemberg, Berlin, Brandenburg, Nordrhein-Westfalen) verteilt. Berücksichtigt wurden die vier deutschen Haupt-Schulformen, deren Schülerinnen und Schüler folgende Anteile der Stichprobe ausmachten: 27,41% Hauptschüler, 32,00% Realschüler, 33,00% Gymnasiasten und 7,61% Gesamtschüler. Damit ist in etwa die Verteilung der Schülerinnen und Schüler auf die Haupt-Schulformen in der Bundesrepublik Deutschland abgebildet (ohne Berücksichtigung von Schulen mit mehreren Bildungsgängen, Berufsschulen und Sonderschulen; s. Weiß & Steinert, 2001, S. 431). Die Beschreibbarkeit der Stichprobe anhand von Schulen, Schulformen und Bundesländern macht deutlich, dass es sich bei dieser Stichprobe nicht um eine reine Zufallsstichprobe handelt, sondern dass in den Daten hierarchische Abhängigkeitsstrukturen vorhanden sind. Ein Schüler ist Teil einer Jahrgangsstufe, welche den Teil der Schülerschaft einer Schule ausmacht. Die Schule lässt sich einer bestimmten Schulform zuordnen, welche wiederum innerhalb eines Bundeslandes vorkommt. Schülerinnen und Schüler einer Schule können demzufolge im statistischen Sinne nicht als unabhängig voneinander betrachtet werden. Es ist davon auszugehen, dass innerhalb einer Schule Intraklassenkorrelationen auftreten, welche ausdrücken, dass allein die Zugehörigkeit zu einer bestimmten Schule zu bestimmten ähnlichen Leistungscharakteristiken dieser Schülerinnen und Schüler führen. Die hierarchische Struktur dieser Klumpenstichprobe führt so bei üblichen statistischen, hypothesentestenden Verfahren, welche eine Zufallsstichprobe voraussetzen, aufgrund der Homogenität innerhalb einer Schule zu einer Unterschätzung des Standardfehlers (s.a. Sibberns & Baumert, 2001). Deskriptive Statistiken sind von dieser Problematik hierarchischer Datenstrukturen jedoch unberührt. Wie mit dem Problem hierarchischer Datenstruk-

---

[15] Die Anzahl der zur Verfügung stehenden Notebooks beschränkte die Anzahl der am dritten Testtag pro Schule teilnehmenden Schülerinnen und Schüler auf dreißig. Erschienen in einer Schule zum dritten Testtag mehr als dreißig Jugendliche der bis zu 35 Personen umfassenden Originalstichprobe, wurden per Losverfahren so viele Personen vom Test ausgeschlossen wie nötig. Ein solcher Ausschluss war an zwei der 18 Schulen notwendig.

turen und mehr oder weniger hoher Intraklassenkorrelationen umgegangen werden kann, wird anhand eines Datenbeispiels in Abschnitt 5.7.1 dargestellt.

5.3.3 Durchführung

Die Testsitzungen des dritten Testtages waren jeweils durch eine Pause in zwei zeitliche Abschnitte von jeweils 45 Minuten unterteilt. In Abhängigkeit der Kombination, innerhalb derer der HFA eingesetzt wurde, bearbeiteten die Schülerinnen und Schüler dieses System vor oder nach der Pause. Die Interaktion mit dem Computer erfolgte ausschließlich mit der Computermaus. Mit dem Programmstart begann gleichzeitig die Erfassung aller Eingaben per Mausklick in einem Logfile (vgl. S. 84). Die Durchführung erfolgte vollständig computerbasiert. Die Testleiter griffen nur bei Problemen aufgrund von Bedienfehlern oder bei technischen Problemen ein.

Wissenserwerb. Vor der Präsentation des Heidelberger Finiten Automaten mussten einige Fragen zum thematischen Interesse, zum selbsteingeschätzten Vorwissen und zur Computererfahrung beantwortet werden (eine detaillierte Darstellung dieser Skalen und ihrer Kennwerte findet sich bei Kunter et al., 2002). Danach wurde der HFA gestartet. Durch eine kurze computerbasierte Instruktion wurden die Schülerinnen und Schüler zuerst mit dem System allgemein vertraut gemacht. Die Jugendlichen wurden darüber informiert, dass mit einer Rakete zu vier verschiedenen Planeten geflogen und auf jedem der Planeten mit Hilfe des Planetenfahrzeugs zu drei verschiedenen Diamanten sowie zur Rakete gefahren werden kann. Danach wurden die roten Schalter (vgl. Abbildung 5), also die zur Verfügung stehenden Eingabesignale/Eingriffsalternativen dargestellt. Im Anschluss daran wurde die Funktion der blauen Zustandsanzeigen, der Ausgabesignale, erklärt. Nach dieser Instruktionsphase begann die 15-minütige Wissenserwerbsphase (vgl. Abschnitt 4.3). Als Aufgabe wurde hierfür formuliert: „Finde zunächst heraus, was die roten Aktionen bewirken. Achte dabei vor allem auf die Veränderungen bei den hell- und dunkelblauen Zeichen." Diese Anweisung war während der gesamten Wissenserwerbsphase sichtbar.

Wissensumfang. Nach Ablauf der 15 Minuten folgte der Wissensumfangstest. Für seine Bearbeitung standen maximal 10,5 Minuten zur Verfügung. Diese Zeitspanne erwies sich in Voruntersuchungen und auch in Studie I als ausreichend. Alle Jugendlichen waren in der Lage, alle zweimal acht Aufgaben vor Ablauf dieser maximalen Zeitspanne zu beantworten.

Wissensanwendung. Im Anschluss daran wurde die Abrufbarkeit und die Anwendbarkeit des erworbenen Wissens überprüft. Nach dem Lösen aller 22 Wissensanwendungsaufgaben oder nach Ablauf der dafür maximal zur Verfügung stehenden Zeit von 13 Minuten endete die Bearbeitung des Heidelberger Finiten Automaten mit der Sicherung der Daten. Nachdem alle Schülerinnen und Schüler dieses Ende erreicht hatten, entließ die Testleiterin beziehungsweise der Testleiter die Jugendlichen in die Pause oder nach Hause.

5.4 Deskriptive Verlaufsdarstellungen

Zu rein deskriptiven Zwecken wurde für 15 einminütige Messzeiträume jeweils ein $log_{(or)}$-Wert berechnet. Die Wahl der Messzeitraumgröße ist dabei willkürlich gewählt. Ob sie gerechtfertigt ist, wird in Abschnitt 5.6 unter dem Gesichtspunkt der Reliabilität überprüft und diskutiert.

Merkmale des mittleren Verlaufs. In Abbildung 9 sind unterschiedlich aggregierte Verläufe dargestellt. Die mit Dreiecken markierte Linie bildet die über alle 215 Personen gemittelte Entwicklung der $log_{(or)}$-Werte ab. Für einen solchen Verlauf wurde angenommen, dass er auf einem negativen Niveau beginnt und ein Wachstum aufweist, welches eine negative Beschleunigung erfährt. Der empirisch gefundene mittlere Verlauf weist nur teilweise diese Eigenschaften auf. Wider Erwarten beginnt er in der ersten Minute auf einem positiven Niveau und nimmt erst in der zweiten Minute die erwarteten negativen $log_{(or)}$-Werte an. Es zeichnet sich zwar ein Wachstum ab, allerdings finden sich auf dieser deskriptiven Ebene keine Hinweise auf eine negative Beschleunigung.

Merkmale unterschiedlich erfolgreicher Verläufe. Ob eine Regulation erfolgreich war oder nicht, sollte sich in den Leistungen im Wissensumfangstest und im Test auf die Anwendbarkeit des Wissens abzeichnen. Diese Leistungen sollten zu einem guten Teil durch die Art und Weise, wie Wissen über das System erworben wurde, erklärbar sein (z.B. Kröner, 2001). Im Umkehrschluss bedeutet dies, dass Probandinnen und Probanden, die gute bis sehr gute Leistungen in den Wissenstests erbringen, sich in Bezug auf ihr Lernverhalten beziehungsweise dessen Regulation von den Personen unterscheiden sollten, die weniger gute bis mangelhafte Testleistungen aufweisen. Auf der Basis dieser Annahme wurden die Testteilnehmerinnen und Testteilnehmer nach ihrer Wissensanwendungsleistung in zehn Gruppen zusammengefasst. Ihre $log_{(or)}$-Werte wurden für jede Minute über die jeweilige Gruppe gemittelt. Auf diese Weise erhält man Mittelwertsdaten, die sich in zehn Verlaufskurven darstellen lassen.

In Abbildung 9 sind diese zehn Verlaufskurven angegeben. Die Kurven sind in Bezug auf die Wissensanwendungsleistungen betitelt. Unter „0-10%" werden die 10% der Jugendlichen gefasst, welche die niedrigsten Leistungen im Wissensanwendungstest erbracht haben. In der Gruppe „91-100%" fließen die Werte der 10% der Personen ein, die die höchsten Wissensanwendungsleistungen erzielten. Entsprechend sind auch die Bezeichnungen der restlichen acht Gruppen.

Es zeigt sich, dass sich innerhalb der ersten drei bis vier Minuten die einzelnen Leistungsgruppen nur wenig voneinander in ihrem Verlauf unterscheiden. Ab der fünften Minute jedoch offenbart die höchste Leistungsgruppe (91-100%) einen sehr starken Anstieg ihrer $log_{(or)}$-Werte. Am Ende der Wissenserwerbsphase haben sich die drei höchsten Leistungsgruppen auf ein Niveau abgesetzt, das ungefähr doppelt so hoch ist wie das durchschnittliche Niveau der unteren sieben Leistungsgruppen. Die Verläufe dieser drei Gruppen sind insbesondere durch einen starken Anstieg in der Mitte der Wissenserwerbsphase charakterisiert, der ab der zehnten Minute jedoch wieder abnimmt. Der Verlauf der letzten Minuten zeigt für die höchste Leistungsgruppe ein beginnendes Absinken der $log_{(or)}$-Werte, während die Werte der zweit- und dritthöchste

Gruppe weiter leicht ansteigen. Die unteren sieben Leistungsgruppen liegen recht eng beieinander. Sie weisen alle linear leicht ansteigende $log_{(or)}$-Werte auf.

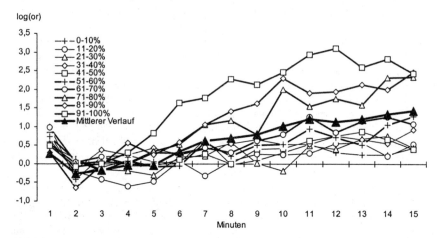

Abbildung 9: Verläufe der Lernprozessregulation, gruppiert nach Wissensanwendungsleistung

Zusammenhang mit Wissensanwendungsleistung. Darüber hinaus lässt sich feststellen, dass sich die Gruppen über den Wissenserwerbsprozess hinweg immer weiter der Rangordnung angleichen, die sie auch aufgrund ihrer Leistungen im Wissensanwendungstest einnehmen. So erreichen in der 15. Minute die drei Gruppen mit den höchsten Wissensanwendungsleistungen gegen Ende die höchsten $log_{(or)}$-Werte. Die vierte und fünfte Gruppe (61-70% und 51-60%) endet auf einem mittleren Niveau, gefolgt von der viertniedrigsten Gruppe. Die restlichen Gruppen zeigen noch gegen Ende des Wissenserwerbs ein Niveau der $log_{(or)}$-Werte, das sich nur wenig von Null unterscheidet. Zu Beginn der Wissenserwerbsphase ist diese Rangordnung nicht erkennbar, sondern sie entwickelt sich erst im Verlauf. Dies ist ein erstes Indiz dafür, dass die Aktivitäten, welche die Probandinnen und Probanden während der Wissenserwerbsphase ausführen, tatsächlich ihre im Anschluss daran zu erbringende Wissensanwendungsleistung nicht unerheblich beeinflussen.

Schwierigkeit. Die in Abbildung 9 dargestellten Verläufe deuten stark darauf hin, dass sich der Regulationsprozess des Wissenserwerbs für mehr als die Hälfte der Jugendlichen als durchaus schwierig gestaltet. Die Verläufe der fünf schwächeren Gruppen unterscheiden sich nur unwesentlich von der Nulllinie. Sie weisen ebenfalls nur eine sehr geringe Entwicklung auf. Überdies sind nur marginale Unterschiede zwischen den unteren fünf Gruppen feststellbar, wodurch die Differenzierbarkeit zwischen Personen der unteren Leistungsgruppen beeinträchtigt wird. In den oberen drei Leistungsgruppen sind zwar deutliche Veränderungen der $log_{(or)}$-Werte im Verlauf der Zeit zu beobachten. Trotzdem bleibt festzuhalten, dass sich auf dieser deskriptiven Ebene Hinweise zeigen, die eine eingeschränkte Reliabilität der $log_{(or)}$-Werte aufgrund einer vermutlich zu hohen durchschnittlichen Schwierigkeit des Wissenserwerbs andeuten.

Fazit. Auf dieser deskriptiven Ebene präsentieren sich erste Entwicklungsmerkmale der $log_{(or)}$-Werte, die darauf hinweisen, dass das $log_{(or)}$-Maß als Schätzer für die Lernprozessregulation herangezogen werden kann. Zum einen zeigt sich das erwartete positive Wachstum der Werte im Verlauf der Zeit, das als eine verstärkte Ausrichtung des Lernprozesses auf das Integrieren bekannter Informationen interpretiert werden kann. Zum anderen bildet das Niveau der erreichten $log_{(or)}$-Werte eine Rangreihe, die beinahe der entspricht, die sich aufgrund der späteren Leistungen im Test auf Abrufbarkeit und Anwendbarkeit erworbenen Wissens ergibt. Dies weist darauf hin, dass die Aktivitäten, die durch das $log_{(or)}$-Maß abgebildet werden, die spätere Verfügbarkeit von Wissen stark beeinflussen. Soll durch das $log_{(or)}$-Maß der Verlauf der Lernprozessregulation abgebildet und bewertet werden, ist dieses die zentrale Grundvoraussetzung.

Auf der anderen Seite deutet sich jedoch auch an, dass sich die Regulation des Lernprozesses für einen Großteil der untersuchten Personen als überaus schwierig gestaltet. Ungefähr die Hälfte der Verläufe verharrt auf einem Niveau von ungefähr Null. Ein Wert von $log_{(or)} = 0$ indiziert, dass das beobachtete Verhalten sich nicht von einem zufälligen Verhalten unterscheiden lässt. Der Lernprozess erscheint demzufolge weniger selbst- als allein durch die Präsentation der Eingriffsalternativen fremd-reguliert zu sein. Zudem weisen die Verläufe ein nur sehr geringes positives Wachstum auf, was ebenfalls dafür spricht, dass der Lernprozess nur wenig von der lernenden Person kontrolliert und reguliert wird.

Als erwartungswidrig erweisen sich die $log_{(or)}$-Werte der ersten Minute. Es wurde angenommen, dass ein Lernprozess zu Beginn auf das Identifizieren neuer Informationen ausgerichtet ist, was sich in negativen $log_{(or)}$-Werten ausdrückt. Allerdings weisen alle Verläufe ein positives Ausgangsniveau auf. Erst in der zweiten Minute erhalten die durchschnittlichen $log_{(or)}$-Werte ein negatives Vorzeichen. Es ist wenig nachvollziehbar, wieso zu Beginn, wenn noch keine Informationen identifiziert wurden, der Lernprozess auf das Integrieren von Informationen ausgerichtet werden sollte. Es sind mehrere Erklärungen für diesen Effekt denkbar. Zum einen könnte das $log_{(or)}$-Maß für die Abbildung der Lernregulation ungeeignet sein. Zum anderen könnte Vorwissen für diesen unerwarteten Prozessbeginn verantwortlich sein. Im folgenden Abschnitt soll untersucht werden, ob von dem Vorhandensein unverhältnismäßig starker Vorwissens- oder anderer Einflüsse, die auf das $log_{(or)}$-Maß der ersten Minute wirken, ausgegangen werden muss.

5.5 Die Besonderheiten der ersten Minute

5.5.1 Allgemeines Vorwissen

Bedeutungswissen. Um das Vorhandensein von Vorwissenseinflüssen aufzudecken, wurden in einer ersten Analyse die verschiedenen Eingriffsalternativen, dargestellt als Schaltflächen, danach bewertet, ob ihre Bezeichnung und ihre Position ihre Ausführung gerade zu Beginn des Umgangs mit dem System nahe legen (vgl. Abbildung 5). Dabei wurde zum einen angenommen, dass bei normaler Allgemeinbildung Begriffe wie „Start" oder „Alpha" Assoziationen mit dem Beginn eines Prozesses fördern. Zum anderen wurde davon ausgegangen, dass Wörter wie „aktivieren" oder „einschalten" das Auslösen einer bestimmten Funktion nahe legen. Man kann daraus schließen, dass diese Bezeichnungen zu einem Zeitpunkt, wo noch wenig systemspezifisches Wissen verfügbar ist, die Wahrscheinlichkeit, dass diese Eingriffe ausgeführt werden, erhöhen.

Lesegewohnheit. Ähnliche Effekte sind in Anlehnung an Cohen-Amos (1973) von der Anordnung auf dem Bildschirm zu erwarten. Cohen-Amos stellte fest, dass insbesondere horizontal angeordnete Reize in der Sequenz der Schreibrichtung der Muttersprache enkodiert werden. Die teilnehmenden Schülerinnen und Schüler sind daran gewöhnt, Texte von oben links nach unten rechts zu lesen. Der Bildschirmaufbau des HFA weist eine zeilenartige Präsentation der Eingriffsalternativen auf, die wie ein Text von links oben nach rechts unten gelesen werden können. Geht man in der Weise vor, liest man als erstes das Wort „Alpha", ein Wort, von dem angenommen wird, dass es die Ausführungswahrscheinlichkeit am Anfang erhöht. Das nächste Wort mit dieser Eigenschaft ist „Startrakete", das in der „Zeile" darunter steht. Die weiteren Eingriffe, deren Bezeichnung eine frühzeitige Ausführung nahe legen, werden bei dieser Art des Durchlesens erst später betrachtet.

Die Eingriffsalternative „zum Planet – Alpha". Aufgrund der Kombination von Bezeichnung und Position auf dem Bildschirm kann bei dem Eingriff „zum Planet – Alpha" ein Vorwissenseffekt mit der höchsten Wahrscheinlichkeit aufgedeckt werden. Im Startzustand befinden sich Rakete und Planetenfahrzeug bereits auf dem Planeten Alpha. Der Eingriff „zum Planet – Alpha" führt somit zu keiner Zustandsänderung, sondern zu einer entsprechenden Fehlermeldung. Dem Auswählen gerade dieser Eingriffsalternative kann deshalb unterstellt werden, dass es weniger auf einer Analyse der Struktur des Automaten und seines augenblicklichen Zustandes beruht, sondern eher auf dem Nutzen von Vorwissen, welches durch Merkmale der Automatenoberfläche aktiviert wurde.

Protokolle des lauten Denkens. Erste Anhaltspunkte für diese Hypothese finden sich in den Protokollen des lauten Denkens von Schröter (2001), welche im Rahmen der vorliegenden Arbeit diesbezüglich re-analysiert wurden. Schröter verwendete bei ihrer Untersuchung ebenfalls den Heidelberger Finiten Automaten. Ihre Stichprobe setzte sich aus Jugendlichen zusammen, die mit den Schülerinnen und Schülern der Studie I vergleichbar sind. Von den 19 teilnehmenden Jugendlichen wählen 11 als ersten Eingriff die Alternative „zum Planet – Alpha", was einem Anteil von 57,89% entspricht. Von diesen 11 Teilnehmern begründen wiederum sieben diesen Eingriff zum Beispiel damit „[...], weil der am Anfang steht." Die dahinter stehende Strategie verbalisiert ein Teilnehmer folgendermaßen: „Ich gehe einfach mal der Reihe nach durch." Begründungen dieser oder ähnlicher Art geben sieben der Personen, die „zu Planet – Alpha" als ersten Eingriff wählten. Das entspricht einem Anteil von 63,64% an ersten „zu Planet – Alpha"-Wahlen, die durch die oberflächliche Anordnung der Eingriffsalternativen in der gewohnten Leserichtung bedingt sind. Insofern muss beim HFA aufgrund der Gestaltung des Displays der Automatensimulation und aufgrund der Bezeichnung der Schalter von Vorwissenseffekten ausgegangen werden. Da dieser Eingriff zu einer Fehlermeldung führt, hat hier Vorwissen zunächst einen negativen Effekt auf die Bemühungen, systemzustandsändernde Eingriffe zu entdecken, um so Wissen über möglichst viele unterschiedliche Systemzustände zu erwerben.

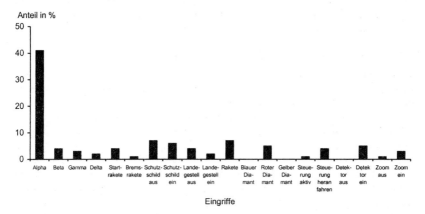

Abbildung 10: Prozentuale Anteile an den Wiederholungen nicht-zustandsändernder Eingriffe innerhalb der ersten Minute

Logfiles. Ein ähnliches Bild offenbaren entsprechende Analysen der Logfiles. 104 von 215 Personen wählen als ersten Eingriff die Alternative „zu Planet – Alpha". Dies entspricht einem prozentualen Anteil von 48,37%, was bei 20 präsentierten Eingriffsalternativen knapp das Zehnfache der Basisrate von 1/20 = 5% ist. Die Besonderheit der Eingriffsalternative „zu Planet – Alpha" zeigt sich auch an seinem Anteil an Eingriffswiederholungen innerhalb der ersten Minute, obwohl er zu keiner Zustandsänderung, sondern zu einer Fehlermeldung führt. Abbildung 10 zeigt den prozentualen Anteil jeder möglichen Eingriffsalternative an den Wiederholungen nicht-zustandsändernder Eingriffe innerhalb der ersten Minute der Wissenserwerbsphase, aufsummiert über alle 215 Personen des PISA-Feldtests. Es zeigt sich, dass der Eingriff „zum Planet – Alpha" 41,0% aller beobachteten nicht-zustandsändernden Wiederholungen ausmacht. Dagegen kommt keine der weiteren 19 Eingriffsalternativen auf einen Anteil von mehr als 7,0%. In Minute 2 sinkt der Anteil von „zu Planet – Alpha" auf 17,1%, während der Anteil der anderen Eingriffsalternativen auf bis zu 16,3% ansteigt.

Fazit. Der unverhältnismäßig hohe Anteil von „zu Planet – Alpha"-Wahlen als erster Eingriff und die ungleichen Anteile an nicht-zustandsändernden Eingriffswiederholungen in der ersten Minute widersprechen der Hypothese, dass zu Beginn für alle Eingriffsalternativen dieselbe Wahrscheinlichkeit der Ausführung gelten. Vielmehr ist von dem Vorhandensein eines Vorwissenseinflusses aufgrund der Bezeichnung und aufgrund der Bildschirmanordnung auszugehen, der sich eher hinderlich auf die Lernprozessregulation auswirkt. Dieser Effekt ist nicht durch das Design des computerbasierten Testverfahrens intendiert. Vielmehr war die Absicht bei der Konstruktion des HFA, nur einen möglichst geringen Einfluss von Vorwissen zuzulassen. Die eben dargestellten Analysen deuten jedoch darauf hin, dass innerhalb der ersten Minute von einer Beeinflussung der Lernprozessregulation durch mehr oder weniger adäquates Vorwissen auszugehen ist. Insofern ist von einer eingeschränkten Validität des $log_{(or)}$-Wertes für die erste Minute auszugehen, was einen Ausschluss der Daten der ersten Minute von den Ergebnisanalysen nahe legt.

5.5.2 Identifizierende Eingriffswiederholungen

Das hohe positive Niveau der $log_{(or)}$-Werte in der ersten Minute in allen Gruppen wird durch ein stark überzufälliges Wiederholen von Eingriffen herbeigeführt. Um herauszufinden, welche Art von Wiederholungen für diesen unerwarteten Effekt verantwortlich ist, wurden in einer weiterführenden Analyse die Wiederholungen von Eingriffen, die bei ihrem erstmaligen Ausführen eine Änderung des Systemzustandes bewirken, von Eingriffswiederholungen unterschieden, auf die das System ausschließlich mit einer Fehlermeldung reagiert. Diese Wiederholungshäufigkeiten wurden pro Minute gemäß den Erläuterungen in Abschnitt 4.3.3 an der Chance relativiert, die für ihre Ausführung bestand. Die sich ergebenden $log_{(or)}$-Werte sind in Tabelle 5 eingetragen.

In der ersten Minute ist der durchschnittliche $log_{(or)nch}$-Wert für Wiederholungen fehlermeldungsprovozierender Eingriffe mehr als doppelt so hoch wie der $log_{(or)ch}$-Wert für Wiederholungen zustandsändernder Eingriffe. Bereits in der zweiten Minute kehrt sich dieses Verhältnis jedoch mehr als um. Die durchschnittliche relative Wiederholungsrate liegt für zustandsändernde Eingriffe in Minute 2 bei $log_{(or)ch} = 0{,}65$, während dieselbe Rate für fehlermeldungsprovozierende Eingriffe bei $log_{(or)nch} = -0{,}29$ liegt. Das Muster von Minute 2 stabilisiert sich im weiteren Verlauf der Wissenserwerbsphase immer stärker.

Tabelle 5: $Log_{(or)}$-Werte für Wiederholungen zustandsändernder und fehlermeldungsprovozierender Eingriffe

	Minute														
	1	2	3	4	5	6	7	8	9	10	11	12	13	14	15
$log_{(or)ch}$	0,303	0,653	0,845	0,877	0,868	1,028	1,018	1,125	1,317	1,330	1,380	1,317	1,426	1,507	1,527
$log_{(or)nch}$	0,655	-0,292	-0,347	-0,192	-0,257	-0,180	-0,049	-0,255	-0,336	-0,358	-0,304	-0,306	-0,326	-0,491	-0,430

$log_{(or)ch} = log_{(or)}$-Wert der Wiederholungen von Eingriffen, die einen Systemzustand ändern
$log_{(or)nch} = log_{(or)}$-Wert der Wiederholungen von Eingriffen, die einen Systemzustand nicht ändern

Es erscheint auf den ersten Blick nicht vernünftig, dass zu Beginn eines Lernprozesses ausgerechnet diejenigen Eingriffsalternativen überzufällig oft angewandt werden, die nicht zu einer Änderung des Systemzustandes, sondern zu einer Fehlermeldung führen. Das Ziel dieser 15 Minuten besteht im Identifizieren und Integrieren von Informationen über die Möglichkeiten und Bedingungen zur zielgerichteten Änderung von gegebenen Zuständen. Dafür ist es sicherlich auch wichtig, Informationen über Eingriffe zu identifizieren, die nicht zu einer Zustandsänderung führen. Wieso diese Eingriffe aber mit einer doppelt so hohen Bestimmtheit wiederholt werden wie Eingriffe, die zu einer Änderung des Systemzustands führen, kann dadurch nicht hinreichend erklärt werden.

Vermeintliche Bedienfehler. Setzt man voraus, dass eine Person die Wiederholungen nicht-zustandsändernder Eingriffe nicht „aus Versehen" ausführt, sind zwei einander ergänzende Erklärungen für den unerwarteten Befund denkbar, deren Gültigkeit im Folgenden anhand einiger Analysen geprüft wird. Zum einen könnte eine Person eine unerwartete Fehlermeldung anstatt auf den tatsächlich ausgeführten Eingriff auf einen vermeintlichen Bedienfehler zurückführen. Um zu testen, ob die Fehlermeldung die Antwort auf den intendierten Eingriff ist oder ob sie aus Versehen durch einen Bedienfehler ausgelöst wurde, würde die Person diesen Eingriff ganz bewusst und kontrolliert wiederholt ausführen. Diese Wiederholung eines Eingriffs hätte dann eher den Charakter eines Hypothesentestens, also Identifizierens, als den eines Integrierens. Dies bedeutete, dass die Validität des $log_{(or)}$-Maßes in der ersten Minute als stark beeinträchtigt zu bewerten wäre.

Zu kurze Präsentation der Fehlermeldungen. Eine weitere Erklärung für die unerwartet hohe Wiederholungsrate für Eingriffe ohne zustandsändernde Wirkung bezieht sich auf das Lesen der Fehlermeldungen, die durch einen nicht-zustandsändernden Eingriff hervorgerufen werden. Es ist anzunehmen, dass für viele Teilnehmerinnen und Teilnehmer die Präsentationsdauer der Fehlermeldungen zu kurz war, um sie vollständig lesen zu können. Wird ein Eingriff ausgeführt, der nicht zu einer Zustandsänderung führt, reagiert das System mit einer der folgenden Fehlermeldungen:

- „Das ist schon geschehen!"
- „Diese Aktion musst du vorbereiten!"
- „Klicke in dieser Aufgabe bitte die roten Aktionen an!"

Diese Fehlermeldungen werden jeweils zwei Sekunden lang präsentiert, unabhängig davon, ob sie das erste Mal oder bereits zum wiederholten Mal gezeigt werden. Die Annahme liegt nahe, dass insbesondere die zuletzt aufgeführte Fehlermeldung zu lang ist, um sie beim ersten Mal innerhalb von zwei Sekunden vollständig lesen zu können. Um die vollständige Information der Fehlermeldung zu erhalten, könnten demzufolge die Personen bewusst dieselbe nicht-zustandsändernde Aktion wiederholt haben, um die Fehlermeldung erneut hervorzurufen und so bis zum Ende lesen zu können. Auch diese Wiederholung hätte dann eine eher identifizierende als integrierende Funktion und würde demzufolge die Validität des Maßes zu Beginn des Lernprozesses beinträchtigen.

Protokolle des lauten Denkens. Ob von einer eingeschränkten Validität des $log_{(or)}$-Maßes aufgrund identifizierender Eingriffswiederholungen in der ersten Minute ausgegangen werden muss, wird im Folgenden anhand der zweiten Überlegung überprüft. Zu diesem Zweck wurden als erstes erneut die Protokolle des lauten Denkens von Schröter (2001) herangezogen und im Hinblick auf die hier aufgeworfene Frage analysiert. Aus ihnen wurden diejenigen Aussagen herausgefiltert und gezählt, die eine Wiederholung damit begründen, dass eine Fehlermeldung nicht vollständig gelesen werden konnte. In Tabelle 6 ist für jede Minute die Anzahl dieser Begründungen über alle Teilnehmer hinweg aufgelistet. In der ersten Minute kommt es in den insgesamt 19 Protokollen achtmal vor, dass ein nicht-zustandsändernder Eingriff deshalb erneut ausgeführt wurde, weil die Fehlermeldung nicht vollständig gelesen werden konnte. In allen weiteren Minuten liegt die entsprechende Anzahl bei höchstens zwei. Dies mag als erster Hinweis dafür gelten, dass die Präsentationsdauer der Fehlermeldung zumindest beim ersten Darbieten zu kurz gewählt wurde.

Tabelle 6: *Unvollständiges Lesen der Fehlermeldung als Wiederholungsbegründung in den Protokollen des lauten Denkens*

	Minute														
	1	2	3	4	5	6	7	8	9	10	11	12	13	14	15
Anzahl	8	2	2	2	2	2	0	1	1	1	0	0	1	1	0

Logfiles. In einer weiteren Analyse wurden anhand der Logfile-Daten solche Eingriffe herausgefiltert, die vermutlich ausgeführt wurden, weil die Fehlermeldung nicht vollständig gelesen werden konnte. Als so genannte „Nachklicks" wurden dabei Dateieinträge gewertet, die sich durch folgende Eigenschaften auszeichnen. Zum einen müssen zwei gleiche Eingriffe innerhalb desselben Zustands direkt aufeinander folgen, da die Fehlermeldung auf einen bestimmten Eingriff erneut provoziert werden soll. Zum anderen müssen beide Eingriffe wenigstens zwei Sekunden auseinander liegen. Dies entspricht der Zeitspanne, innerhalb der die Fehlermeldung lesbar ist, also der Zeitspanne, nach der frühestens entschieden werden kann, ob die Fehlermeldung vollständig gelesen werden konnte oder nicht.

Der prozentuale Anteil dieser so definierten Art von Nachklicks an allen Wiederholungen nicht-zustandsändernder Eingriffe ist für jede Minute der Wissenserwerbsphase in Abbildung 11 abgetragen. In der ersten Minute weisen 63,1% der Eingriffswiederholungen ohne zustandsändernden Effekt diese Merkmale von Nachklicks auf. Es kann demzufolge daraus geschlossen werden, dass über 63% der fehlermeldungsproduzierenden Wiederholungen eine bewusste Reaktion auf eine zu kurze Präsentationszeit der Fehlermeldung sind. In der zweiten Minute sinkt dieser Anteil bereits auf 17,3% und in den weiteren Minuten pendelt er sich auf ungefähr 5% ein.

Fazit. Genauso wie das im vorherigen Abschnitt 5.5.1 aufgedeckte Vorhandensein von Vorwissenseinflüssen ist auch der aufgrund der in diesem Abschnitt vorgestellten Analysen zu vermutende Einfluss einer zu kurzen Fehlermeldungsdauer nicht durch die Testkonstruktion intendiert. Die zu kurze Präsentation der Fehlermeldung führt dazu, dass wiederholten Eingriffen ein identifizierender Charakter zugeschrieben werden muss, was die Validität des $log_{(or)}$-Maßes in der ersten Minute in Frage stellt. Sowohl der Einfluss des Vorwissens als auch der Einfluss zu kurz präsentierter Fehlermeldungen scheint hauptsächlich in der ersten Minute zu bestehen und bereits in der zweiten Minute stark vermindert zu sein (vgl. die Ausführungen auf S. 125 und Abbildung 11). Aufgrund der in diesem Abschnitt 5.5 dargestellten Analysen muss die Datenqualität der ersten Minute als nicht ausreichend eingeschätzt werden. Als Konsequenz wird sie deshalb von den weiteren Analysen ausgeschlossen. Eine Überprüfung, ob eventuell vermeintliche Bedienfehler zu dem überzufälligen Wiederholen geführt haben könnten, erübrigt sich damit, da diese sich ebenfalls auf die Daten der ersten Minute beziehen müssten.

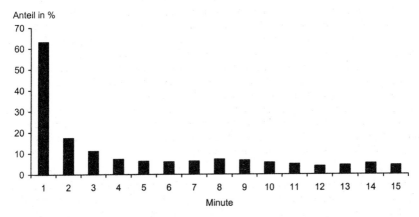

Abbildung 11: Prozentualer Anteil von Nachklicks pro Minute (Studie I)

5.6 Optimale Messzeitraumgröße

Vorteile kleiner Messzeiträume. Für die Festlegung der Messraumgröße stehen sich zwei Interessen entgegen. Auf der einen Seite sollte der Zeitraum möglichst klein gewählt werden, damit der Prozess mit möglichst vielen Messwerten möglichst valide beschrieben werden kann. Durch viele kleine Messzeiträume kann ein Wechsel in den Anforderungen durch sich ändernde Messwerte sichtbar gemacht werden. Je mehr Messwerte einen Prozessverlauf beschreiben, desto valider wird dieser Wechsel abgebildet. Die Entscheidung für eine Messzeitraumgröße und dadurch bedingt für die Anzahl an Messwerten ist auch abhängig von der vermuteten Verlaufsform, die mit Hilfe der Messwerte beschrieben werden soll. So sind für die Darstellung eines angenommenen monotonen, linearen Trends weniger Messwerte von Nöten als für einen Verlauf, welcher quadratische oder gar kubische Trendanteile enthält. Insofern ist es im Sinne eines validen Prozessmaßes wünschenswert, möglichst kleine und damit möglichst viele Messzeiträume zu wählen, insbesondere wenn davon ausgegangen werden muss, dass der Prozessverlauf angemessen nur mit einem Polynom höherer Ordnung beschrieben werden kann (s. Abschnitt 4.3.5).

Vorteile großer Messzeiträume. Mit der Verkleinerung der Messzeiträume geht jedoch gleichzeitig eine geringere Anzahl beobachtbarer Verhaltensdaten innerhalb eines Messzeitraums einher, was die Zuverlässigkeit, mit der das Verhalten beschrieben wird, negativ beeinflusst. Der $log_{(or)}$-Wert eines einzelnen Messzeitraumes ist umso reliabler, je mehr Daten, die Ausdruck desselben Verhaltens sind, für seine Berechung berücksichtigt werden können.

Das Verhalten, welches mit Hilfe der $log_{(or)}$-Wert beschrieben werden soll, ist das selbstregulierte Erwerben von Wissen. Die Selbstregulation des Prozesses ist im Umgang mit dem HFA immer dann eingeschränkt, wenn eine Person während der Arbeit mit dem System keine Wahl hat, ob sie einen identifizierenden oder einen integrierenden Eingriff ausführen möchte. In Messzeiträumen, innerhalb derer in allen besuchten Zuständen ausschließlich eine Art der Eingriffsalternative zur Verfügung steht, kann selbstreguliertes Verhalten nicht gezeigt werden. Entsprechend wird solchen Messzeiträumen ein $log_{(or)}$-Wert von Null zugewiesen, da auch bei einem rein zufälligen Verhalten aufgrund mangelnder Alternativen dieselbe Art von Eingriffen ausgeführt worden wäre. Derartige Wertzuweisungen schränken die Reliabilität des $log_{(or)}$-Maßes allerdings ein. Je größer der Messzeitraum ist, desto geringer ist die Wahrscheinlichkeit, dass eine Person innerhalb dieses Messzeitraums ausschließlich eine Art von Eingriffsalternativen zur Verfügung hat. Aus dieser Sicht heraus sind demzufolge ebenfalls möglichst große Messzeiträume zu fordern.

Bestimmung der optimalen Messzeitraumgröße. Wie klein der Messzeitraum gewählt werden darf, so dass möglichst viele Messwerte für die Prozessbeschreibung zur Verfügung stehen, kann letzten Endes nur empirisch und mit Blick auf die vermutete Verlaufsform bestimmt werden. In Tabelle 7 ist die Anzahl der notwendigen Wertzuweisungen aufgrund mangelnder Wahlmöglichkeit eingetragen, die bei den 215 Probandinnen und Probanden vorgenommen werden müssen. Es zeigt sich, dass bei einer Messzeitraumgröße von einer Minute insgesamt 33 solcher Wertzuweisungen notwendig sind, was bedeutet, dass 33 Personen innerhalb eines dieser Messzeiträume keinen selbstregulierten Eingriff ausführen konnten. Bei 215 Personen, deren Prozessverlauf bei dieser Messzeitraumgröße mit jeweils 15 Werten beschrieben wird, ergibt dies einen Anteil von Wertzuweisungen von $q = 33 / (215 \cdot 15) = 1,02\%$. Auch wenn es letzten Endes eine willkürliche Grenzsetzung ist, so wird trotzdem ein Anteil von ungefähr 1% an Wertzuweisungen als zu hoch für eine zufriedenstellende Reliabilität eines Maßes betrachtet, welches die Selbstregulation des Wissenserwerbs beschreiben möchte.

Dabei ist jedoch zu beachten, dass ein Drittel dieser Werte innerhalb der ersten Minute zugewiesen werden muss. Wie bereits in Abschnitt 5.5 beschrieben, ist das Regulationsverhalten innerhalb der ersten Minute von vielen konstruktfremden Einflüssen geprägt. Der hohe Anteil notwendiger Wertzuweisungen in der ersten Minute schränkt die Reliabilität der Daten der ersten Minute zusätzlich ein, wodurch der Ausschluss dieser Daten eine weitere Rechtfertigung erhält.

Jedoch besteht auch bei ausschließlicher Betrachtung der verbleibenden 14 Minuten 22 Mal die Notwendigkeit einer Wertzuweisung, was einem Anteil von $q = 0,73\%$ entspricht. Dies spricht dafür, dass ein Messzeitraum von einer Minute Größe zu gering gewählt ist, um ein reliables Maß für einen selbstregulierten Wissenserwerb zu erhalten.

Tabelle 7: Anzahl von Wertzuweisungen aufgrund fehlender Wahlmöglichkeiten

Messzeitraum = 1 Minute	1	2	3	4	5	6	7	8	9	10	11	12	13	14	15	Σ
Anzahl Personen, die keine Identifikationschance haben	0	0	0	0	1	0	0	0	1	2	2	3	2	2	4	17
Anzahl Personen, die keine Integrationschance haben	11	2	2	0	0	0	0	0	0	0	1	0	0	0	0	16
Σ																33

Messzeitraum = 2 Minuten	1	2	3	4	5	6	7	Σ
Anzahl Personen, die keine Identifikationschance haben	0	0	0	0	2	2	2	6
Anzahl Personen, die keine Integrationschance haben	2	0	0	0	0	0	0	2
Σ								8

Lässt man die erste Minute außen vor und wählt für die verbleibende Zeit Messzeiträume von jeweils zwei Minuten Umfang, erhält man sieben Messzeiträume. Wie aus Tabelle 7 zu entnehmen ist, müssen bei dieser Messzeitraumgröße insgesamt acht Wertzuweisungen aufgrund mangelnder Wahlmöglichkeit vorgenommen werden. Das entspricht nur knapp mehr als einem Drittel der Anzahl von Wertzuweisungen bei 14 einminütigen Messzeiträumen. Der Anteil von Wertzuweisungen an der Gesamtanzahl von $log_{(or)}$-Werten sinkt auf $q = 8 / (215 \cdot 7) = 0{,}53\%$. Dieser Anteil an Messzeiträumen, innerhalb derer nicht selbstreguliert Eingriffe getätigt wurden, erscheint vertretbar, zieht man in Betracht, dass dadurch für die Beschreibung des 14-minütigen Wissenserwerbsprozesses sieben Messwerte pro Person zur Verfügung stehen. Die Anzahl von sieben Messwerten ermöglicht die Beschreibung von Verläufen, die auch quadratische oder sogar kubische Trendanteile beinhalten. Bei einer weiteren Reduktion der Anzahl von Messzeiträumen wäre diese Möglichkeit nur noch sehr eingeschränkt gegeben.

5.7 Modelle der Lernprozessregulation

5.7.1 Der Verlauf der Lernprozessregulation

Hypothesen. Ziel der Modellierung latenter Wachstumskurven für den Lernprozess ist die Bestimmung allgemeiner Verlaufsmerkmale der Lernprozessregulation. Damit erfolgt die Modellbildung in Hinblick auf die in Abschnitt 5.1 dargelegte zweite Fragestellung. Dort wurde argumentiert, dass der Verlauf der $log_{(or)}$-Werte einer durchschnittlichen Lernprozessregulation ein negatives Ausgangsniveau, ein positives Wachstum und eine negative Beschleunigung aufweisen sollte. Diese Annahmen müssen für die Modellfindung so umformuliert werden, dass sie sich in Form latenter Prozessfaktoren, wie in Abbildung 8 dargestellt, ausdrücken lassen.

Intra-individuelle Veränderungen. Bei der Darstellung der Modellierung latenter Wachstumskurven in Abschnitt 4.3.5 wurde demonstriert, dass sich das Ausgangsniveau eines Verlaufs durch einen Intercept-Faktor abbilden lässt. Das Wachstum wird durch einen linearen Prozessfaktor repräsentiert. Um das Wachstum zu beschleunigen, kann zusätzlich ein quadratischer Faktor in das Modell mit aufgenommen werden. Die in Abschnitt 5.1 angeführten Annahmen über einen allgemeinen Verlauf drücken sich somit innerhalb latenter Wachstumskurvenmodelle durch Prozessfaktoren mit folgenden Merkmalen aus:

- *Intercept-Faktor*: Der Betrag ist ungleich Null. Das Vorzeichen ist negativ.
- *Linearer Faktor*: Der Betrag ist ungleich Null. Das Vorzeichen ist positiv.
- *Quadratischer Faktor*: Der Betrag ist ungleich Null. Das Vorzeichen ist negativ.

Homoskedastizität. Zusätzlich soll durch die Modellierung die Annahme geprüft werden, dass in allen Messzeiträumen der Umgang mit dem HFA unter denselben Bedingungen erfolgt und keine messzeitraumabhängigen Einflüsse auf die Lernprozessregulation anzunehmen sind, die nicht durch das $log_{(or)}$-Maß erfasst werden. Eine solche Annahme der Homoskedastizität drückt sich in einer Gleichsetzung der Fehlerterme E_x aus, wodurch alle nicht erfassten Einflüsse auf das beobachtete Verhalten als gleich angesehen werden.

Tabelle 8: Kodierdesign für die latenten Faktoren der Lernprozessregulation

Originalkodierung	t_1	t_2	t_3	t_4	t_5	t_6	t_7
Intercept	1	1	1	1	1	1	1
Lineare Komponente	0	1	2	3	4	5	6
Quadratische Komponente	0	1	4	9	16	25	36
Orthogonale Kodierung							
Intercept	1	1	1	1	1	1	1
Lineare Componente	0	1	2	3	4	5	6
Quadratische Komponente	0	-25	-37	-36	-22	5	45

Orthogonale Kodierung. Bei der Modellierung der drei Faktoren, Intercept, linearer und quadratischer Faktor, muss berücksichtigt werden, dass der lineare und der quadratische Faktor orthogonal zueinander kodiert werden. Tabelle 8 zeigt in der oberen Hälfte die Originalkodierung der Faktoren für sieben Messzeiträume. Unter Verwendung der Formeln (4) und (5) auf Seite 104 errechnet sich eine orthogonale Kodierung, wie sie die untere Hälfte der Tabelle 8 darstellt. Auch bei der orthogonalen Kodierung haben der lineare und der quadratische Faktor keinen Einfluss auf den ersten Messzeitraum, so dass der Intercept als Ausgangsniveau interpretierbar bleibt.

Hierarchische Datenstruktur. In Abschnitt 5.3.2 wurde dargestellt, dass es sich bei der gezogenen Stichprobe nicht um eine reine Zufallsstichprobe, sondern um eine Klumpenstichprobe handelt. Aufgrund des damit verbundenen Designeffekts ergeben sich auch im Rahmen der Modellierung latenter Wachstumskurvenmodelle Probleme bei allen Prozeduren, welche für die Überprüfung statistischer Bedeutsamkeit herangezogen werden. Dies ist zum einen der Fall, wenn zwei Modelle anhand der Differenz ihrer χ^2-Werte miteinander verglichen werden sollen. Zum anderen betrifft dies die Modellierung der Zusammenhangsstruktur der latenten Faktoren, welche, wie alle anderen Parameter eines Modells, statistisch überprüft wird. Beide Prozeduren setzen ein „Simple Random Sample" (SRS), also eine Zufallsstichprobe voraus. Werden sie auf hierarchische Daten angewandt, führt dies in der Regel zu einer Unterschätzung des Stichprobenfehlers, wobei die entsprechenden Punktschätzungen davon unberührt sind. Das bedeutet, dass, während die Parameterschätzung präzise ist, ihre statistische Überprüfung fälschlicherweise zu signifikanten Ergebnissen führen kann. Dem Problem kann begegnet werden, indem ein „effektiver" Stichprobenumfang berechnet wird, welcher dem Umfang entspricht, den die vorhandene Stichprobe aufweisen würde, wäre sie eine Zufallsstichprobe. Dieser effektive Umfang wird dann den Prüfstatistiken zugrunde gelegt. Kish (1965) zeigt eine Möglichkeit der Berechnung der effektiven Stichprobengröße auf, bei der die mittlere Intraklassenkorrelation und die mittlere Klassengröße berücksichtigt werden:

$$n_{SRS} = \frac{n}{1 + \rho \cdot (b - 1)} \qquad (6)$$

n_{SRS}: effektiver Stichprobenumfang (Simple Random Sample)
n: tatsächlicher Stichprobenumfang
b: mittlere Klassengröße
ρ: mittlere Intraklassenkorrelation

Die für die Berechnung notwendige Bestimmung der Intraklassenkorrelationen, welche durch die Zugehörigkeit zu einer Schule zu erwarten sind, kann über eine Varianzkomponentenzerlegung erfolgen. Tabelle 9 führt beispielhaft die entsprechenden Varianzanteile die $log_{(or)}$-Werte für sieben Messzeiträume auf. Aus ihnen ergibt sich eine mittlere Intraklassenkorrelation von ρ = 5,87%. Die mittlere Klassengröße beträgt für die Stichprobe von Studie I bei 215 Schülerinnen und Schülern aus 18 Schulen b = 11,94. Damit ergibt sich nach Formel (6) ein effektiver Stichprobenumfang von

$$n_{SRS} = \frac{215}{1 + 0{,}0587 \cdot (11{,}944 - 1)}$$
$$\approx 131.$$

Die Verwendung der effektiven Stichprobengröße n_{SRS} ermöglicht eine nahezu verzerrungsfreie Schätzung des Standardfehlers und somit deutlich vertrauenswürdigere Prüfungen auf statistische Signifikanz. Allerdings ist es ein äußerst konservatives Vorgehen, bei dem die Wahrscheinlichkeit, fälschlicherweise eine unzutreffende Nullhypothese beizubehalten (Fehler Typ II), erhöht wird. Dies muss insbesondere bei Testprozeduren berücksichtigt werden, bei denen geprüft wird, ob eine statistische Alternativhypothese verworfen werden kann.

Tabelle 9: Varianzanteile der sieben Messzeiträume, die auf die Zugehörigkeit zu einer Schule zurückzuführen sind (Angaben in Prozent)

	t_1	t_2	t_3	t_4	t_5	t_6	t_7
Varianzanteile	2,802	6,226	10,922	3,868	7,077	6,052	4,144

Modellprüfung – Drei-Faktoren-Modell. Die folgenden Modelle wurden alle mit dem Programm LISREL 8.30 berechnet (Jöreskog & Sörbom, 1993, 1999). Als Ausgangsdaten gingen dabei die Kovarianzmatrix und der Mittelwertsvektor der $log_{(or)}$-Werte für die sieben Messzeiträume ein. Das orthogonal kodierte Modell des Wissenserwerbsprozesses mit den drei latenten Prozessfaktoren Intercept, linearer und quadratischer Faktor weist eine hervorragende Passung an die empirischen Daten auf (Modell E3 in Tabelle 10). Das bedeutet, dass der Unterschied zwischen der empirisch beobachteten und der durch das Modell geschätzten Datenstruktur statistisch nicht signifikant ist. Der statistischen Signifikanzprüfung des χ^2-Wertes liegt dabei ein effektiver Stichprobenumfang von n_{SRS} = 131 zugrunde. Das Einbeziehen des effektiven Stichprobenumfangs entspricht dann einem konservativen Vorgehen, wenn ein vermuteter und gefundener Unterschied gegen den Zufall abgesichert werden soll. Bei der Überprüfung der Modellanpassung wird jedoch versucht zu zeigen, dass zwischen theoretisch modelliertem Modell und den empirischen Daten kein Unterschied besteht. Die Nutzung eines effektiven Stichprobenumfangs entspricht demzufolge bei dieser Hypothesenprüfung nicht einem konservativen Vorgehen, da das Entdecken eines Unterschieds dadurch erschwert wird. Aus diesem Grund wird der Überprüfung der Modellanpassung ein erhöhtes Signifikanzniveau von 10% zugrunde gelegt. Der χ^2-Wert in Höhe von χ^2 = 23,477 bei df = 25 Freiheitsgraden wird auch auf einem solchen α-Fehlerniveau nicht statistisch signifikant. Es kann somit davon ausgegangen werden, dass sich das Modell nicht bedeutsam von den empirischen Daten unterscheidet und somit diese sehr angemessen darstellt.

Modellprüfung – Alternative Verlaufsformen. Alle in Tabelle 10 zu E3 aufgelisteten Alternativmodelle basieren auf derselben Kovarianzstruktur und demselben Mittelwertsvektor als Ausgangsdaten für die Modellschätzung. Damit kann für ihren Vergleich unter anderem ein χ^2-Differenztest herangezogen werden. Das Modell E1 beinhaltet ausschließlich einen Faktor, der als Konstante die $log_{(or)}$-Werte durchgängig auf dem Ausgangsniveau bindet. Nach diesem Modell ist kein Wachstum anzunehmen, das demzufolge auch keine negative Beschleunigung erfährt. E2 modelliert eine streng lineare Entwicklung. Es beinhaltet einen Intercept und einen linearen Faktor. Auch in diesem Modell wird keine negative Wachstumsbeschleunigung zugelassen. Die Modelle E1 und E2 kommen mit weniger Annahmen aus, was sich in der höheren Anzahl an Freiheitsgraden ausdrückt. Ihre χ^2-Werte weisen jedoch unter Berücksichtigung der reduzierten Freiheitsgrade von Modell E3 auf eine höchst signifikant schlechtere Anpassung an die zugrunde liegende Kovarianz- und Mittelwertsstruktur auf. Zu diesem Schluss führen auch alle Vergleiche der weiteren Modellgüte-Indizes, einschließlich des stichprobenunabhängigen GFIs, die nur dem Modell E3 einen zufriedenstellenden Fit bescheinigen. Damit zeigt sich, dass es während des Lernens zu intraindividuellen Veränderungen kommt. Diese können jedoch durch einen rein linearen positiven Anstieg nicht ausreichend genau abgebildet werden, sondern weisen eine immer stärker werdende Krümmung auf.

Tabelle 10: Fit-Statistiken für alternative Modelle der Lernprozessregulation

Modell		χ^2	df	RMSEA	GFI	NNFI	CFI
E1	Mean only	804,515⁺	32	0,431	-0,374	0,033	0,000
E2	Intercept Linear	59,693⁺	29	0,090	0,889	0,943	0,922
E3	Intercept Linear Quadrat	23,477	25	0,000	0,955	1,004	1,000
E4	Intercept Linear Quadrat Heteroskedastizität	14,625	19	0,000	0,973	1,012	1,000

n_{SRS} = 131;
⁺ = Modell unterscheidet sich von der empirischen Datenstruktur statistisch bedeutsam mindestens auf dem 10%-Niveau

Modellprüfung – Homoskedastizität. Allen bisherigen Modellen liegt die Annahme der Homoskedastizität zugrunde. Modell E4 repräsentiert die alternative Annahme, dass sich die Anteile an der beobachteten Varianz, die nicht durch die Prozessfaktoren erklärbar sind, zwischen den Messzeiträumen unterscheiden und somit auf sich verändernde Bedingungen hinweisen. Es zeigen sich zwar leichte Verbesserungen des GFI und des NNFI gegenüber dem Modell E3, dafür wird aber die χ^2-Differenz von $\Delta\chi^2$ = 8,85 bei einer Differenz von Δdf = 6 Freiheitsgraden selbst auf einem α-Fehlerniveau von 10% nicht statistisch signifikant. E3 repräsentiert die Datenstruktur demzufolge nicht bedeutsam schlechter als E4, ist jedoch das von beiden deutlich sparsamere Modell und deshalb zu bevorzugen.

Allgemeine Verlaufsmerkmale. In Tabelle 11 sind die Faktormittelwerte sowie die Korrelationen zwischen den Faktoren eingetragen. Erwartungsgemäß weist der Intercept-Faktor einen Durchschnittswert auf, dessen Betrag sich mit M_I = -0,26 zum einen signifikant von Null unterscheidet und zum anderen ein negatives Vorzeichen annimmt. Auch der lineare Faktor präsentiert sich mit einem mittleren Betrag, der mit M_L = 0,30 sowohl ungleich Null als auch positiv ist, gemäß den Annahmen. Der Mittelwert des quadratischen Faktors unterscheidet sich hingegen nicht, wie angenommen, signifikant von Null. Das negative Vorzeichen weist jedoch zumindest tendenziell in die vermutete Richtung. Abbildung 12 stellt den durch die Prozessfaktoren modellierten, durchschnittlichen Prozessverlauf dar. Er zeichnet sich durch dieselben Verlaufsmerkmale aus wie der bereits in Abbildung 9 dargestellte durchschnittliche Verlauf der $log_{(or)}$-Werte. In der zweiten Minute, also zu Beginn des ersten betrachteten Messzeitraums, weist das $log_{(or)}$-Maß einen negativen Wert auf. Der deutliche Einfluss des linearen Faktors bewirkt ein stetiges Wachstum dieser Werte, das durch den zu vernachlässigenden Einfluss des quadratischen Faktors nur unerheblich gebremst wird.

Tabelle 11: Latente Korrelationen und Mittelwerte von Modell E3

Korrelationen	Intercept	Linear Komponente	Quadratische Komponente
Intercept	1,000*		
Lineare Komponente	-0,343	1,000*	
Quadratische Komponente	0,048	-0,333[+]	1,000*
Mittelwerte			
	-0,262*	0,296*	-0,001

* = Statistische Bedeutsamkeit, mindestens auf dem 5%-Niveau
[+] = Statistische Bedeutsamkeit, mindestens auf dem 10%-Niveau

Durch die drei Prozessfaktoren werden größtenteils Verlaufseigenschaften repräsentiert, wie sie auch für die durchschnittliche Regulation eines Lernprozesses angenommenen wurden. Der negative Intercept-Wert zeigt an, dass zu Beginn überzufällig oft bislang unbekannte Eingriffsalternativen gewählt und ausgeführt wurden. Der positive Betrag des linearen Prozessfaktors modelliert einen allmählichen Wechsel zu einem überzufällig häufigen Wiederholen bereits bekannter Eingriffe, was zur Integration des Wissens über diese Eingriffe beiträgt. Der negative quadratische Faktor, der ein später erneutes Bevorzugen identifizierender Eingriffe anzeigen sollte, zeigt jedoch durch einen wider Erwarten zu vernachlässigenden Betrag an, dass bei einem durchschnittlichen Regulationsverlauf ein solches erneutes Identifizieren in der zur Verfügung stehenden Zeit nicht beobachtbar ist. Die drei Prozessfaktoren modellieren somit den Verlauf der $log_{(or)}$-Werte mit dem negativen Ausgangsniveau, dem positiven Wachstum und der negativen Beschleunigung in der Form, wie sie für eine durchschnittliche Regulation eines Lernprozesses angenommen wurde. Nur die negative Beschleunigung des Wachstums ist nicht von dem erwarteten Ausmaß.

Fazit. Es lässt sich festhalten, dass das Modell E3 im Großen und Ganzen den theoretischen Erwartungen entspricht. Der Intercept-Faktor repräsentiert das Ausgangsniveau mit einem von Null verschiedenen, negativen Betrag. Das vermutete Wachstum schlägt sich in dem positiven Mittelwert des linearen Faktors nieder. Der quadratische Faktor zeigt eine negative Beschleunigung an, die jedoch wider Erwarten von nahezu einflusslosem Ausmaß ist.

Die Übereinstimmung des empirisch gefundenen und durch das latente Wachstumskurvenmodell E3 abgebildeten Verlaufs der $log_{(or)}$-Werte mit dem theoretisch erwarteten Verlauf der Lernprozessregulation unterstützt die Annahme, dass das $log_{(or)}$-Maß die Art und die Bestimmtheit, mit welcher der Lernprozess auf unterschiedliche Ziele ausgerichtet wird, angemessen erfasst.

Studie I – Der Verlauf der Lernprozessregulation

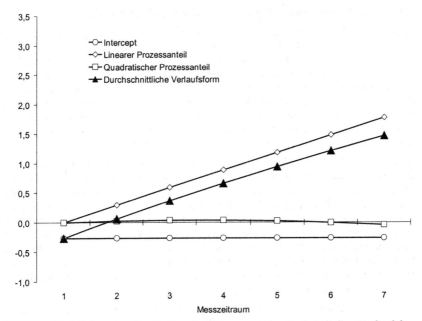

Abbildung 12: Mittlere Anteile der Prozessfaktoren am durchschnittlichen Verlauf der Lernprozessregulation

Der geringe Einfluss des quadratischen Faktors ist eventuell der zu vermutenden zu hohen Schwierigkeit des Lernens im Umgang mit dem HFA zuzuschreiben. Dies würde bedeuten, dass mit Hilfe des $log_{(or)}$-Maßes die Regulation des Lernprozesses zwar angemessen abgebildet wird, dass jedoch der Heidelberger Finite Automat für einen Großteil der Personen zu hohe Anforderungen an das Lernen stellt. Somit wird von den wenigsten Personen ein Punkt erreicht, ab dem der Lernprozess bereits wieder stärker auf das Identifizieren gelenkt werden sollte. Diese Vermutung erhält dadurch Unterstützung, dass der quadratische Faktor, wie die anderen beiden Faktoren auch, eine statistisch bedeutsame Varianz aufweist. Das bedeutet, dass einige Personen durchaus die erwartete negative Beschleunigung in ihren Verläufen aufweisen, dass jedoch die Verläufe anderer Personen durch eine positive Beschleunigung dieses bei der Mittelwertsbildung kompensieren. Es ist anzunehmen, dass insbesondere erfolgreiche Lernprozesse sich durch einen von Null verschiedenen, negativen Betrag des quadratischen Faktors auszeichnen. In welcher weiteren Hinsicht sich erfolgreiche von weniger erfolgreichen Prozessregulationen unterscheiden, wird aus dem Modell des nächsten Abschnitts ersichtlich.

5.7.2 Erfolgreiche und weniger erfolgreiche Regulationsverläufe

Hypothesen. Mit dem Modell E3 wurden im vorherigen Abschnitt Verlaufsmerkmale bestimmt, welche die Regulation eines Lernprozesses normalerweise aufweist. Das weiterführende Ziel der Modellierung in diesem Abschnitt besteht in der Ermittlung von Verlaufseigenschaften, anhand derer ein erfolgreicher von einem weniger erfolgreichen Regulationsverlauf unterschieden werden kann. Damit zielt die folgende Modellierung auf die dritte Fragestellung von Abschnitt 5.1 ab. Es wurde argumentiert, dass die Entwicklung der $log_{(or)}$-Werte einer erfolgreichen Lernprozessregulation durch dieselben Merkmale charakterisierbar ist wie die einer weniger erfolgreichen Regulation, dass diese Merkmale jedoch extreme Ausprägungen annehmen.

Inter-individuelle Unterschiede. Unterschiedliche Merkmalsausprägungen zwischen erfolgreichen und weniger erfolgreichen Regulationsverläufen drücken sich bei der Modellierung des Verlaufs mit Hilfe latenter Wachstumsfaktoren in der Varianz der Faktorwerte aus. Eine Varianz der Faktorwerte ist somit die Grundvoraussetzung für die Modellierung und Analyse spezifischer Einflussmuster von Verlaufsmerkmalen auf den Lernerfolg. Durch die Sterne in der Diagonalen in Tabelle 11 wird angezeigt, dass alle drei Prozessfaktoren eine solche statistisch bedeutsame Varianz aufweisen. Damit lassen sich spezifischere Annahmen über das Ausgangsniveau, das Wachstum und seine Beschleunigung modellieren, die ihre Entsprechung in den unterschiedlichen Werten der drei Prozessfaktoren finden:

- *Intercept-Faktor*: Sein Betrag ist bei einer erfolgreichen Lernprozessregulation größer als bei einer weniger erfolgreichen Lernregulation. Sein Vorzeichen ist negativ.

- *Linearer Faktor*: Sein Betrag ist bei einer erfolgreichen Lernprozessregulation größer als bei einer weniger erfolgreichen Lernregulation. Sein Vorzeichen ist positiv.

- *Quadratischer Faktor*: Sein Betrag ist bei einer erfolgreichen Lernprozessregulation größer als bei einer weniger erfolgreichen Lernregulation. Sein Vorzeichen ist negativ.

Ob ein Regulationsverlauf erfolgreich ist oder nicht, ist danach zu bewerten, ob er zu Wissen führt, das zum einen umfangreich und korrekt ist und zum anderen später sicher und leicht abgerufen und angewandt werden kann. Diese Erfolgskriterien werden beim Heidelberger Finiten Automaten mit dem Wissensumfangstest und dem Test auf Abrufbarkeit und Anwendbarkeit des Wissens erfasst. Eine Erweiterung des Modells des Lernregulationsverlaufs in Abschnitt 5.7.1 um die Leistungen im Wissensumfangs- und im Wissensanwendungstest ermöglicht die Überprüfung der Einflussmuster zwischen den Verlaufsmerkmalen und dem so erfassten Lernerfolg. Dafür werden gerichtete Pfade von den Prozessfaktoren auf die Faktoren der Wissensleistungen modelliert, deren Koeffizienten die Stärke des Einflusses angeben. Für diese Pfade und ihre Koeffizienten ergeben sich aufgrund oben angeführter Hypothesen über die Faktorwerte erfolgreicher Lernprozessregulationen folgende Hypothesen:

- *Einfluss des Intercepts auf den Wissensumfang und die Wissensanwendung*: Die Beträge der beiden Pfadkoeffizienten sind jeweils größer Null. Aus dem negativen Vorzeichen des Intercept-Faktorwertes resultieren ebenfalls negative Vorzeichen der Pfadkoeffizienten.

- *Einfluss des linearen Faktors auf den Wissensumfang und die Wissensanwendung*: Die Beträge der beiden Pfadkoeffizienten sind jeweils größer Null. Aus dem positiven Vorzeichen des linearen Faktorwertes resultieren ebenfalls positive Vorzeichen der Pfadkoeffizienten.

- *Einfluss des quadratischen Faktors auf den Wissensumfang und die Wissensanwendung*: Die Beträge der beiden Pfadkoeffizienten sind jeweils größer Null. Aus dem negativen Vorzeichen des quadratischen Faktorwertes resultieren ebenfalls negative Vorzeichen der Pfadkoeffizienten.

Modellprüfung – Alternativ-Modelle. Zur Überprüfung dieses Einflussmusters werden zwei alternative Modelle gebildet. Die entsprechenden Fit-Statistiken sind in Tabelle 12 aufgeführt. Modell E3WW1 nimmt gerichtete Pfade von jedem der drei Prozessfaktoren auf die Faktoren der späteren Wissensleistungen an, wogegen Modell E3WW0 diese Pfade nicht zulässt, was bedeutet, dass in ihm den Pfadkoeffizienten jeweils der Wert Null zugewiesen wird. Aufgrund der χ^2-Statistik muss die Datenstruktur, die von Modell E3WW0 geschätzt wird, bei einem effektiven Stichprobenumfang von $n_{SRS} = 86$ als statistisch signifikant unterschiedlich von der empirisch gefunden Struktur bewertet werden. Modell E3WW1 weist dagegen eine sehr gute Anpassung auf.

Tabelle 12: *Fit-Statistiken für alternative Modelle des Einflusses der Lernprozessregulation auf Umfang und Anwendbarkeit erworbenen Wissens*

Fit-Statistik	χ^2	df	RMSEA	GFI	NNFI	CFI
Keine Pfade (E3WW0)	90,541*	67	0,061	0,866	0,955	0,955
Alle möglichen Pfade (E3WW1)	50,560	61	0,000	0,923	1,013	1,000
Ein Wissensfaktor (E3W1)	144,924*	66	0,113	0,802	0,896	0,896

$n_{SRS} = 86$;
* = Modell unterscheidet sich von der empirischen Datenstruktur statistisch bedeutsam mindestens auf dem 5%-Niveau

Die beiden Faktoren, die den erworbenen Wissensumfang und die Fähigkeit der Wissensanwendung repräsentieren, sind in einem Modell mit ungerichteten Pfaden mit $r_{Wu\text{-}Wa} = 0{,}73$ hoch korreliert, womit ausgedrückt wird, dass die beiden Faktoren sehr eng miteinander verbundene Leistungen abbilden. Es liegt damit die Vermutung nahe, dass sie sich zu einem gemeinsamen Faktor zusammenfassen lassen. Ein solches Modell mit drei Prozessfaktoren und einem gemeinsamen Wissensfaktor weicht jedoch hoch signifikant von der empirischen Datenstruktur ab (Modell E3W1 in Tabelle 12). Insofern enthalten die folgenden Modelle zwei getrennte Faktoren für den Wissensumfang und die Wissensanwendung, die jedoch hoch korreliert sind.

Einflussmuster von Prozess- auf Wissensfaktoren. Abbildung 13 stellt Modell E3WW1 grafisch dar. Durchgezogen gezeichnete Pfade beziehungsweise durchgezogen eingerahmte Mittelwerte werden mindestens auf dem 5%-Niveau statistisch signifikant, Punktungen deuten an, dass der entsprechende Wert diese Bedeutsamkeit auch nicht auf einem liberalen Niveau von 10% erreicht. Das Modell bestätigt zum Teil die Annahmen, welche über den Einfluss der einzelnen Prozessfaktoren auf die Faktorwerte der nachfolgenden Wissensleistungen getroffen wurden. Es ist offensichtlich, dass dem linearen Prozessfaktor die vorherrschende Rolle zukommt. Mit einem Pfadkoeffizienten von $L_{Wu-L} = 0{,}44$ wird ein bedeutsamer Einfluss auf den Wissensumfang angegeben, welcher in seiner Höhe sogar noch von dem Gewicht übertroffen wird, mit dem der lineare Faktor auf den Faktor der Wissensanwendung weist ($L_{Wa-L} = 0{,}68$). Die Pfade, die vom quadratischen Faktor auf die Faktoren des Wissensumfangs und der Wissensanwendung zielen, erreichen zwar keine statistische Bedeutsamkeit, entsprechen aber zumindest mit ihren negativen und von Null verschiedenen Beträgen den Annahmen.

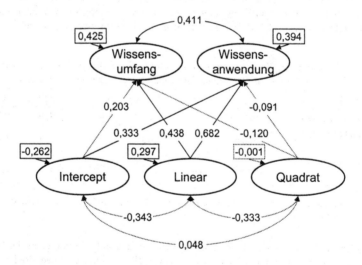

Abbildung 13: Einfluss der Lernprozessregulation auf Umfang und Anwendbarkeit erworbenen Wissens (Erläuterungen siehe Text)

Unerwartet hingegen ist der deutliche und statistisch bedeutsame Pfad vom Intercept-Faktor auf die Wissensanwendung und der ähnlich gewichtete, wenn auch nicht signifikante Pfad auf den Wissensumfang. Die positiven Vorzeichen dieser Pfadkoeffizienten widersprechen den bisherigen Annahmen, die einer erfolgreichen Lernprozessregulation einen negativen Intercept-Faktorwert und entsprechend negative Pfadkoeffizienten auf die Faktoren der Wissensleistungen zuschreiben. Betrachtet man die Korrelationen, welche von einem Modell ohne gerichtete Pfade geschätzt werden, fällt jedoch auf, dass die entsprechenden Korrelationskoeffizienten recht geringe Beträge in Höhe von $r_{Wu-I} = 0{,}05$ und $r_{Wa-I} = 0{,}10$ aufweisen (s. Tabelle 13), während die Korrelation zwischen dem Intercept und dem linearen Faktor mit $r_{I-L} = -0{,}34$ einen relativ engen, wenn auch bei einem effektiven Stichprobenumfang von $n_{SRS} = 86$ statistisch nicht bedeutsamen Zusammenhang anzeigt. Die im Vergleich zu den Korrelationskoeffizienten deutlich höheren Pfadkoeffizienten sprechen dafür, dass bei diesem Modell von einem Suppressionseffekt ausgegangen werden muss, der dafür verantwortlich ist, dass die Pfadkoeffizienten mit zu hohen Beträgen geschätzt werden (vgl. Bortz, 1993, S. 426). Es ist zu vermuten, dass der Intercept-Faktor den linearen Faktor um diejenigen Varianzanteile bereinigt, die die Vorhersagbarkeit der Wissensanwendung aufgrund des linearen Faktorwertes beeinträchtigen.

Hypothese zum Suppressionseffekt. An dieser Stelle lassen sich nur Vermutungen darüber aufstellen, wodurch dieser Suppressionseffekt bedingt sein könnte. Eine plausible Erklärung könnte in der unterschiedlichen Qualität liegen, die für wiederholende Eingriffe zu Beginn des Wissenserwerbsprozesses angenommen werden muss (s. Abschnitt 5.5.2).

Es wurde argumentiert, dass im Verlauf des Wissenserwerbsprozesses das Wiederholen von Eingriffen normalerweise einem Üben der Wissensanwendung zum Zweck der Integration gleichkommt (vgl. Abschnitt 2.4). Das Integrieren von Informationen durch ein Wiederholen von Eingriffen führt zu einer Erhöhung des $log_{(or)}$-Wertes. Zu Beginn des Wissenserwerbsprozesses sind jedoch auch Eingriffswiederholungen vorstellbar, welche nicht der Integration, sondern der Identifikation dienen (vgl. Abschnitt 5.5.2). Dies ist zum Beispiel der Fall, wenn ein Eingriff wiederholt wird, um eine Fehlermeldung bis zum Ende lesen zu können oder wenn fälschlicherweise davon ausgegangen wurde, dass der erste Eingriff von dem System nicht registriert wurde. Auch diese Eingriffswiederholungen führen zu einer Erhöhung des $log_{(or)}$-Wertes, obwohl sie nicht auf ein Integrieren, sondern auf das Identifizieren von Informationen zurückzuführen sind.

Die Analysen in Abschnitt 5.5.2 haben gezeigt, dass zu Beginn des vollständigen Lernprozesses das Auftreten solcher identifizierender Eingriffswiederholungen angenommen werden muss. Ihre Auftretenswahrscheinlichkeit sinkt jedoch sehr schnell. Durch den Ausschluss der Daten der ersten Minute sollte unter anderem gewährleistet werden, dass diese Art der Eingriffswiederholungen innerhalb des reduzierten beobachteten Zeitraums nur noch in zu vernachlässigender Häufigkeit auftreten. Diese zeitliche Festsetzung dieses „Ausgangs"-Niveaus ist dabei jedoch mehr oder weniger willkürlich vorgenommen worden. Es lässt sich nicht mit Sicherheit ausschließen, dass insbesondere zu Beginn der beobachteten Lernzeit Eingriffe wiederholt wurden, denen bei der Berechnung des $log_{(or)}$-Maßes eine integrierende Funktion zugeschrieben wird, obwohl sie mit dem Ziel der Identifikation ausgeführt wurden.

Tabelle 13: Latente Korrelationen des Modells E3WW1

	Intercept	Linear	Quadrat	Wissens-umfang	Wissens-anwendung
Intercept	1,000+				
Linear	-0,343	1,000*			
Quadrat	0,048	-0,333	1,000*		
Wissensumfang	0,047	0,409*	-0,256	1,000*	
Wissensanwendung	0,095	0,598*	-0,302	0,729*	1,000*

* = Statistische Bedeutsamkeit, mindestens auf dem 5%-Niveau
+ = Statistische Bedeutsamkeit, mindestens auf dem 10%-Niveau

Identifizierende Eingriffwiederholungen zu Beginn des Lernprozesses beeinträchtigen sowohl die Schätzung des Intercept-Wertes als auch die Schätzung des linearen Faktorwertes. Für den Intercept wurde angenommen, dass er mit der Größe seines negativen Betrags die Bestimmtheit, mit der zu Beginn identifizierende Eingriffe gewählt werden, angibt. Diese wird jedoch durch das Auftreten identifizierender Wiederholungen unterschätzt, da sie den negativen Betrag verkleinern, obwohl sie als identifizierende Eingriffe ihn eigentlich vergrößern sollten. Für den linearen Faktor wurde angenommen, dass er durch einen möglichst großen, positiven Betrag die geänderte Ausrichtung des Lernprozesses auf das Integrieren repräsentiert. Identifizierende Eingriffswiederholungen führen hier jedoch dazu, dass dieser Betrag vergrößert wird, obwohl identifizierendes Verhalten ihn eher verkleinern sollte.

Die Suppressor-Funktion des Intercept-Faktors kann somit darin gesehen werden, dass er Varianzanteile des linearen Faktors bindet, die auf identifizierende Wiederholungen zurückzuführen sind. Dadurch erhalten die relevanten linearen Varianzanteile, verursacht durch integrierende Eingriffswiederholungen, ein stärkeres Gewicht. Der unerwartet starke Pfad des Intercept-Faktors ist demzufolge nicht als direkter Einfluss auf die Fähigkeit der Wissensanwendung zu sehen. Vielmehr drückt sich in ihm die Funktion aus, den störenden Varianzanteil des linearen Faktors, der vermutlich auf nicht-integrierende Eingriffswiederholungen zurückzuführen ist, zu absorbieren und damit die Vorhersagekraft des linearen Faktors zu erhöhen.

An dieser Stelle kann diese Hypothese zum Suppressionseffekt nicht überprüft werden. Dafür müsste ein Lernprozess modelliert werden, von dessen Beginn begründet angenommen werden kann, dass er frei von identifizierenden Wiederholungen ist. In diesem Fall dürfte kein Suppressionseffekt beobachtet werden. In Abschnitt 6.6.1 wird zwar ein Prozessverlauf vorgestellt, für den diese Voraussetzungen als gegeben angenommen werden können. Leider erlaubt es aber das Design der Studie II nicht, die Prozessmerkmale dieses Regulationsverlaufs direkt auf die späteren Wissensleistungen zu beziehen. Daher kann im Rahmen der vorliegenden Arbeit die Hypothese über den Suppressionseffekt leider nur aufgestellt, jedoch nicht getestet werden. Es muss jedoch festgehalten werden, dass ein solcher Effekt auftritt, was gegen die Validität der Daten zu Beginn des beobachteten Zeitraums spricht.

Fazit. Modell E3WW1 erweitert das Modell E3 der Lernprozessregulation aus Abschnitt 5.7.1 um zwei Faktoren der Wissensleistung. Damit wird überprüfbar, inwiefern einzelne Verlaufsmerkmale Einfluss auf den Lernerfolg nehmen. Der lineare Faktor repräsentiert das Wachstum der $log_{(or)}$-Werte im Verlauf des Lernprozesses. Er steht damit für die sich ändernde Bedeutung von Identifikation und Integration für die Regulation des Lernprozesses. Die hohen, positiven Beträge der Pfadkoeffizienten zwischen dem linearen Faktor und den Faktoren des Wissensumfangs und der Wissensanwendung zeigen an, dass sich eine erfolgreiche Lernprozessregulation insbesondere durch einen starken Bedeutungswechsel dieser beiden Ziele auszeichnet. Je bestimmter zu Beginn des Lernens neue Informationen identifiziert werden und je bestimmter im weiteren Verlauf die Integration dieser Informationen vorangetrieben wird, desto mehr Informationen stehen später für einen umso leichteren und sicheren Abruf zur Verfügung.

Durch negative Werte des quadratischen Faktors wird erneut eine stärkere Beachtung identifizierender Ziele angedeutet und es wurde angenommen, dass diese Rückbesinnung insbesondere bei erfolgreichen Lernregulationen zu erwarten ist. Die Beträge der Pfadkoeffizienten und ihr Vorzeichen entsprechen zwar diesen Erwartungen, erreichen jedoch keine statistische Bedeutsamkeit. Erneut drängt sich die Vermutung auf, dass das $log_{(or)}$-Maß zwar die Lernprozessregulation angemessen zu erfassen vermag, dass jedoch das Lernen über den Heidelberger Finiten Automaten an die meisten der 215 Jugendlichen zu hohe Anforderungen stellte und das Ausbleiben statistischer Signifikanz so auf einen Bodeneffekt zurückzuführen ist.

Die Pfade, die einen signifikanten positiven Einfluss des Intercept-Faktors auf die Wissensleistungen andeuten, sprechen sich jedoch für eine eingeschränkte Validität des $log_{(or)}$-Maßes zumindest am Anfang des Lernprozesses aus. Zu Beginn des Arbeitens mit dem HFA besteht wenig Erfahrung im Umgang mit dieser Computersimulation. Die Wahrscheinlichkeit, mit der unerwartetes Systemfeedback fälschlicherweise auf vermeintliche Bedienfehler zurückgeführt wird, ist eingangs deutlich höher, genauso wie die Wahrscheinlichkeit, dass eine bislang unbekannte Fehlermeldung nicht vollständig gelesen werden konnte und bewusst erneut provoziert wird. Die Unerfahrenheit im Umgang mit der Simulation beeinflusst so den Lernprozess, weshalb anfänglichen Eingriffswiederholungen nicht eindeutig eine integrierende Funktion zugeschrieben werden kann. Es ist zu vermuten, dass das $log_{(or)}$-Maß eine angemessene Testgüte aufweist, wenn einige Erfahrung mit der Simulation besteht und so der eigentliche Lernprozess und seine Regulation nicht durch simulationsspezifische Eigenschaften beeinträchtigt wird. Ein solcher Lernprozess wird in Abschnitt 6.6.1 vorgestellt.

5.7.3 Kognitive Grundfähigkeiten

Hypothesen. Das letzte Ziel dieser ersten Studie besteht in der Darstellung des Einflusses kognitiver Grundfähigkeiten auf die Regulation des Lernprozesses und damit auf die Entwicklung der $log_{(or)}$-Werte. In Abschnitt 5.1 wurden diesbezüglich die Annahmen aufgestellt, dass deren Ausgangsniveau nahezu unbeeinflusst von den kognitiven

Grundfähigkeiten ist, dass jedoch das Wachstum der $log_{(or)}$-Werte und dessen Beschleunigung insbesondere von der Fähigkeit zum schlussfolgernden Denken abhängt.

Einfluss kognitiver Grundfähigkeiten. Für die Überprüfung dieser Annahmen wird das Modell der Lernprozessregulation E3 um einen Faktor erweitert, der die Leistungen beim Bearbeiten der Skalen V4 und N2 des Kognitiven Fähigkeitstests repräsentiert. Für die Koeffizienten der Pfade vom Faktor der kognitiven Grundfähigkeiten auf die Prozessfaktoren ergeben sich aus den oben angeführten Annahmen folgende Hypothesen:

- *Einfluss auf den Intercept*: Der Betrag des Pfadkoeffizienten ist gleich Null.
- *Einfluss auf den linearen Faktor*: Der Betrag des Pfadkoeffizienten ist größer Null. Aus dem positiven Vorzeichen des linearen Faktors resultiert ein ebenfalls positives Vorzeichen des Pfadkoeffizienten.
- *Einfluss auf den quadratischen Faktor*: Der Betrag des Pfadkoeffizienten ist größer Null. Aus dem negativen Vorzeichen des quadratischen Faktorwertes resultiert ein ebenfalls negatives Vorzeichen des Pfadkoeffizienten.

Modellprüfung – Alternativ-Modelle. Für die Modellierung mit LISREL ist ein Datensatz erforderlich, der keine fehlenden Werte aufweist. Wie in Abschnitt 5.3.2 berichtet, liegen jedoch für eine Schule keine Daten der kognitiven Grundfähigkeiten vor. Unter anderem dadurch bedingt reduziert sich der tatsächliche Stichprobenumfang ohne fehlende Werte auf $n = 186$ für insgesamt 17 Schulen. Bei einer mittleren Intraklassenkorrelation für die sieben Messzeiträume und die beiden Skalen des KFT von $\rho = 10,20\%$ berechnet sich ein effektiver Stichprobenumfang von $n_{SRS} = 95$ (vgl. Formel (6), S. 133).

Tabelle 14: *Fit-Statistiken für alternative Modelle des Einflusses kognitiver Grundfähigkeiten auf die Lernprozessregulation*

Fit-Statistik	χ^2	df	RMSEA	GFI	NNFI	CFI
Kein Pfad E3KGF0	40,678	39	0,021	0,916	0,988	0,987
Alle möglichen Pfade E3KGF1	30,671	36	0,000	0,937	1,021	1,000
Pfade gemäß Hypothesen E3KGF2	30,817	37	0,000	0,936	1,024	1,000

$n_{SRS} = 95$;
* = Modell unterscheidet sich von der empirischen Datenstruktur statistisch bedeutsam mindestens auf dem 5%-Niveau

Für die Modellierung wurden die beiden Skalen V4 und N2 des KFT zu einem Faktor zusammengefasst, was bei einer Korrelation von $r = 0,68$ gerechtfertigt ist. In Modell E3KGF1 werden alle Pfade von den kognitiven Grundfähigkeiten aus zugelassen. Dagegen werden in Modell E3KGF0 die Koeffizienten aller Pfade von den kognitiven Grundfähigkeiten auf die Faktoren des Prozessverlaufs auf Beträge von $L_{X\text{-}KG} = 0$ fixiert. Modell E3KGF2 setzt die oben angeführten Hypothesen direkt um, indem der Pfad vom Faktor der kognitiven Grundfähigkeiten auf den Intercept fixiert wird, die Pfade auf den linearen und den quadratischen Faktor dafür zugelassen werden. Alle drei Modelle weisen eine hervorragende Anpassung an die empirisch beobachteten Daten auf. Die Modelle E3KGF1 und E3KGF2 liefern jedoch eine deutlich bessere Abbildung der Datenstruktur als Modell E3KGF0. Sowohl die χ^2-Differenz zwischen den Modellen E3KGF1 und E3KGF0, in Höhe von $\Delta\chi^2 = 10{,}01$ bei einer Differenz von $\Delta df = 3$ Freiheitsgraden, als auch die entsprechende Differenz zwischen den Modellen E3KGF2 und E3KGF0, in Höhe von $\Delta\chi^2 = 9{,}86$ bei $\Delta df = 2$, erreichen statistische Bedeutsamkeit. Die Modelle E3KGF1 und E3KGF2 unterscheiden sich praktisch nicht voneinander, da auch die freie Schätzung des Pfadkoeffizienten vom Faktor der kognitiven Grundfähigkeiten auf den Intercept-Faktor in Modell E3KGF1 zu einem nicht signifikanten Betrag von ungefähr Null führt. Diese Schätzung entspricht dem in Modell E3KGF2 festgesetzten Pfadkoeffizienten. Abbildung 14 präsentiert das um einen Freiheitsgrad reichere Modell E3KGF2.

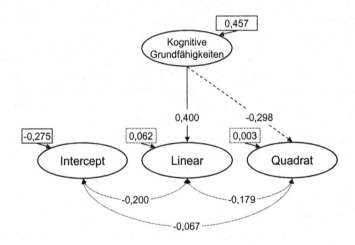

Abbildung 14: Einfluss kognitiver Grundfähigkeiten auf die Lernprozessregulation (Studie I)

Einflussmuster vom Faktor der kognitiven Grundfähigkeiten auf die Prozessfaktoren. Wie bereits erwähnt erweist sich der Pfad auf den Intercept-Faktor auch bei seiner freien Schätzung erwartungsgemäß als unbedeutend. Der Einfluss der kognitiven Grundfähigkeiten auf den linearen Prozessfaktor fällt mit $L_{L\text{-}KG} = 0{,}40$ deutlich aus und ist auch statistisch signifikant. Der Pfadkoeffizient von $L_{Q\text{-}KG} = -0{,}30$ zwischen den kognitiven Grundfähigkeiten und dem quadratischen Prozessfaktor erreicht jedoch nur auf einem großzügigen α-Fehlerniveau von 10% statistische Bedeutsamkeit. Die Bedeutsamkeit des Faktors der kognitiven Grundfähigkeiten auf die Entwicklung der $log_{(or)}$-Werte, repräsentiert durch den linearen und quadratischen Faktor, offenbart sich auch in den Mittelwerten der beiden Prozessfaktoren. Die in Kästen präsentierten Beträge von $M_L = 0{,}06$ und $M_Q = 0{,}00$ geben den durchschnittlichen Anteil am Faktorwert an, der nicht durch den gerichteten Einfluss der kognitiven Grundfähigkeiten erklärt wird. Die Punktung der Kästen symbolisiert, dass diese Anteile sich im Durchschnitt nicht bedeutsam von Null unterscheiden.

Fazit. Die Pfadkoeffizienten in dem präsentierten Modell entsprechen hinsichtlich der Höhe ihrer Beträge und hinsichtlich ihres Vorzeichens den Hypothesen, wie sie auf der Basis der Annahmen in Kapitel 3 und Abschnitt 5.1 formuliert wurden. Eine hohe Fähigkeit zum schlussfolgernden Denken kann das Ausgangsniveau der $log_{(or)}$-Werte nicht beeinflussen. Im Gegensatz dazu ist diese Fähigkeit fast ausschließlich für den Wachstumsverlauf der Werte verantwortlich. Hohe kognitive Grundfähigkeiten führen zu einem hohen positiven Wachstum mit einer ebenso hohen negativen Beschleunigung. Damit weisen diese Abhängigkeiten zwischen den kognitiven Grundfähigkeiten und dem Wachstum der $log_{(or)}$-Werte dasselbe Muster auf, wie es für das Zusammenspiel zwischen kognitiven Grundfähigkeiten und dem Verlauf der Lernprozessregulierung angenommen werden muss. Zu Beginn des Prozesses sollte, unabhängig von schlussfolgernden Fähigkeiten, das Ziel zu identifizieren im Vordergrund stehen. Dieses Ziel wird jedoch umso besser und schneller erreicht, je systematischer durch induktives Denken Hypothesen generiert und getestet werden können. Damit können hohe kognitive Fähigkeiten schnell zu umfangreichen, integrierenswerten Informationen führen, wodurch umso schneller ein Wechsel in der Zielsetzung der Regulation notwendig wird. Ebenso sollten hohe kognitive Grundfähigkeiten die Integration von Informationen begünstigen, weshalb schneller der Punkt erreicht wird, ab dem eine Rückbesinnung auf identifizierende Ziele gewinnbringend sein kann.

Insofern ist das in diesem Abschnitt präsentierte Modell als ein weiterer Hinweis darauf zu werten, dass mit Hilfe des $log_{(or)}$-Maßes der selbstbestimmte Regulationsprozess des Lernens angemessen erfasst und abgebildet werden kann.

5.8 Zusammenfassung und Diskussion des Verlaufs der Lernprozessregulation

Die in diesem Teil der Arbeit vorgestellte Untersuchung wurde von der Frage geleitet, ob sich mit Hilfe des $log_{(or)}$-Maßes spezifische Verlaufsmerkmale der Lernprozessregulation im Umgang mit dem Heidelberger Finiten Automaten identifizieren und bewerten lassen. Durch die Modellierung einer latenten Wachstumskurve, welche die Entwicklung des $log_{(or)}$-Maßes während des Lernprozesses repräsentiert, wurde in Hinblick auf eine Konstruktvalidierung des Maßes zuerst die Übereinstimmung zwischen den Verlaufsmerkmalen dieser Kurve mit den theoretisch für den Verlauf der Lernprozessregulation erwarteten Merkmale geprüft. Darauf aufbauend wurde kontrolliert, ob sich die Einflussmuster zwischen den als Prozessfaktoren repräsentierten Verlaufsmerkmalen und externen Kriterien wie Lernerfolg oder die Fähigkeit zum schlussfolgerndem Denken in der Form zeigen, wie es für die Verlaufsmerkmale des Selbstregulationsprozesses beim Lernen erwartet wurde. Bereits bei der deskriptiven Darstellung der Verläufe, aber auch bei ihrer Modellierung, zeigt sich allerdings, dass die Reliabilität des $log_{(or)}$-Maßes unter bestimmten Umständen als eingeschränkt zu bewerten ist.

Im Folgenden wird zuerst die Validität des Maßes anhand der verschiedenen präsentierten Ergebnisse zusammenfassend diskutiert. Daran anschließend werden die Probleme, die sich in Bezug auf die Reliabilität des Maßes andeuten, angeführt und es wird skizziert, durch welche Änderungen eine Erhöhung der Testgüte herbeigeführt werden kann.

5.8.1 Bildet das $log_{(or)}$-Maß die selbstbestimmte Lernprozessregulation valide ab?

Als erstes wurde in diesem Zusammenhang der Frage nachgegangen, ob der empirisch gefundene Verlauf der $log_{(or)}$-Werte die theoretisch erwarteten Verlaufseigenschaften einer Lernprozessregulation aufweist. Dafür war es nicht nur nötig, theoretisch erwartete Verlaufseigenschaften zu definieren. Zudem musste auch eine Möglichkeit gefunden werden, die erhobenen Daten so zu modellieren, dass diese Eigenschaften sich in statistisch überprüfbaren Zahlen ausdrücken lassen. Mit der Methode zur Modellierung latenter Wachstumskurven wurde ein Vorgehen gewählt, welches genau dieses gewährleistet. Sie zeichnet sich insbesondere dadurch aus, dass sie gleichzeitig die interindividuellen Unterschiede in der theoretisch erwarteten, allgemein gültigen Verlaufsform intra-individueller Veränderungen über die Zeit einzuschätzen vermag. Sie erlaubt damit die Durchführung differenzieller Analysen, die über mittelwertsbasierte Befunde zu generellen Verlaufsmerkmalen hinaus zur Überprüfung der Validität notwendig sind.

Erwartete Verlaufsmerkmale. Erwartet wurde ein Prozessverlauf der $log_{(or)}$-Werte, der durch ein negatives Ausgangsniveau, ein positives Wachstum mit einer negativen Beschleunigung anzeigt, dass die Regulation des Lernprozesses damit beginnt, die Identifikation neuer Informationen voranzutreiben. Im Verlauf der Zeit sollte immer mehr Wert auf die Integration dieser Informationen gelegt werden, wobei sich dieser Wechsel in den Regulationszielen gerade bei einem erfolgreichen Lernprozess gegen Ende wieder umkehren sollte. Die Annahmen über diese drei allgemeinen Merkmale der Lernprozessregulation und über ihren Ausdruck in der Entwicklung der $log_{(or)}$-Werte führten zu drei Prozessfaktoren, Intercept, linearer und quadratischer Faktor, die bei der Modellierung des Verlaufs diese Merkmale repräsentieren. Das Modell des Verlaufs der Lernprozessregulation weist mit diesen drei theoretisch erwarteten Prozessfaktoren die beste Passung an die empirische Datenstruktur auf, was die angeführten Vermutungen stützt. Ebenso weisen die Faktoren prinzipiell die erwarteten Eigenschaften auf.

Identifizieren am Anfang – Negatives Ausgangsniveau. Der Mittelwert des Intercept-Faktors ist wie erwartet ungleich Null und sein Vorzeichen ist negativ. Zu Beginn des Lernprozesses werden demzufolge mehr Informationen identifiziert, als es aufgrund der repräsentierten Eingriffsalternativen zu erwarten gewesen wäre. Dies ist zudem unabhängig von den kognitiven Fähigkeiten einer Person, durch das Bilden und Testen von Hypothesen das Identifizieren systematisch zu planen und durchzuführen. Diese Hinweise sprechen für die Validität des $log_{(or)}$-Maßes.

Der Betrag des Intercept-Faktorwertes ist jedoch relativ gering. Selbst die Personengruppe mit den später besten Leistungen zeigt zu Beginn ein Verhalten, das mit Hilfe des $log_{(or)}$-Maßes nicht mehr von einem zufälligen Verhalten unterschieden werden kann. Die Analysen zum Einfluss der Prozessfaktoren auf die Faktoren der Wissensleistungen zeigen durch einen Suppressionseffekt an, dass zumindest zu Beginn die Validität des $log_{(or)}$-Maßes eingeschränkt ist. Das nicht vollständige Lesen der Fehlermeldungen scheint zu Beginn des Lernprozesses zu Eingriffswiederholungen zu führen, denen ein identifizierender Charakter bescheinigt werden muss. Ähnliche Effekte sind auch für Eingriffwiederholungen denkbar, die als Reaktion auf einen vermeintlichen Bedienfehler ausgeführt werden. Damit erweist sich das $log_{(or)}$-Maß zumindest zu Beginn des ersten Umgangs mit dem HFA als nur eingeschränkt valide.

Bei der Diskussion des Intercept-Faktors beziehungsweise des Ausgangsniveaus muss beachtet werden, dass die Daten der ersten Minute von den Analysen aufgrund ihrer geringen Güte ausgeschlossen wurden. Daher bildet der so definierte Intercept-Faktor nicht ein verzerrungsfreies „Ausgangs"-Niveau, sondern einen willkürlichen Zeitpunkt in der Anfangsphase des Lernprozesses ab. Die Entscheidung, genau diese Daten auszuschließen, und nicht einen kürzeren oder einen längeren Zeitraum zu ignorieren, erfolgte aufgrund der Analysen über die Besonderheit der ersten Minute. Zwischen keinen zwei Zeiträumen zeigten sich so große Unterschiede hinsichtlich des wiederholten Ausführens der Eingriffsalternative „zum Planet – Alpha" (s. Abbildung 10, S. 125), hinsichtlich des wiederholten Lesens einer Fehlermeldung (Abbildung 11, S. 129) oder auch hinsichtlich der notwendigen Wertzuweisungen (Tabelle 7, S. 131) wie zwischen der Minute 1 und 2. Bereits in Minute 2 weisen diese die Validität und auch die Reliabilität der Daten einschränkenden Merkmale ungefähr gleich niedrige Werte auf wie in den restlichen einminütigen Messzeiträumen. Der Ausschluss weiterer Daten ist daher auf der Basis dieser Analysen nicht indiziert. Das Modell zum Einfluss auf die Wissensleistungen deutet zwar darauf hin, dass die Validität der Daten innerhalb des ersten betrachteten Messzeitraums eingeschränkt ist. Da jedoch die Unterschiede zwischen den Minuten 1 und 2 deutlich größer sind als die zwischen den Minuten 2 und 3, wird davon ausgegangen, dass durch den Ausschluss von „nur" der ersten Minute die beste Annäherung an das eigentliche Ausgangsniveau erzielt werden konnte. Welche Eigenschaften der Intercept-Faktor unter der Voraussetzung eines „echten" Ausgangsniveaus annimmt, kann an dieser Stelle jedoch nur vermutet werden. In Abschnitt 6.6.1 wird diese Frage erneut aufgegriffen.

Zunehmende Bedeutung des Integrierens – Positives Wachstum. Im linearen Prozessfaktor spiegelt sich der Hauptteil der informationsverarbeitenden Prozesse wider. Es wurde diskutiert, dass sich in einem positiven Betrag des linearen Faktorwertes ein systematisches Bilden und Testen von Hypothesen zu Beginn des Wissenserwerbsprozess abzeichnet, das durch eine immer gezieltere Integration der gewonnenen Informationen im Verlauf des Lernprozesses abgelöst wird. Dieser Wert repräsentiert demzufolge kein Niveau, sondern das Ausmaß einer Veränderung und ist somit ein echtes

Prozessmaß. Je größer der Wert ist, desto größer ist auch der Unterschied zwischen der Bestimmtheit, mit der zu Beginn Informationen identifiziert wurden und der Bestimmtheit, mit der im Verlauf des Lernens Informationen integriert und somit für spätere Situationen verfügbar gemacht werden. Es spiegelt sich in ihm somit eine planvolle und selbstbestimmte Regulation wider, mit der innerhalb eines Lernprozesses gewährleistet wird, dass beide Lernziele – möglichst großer Umfang erworbenen Wissens, das möglichst leicht und sicher abgerufen werden kann – gleichermaßen erreicht wird.

Erwartungsgemäß weist dieser Faktor einen positiven Mittelwert auf, was ein positives Wachstum der $log_{(or)}$-Werte ausdrückt. Er ist von den drei Prozessfaktoren der in Bezug auf die späteren Wissensleistungen einflussreichste, was die zentrale Bedeutung einer effektiven Selbstregulation des Wissenserwerbs unterstreicht. Er erweist sich erwartungsgemäß als in höchstem Maße vom kognitiven Leistungsvermögen beeinflusst. Insofern entspricht der lineare Prozessfaktor sowohl in seinem Betrag und seinem Vorzeichen als auch in Beziehung mit dem Lernerfolg und den kognitiven Grundfähigkeiten dem Verlaufsmerkmal, welches auch für die Lernprozessregulation angenommen wurde. Diese Übereinstimmung wird als Hinweis auf die Validität des $log_{(or)}$-Maßes im Verlauf des Lernprozesses gewertet.

Wiederkehrende Bedeutung des Identifizierens – Negative Beschleunigung. Zumindest für einen erfolgreichen Lernprozess wurde angenommen, dass er zu einem Punkt führt, ab dem das weitere Integrieren von Informationen einen so hohen Aufwand erfordert, der durch den immer geringer werdenden Integrationsgewinn nicht mehr zu rechtfertigen ist. Aus diesem Grund sollte ab diesem Punkt wieder das Identifizieren verstärkt an Bedeutung für die Lernprozessregulation gewinnen. Diese Annahme drückt sich in einer negativen Beschleunigung des Wachstums der $log_{(or)}$-Werte aus, weshalb die Hinzunahme eines quadratischen Prozessfaktors in das Modell gefordert ist. Der Vergleich mit alternativen Modellen ohne quadratischen Faktor bestätigt die theoretischen Annahmen. Im Durchschnitt weist der Faktorwert ein erwartetes negatives Vorzeichen auf, welches sich auch in der tendenziell bedeutsamen, negativen Korrelation mit dem linearen Faktor zeigt. Allerdings ist der quadratische Faktor mit einem Mittelwerte von $M_Q \approx 0$ und einer zumindest statistisch bedeutsamen Varianz von $D_Q \approx 0$ praktisch eher bedeutungslos bei der Gestaltung des Prozessverlaufs. Diese erwartungswidrige Einflusslosigkeit wird jedoch nicht als Hinweis fehlender Validität des $log_{(or)}$-Maßes interpretiert, sondern vielmehr auf die zu vermutende hohe Schwierigkeit des Heidelberger Finiten Automaten und der damit verbundenen eingeschränkten Reliabilität zurückgeführt, die im anschließenden Abschnitt diskutiert wird.

Unspezifisches Vorwissen. Aufgrund mehrerer deskriptiver Analysen muss davon ausgegangen werden, dass der Beginn eines Wissenserwerbsprozesses zu einem großen Teil durch unkontrollierbare Effekte unspezifischen Vorwissens sowohl in positiver als auch in negativer Richtung geprägt ist. Solche Effekte sollten jedoch nicht auftreten, wenn ein Verfahren im Sinne eines fairen Tests gleiche Ausgangsbedingungen für alle Schülerinnen und Schüler garantieren möchte. Mit der Konstruktion des HFA wurde im Sinne dieser Intention versucht, ein „vorwissensfreies" System zur Verfügung zu stellen. Dieser Versuch muss jedoch nicht nur als nicht erreicht angesehen werden. Es ist darüber hinaus zu bezweifeln, dass ein derartiger Versuch überhaupt von Erfolg gekrönt sein kann. Allein die Darbietung der Simulation mit Hilfe des Computers kann Wissen über Computer, Software oder computerbasierte Spiele aktivieren, dessen Ausmaß und Qualität nicht vollständig erfassbar ist. Welchen Effekt dieses nur schwer einschätzbare Wissen wiederum auf den Wissenserwerb über den HFA hat, ist eine zweite Frage, die nur teilweise beantwortbar ist. Als Vorwissens- „Kandidat" steht jedoch nicht nur Wissen aus der Domäne der Computer bereit. Auch Wissen über Luft- und Raumfahrt, sei es eher wissenschaftlicher Natur, sei es aus dem Bereich Science-Fiction, Wissen über das griechische Alphabet, Wissen aus dem Bereich Optik oder auch Wissen aus vollkommen anderen Domänen kann den Prozess beeinflussen. In Abhängigkeit davon, ob dieses Wissen sich mit der relativ willkürlichen Struktur des Heidelberger Finiten Automaten deckt oder nicht, ist mit positiven oder negativen Vorwissenseffekten zu rechnen. Da Wissen aus den unterschiedlichsten Bereichen als Vorwissen genutzt werden kann, ist eine vollständige Abschätzung des individuell aktivierten, unspezifischen Vorwissens nicht möglich. Dies ist einer der Gründe, weshalb die erste Minute von den Analysen ausgeschlossen wurde. Aufgrund der dargelegten Betrachtungen kann jedoch nur bedingt angenommen werden, dass sich die Vorwissenseffekte nach der ersten Minute nur noch in zu vernachlässigender Weise auf den Wissenserwerbsprozess auswirken.

Allerdings erhält diese Annahme Unterstützung durch den Vergleich der Modelle E3 und E4 (vgl. Tabelle 10). Wenn zu Beginn der letztendlich modellierten Zeit starke konstruktfremde Einflüsse zu verzeichnen gewesen wären, hätte das Modell E4, welches Heteroskedastizität annimmt, eine deutlich bessere Anpassung an die Daten aufweisen müssen als das theoretische vermutete Modell E3 mit angenommener Homoskedastizität. E3 bildet die Daten jedoch nicht bedeutungsvoll schlechter ab als das weniger sparsame Modell E4, so dass von eher geringen konstruktfremden Einflüssen ausgegangen werden kann.

Motivationale Aspekte. Weiter einschränkend muss erwähnt werden, dass eine Überprüfung motivationaler Effekte auf die Selbstregulation des Wissenserwerbsprozesses für die Einschätzung der Validität eigentlich zu fordern ist. Im Rahmen des PISA-Feldtests, in dem die Studie I durchgeführt wurde, war es jedoch aufgrund der zeitlich begrenzten Vorbereitungszeit nicht mehr möglich, die Erfassung des Motivationsverlaufs während des Wissenserwerbs zu implementieren. Zwar wurden vor dem Wissenserwerbsprozess und nach der gesamten Bearbeitung des HFA Selbsteinschätzungsmaße der Motivation erhoben. Folgt man jedoch der Argumentation von Bandura und Wood (1989), sind zeitlich im voraus erfasste Motivationsmaße nur wenig aussagekräftig in Bezug auf die tatsächliche Motivation während des eigentlich interessierenden Prozesses. Auch die Validität der im Nachhinein erhobenen Selbstaussagen muss als gering eingeschätzt werden (vgl. Abschnitt 4.1). Insofern muss an dieser Stelle auf diese Form der Validitätsprüfung verzichtet werden. Das Zusammenspiel kognitiver und motivationaler Aspekte beim Lernen wird jedoch Teil der im Anschluss dargestellten Studie II sein.

Fazit. Zusammenfassend wird die Validität des $log_{(or)}$-Maßes an sich als sehr zufriedenstellend beurteilt, während jedoch einige Eigenschaften des Heidelberger Finiten

Automaten beziehungsweise der Umsetzung seiner Simulation offensichtlich die Testgüte beeinträchtigen. Die auf Grundlage der $log_{(or)}$-Werte modellierten Prozessfaktoren zeichnen einen Verlauf, der den theoretischen Erwartungen über eine Lernprozessregulation entspricht. Der lineare Faktor repräsentiert die systematische Nutzung kognitiver Fähigkeiten für die Regulation des Erwerbs von Wissen, das später entsprechend umfangreich und sicher und leicht abrufbar ist. Der quadratische Faktor erweist sich bei der Modellierung als notwendig und offenbart, dass mit zunehmend integrierten Informationen das Hinwenden zur Identifikation erneut wichtig wird. Es kann allerdings nicht davon ausgegangen werden, dass der Intercept-Faktor ein verzerrungsfreies Ausgangs-Niveau abbildet, weshalb er eine angemessene Validität vermissen lässt. Jedoch ist diese Einschränkung der Validität weniger eine Frage des Maßes an sich, als eine Frage der Simulationsgestaltung, weshalb aufgrund dieser unerwünschten Tatsache nicht gegen die Validität des Maßes argumentiert werden kann.

5.8.2 Bildet das $log_{(or)}$-Maß die selbstbestimmte Lernprozessregulation reliabel ab?

Schwierigkeit. Die geringe Bedeutung des quadratischen Faktors deutet an, dass die meisten Teilnehmerinnen beziehungsweise Teilnehmer nicht wie vermutet einen Punkt während des Lernprozesses erreicht haben, ab dem es sinnvoller ist, die zur Verfügung stehenden Ressourcen erneut in das Identifizieren noch unbekannter Informationen zu investieren. Darüber hinaus offenbaren zum Beispiel die in Abbildung 9 dargestellten, unterschiedlich erfolgreichen Prozessverläufe, dass ungefähr 50 – 70% der Jugendlichen auch noch gegen Ende der Wissenserwerbsphase ein Verhalten zeigen, das sich nur wenig von einem zufälligen Verhalten unterscheiden lässt und von dem deshalb angenommen werden muss, dass es weniger selbst- als fremdbestimmt ist. Es muss daher vermutet werden, dass es für die Mehrheit der Personen nicht möglich war, ihr Lernverhalten selbstbestimmt zu regulieren. Die in dieser ersten Studie genutzte Version des Heidelberger Finiten Automaten scheint zu hohe Anforderungen an den Wissenserwerb und seine Regulation zu stellen, was durch eine zu hohe Komplexität der Automatenstruktur bedingt sein könnte. Daraus resultieren in Bezug auf die Selbstregulation des Verhaltens recht starke Bodeneffekte, weshalb von einer eingeschränkten Reliabilität der $log_{(or)}$-Werte ausgegangen werden muss. Es bleibt zu vermuten, dass sich die Reliabilität durch eine weniger komplexe Version des HFA erhöhen lässt. Dies müsste sich in deutlicheren Unterschieden der erreichten Niveaus an Selbstbestimmtheit gegen Ende der Wissenserwerbsphase zeigen.

Messzeitraumgröße. Die Frage nach der Reliabilität ist bei Maßen dynamischer Verfahren per se schwer zu beantworten. Embretson spricht in diesem Zusammenhang, allerdings bezogen auf Differenzmaße, sogar vom „Paradox der Reliabilität" bei dynamischen Verfahren (Embretson, 2000; s.a. K. J. Klauer, 1993). Ein allgemeingültiges, objektives Reliabilitätsmaß lässt sich auch für die $log_{(or)}$-Maße nicht angeben. Zur Einschätzung der Zuverlässigkeit können nur mehr oder weniger willkürliche Kriterien benannt werden, anhand derer die unkontrollierte Messfehler geschätzt werden muss. Dieses gilt auch für die Entscheidung bezüglich der betrachteten Messzeitraumgröße. Für die Daten der Studie I wurde ein Zweiminutenintervall gewählt, weil damit zum einen die Rate an Wertzuweisungen aufgrund mangelnder Wahlmöglichkeit auf ungefähr ein halbes Prozent gedrückt werden konnte, was als akzeptabel bewertet wurde. Diese Bewertung erfolgte auch in Hinblick auf die Tatsache, dass der Datensatz aufgrund der computerbasierten Erhebung keine fehlenden Werte aufweist. Vergleicht man die Rate der Wertzuweisungen mit der Rate an fehlenden Werten anderer Datensätze, wo diese fehlenden Werte entweder ersetzt oder als „Missing" definiert werden müssen, erscheint sie durchaus als akzeptabel gering.

Fazit. Insofern wird zusammenfassend das $log_{(or)}$-Maß als bedingt reliabel bewertet. Eine bedeutsame Einschränkung erfährt die Reliabilität durch die hohe Schwierigkeit des Wissenserwerbs im Umgang mit dem Heidelberger Finiten Automaten, welche offensichtlich zu Bodeneffekten im Ausmaß der Selbstregulation führt. Es ist davon auszugehen, dass unter der Voraussetzung einer angemessenen Schwierigkeit die Berechnung der $log_{(or)}$-Werte ein akzeptabel zuverlässiges Vorgehen zur Erfassung selbstregulierten Verhaltens darstellt. Inwiefern der Prozess des Lernens über den Heidelberger Finiten Automaten erleichtert werden kann und wie sich eine solche Erleichterung tatsächlich auf den Regulationsprozess und damit auf die Werte des $log_{(or)}$-Maßes auswirkt, wird eine der zentralen Fragen der im Anschluss dargestellten Studie II sein.

Eine zweite Einschränkung der Reliabilität erfährt die Erfassung selbstregulierter Lernprozesse mit Hilfe des HFA aufgrund der nur unzureichend kontrollierbaren Effekte unspezifischen Vorwissens. Es wurde bereits argumentiert, dass der Versuch, Vorwissen im voraus zu erfassen, als wenig fruchtbar angesehen wird. Eine andere Möglichkeit, Vorwissenseffekte kontrollierbarer zu machen, besteht in der vorgeschalteten Vermittlung von Wissen, so dass Qualität und Umfang von Vorwissen besser einschätzbar sind. Ein solches Vorgehen wird zumindest insofern als sinnvoll angesehen, wenn es sich auf die Vermittlung eher allgemeinen Vorwissens beschränkt und hauptsächlich darauf abzielt, negative Vorwissenseffekte zu verhindern. Die Vermittlung spezifischen Wissens ist abzulehnen, da dabei Informationen dargeboten werden, deren Erwerb eigentlich Gegenstand des zu untersuchenden Prozesses ist. In der nächsten Studie wird ein Vorgehen vorgestellt, bei dem unter Zuhilfenahme von Analogien versucht wird, einen Grad an Vorwissensvermittlung zu treffen, bei dem zum einen die unerwünschten Effekte unspezifischen negativen Vorwissens unterdrückt werden und zum anderen kein spezifisches Vorwissen vermittelt wird.

6 Studie II – Bedingungen der Lernprozessregulation

Ausblick auf das Kapitel 6. In dieser zweiten Studie wird insbesondere auf die beiden Hauptprobleme eingegangen, welche sich in Studie I in Bezug auf Merkmale des Heidelberger Finiten Automaten ergaben und für die vermutet werden muss, dass sie die Testgüte des verwendeten $log_{(or)}$-Maßes beeinträchtigten. Dieses ist zum einen das Problem der unangemessenen Schwierigkeit des Lernens und seiner Regulation. Zum anderen betrifft dies das Problem der unkontrollierbar großen, interindividuellen Unterschiede aktivierten Vorwissens und seines Einflusses insbesondere auf den Beginn des Lernprozesses. Darüber hinaus wird erneut die Frage nach weiteren Faktoren der Lernprozessregulation aufgegriffen. Dafür wird in dieser Studie neben den kognitiven Grundfähigkeiten auch die aufgabenspezifische Kontrollerwartung als ein motivationaler Aspekt des selbstregulierten Lernens berücksichtigt. Die mit dieser Studie II zu beantwortenden Fragen werden in Abschnitt 6.1 hergeleitet und erörtert. In den darauf folgenden Abschnitten 6.2 und 6.3 werden zunächst die in dieser zweiten Studie eingesetzten Instrumente vorgestellt und die Bedingungen, unter denen die Erhebung stattfand, geschildert. Nach der Beschreibung der untersuchten Stichprobe und der Durchführung der Untersuchung wird als Vorbereitung für die später folgenden Analysen in Abschnitt 6.4 die optimale Größe der Messzeiträume festgesetzt. Abschnitt 6.5 beschäftigt sich dann mit der ersten Fragestellung nach den unterschiedlichen Verlaufsmerkmalen schwieriger und weniger schwieriger Lernprozessregulationen. Der hierbei vorgestellte Lernprozess wird in Abschnitt 6.6 neben Lernprozesse gestellt, für die unterschiedliche Arten von Vorwissen zur Verfügung stehen. In Abschnitt 6.7 wird vorgestellt, welchen Einfluss kognitive Grundfähigkeiten auf die Lernprozessregulationen mit unterschiedlichem Vorwissen haben, bevor in 6.8 das Zusammenspiel zwischen den Verlaufsmerkmalen und anfänglicher und resultierender Kontrollerwartung dargestellt. Die zentralen Befunde und Aussagen dieses Kapitels werden abschließend in Abschnitt 6.9 zusammengefasst und diskutiert.

6.1 Fragestellungen und Annahmen

1. Lässt sich die Schwierigkeit des Umgangs mit dem Heidelberger Finiten Automaten so gestalten, dass die Regulation des Lernprozesses mit Hilfe des $log_{(or)}$-Maßes reliabel abgebildet werden kann? Die Schwierigkeit im Umgang mit einem dynamischen und komplexen System und damit auch im Erwerb von Wissen über dieses speist sich aus unterschiedlichen Faktoren. Auf der Seite der Systemstruktur sorgt zum einen eine hohe Komplexität, ausgedrückt durch eine hohe Anzahl stark miteinander vernetzter Systemzustände für einen großen Umfang an Informationen, welche beachtet werden müssen. Eine zusätzliche hohe Intransparenz bewirkt, dass Informationen nur schwer eindeutig identifizierbar sind, weshalb eine größere Anzahl an Hypothesen gebildet und getestet werden muss. Bei machen Systemen kommt hinzu, dass Effekte auf einzelne Systemeingriffe erst zeitlich verzögert auftreten. Dies erschwert die eindeutige Zuordnung einer Systemreaktion zu einem bestimmten Eingriff, weshalb auch hierfür eine deutlich höhere Anzahl an Hypothesenprüfungen notwendig werden. Im Falle des Heidelberger Finiten Automaten ist der Grad an Schwierigkeit auf die Komplexität der

Automatenstruktur zurückzuführen. Der Automat ist hoch transparent. Alle Reaktionen, mit denen er auf einen Eingriff reagiert, sind direkt beobachtbar. Auch reagiert der Automat auf jeden Eingriff unmittelbar. Zeitlich verzögerte Wirkungen treten nicht auf. Insofern kann auf der Ebene der Systemstrukturmerkmale die Schwierigkeit des Umgangs mit dem HFA anhand seiner Komplexität bestimmt werden.

Diese direkte Beziehung soll in dieser zweiten Studie genutzt werden, um den Grad an Schwierigkeit so zu gestalten, dass der durchschnittliche Lernprozess im Vergleich zu Studie I stärker selbstbestimmt reguliert und somit der Verlauf der Lernprozessregulation besser abgebildet und bewertet werden kann. Ist die Lernprozessregulation zu schwierig, ist während des gesamten Prozesses ein nur sehr eingeschränkt selbstbestimmtes Verhalten möglich. Ist die Aufgabe zu einfach, sind sehr schnell alle Informationen identifiziert und integriert. Somit besteht ab einem bestimmten Zeitpunkt keine Wahlmöglichkeit mehr, weshalb auch in diesem Fall die Selbstbestimmtheit eingeschränkt wird. Die Schwierigkeit des Lernens und seiner Regulation kann dann als optimal betrachtet werden, wenn nicht nur zu Beginn, sondern auch gegen Ende des betrachteten Zeitraums der Lernprozess selbstbestimmt reguliert wird. Das Niveau an Selbstbestimmtheit drückt sich in dem $log_{(or)}$-Maß in dem Ausmaß aus, in dem sich die Werte von Null unterscheiden. Demzufolge ist das erste Ziel dieser zweiten Studie, den Grad an Schwierigkeit des Lernens über den Heidelberger Finite Automaten so zu gestalten, dass die $log_{(or)}$-Werte Beträge annehmen, die sich während des gesamten betrachteten Zeitraums deutlich von Null unterscheiden.

Dabei wird davon ausgegangen, dass eine stärkere Selbstbestimmung der Regulation eines erleichterten Lernprozesses dazu führt, dass er im Durchschnitt auch erfolgreicher verläuft als ein schwieriger Prozess. Vergleicht man die Verläufe einer leichten und einer schwierigen Lernprozessregulation, ergeben sich somit für diesen Vergleich dieselben Hypothesen wie sie bereits im Rahmen der ersten Studie für den Vergleich zwischen einer erfolgreichen und einer weniger erfolgreichen Lernprozessregulation angenommen und teilweise bestätigt wurden. Die Regulation eines leichteren und erfolgreicheren Lernprozesses sollte sich in einem Verlauf der $log_{(or)}$-Wert niederschlagen, der sich im Vergleich zu einer erschwerten Lernprozessregulation durch ein deutlicher von Null verschiedenes, negatives Ausgangsniveau, durch ein stärkeres, positives Wachstum und durch eine stärkere, negative Beschleunigung auszeichnet (vgl. Abschnitt 5.1).

2. Lässt sich der Umgang mit dem Heidelberger Finiten Automaten so gestalten, dass der Einfluss unspezifischen Vorwissens ausgeschlossen und somit die Regulation des Lernprozesses mit Hilfe des $log_{(or)}$-Maßes valide abgebildet werden kann? Ein weiterer Aspekt, der die Testgüte des $log_{(or)}$-Maßes in Studie I beeinträchtigte, ist das, bezogen auf den Heidelberger Finiten Automaten, unspezifische und damit unkontrollierbare Vorwissen, das zu Beginn des Lernprozesses aktiviert wird und die Lernprozessregulation beeinflusst. Dieser Aspekt ist jedoch nicht ausschließlich durch die Aufgabenstruktur und ihre kontextuelle Einbettung bestimmt. Vorwissen ist wie Wissen im Allgemeinen ein Personenmerkmal. Mit welchem Vorwissensumfang einzelne Personen den Wissenserwerb beginnen, welche Qualität dieses Vorwissen besitzt, ob es positive oder negative Effekte auf den Wissenserwerb hat und wie stark diese Effekte sind, ist nur bedingt durch die Testdurchführung beeinflussbar.

Datenausschluss. In Studie I wurde das Gewicht dieser „Vorwissensproblematik" (Kröner, 2001) größtenteils durch den Ausschluss der ersten Minute von den Analysen reduziert. Allerdings ist das Ignorieren von Daten eine wenig elegante Art und Weise, mit dem Problem unkontrollierter Einflüsse umzugehen. Die Zeitspanne, deren Daten nicht betrachtet werden, kann a priori nur mehr oder weniger willkürlich festgelegt werden. Objektive Kriterien, an denen sich die Festlegung orientieren kann, müssen noch entwickelt und evaluiert werden. Zudem können bei der Festlegung Fehler in beide möglichen Richtungen gemacht werden. Sowohl eine zu lange als auch ein zu kurze Zeitspanne beeinträchtigen die Interpretierbarkeit der Daten. Ist die auszuschließende Zeit zu lang gewählt, bleiben relevante Daten unberücksichtigt. Ist die Zeit zu kurz, ist die Validität der Daten eingeschränkt.

Semantikfreie Systeme. Es sind wenigstens drei weitere Möglichkeiten denkbar, durch die der Einfluss unspezifischen Vorwissens zumindest zum Teil kontrolliert oder manipuliert werden kann. Einige Autoren wählen den Weg eines „vorwissensfreien" oder „semantikfreien" Systems (z.B. Funke, 1992; Kröner, 2001; Müller, 1993; Strohschneider, 1990). Durch künstliche Bezeichnungen und eine sehr abstrakt formulierte Kontexteinbettung soll dabei der Effekt des allgemeinen Vorwissens minimiert werden und im günstigsten Fall gleich Null sein. Wie im Rahmen der ersten Studie bereits berichtet, wurde dieser Weg bis zu einem gewissen Punkt auch beim Heidelberger Finiten Automaten beschritten. Es zeigte sich jedoch, dass zumindest im Falle des HFA nicht davon ausgegangen werden kann, dass ein vorwissensfreies System konstruiert wurde. Wie in Abschnitt 5.8.2 bereits ausgeführt, ist es darüber hinaus prinzipiell zu bezweifeln, dass ein vorwissensfreies System konstruierbar ist. Allein die Darbietung am Computer aktiviert Vorwissen über Computer-Software, Computerspiele, Anordnung der Buchstaben auf der Tastatur und weiteres Wissen aus einer Vielzahl von Bereichen. Selbst die Beschriftung von Schaltflächen eines „semantikfreien" Systems durch relativ abstrakte Zeichen wie „+" und „–", wie sie zum Beispiel beim System „MultiFlux" (Kröner, 2001) zu finden sind, aktiviert Wissen über diese Symbole. So wären zum Beispiel negative Vorwissenseffekte zu erwarten, wenn das Drücken der Schaltfläche „+" zu einer Verringerung eines Variablenwertes führte. Die Analysen der ersten Studie zeigen, dass allein die Anordnung der Schaltflächen Vorwissen über Leserichtungen aktiviert, was wiederum die Reihenfolge der Identifikation der Schaltflächen und somit den gesamten Wissenserwerbsprozess beeinflusst. Die angeführten Beispiele machen deutlich, dass vorwissensfreie Systeme nicht existieren können, da bereits die Untersuchungsumgebung, abstrakte Symbole oder auch nur die räumliche Anordnung präsentierter Informationen mehr oder weniger spezifisches Vorwissen aktivieren.

Vorwissenstests. Einen zweiten Weg zeigen beispielsweise Süß und Mitarbeiter auf (Kersting & Süß, 1995; Süß, 1996; Süß et al., 1991; Süß, Kersting et al., 1993). Sie lassen unterschiedliches Vorwissen zwar zu, indem sie mit der „Schneiderwerkstatt" ein in einen realistischen Kontext eingebettetes System wählen. Sie kontrollieren dieses Vorwissen jedoch anhand eines allgemeinen und mittels eines „kontentvalide" entwickelten systemspezifischen Vorwissenstests (Zum Begriff der „Kontentvalidität" vgl. Kersting, 1991; Klauer, 1984a, 1984b). Süß und Mitarbeiter finden deutliche, positive Effekte allgemeinen und systemspezifischen Vorwissens auf den Umgang mit dem System „Schneiderwerkstatt". Jedoch werden auch mit diesem Vorgehen nicht alle Aspekte des Vorwissens umfassend erhoben. Vielmehr wird zur (Vor-)Wissenserfassung ein Itempool gebildet, welcher zumindest theoretisch alles Wissen abdeckt, das in Bezug auf den Umgang mit einem bestimmten System als relevant angesehen wird. Aus diesem Itempool wird dann eine Auswahl gezogen, so dass stichprobenartig Ausmaß und Qualität des Wissens eingeschätzt wird. Wie im Beispiel der Untersuchungen um Süß besteht bei dieser Vorgehensweise der Itempool meist ausschließlich aus Abfragen des relevanten, spezifischen Wissens.

Wie in Abschnitt 4.3.1 bereits diskutiert wurde, kann das aktivierbare und mehr oder weniger hilfreiche Wissen nicht auf der Grundlage einer Aufgaben- oder Systemanalyse vollständig bestimmt oder erfasst werden. Zudem wird der Einfluss, den unspezifisches und/oder nicht-kontentvalides, also negatives Vorwissen auf den Umgang mit einem System ausübt, dabei ignoriert. Für den Heidelberger Finiten Automaten muss jedoch wie für andere Systeme auch die Möglichkeit in Betracht gezogen werden, dass sowohl unspezifisches als auch negatives Vorwissen den Wissenserwerbsprozess genauso beeinflusst wie spezifisches und/oder positives Vorwissen. Es bedarf daher auch eines Itempools, der vollständig sowohl positives als auch negatives, sowohl spezifisches als auch unspezifisches Vorwissen abdeckt. Ein solcher vollständiger Satz an Fragen ist jedoch ausschließlich theoretisch denkbar. Auch für kontentvalide konstruierte Tests kann nicht angenommen werden, sie seien vollständig kontentumfassend. Welches Wissen sich als hilfreich und damit als relevant erweist, ist interindividuell unterschiedlich.

Zudem ist die Erfassung von Vorwissen auch nicht unproblematisch, will man den späteren Prozess des Wissenserwerbs untersuchen. Gerade kontentvalide, gegenstandsspezifische Tests aktivieren Vorwissen, welches dann beim darauf folgenden Wissenserwerb zur Verfügung steht. So berichten zum Beispiel Süß und Mitarbeiter (1993) selbst von entsprechenden Effekten, die auf eine deutliche Reaktivität der eingesetzten gegenstandsspezifischen Vorwissensdiagnostik schließen lassen.

Vorwissensvermittlung. Der dritte Weg besteht in der Präsentation systemspezifischen Wissens, wie ihn zum Beispiel Preußler (1998) oder auch Süß, Beauducel und Kersting (1992) aufzeigen. Preußler stellt anhand eines Kausaldiagramms vor Beginn des Umgangs mit dem System „LINAS" dessen Struktur dar. Da sie ein auf der Basis von Strukturgleichungssystemen vollständig beschreibbares System verwendet (s. Abschnitt 4.2.3.3), kann sie gewährleisten, vollständiges positives Strukturwissen zu präsentieren. Dadurch mindert sich der Einfluss unspezifischen und eventuell negativen Wissens. Den Einfluss semantischen Vorwissen hält sie möglichst gering, indem sie die Systemstruktur in einen künstlichen Kontext einbettet. Das vermittelte Wissen wird von den Probandinnen und Probanden bei einigen Übungsbeispielen angewandt, so dass das Wissen nicht nur extern auf dem Papier verfügbar ist, sondern in die Wissensbasis der Personen integriert werden konnte. Durch die Vorgabe positiven, systemspezifischen Wissens werden jedoch die Anforderungen des Wissenserwerbs erheblich reduziert. Die Identifikation von Informationen besteht nur noch in der Interpretation des Kausaldiagramms und nicht mehr in einem möglichst hypothesengeleiteten Eingriffsverhalten. Die Selbstregulation des Prozesses ist damit in dem Maße eingeschränkt, in dem die zu erwerbenden Informationen vorgegeben sind und nur noch Art und Ausmaß der Integration selbstbestimmt bleibt. Insofern schließt sich dieses Vorgehen für die Zwecke der vorliegenden Arbeit aus.

Die bisherigen Ausführungen zeigen auf, dass ein vorwissensfreier Lernprozess zwar theoretisch denkbar, jedoch empirisch nicht beobachtbar ist. Bei semantikfreien Systemen ist von dem Vorhandensein unspezifischen und vermutlich zum Teil negativen Wissens auszugehen, durch Vorwissenstest wird in Bezug auf den zu erlernenden Gegenstand sowohl unspezifisches als auch spezifisches positives wie negatives Wissen aktiviert. Die vorherige Vermittlung von Wissen zielt auf die Verfügbarkeit spezifischen, positiven Wissens, wodurch der Einfluss unspezifischen und negativen Wissens unterdrückt werden soll.

Die Aktivierung von Vorwissen ist immer Teil des Lernprozesses. Aus diesem Grund ist es nicht das Anliegen dieser zweiten Studie, einen vorwissensfreien Lernprozess abzubilden. Vielmehr wird diese Studie von der Grundannahme geleitet, dass unterschiedliche Arten von Vorwissen den Lernprozess auch unterschiedlich beeinflussen. Deshalb werden im Folgenden unterschiedliche Verläufe der Lernprozessregulation miteinander verglichen, für die angenommen werden kann, dass sie unter dem Einfluss unterschiedlicher Arten von Vorwissen stehen. Das Ziel dieses Vergleichs besteht in einer besseren Einschätzung von Vorwissenseinflüssen und damit verbunden der verbesserten theoretischen Abschätzung einer vorwissensfreien Lernprozessregulation. Zu diesem Zweck wird neben einem Wissenserwerbsprozess, für den wie in der ersten Untersuchung eher unspezifisches und zum Teil sicherlich negatives Vorwissen vorausgesetzt werden muss, ein zweiter Lernprozess betrachtet, der unter dem Einfluss zuvor erworbenen, spezifischen Vorwissens steht. Außerdem wird der Verlauf einer weiteren Lernprozessregulation abgebildet, für die die Verfügbarkeit analogen Vorwissens angenommen werden kann. Für diesen Prozess kann zum einen angenommen werden kann, dass der Einfluss unspezifischen und negativen Vorwissens bereits zu Beginn als verschwindend gering betrachtet werden kann. Zum anderen besteht für diesen Lernprozess kein spezifisches Vorwissen in Form von bereits über das konkrete System erworbenem Wissen.

Unspezifisches Vorwissen. Der erste Prozess des Wissenserwerbs entspricht, was die Qualität des zu Beginn aktivierbaren Wissens angeht, dem in Studie I betrachteten Prozess. Es wird alles unspezifische Vorwissen unkontrolliert zugelassen. Als unspezifisches Vorwissen wird hierbei alles Wissen aufgefasst, das zu Beginn des betrachteten Lernprozesses aktiviert wird und dessen Gültigkeit für das spezifische System noch nicht überprüft werden konnte. Insofern gelten für seinen Verlauf dieselben Annahmen wie für den Verlauf, der in der ersten Studie beschrieben wurde. Was die Quantität des zu erwerbenden Wissens angeht, so ist diese im Vergleich zur Studie I deutlich reduziert, wodurch die Schwierigkeit der Lernprozessregulation gesenkt und ihre Selbstbestimmtheit erhöht sein sollte. Daher ist zu erwarten, dass der Vorwissenseinfluss auf den Prozess sich deutlich schneller mindert, da der Einfluss spezifischen Wissens schneller gesteigert werden sollte. Dies sollte sich entsprechend in reliableren und valideren $log_{(or)}$-Werten niederschlagen, die über die Zeit schneller größere Werte annehmen, als es in Studie I zu beobachten war. Für den Verlauf der Lernprozessregulation wird somit vermutet, dass er sich im Vergleich zu Studie I durch ein deutlicher von Null verschiedenes, negatives Ausgangsniveau, durch ein stärkeres positives Wachstum und durch eine stärkere negative Beschleunigung auszeichnet.

Spezifisches Vorwissen. Weiter wird ein Lernprozess betrachtet, der von zuvor erworbenem spezifischem Wissen geprägt ist. Vorwissen wird dann als spezifisches Vorwissen angesehen, wenn es bereits vor dem betrachteten Lernprozess im Umgang mit demselben spezifischen System erworben und seine Gültigkeit getestet wurde. Dieses Vorwissen ist interindividuell unterschiedlich und von der Regulationsgüte des Lernprozesses abhängig, der zu diesem Wissen geführt hat. Es ist anzunehmen, dass sich der Regulationsverlauf mit spezifischem Vorwissen deutlich von einem Regulationsprozess ohne spezifisches Vorwissen in der Art unterscheidet, dass das Eingriffsverhalten umso weniger durch die Tendenz, Informationen identifizieren zu wollen, geprägt ist, je mehr spezifisches Wissen verfügbar ist. Es ist davon auszugehen, dass die Integration von Informationen von Anfang an im Vordergrund steht, was zu einem positiven Ausgangsniveau der $log_{(or)}$-Werte führte.[16] Damit geht die Annahme einher, dass der Wechsel in der Zielsetzung vom Identifizieren zum Integrieren weniger stark ausgeprägt ist, da die Lernprozessregulation bereits mit deutlich stärkeren integrierenden Anteilen beginnt. Insofern wird für diesen Verlauf ein nur geringes, positives Wachstum erwartet. Dafür ist jedoch davon auszugehen, dass der Punkt, ab dem die zur Verfügung stehenden Ressourcen gewinnbringender erneut auf das Identifizieren verwendet werden, mit höherer Wahrscheinlichkeit erreicht wird, wenn der Prozess bereits mit spezifischem Vorwissen startet. Daher kann erwartet werden, dass der Verlauf der $log_{(or)}$-Werte im Vergleich zu einem Lernprozess mit unspezifischem Vorwissen eine größere negative Beschleunigung aufweist.

Analoges Vorwissen. Um für einen Lernprozess unspezifische und negative Vorwissenseffekte zu minimieren, könnte, wie im Beispiel von Preußler (1998), Wissen über das spezifische System selbst vorgegeben werden. Dies wäre jedoch nicht nur eine Reduktion von allgemeinen Vorwissenseinflüssen, sondern darüber hinausgehend eine Reduktion des selbstreguliert zu erwerbenden Wissensumfangs. Um diese Vorwissenseffekte zu minimieren, ohne dafür spezifische Informationen über das System vorgeben zu müssen, wird zeitlich direkt vor diesem Lernprozess die Gelegenheit geboten, Wissen über ein analoges, also strukturell identisches System zu erwerben (vgl. Berry & Broadbent, 1988; Hesse, 1982, 1985; Preußler, 1998). Durch eine zusätzliche hohe kontextuelle Ähnlichkeit kann gewährleistet werden, dass dieses analoge Vorwissen aktiviert wird und somit der Einfluss unspezifischen oder gar unpassenden Wissens ausgeschlossen werden kann. Auch dieses Vorgehen zielt nicht auf ein für alle Personen gleiches Wissen zu Beginn des eigentlich interessierenden Lernprozesses ab. Das vorab präsentierte, analoge System kann vollständig selbstreguliert bearbeitet werden,

---

[16] Diese Annahme wird unter der Voraussetzung getroffen, dass das spezifische Wissen noch nicht derart sicher und leicht abrufbar ist, dass eine weitere Integration mit nicht zu rechtfertigendem Aufwand verbunden wäre.

weshalb Ausmaß und Qualität des dadurch erworbenen Wissens interindividuell variiert.

Wissen über ein strukturidentisches, analoges System ist positives Vorwissen, welches jedoch kein systemspezifisches Wissen darstellt, weil es anhand eines anderen Systems erworben wurde. Es kann genutzt werden, um Hypothesen aufzustellen, diese zu prüfen und neue Informationen in eine Wissensbasis zu integrieren, für die eine analoge Vorlage existiert. Damit wird sicherlich der Prozess des Wissenserwerbs erleichtert und damit das Ausmaß an Selbstbestimmtheit erhöht. Er wird jedoch nicht qualitativ verändert. Es sind weiterhin identifizierende wie integrierende Eingriffe notwendig, um zu einem später sicher und leicht abrufbaren Wissen zu gelangen. In den $log_{(or)}$-Werten sollte sich diese Erleichterung und die damit verbundene höhere Selbstbestimmtheit des Lernens und seiner Regulation in größeren Beträgen ausdrücken. Es wird daher erwartet, dass im Vergleich zu einem Lernprozess mit unspezifischem Vorwissen sich der Verlauf der Lernprozessregulation mit analogem Vorwissen durch ein deutlicher von Null verschiedenes negatives Ausgangsniveau auszeichnet, auf das ein deutlich stärkeres positives Wachstum mit einer deutlich stärkeren negativen Beschleunigung aufbaut.

3. Lassen sich weitere Faktoren identifizieren, die zusätzlich zu dem verfügbaren Vorwissen den Regulationsverlauf des Lernprozesses im Umgang mit dem Heidelberger Finiten Automaten beeinflussen? Als weiterer den Lernprozess und seine Regulation beeinflussender Faktor werden in dieser zweiten Studie erneut die kognitiven Grundfähigkeiten zur Informationsverarbeitung betrachtet. Dabei wird davon ausgegangen, dass die unterschiedlichen Arten von Vorwissen nicht nur die oben angenommenen Einflüsse auf den Verlauf und den Erfolg der Lernprozessregulation besitzen. Sie sollten ebenso einen bedeutsamen Effekt auf die Zusammenhänge zwischen den kognitiven Grundfähigkeiten und der Regulation haben.

Für einen Lernprozess mit unspezifischem Vorwissen gelten dieselben Annahmen, wie sie bereits für den in Studie I beobachteten Prozess aufgestellt wurden. Das Niveau an Selbstbestimmtheit, mit dem zu Beginn der Prozess auf das Identifizieren ausgerichtet wird, sollte eher unabhängig von den kognitiven Grundfähigkeiten sein. Jedoch wird angenommen, dass der Wechsel zur Bevorzugung integrierender Lernhandlungen genauso stark von dieser Fähigkeit der Informationsverarbeitung abhängt wie die Wahrscheinlichkeit, dass der Punkt überschritten wird, ab dem ein Identifizieren wieder sinnvoller erscheint. Demzufolge wird von einem eher geringen Einfluss auf das Ausgangsniveau der $log_{(or)}$-Werte und von starken Effekten auf das positive Wachstum und seine negative Beschleunigung ausgegangen.

Die Verfügbarkeit von spezifischem (Vor-)Wissen sollte den Einfluss, den kognitive Grundfähigkeiten zusätzlich dazu auf die Lernprozessregulation ausüben, in dem Maß mindern, in dem es umfangreich und in angemessener Qualität abrufbar ist. Je mehr Informationen bereits bekannt sind, umso weniger wichtig ist das weitere Identifizieren von Informationen. Damit einher geht eine immer geringer werdende Bedeutung schlussfolgernder Denkprozesse, da beispielsweise das Bilden und Testen von Hypothesen immer seltener notwendig ist. Je besser identifizierte Informationen bereits integriert wurden, desto geringer ist der kognitive Aufwand für ihren Abruf, was zusätzlich die Bedeutung kognitiver Grundfähigkeiten senkt. Auch in Anlehnung an Elshout (1987) und Raaheim (1988) ist somit bei einem Lernprozess mit einem ausreichend spezifischen Vorwissen davon auszugehen, dass bei diesem Prozess den kognitiven Grundfähigkeiten neben dem Vorwisseneinfluss für alle Aspekte der Lernprozessregulation eine nur geringe Bedeutung beigemessen werden kann.

Das Lernen unter Zuhilfenahme von analogem Vorwissen sollte hingegen ähnlich von der Fähigkeit, Informationen schlussfolgernd zu verarbeiten, abhängen wie das Lernen mit unspezifischem Vorwissen. Bei beiden Prozessen müssen bislang unbekannte Informationen durch das Bilden und Testen von Hypothesen identifiziert und später integriert werden. Die Verfügbarkeit analogen Vorwissens sollte diesen Prozess und seine Regulation im Vergleich zu einem Prozess mit unspezifischem Vorwissen jedoch insbesondere zu Beginn deutlich vereinfachen. Mit einem analogen Vorwissen steht von Beginn an Wissen zur Verfügung, auf dessen Grundlage sehr leicht erste Hypothesen gebildet und getestet werden können. Daher ist zu vermuten, dass bei Verfügbarkeit analogen Vorwissens das Bilden und Testen von Hypothesen zu Beginn auch nur sehr wenig von einer hohen kognitiven Grundfähigkeit abhängt. Erst wenn analoges Vorwissen im Verlauf des Prozesses seinen Einfluss verliert, ist der Fähigkeit zum schlussfolgernden Denken wieder die Bedeutung für die Lernprozessregulation zuzuschreiben, die sie auch beim Lernen mit unspezifischem Vorwissen aufweist. Mit Blick auf das Modell E3KGF2 der Studie I (Abbildung 14, S. 145) ist anzunehmen, dass dieser Einfluss sich insbesondere auf die Schnelligkeit und die Bestimmtheit, mit der der Lernprozess auf das Integrieren ausgerichtet wird, erstreckt. Ebenso ist nicht auszuschließen, dass hohe kognitive Grundfähigkeiten die Wahrscheinlichkeit erhöhen, dass der Punkt erreicht wir, ab dem ein verstärktes Identifizieren wieder sinnvoller erscheint als das weitere Integrieren bereits ausreichend integrierter Informationen. Diese Annahmen über den Einfluss, den kognitive Grundfähigkeiten zusätzlich zum Einfluss analogen Vorwissens auf die Lernprozessregulation ausüben, drückt sich in Bezug auf die Entwicklung der $log_{(or)}$-Werte in einer nur sehr geringen zusätzlichen Bedeutsamkeit für das Ausgangsniveau, einem bedeutsamen zusätzlichen Einfluss auf das positive Wachstums und einem zusätzlichen Einfluss auf dessen negative Beschleunigung aus.

Motivationale Faktoren werden in der Literatur als nahezu gleich bedeutend für die Lernprozessregulation angesehen wie kognitive Aspekte (vgl. Abschnitt 2.5.3). Insbesondere aufgabenspezifische Faktoren wie zum Beispiel eine aufgabenbezogene Kontrollwartung haben einen gewichtigen Einfluss auf die Qualität der Regulation, beispielsweise über die Zielsetzung, über die Auswahl einer systematischen Lernstrategie oder über den investierten Lernaufwand. Gleichzeitig werden motivationale Faktoren wiederum von der Güte des Lernprozesses mitbestimmt. So sollte zum Beispiel eine aufgabenbezogene Kontrollwartung steigen, je erfolgreicher die Regulation des Lernprozesses war.

Diese wechselseitigen Einflüsse zwischen Motivation und Lernprozessregulation sollen in der zweiten Studie am Beispiel einer aufgabenbezogenen Kontrollwartung abgebildet werden, indem jeweils vor einem der drei Lernprozesse das Ausmaß der anfänglichen und jeweils danach das Ausmaß der resultierenden Kontrollwartung erfasst wird. Hierbei soll aus zwei Perspektiven auf dieses Wechselspiel geschaut werden. Zum einen soll das Zusammenspiel zwischen Aspekten der Lernprozessregulation und der anfänglichen und der resultierenden Kontrollerwartung beleuchtet werden. Es wird die Frage gestellt, welche Aspekte der Lernprozessregulation durch eine anfängliche Kontrollerwartung beeinflusst werden und welche Aspekte wiederum das Ausmaß der resultierenden Kontrollerwartung hauptsächlich mitbestimmen. Zum anderen soll beschrieben werden, wie dieses Wechselspiel zwischen kognitiven und motivationalen Faktoren der Lernprozessregulation von der Art des Vorwissens abhängt. Dabei steht die Frage im Vordergrund, welchen Einfluss eine aufgabenbezogene Kontrollerwartung zu einem spezifischen Vorwissen auf die Regulation des Lernprozesses zusätzlich ausüben kann.

Zusammenspiel zwischen Aspekten der Lernprozessregulation und anfänglicher und resultierender Kontrollerwartung. In Anlehnung an Bandura (1986; Wood & Bandura, 1989) und an Vollmeyer und Rheinberg (1998; Rheinberg et al., 2000) kann für eine hohe Kontrollerwartung ein positiver Effekt auf die Systematik des Vorgehens angenommen werden. Dabei ist davon auszugehen, dass eine anfängliche Kontrollerwartung sich auch insbesondere auf den Beginn des Lernens auswirkt. Zu Beginn eines interaktiven Lernprozesses sollte ein systematisches Vorgehen zu einer Ausrichtung des Prozesses auf das Identifizieren neuer Informationen führen. Es wird daher angenommen, dass sich der positive Effekt einer anfänglichen hohen Kontrollerwartung in einer solchen Bevorzugung identifizierender Lerntätigkeiten ausdrückt. Diese sollte wiederum schnell zu Informationen führen, die integriert werden müssen. Zudem ist davon auszugehen, dass eine Person auf der Grundlage einer hohen Kontrollerwartung schneller zu der Einschätzung gelangt, so viele Informationen identifiziert zu haben, dass der weitere Lernprozess stärker auf deren Integration abzielen sollte. Bei einer hohen anfänglichen Kontrollerwartung kann demzufolge erwartet werden, dass sich der Wechsel vom Identifizieren zum Integrieren schneller und bestimmter vollzieht. Der Punkt, ab dem es wieder sinnvoller erscheint, die zur Verfügung stehenden Ressourcen erneut auf das Identifizieren eventuell noch unbekannter Informationen zu lenken, ist erst nach einem längeren Lernprozess und hauptsächlich in Abhängigkeit von dessen Erfolg zu erwarten. Dass eine anfängliche Kontrollerwartung zu diesem eher spät liegenden Zeitpunkt noch einen Einfluss hat, ist zu bezweifeln.

Vielmehr wird davon ausgegangen, dass dieser Punkt eher in Zusammenhang mit der Kontrollerwartung zu sehen ist, die als Resultat des Lernprozesses zu erwarten ist. Die resultierende Kontrollerwartung sollte in einem bedeutsamen Zusammenhang mit dem Erfolg der Lernprozessregulation stehen. Die Analysen der ersten Studie konnten zeigen, dass eine erfolgreiche Lernprozessregulation sich insbesondere durch einen schnellen Wechsel vom Identifizieren zum Integrieren auszeichnet. Daraus ergibt sich die Annahme, dass eine hohe Kontrollerwartung das Ergebnis eines erfolgreichen Lernprozesses ist, dessen Regulation sich insbesondere durch einen schnellen Wechsel vom Identifizieren zum Integrieren, und vermutlich ebenso in einer später erneuten Hinwenden zum Identifizieren neuer Informationen auszeichnet. Die Einflüsse der anfänglichen Zielsetzung auf das Identifizieren von Informationen werden weniger in Zusammenhang mit der resultierenden Kontrollerwartung gebracht. Die Einschätzung der eigenen Kontrollfähigkeit sollte stärker auf dem Umfang und der Qualität abrufbarer und anwendbarer Informationen beruhen und weniger auf den anfänglichen Bemühungen, diese Informationen zu entdecken.

Diese Annahmen über das Zusammenspiel zwischen den Verlaufsmerkmalen der Lernprozessregulation und dem Ausmaß anfänglicher und resultierender Kontrollerwartung drücken sich in Bezug auf die Entwicklung der $log_{(or)}$-Werte zum einen in den Annahmen aus, dass je höher eine anfängliche Kontrollerwartung ist, desto deutlicher sich sowohl das negative Ausgangsniveau als auch das positive Wachstum der Werte von Null unterscheiden. Zum anderen sollten ein hohes positives Wachstum und eine hohe negative Beschleunigung wiederum zu einer hohen resultierenden Kontrollerwartung führen.

Kognitive und motivationale Aspekte der Lernprozessregulation unter dem Einfluss unterschiedlichen Vorwissens. Die Frage nach Zusammenhängen zwischen Vorwissen und Kontrollerwartung bezieht sich hauptsächlich auf die anfängliche Kontrollerwartung, für die angenommen wird, dass sie genauso wie Vorwissen für den Beginn des Lernprozesse bedeutsam ist. Gleichzeitig wird davon ausgegangen, dass die Art des Vorwissens keinen Effekt auf die resultierende Kontrollerwartung hat. Im Verlauf des Lernens wird durch die stetig wachsende Verfügbarkeit spezifischer Informationen das Vorwissen für die Regulation des Prozesses immer unbedeutender. Wenn davon ausgegangen wird, dass die resultierende Kontrollerwartung das Ergebnis des Wissenserwerbs und seiner Regulation ist, kann zugleich angenommen werden, dass die Beziehung zwischen Vorwissen und resultierender Kontrollerwartung immer bedeutungsloser wird.

Je spezifischer das Vorwissen über den zu erlernenden Gegenstandsbereich ist, im Falle der vorliegenden Arbeit also über den Heidelberger Finiten Automaten, umso spezifischer kann auch das eigene Kontrollvermögen in Bezug auf diesen konkreten Lerngegenstand im voraus eingeschätzt werden. Eine anfängliche Kontrollerwartung ist demzufolge umso aufgabenspezifischer, je mehr spezifisches Vorwissen über diese konkrete Aufgabe verfügbar ist. In Anlehnung an Rheinberg und Mitarbeiter (2000) ist davon auszugehen, dass eine aufgabenspezifische Kontrollerwartung in engerem Zusammenhang mit der Lernprozessregulation steht als eine unspezifische. Dies bedeutet, dass für einen Lernprozess mit ausschließlich unspezifischem Vorwissen der Einfluss der Kontrollerwartung auf seine Regulation als eher gering einzuschätzen ist, während für Lernprozesse mit ausreichend spezifischem Vorwissen bedeutsame Zusammenhänge zu vermuten sind.

Der Art des Vorwissens wird ein bedeutsamer Einfluss auf die Regulation des Lernprozesses zugesprochen. Ebenso wird davon ausgegangen, dass die aufgabenbezogene Kontrollerwartung entscheidend von der Art des Vorwissens abhängig ist. Wenn sowohl die Lernprozessregulation als auch die Kontrollerwartung stark von dem verfügbaren Vorwissen bestimmt sind, stellt sich die Frage, welchen zum Vorwissen zusätzlichen Effekt eine anfängliche Kontrollerwartung auf die Lernprozessregulation hat. Es muss davon ausgegangen werden, dass die anfängliche Kontrollerwartung bei wachsendem Vorwissen einen immer geringer werdenden zusätzlichen Einfluss auf die Lernprozessregulation hat.

6.2 Instrumentierung

Regulation des Wissenserwerbs. Für die Erhebung des Verlaufs einer Lernprozessregulation wurde wie bereits in Studie I auf den Heidelberger Finiten Automaten zurückgegriffen. Jedoch wurde für die zweite Studie eine Version eingesetzt, deren Wissenserwerbsphase sich von der Version der ersten Studie unterscheidet. Bei dieser Version sind die insgesamt 15 Minuten, die für den Erwerb von Wissen zur Verfügung gestellt werden, in drei aufeinander folgende Lernphasen von jeweils fünf Minuten Dauer unterteilt. In der ersten Phase wird ausschließlich das Subsystem „Rakete" präsentiert (vgl. Abbildung 5, S. 78), und es kann in dieser Phase ausschließlich über dieses Subsystem Wissen erworben werden. Die Anzahl der präsentierten Eingriffsalternativen sowie die Anzahl aller möglichen Systemzustände ist somit im Vergleich zur Version der ersten Studie genau halbiert. Dies bedeutet eine deutliche Reduzierung der Komplexität, wodurch eine ebenso deutliche Erleichterung des Lernens und seiner Regulation erreicht werden sollte.

In der zweiten Phase kann ausschließlich Wissen über das Subsystem „Fahrzeug" erworben werden. Die Rakete wird samt ihrer Eingabe- und Ausgabesignale ausgeblendet und durch die entsprechenden Signale des Fahrzeugs ersetzt. Das Fahrzeug bildet die zweite Hälfte der Systemstruktur der HFA-Version von Studie I. Die Rakete und das Fahrzeug sind isomorph, ihre Strukturen sind identisch. Die Subsysteme unterscheiden sich nur bezüglich ihrer semantischen Einkleidung. Beide Strukturen sind in den Kontext eines Transportmittels für den Weltraum eingekleidet, die räumliche Anordnung der Schalter und der Zustandsanzeigen ist exakt parallel, das Feedback des Systems erfolgt in demselben Format. Auch die Fehlermeldungen sind identisch. Die exakte Übereinstimmung auf struktureller Ebene, die sehr hohe oberflächliche Ähnlichkeit und die enge zeitliche Nähe ihrer Bearbeitung erhöhen die Wahrscheinlichkeit, dass Wissen, welches im Umgang mit der Rakete erworben wurde, über diesen nahen analogen Transfer für den Erwerb von Wissen über das Planetenfahrzeug verfügbar gemacht beziehungsweise gehalten wird (Blessing & Ross, 1996; Gentner, 1983; Gentner & Markmann, 1997; Schmid, Wirth & Polkehn, 2003).

In den verbleibenden fünf Minuten der dritten Phase werden beide Subsysteme erneut dargeboten, dieses Mal jedoch gemeinsam. Für diese Zeit entspricht der HFA den letzten fünf Minuten der Wissenserwerbsphase in der ersten Version. Sowohl die Rakete als auch das Fahrzeug sind zu Beginn dieser Phase bereits bekannt, da sie jeweils in einer der beiden vorangegangen Phasen präsentiert wurden.

Das Eingriffsverhalten wird in den drei Phasen des Wissenserwerbs wie bereits in Studie I in Logfiles protokolliert. Damit wird dieselbe Erfassung und Beschreibung der drei Regulationsverläufe möglich, wie in Abschnitt 4.3 und bei der Darstellung der ersten Studie beschrieben.

Umfang erworbenen Wissens. Der Test auf den Umfang erworbenen Wissens unterscheidet sich nicht von dem entsprechenden Test der Studie I (s. Abschnitt 5.2). Somit wird dieser Erfolgsaspekt der Lernprozessregulation anhand desselben Kriteriums eingeschätzt wie in Studie I. Die jeweils acht Interpolations- und Prognoseaufgaben weisen in dieser zweiten Studie zusammen eine zufriedenstellende interne Konsistenz von Cronbach's $\alpha = 0{,}80$ auf.

Abruf und Anwendung erworbenen Wissens. Auch der Wissensanwendungstest entspricht aus Gründen der Vergleichbarkeit dem Test der ersten Studie (s. Abschnitt 5.2). Die insgesamt 22 Interpolationsaufgaben, die in maximal 13 Minuten bearbeitet werden, sind ihrer Schwierigkeit nach geordnet und weisen in dieser Studie mit Cronbach's $\alpha = 0{,}93$ eine ähnliche Reliabilität auf wie bereits in Studie I.

Kognitive Grundfähigkeiten. In dieser Studie II kamen die Skalen V4 und N2 des Kognitiven Fähigkeits-Tests (Heller et al., 1985) zum Einsatz. Das erste Item der verbalen Skala V4 wurde jedoch ausgetauscht, da sich aufgrund von Re-Analysen der Daten der Studie I Hinweise auf Verständnisschwierigkeiten bei diesem Item ergaben. Die Skalenbildung erfolgte wieder als Anteil korrekt gelöster Aufgaben. Es errechnet sich für die Skala N2 eine Reliabilität von Cronbach's $\alpha = 0{,}70$ und für die Skala V4 von Cronbach's $\alpha = 0{,}87$. Auf der Skala N2 wird ein durchschnittlicher Wert von $M_{N2} = 0{,}59$ ($SD = 0{,}23$) erreicht, bei der Skala V4 liegt dieser Wert bei $M_{V4} = 0{,}47$ ($SD = 0{,}18$). Die beiden Skalen korrelieren mit $r_{VN} = 0{,}58$ hoch, was eine Modellierung durch einen gemeinsamen, latenten Faktor „Kognitive Grundfähigkeiten" rechtfertigt. Da in der vorliegenden Arbeit auch keine speziellen Fragestellungen zu unterschiedlichen Formaten der Informationsverarbeitung wie figural und verbal untersucht werden sollen, werden die beiden Skalen zu einem einheitlichen Maß zusammengefasst.

Kontrollerwartung. Die Erfassung der Kontrollerwartung erfolgte über zwei Aussagen[17], für die jeweils anzugeben ist, ob sie für einen selbst zutreffen oder nicht. Die Aussagen werden in Anlehnung an die Skala „control expectancies" formuliert, wie sie beim Schülerleistungsvergleich PISA eingesetzt wurde (Baumert et al., 2001; Kunter et al., 2002; O´Neil & Herl, 1998). Ähnlich dem Vorgehen von Vollmeyer und Rheinberg (1998; Vollmeyer et al., 1997) werden die Fragen mehrmals, insgesamt viermal, im Verlauf des gesamten Lernprozesses gestellt (s.a. Abschnitt 6.3.3). Um die Unterbrechungen des Lernprozesses aufgrund der Befragung möglichst gering zu halten, wurden diese zum einen jeweils nur vor beziehungsweise nach einer der drei Lernphasen erhoben und zum anderen ein nur dichotomes Antwortformat gewählt. Eine Voruntersuchung, bei denen diese Fragen in fünfminütigem Abstand in der Programmversion der Studie I gestellt wurden, offenbarte keine Unterschiede des Wissenserwerbsverhaltens im Vergleich zur ersten Studie, bei der keine Fragen gestellt wurden. Die beiden Antworten werden pro Messzeitpunkt zu einem Maß der Kontrollerwartung zusammengefasst, das drei unterschiedliche Ausprägungen annehmen kann.

---

[17] „Ich kann mir jetzt schon denken, wie man die Rakete/das Fahrzeug/die Rakete und das Fahrzeug steuern muss."
„Wenn ich richtig nachdenke, kann ich jetzt das Spiel in den Griff bekommen."

6.3 Erhebung

6.3.1 Kontext

Die Erhebung konnte im Rahmen der Hauptuntersuchung von PISA-Deutschland im Frühjahr/Sommer 2000 erfolgen. An PISA nahmen 219 Schulen mit ungefähr 5.000 Schülerinnen und Schülern teil, deren Leistungen international mit den entsprechenden Schülerleistungen der anderen teilnehmenden Staaten verglichen wurden (Baumert et al., 2001; OECD, 2001). Diese „PISA-O"-Stichprobe wurde in Deutschland auf insgesamt 1.466 Schulen mit insgesamt über 50.000 teilnehmenden Jugendlichen erweitert. Diese nationale Stichprobenergänzung „PISA-E" wurde gezogen, um Schülerleistungen zwischen den Ländern der Bundesrepublik Deutschland vergleichen zu können (Baumert et al., 2002). In den internationalen Vergleich gingen die Daten der PISA-E-Stichprobe nicht ein.

Erster und zweiter Testtag. Wie bereits im Feldtest fand auch bei der Haupterhebung die Testung an zwei aufeinander folgenden Tagen statt. Am ersten Testtag wurden von allen Jugendlichen Leseaufgaben bearbeitet. Nach einem rotierten System wurden ihnen zudem Aufgaben aus den Bereichen Mathematik oder den Naturwissenschaften gestellt. Nach einer Pause wurde zusätzlich ein Schülerfragebogen ausgefüllt und Fragen zum selbstregulierten Lernen und zur Computererfahrung beantwortet. Am zweiten Testtag wurden nationale Ergänzungsaufgaben der Mathematik und der Naturwissenschaften bearbeitet, die nicht in den internationalen Vergleich einbezogen werden. Nach einer Pause wurde die beiden Skalen des Kognitiven Fähigkeitstests eingesetzt, bevor die Jugendlichen schriftliche Problemlöseaufgaben lösten. Zum Abschluss des zweiten Testtags wurden Aspekte der Kommunikations- und Kooperationsfähigkeit erhoben und ein zusätzlicher Schülerfragebogen eingesetzt.

Dritter Testtag. Dreißig Schulen der PISA-E-Stichprobe mit insgesamt 845 Schülerinnen und Schülern nahmen an einem zusätzlichen dritten Testtag teil, der zwischen zwei und sechs Wochen nach den ersten beiden Testtagen durchgeführt wurde. An diesem dritten Testtag kamen hauptsächlich computerbasierte Testverfahren zum Einsatz, für deren Darbietung erneut die dreißig Notebooks genutzt wurden, mit denen bereits in der Feldtesterhebung (Studie I) die Schulen besucht wurden. Anders als im Feldtest wurde dieses mal auf eine Rotation unterschiedlicher Verfahren verzichtet, und alle Jugendlichen bearbeiteten dieselben Verfahren in derselben Reihenfolge. Zu Beginn füllten die Schülerinnen und Schüler einen kurzen Fragebogen über allgemeines simulationsbezogenes Wissen, über ihre Computerspielerfahrung und über ihr Wissen über allgemeine Strategien aus. Nach der anschließenden Pause wurde für ungefähr zwanzig Minuten ein computerbasiertes Verfahren zur Erfassung der Arbeitsgedächtniskapazität präsentiert. Auf dieses Verfahren wird im Rahmen der vorliegenden Arbeit nicht weiter eingegangen. Im Folgenden bearbeiteten alle den Heidelberger Finiten Automaten. Nach einer weiteren Pause kam dann das ökologische Planspiel „Hunger in Nordafrika" von Leutner und Schrettenbrunner (1989) zum Einsatz.

Der HFA wurde beim PISA-Haupttest in zwei unterschiedlichen Versionen dargeboten. 715 Personen bearbeiteten die Version, die im Folgenden ausführlicher beschrieben wird. Den weiteren Schülerinnen und Schüler wurde in der zweiten Version während der Wissenserwerbsphase eine zusätzliche kurze Aufgabe zum analogen Transfer gestellt. Auf diese zweite Version wird im Rahmen der vorliegenden Arbeit nicht weiter eingegangen.

6.3.2 Stichprobe

Es wurden jeweils zehn Schulen aus einem der drei Länder Baden-Württemberg, Niedersachsen und Sachsen-Anhalt besucht. Bei der Stichprobenziehung wurden die drei Schulformen Hauptschule, Realschule und Gymnasium berücksichtigt. Sie waren entsprechend ihrem Anteil innerhalb des jeweiligen Landes proportional in der Landesstichprobe vertreten. Gesamtschulen wurden in diese Stichprobe nicht aufgenommen. Über alle drei Länder der Bundesrepublik hinweg besuchten von den 715 Schülerinnen und Schülern 23,4% eine Hauptschule, 43,1% gingen auf eine Realschule und 33,6% auf ein Gymnasium. Innerhalb einer Schule wurden wie bereits in Studie I aus der Altersgruppe der 15-Jährigen klassenübergreifend bis zu dreißig Schülerinnen und Schüler in die Stichprobe des dritten Testtages aufgenommen. Im Durchschnitt waren die Jugendlichen $M = 15,72$ ($SD = 0,59$) Jahre alt. Die Geschlechter waren in nahezu gleichen Anteilen vertreten (50,36% Mädchen und 49,64% Jungen). Somit ist die Zusammensetzung dieser Stichprobe mit der Zusammensetzung in Studie I vergleichbar.

Auch diese Stichprobe ist wie die Stichprobe der ersten Studie nicht vollkommen zufällig, sondern weist die hierarchische Struktur einer Klumpenstichprobe auf. Die anzunehmende Homogenität innerhalb einer Schule führt dazu, dass die damit verbundene Unterschätzung des Standardfehlers bei statistischen, hypothesentestenden Verfahren durch die Berechnung eines effektiven Stichprobenumfangs ausgeglichen werden muss.

6.3.3 Durchführung

Die Erhebung am dritten Testtag der PISA-Hauptuntersuchung 2000 fand als Gruppensitzung innerhalb eines Schulraumes statt und wurden immer von zwei Testleiterinnen beziehungsweise Testleitern durchgeführt. Die Testsitzung war durch zwei Pausen unterbrochen. Nachdem die Jugendlichen die schriftlichen Tests und Fragebogen bearbeitet hatten, starteten nach zwanzig Minuten die beiden Testduchführenden die bis zu dreißig Notebooks. Während dieser Zeit hatten die Schülerinnen und Schüler ihre erste Pause. Nach der Pause bearbeiteten sie für 15 Minuten ein computerbasiertes Verfahren zur Erfassung ihrer Arbeitskapazität.

Nachdem alle Teilnehmerinnen und Teilnehmer diese Bearbeitung abgeschlossen hatten, starteten alle gleichzeitig die Simulation des Heidelberger Finiten Automaten. Damit begann auch die automatische Protokollierung aller Eingaben, die ausschließlich mit der Computermaus getätigt wurden. Die Durchführung des gesamten Tests erfolgte vollständig computerbasiert. Der HFA startet mit einer Instruktion, bei der den Jugendlichen die Rakete, das Fahrzeug und deren Schalter und Zustandsanzeigen vorgestellt wurde. Die Instruktion war mit der Instruktion der ersten Studie identisch.

Kontrollerwartung zu t_0. Nach der Instruktion wurden zum ersten Mal die beiden Fragen zur aufgabenbezogenen Kontrollerwartung gestellt und beantwortet. Zu diesem

Zeitpunkt hatten alle Schülerinnen und Schüler aufgrund der Instruktion die Möglichkeit, die im Anschluss zu bearbeitende Aufgabe einzuschätzen. Sie hatten aber noch nicht die Möglichkeit gehabt, durch die Interaktion mit dem System Wissen über dieses zu erwerben.

Wissenserwerb mit unspezifischem Vorwissen. Im Anschluss daran hatten die Schülerinnen und Schüler fünf Minuten Zeit, um durch die Interaktion mit dem Subsystem „Rakete" alles Wissenswerte über dieses Subsystem zu erfahren und dieses Wissen für später verfügbar zu machen.

Kontrollerwartung zu t_1. Nach Ablauf der ersten fünf Minuten wurden die Jugendlichen um die Beantwortung der beiden Fragen zur Kontrollerwartung gebeten, die auf der Basis des gerade erworbenen spezifischen Wissens über die Rakete beantwortet wurden.

Wissenserwerb mit analogem Vorwissen. In den Minuten 6 bis 10 wurde ausschließlich das Fahrzeug für den interaktiven Lernprozess zur Verfügung gestellt. Die Eingabe- und Ausgabezeichen, sprich die Schalter und die Zustandsanzeige wurden dabei an derselben Stelle auf dem Display präsentiert, wo sie auch bei einer gleichzeitigen Darbietung der beiden Subsysteme angeordnet sind.

Kontrollerwartung zu t_2. Nach dieser zweiten Phase wurden erneut die beiden Fragen zur Kontrollerwartung gestellt. Diese waren so formuliert, dass sie in Bezug auf das Subsystem „Fahrzeug" beantwortet werden mussten.

Wissenserwerb mit spezifischem Vorwissen. In den letzten fünf Minuten der Lernphase wurden sowohl die Rakete als auch das Fahrzeug präsentiert. Somit hatten die Jugendlichen die Gelegenheit, mit beiden Subsystemen erneut zu interagieren und ihr in den beiden vorherigen Phasen erworbenes Wissen zu nutzen und zu erweitern.

Kontrollerwartung zu t_3. Nach dieser letzten Phase des Wissenserwerbs wurden die beiden Fragen zur Kontrollerwartung ein letztes Mal gestellt.

Wissensumfang. Es folgte die Bearbeitung des Wissensumfangstests, für die maximal 10,5 Minuten Zeit zur Verfügung stand. Diese Zeit hatte sich in Voruntersuchungen und in der ersten Studie als optimal erwiesen.

Wissensanwendung. Es folgte die Überprüfung auf Abrufbarkeit und Anwendbarkeit des erworbenen Wissens. Die insgesamt 22 Aufgaben konnten für längstens 13 Minuten bearbeitet werden. Nachdem alle Fragen beantwortet wurden beziehungsweise nach Ablauf der 13 Minuten endete die Simulation des HFA mit der Sicherung der Daten.

Sobald alle Schülerinnen und Schüler den Zeitpunkt der Datensicherung erreicht hatten, wurden sie in die zweite Pause entlassen. Nach der Pause bearbeiteten die für insgesamt 45 Minuten das ökologische Planspiel.

6.4 Optimale Messzeitraumgröße

Im folgenden Verlauf des Kapitels 6 wird über deskriptive Darstellungen und über die Modellierung latenter Wachstumskurvenmodelle versucht, die in Abschnitt 6.1 aufgeworfenen Fragen zu beantworten. Dies soll auf der Basis des $log_{(or)}$-Maßes geschehen, wofür die drei Phasen des Wissenserwerbs jeweils in einzelne Messzeiträume unterteilt werden müssen. Bei dieser Aufteilung in Messzeiträume müssen Aspekte der Reliabilität berücksichtigt werden. Die Reliabilität der $log_{(or)}$-Werte ist, wie in Abschnitt 5.6 bereits dargelegt wurde, insbesondere von der Verfügbarkeit von sowohl identifizierenden als auch integrierenden Eingriffsalternativen innerhalb eines Messzeitraumes abhängig. Steht innerhalb eines Messzeitraumes nur eine Art von Eingriffsalternativen zur Verfügung, muss dem $log_{(or)}$-Maß der Wert Null zugewiesen werden.

Tabelle 15 zeigt die Anzahl der Personen, für die bei einer Messzeitraumgröße von einer Minute eine solche Zuweisung getroffen werden muss. Wie bereits in Studie I, so zeigen auch die Daten der Studie II, dass dies in der ersten Minute des Lernprozesses gehäuft der Fall ist. 28 der insgesamt 715 Personen tätigten in dieser Zeit ausschließlich Eingriffe, denen kein selbstbestimmter Prozess unterstellt werden kann. Es resultiert damit ein $log_{(or)}$-Wert für die erste Minute, auf dessen Basis keine zuverlässigen Aussagen über das selbstregulierte Wissenserwerbsverhalten in dieser Zeit möglich ist. Bereits in der zweiten Minute ist dies nur noch bei zwei Personen der Fall. In der sechsten Minute, die den Beginn der zweiten Wissenserwerbsphase darstellt, ist sogar das Verhalten von nur einer Person als nicht selbstreguliert einzustufen.

Tabelle 15: Anzahl von Wertzuweisungen aufgrund fehlender Wahlmöglichkeiten (Studie II)

	Minute															
	1	2	3	4	5	6	7	8	9	10	11	12	13	14	15	Σ
keine Identifikationschance	0	0	0	0	3	0	0	1	4	4	0	0	2	3	3	20
keine Integrationschance	28	2	1	0	0	1	0	0	0	0	0	0	0	0	0	32
Σ																52

Lässt man die erste Minute außer Acht, sind bei einer Messzeitraumgröße von einer Minute über alle 715 Personen hinweg insgesamt vier Messzeiträume zu verzeichnen, in denen die Wahl aus ausschließlich unbekannten Eingriffen stattfand. Zudem besteht insgesamt 20 mal die Notwendigkeit, einer Person für einen Messzeitraum einen Wert zuzuweisen, innerhalb dessen ihr keine neu zu identifizierenden Eingriffsalternativen präsentiert wurden. Insgesamt müssen also 24 Wertzuweisungen aufgrund fehlender Wahlmöglichkeit getroffen werden, was bei 14 Messzeiträumen pro Personen einen Anteil von $q = 24 / (14 \cdot 715) = 0{,}24\%$ ausmacht. Dieser Anteil ist noch geringer als in Studie I.

Dieser ohnehin recht geringe Anteil ließe sich noch weiter senken, wenn man, wie in Studie I, die Messzeiträume jeweils auf zwei Minuten vergrößerte. Die Wissenserwerbsphase ist bei dieser HFA-Version jedoch in drei zeitliche Einheiten á fünf Minuten unterteilt, welche separat betrachtet und modelliert werden sollen. Da die erste Minute aufgrund der hohen Anzahl von Wertzuweisungen nicht betrachtet werden kann, ergäbe sich bei einer Messzeitraumgröße von zwei Minuten für die erste Teilphase nur zwei Messzeiträume. Durch zwei Messungen kann jedoch höchstens eine lineare Entwicklung eingeschätzt werden. Damit könnte für den ersten Messzeitraum zwar das angenommene lineare Wachstum abgebildet werden. Eine erwartete negative Beschleunigung wäre jedoch aus methodischen Gründen nicht beobachtbar.

Der Messfehler aufgrund von Wertzuweisungen, den man sich durch einminütige Messzeitraumgrößen einkauft, erscheint gering genug, um ihn als Preis für den Vorteil kleiner Messzeiträume zu bezahlen. Daher wird für alle Phasen als Messzeitraumgröße die Zeitspanne von einer Minute festgelegt. Damit ist auch für die erste Teilphase des Wissenserwerbs das Ausmaß der vermuteten negativen Beschleunigung einschätzbar.

6.5 Regulationsverläufe unterschiedlich schwieriger Lernprozesse

Schwieriger Lernprozess. Die erste Frage, der anhand der Daten dieser zweiten Studie nachgegangen wird, ist die nach dem Einfluss der Schwierigkeit auf den Verlauf der Lernprozessregulation. Zu diesem Zweck sollen im Folgenden die Verläufe von zwei Lernprozessregulationen miteinander verglichen werden, für die unterschiedliche Schwierigkeiten vorausgesetzt werden können. Für diesen Vergleich wird zum einen der Lernprozess herangezogen, der bereits in Studie I beschrieben wurde. Es kann beziehungsweise muss vorausgesetzt werden, dass dieser Prozess im Durchschnitt sehr schwierig für die untersuchte Stichprobe war, wodurch die Selbstbestimmtheit seiner Regulation eingeschränkt wurde (s. Diskussion in Abschnitt 5.8.2).

Weniger schwieriger Lernprozess. In den ersten beiden Lernphasen der Studie II ist der Lernprozess im Vergleich zu Studie I dadurch erleichtert, dass jeweils nur eine Hälfte der zu erlernenden Informationen präsentiert wird (einmal das Subsystem „Rakete" und einmal das Subsystem „Fahrzeug"). Die Komplexität dieser (Teil-)Automaten, über die jeweils Wissen erworben werden soll, ist somit stark reduziert, was den Lernprozess und seine Regulation deutlich vereinfachen sollte. Für den Lernprozess der ersten Studie kann angenommen werden, dass er anfänglich durch unspezifisches und zu guten Teilen negatives Vorwissen beeinflusst wurde. Analoges Vorwissen stand zu Beginn nicht zur Verfügung. Auch in der zweiten Studie bestand vor Beginn des Umgangs mit dem Subsystem „Rakete" für keine der teilnehmenden Personen die Möglichkeit, sich analoges oder gar spezifisches Wissen über dieses Subsystem anzueignen. Damit gleichen sich die Ausgangsbedingungen der beiden Studien, weshalb der Verlauf der ersten Lernprozessregulation in Studie II mit dem Verlauf in der ersten Studie verglichen werden kann.

Für die zweite Lernphase, in der Wissen über das Subsystem „Fahrzeug" erworben werden soll, ist das Vorhandensein analogen Vorwissens anzunehmen. Die Ausgangsbedingungen dieses Lernprozesses unterscheiden sich deshalb von den Bedingungen, die zu Beginn des Lernens in Studie I bestanden. Daher eignet sich dieser zweite Lernprozess nicht für einen Vergleich, weshalb im Folgenden ausschließlich die Lernprozessregulation der ersten Phase mit der Regulation in Studie I verglichen wird.

Hypothesen. In Abschnitt 6.1 wurde argumentiert, dass für einen Vergleich zwischen den Verläufen einer schwierigen und einer weniger schwierigen Lernprozessregulation dieselben Unterschiede anzunehmen sind, wie sie sich bei einem Vergleich zwischen einer weniger erfolgreichen mit einer erfolgreichen Regulation zeigen. Die bei einem einfachen Lernprozess angenommene erhöhte Selbstbestimmtheit sollte zu Beginn des Prozess zu einer eindeutigeren Zielsetzung auf die Identifikation neuer Informationen führen, die jedoch bedeutsam schneller und bestimmter durch die Ausrichtung auf das Integrieren ersetzt wird. Diese Lernregulation sollte wiederum schneller zu einem Punkt führen, ab dem das erneute Hinwenden auf das Identifizieren sinnvoller wird als das immer aufwändiger werdende weitere Integrieren bereits ausreichend integrierter Informationen. Mit der Annahme einer bestimmteren Identifikation zu Beginn und einem schnelleren und bestimmteren Wechsel zum Integrieren wird ein schnellerer Zugewinn an abrufbaren und anwendbaren, spezifischen Informationen vorhergesagt. Im Umkehrschluss bedeutet diese Annahme, dass der Einfluss des unspezifischen und zum Teil negativen Vorwissens schneller an Stärke verlieren sollte als es für einen schwierigen Lernprozess zu vermuten ist.

Diese deutlich selbstbestimmtere Regulation des Lernprozesses sollte sich in $log_{(or)}$-Werten niederschlagen, die im Vergleich zu einem schwierigen Lernprozess deutlicher von Null verschieden sind. Die Entwicklung der $log_{(or)}$-Werte einer vereinfachten Lernprozessregulation sollten sich demzufolge durch folgende Verlaufsmerkmale von einer schwierigen Regulation abgrenzen:

- Das negative Ausgangsniveau unterscheidet sich deutlicher von Null.
- Das positive Wachstum ist deutlich stärker.
- Die negative Beschleunigung ist deutlich stärker.

Im folgenden Abschnitt 6.5.1 wird zunächst überprüft, ob sich diese Unterschiede im Entwicklungsverlauf der $log_{(or)}$-Werte auf einer rein deskriptiven Ebene zeigen. Im daran anschließenden Abschnitt 6.5.2 wird der Verlauf der ersten Lernphase der Studie II durch ein latentes Wachstumskurvenmodell abgebildet. Dieses Modell wird dann in Abschnitt 6.5.3 mit dem entsprechenden Wachstumskurvenmodell der Studie I verglichen. Durch diesen Modellvergleich sollen folgende vier Hypothesen getestet werden, die sich aus oben angeführten Hypothesen über die unterschiedlichen Entwicklungen der $log_{(or)}$-Werte ergeben:

- *Intercept-Faktor*: Sein Betrag ist bei der weniger schwierigen Lernprozessregulation größer als bei der schwierigen Lernregulation. Sein Vorzeichen ist negativ.
- *Linearer Faktor*: Sein Betrag ist bei der weniger schwierigen Lernprozessregulation größer als bei der schwierigen Lernregulation. Sein Vorzeichen ist positiv.
- *Quadratischer Faktor*: Sein Betrag ist bei der weniger schwierigen Lernprozessregulation größer als bei der schwierigen Lernregulation. Sein Vorzeichen ist negativ.

Der Einfluss des Vorwissens wird nicht durch ein gesondertes Maß erhoben. In dem Modell spiegelt er sich daher in den Messfehlern der manifesten Variablen wider. Wenn sein Einfluss bei einem vereinfachten Lernprozess schneller sinkt, sollte sich dies in vergleichbaren Messfehlerbeträgen für alle Messzeiträume ausdrücken (Homoskedastizität). Nimmt seine Bedeutung nur langsam ab, so sind für die ersten Messzeiträume größere, nicht erklärte Varianzanteile zu erwarten als sie für die letzten Messzeiträume zu verzeichnen sind. Insofern ergibt sich folgende vierte Hypothese:

- *Homoskedastizität*: Ein Modell mit gleichen Messfehlerbeträgen bildet die empirischen Daten besser ab als ein Modell mit unterschiedlichen Messfehlerbeträgen.

Bei den folgenden Vergleichen wird ein schwieriger, 15-minütiger Lernprozess neben einen weniger schwierigen, nur fünfminütigen Prozess gestellt. Somit unterscheiden sich die beiden Prozesse nicht nur hinsichtlich ihrer Schwierigkeit, sondern auch hinsichtlich ihrer Dauer. Je kürzer die Zeitspanne ist, desto geringer sind die darin sich vollziehenden Veränderungen unter sonst identischen Bedingungen. Da für den kürzeren der beiden Prozesse größere intra-individuelle Unterschiede im Verlauf der Zeit angenommen werden, entspricht dieser Vergleich einem konservativen Vorgehen.

6.5.1 Deskriptive Verlaufsdarstellung

Abbildung 15 zeigt mit der durch Dreiecke gekennzeichneten Linie den durchschnittlichen Entwicklungsverlauf der $log_{(or)}$-Werte für die drei Lernphasen. Außerdem sind in ihr zehn nach Wissensanwendungsleistung aggregierte Prozessverläufe dargestellt. Die Bildung der zehn Leistungsgruppen erfolgte analog zu dem im Rahmen von Studie I beschriebenen Vorgehen (vgl. Abbildung 9). Die Datenpunkte der ersten Minute wurden in die Abbildung nicht mit aufgenommen, da sie später auch nicht in die Analysen mit einfließen. Für den in diesem Abschnitt 6.5 behandelten Vergleich einer schwierigen mit einer weniger schwierigen Lernprozessregulation ist nur die Lernphase A (Lernprozessregulation mit unspezifischem Vorwissen) relevant.

Merkmale des mittleren Verlaufs. Der mittlere Verlauf in der ersten Lernphase, der durch die vier $log_{(or)}$-Werte für die Minuten 2 bis 5 beschrieben wird, beginnt mit einem negativen Betrag in Höhe von $M_{HT(2)} = -0,21$. Damit unterscheidet sich dieses Ausgangsniveau der zweiten Minute – die Daten der ersten Minute wurden von den Analysen ausgeschlossen – entgegen der Annahme nur unwesentlich von demselben Niveau der Studie I ($M_{FT(2)} = -0,26$). Der Anstieg der $log_{(or)}$-Werte vollzieht sich innerhalb der beobachteten vier Minuten auf einen Durchschnittswert in Höhe von $M_{HT(5)} = 0,81$, wodurch innerhalb dieser Zeit eine deutlich stärkere Entwicklung zu verzeichnen ist als innerhalb desselben Zeitraums der ersten Studie ($M_{FT(5)} = -0,03$). Dies spricht dafür, dass sich in Studie II wie erwartet ein deutlich stärkeres positives Wachstum der $log_{(or)}$-Werte beobachten lässt. Allerdings ist ähnlich wie bereits in Studie I auf dieser deskriptiven Ebene keine Krümmung des Verlaufs ersichtlich, was gegen die Vermutung einer deutlich stärkeren, negativen Beschleunigung spricht.

Merkmale unterschiedlich erfolgreicher Verläufe. Der Vergleich unterschiedlich erfolgreicher Regulationsverläufe offenbart in Bezug auf die zehn Ausgangsniveaus (Minute 2) ein Rangordnung, die so in Studie I nicht zu beobachten war. Dabei zeigt die Gruppe der zehn Prozent Erfolgreichsten den kleinsten negativen $log_{(or)}$-Betrag. Personen, deren Lernprozess später zu eher geringeren Wissensanwendungsleistungen führt, werden durch einen durchschnittlichen $log_{(or)}$-Wert beschrieben, der sich deutlich stärker von Null unterscheidet. Dies scheint der Annahme zu widersprechen, dass eine erfolgreiche Lernprozessregulation sich in einem negativen Ausgangsniveau mit sehr großem Betrag niederschlägt, während ein wenig erfolgreicher Prozess Werte nahe Null aufweist. Entsprechend den Erwartungen gestaltet sich dagegen das deutlich steilere Wachstum der $log_{(or)}$-Werte erfolgreicher Regulationsverläufe. Zudem deutet sich zumindest für die drei erfolgreichsten Gruppen eine Krümmung des Verlaufs auf.

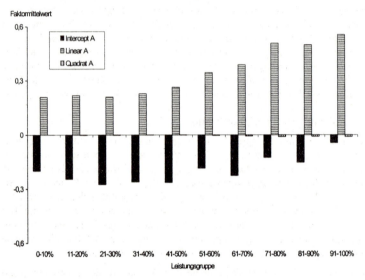

Abbildung 15: Verläufe der Lernprozessregulationen, gruppiert nach Wissensanwendungsleistungen

        Lernphase A: Lernprozessregulation mit unspezifischem Vorwissen
        Lernphase B: Lernprozessregulation mit analogem Vorwissen
        Lernphase C: Lernprozessregulation mit spezifischem Vorwissen

Fazit. Auf dieser deskriptiven Ebene zeigt sich das deutlichere, positive Wachstum der $log_{(or)}$-Werte, welches für einen vereinfachten und erfolgreicheren Lernprozess angenommen wurde. Zumindest für die erfolgreicheren Lernprozesse deutet sich auch die erwartete negative Beschleunigung an, die sich jedoch nicht bedeutsam auf den Durchschnittsverlauf auswirken kann.

Die sich bereits zu Beginn abzeichnende Rangreihe der später Erfolgreichen lässt sich mit der Annahme eines ausgeprägt identifizierenden Prozessbeginns nur dann vereinbaren, wenn davon ausgegangen wird, dass die $log_{(or)}$-Werte des zweiten Messzeitraumes nicht den Beginn des Wissenserwerbsprozess darstellen, sondern zum Teil bereits durch erworbenes Wissen beeinflusst sind. Geht man davon aus, dass das eigentliche Ausgangsniveau vor Beginn der zweiten Minute liegt, spiegelte sich in der Rangreihe die bei erfolgreichen Personen bereits begonnene Hinwendung zu integrierendem Verhalten wider. Die Annahme dieses sehr frühen Wechsels zu integrierendem Verhalten ist aufgrund der Halbierung des zu erwerbenden Wissensumfangs nicht unplausibel. Insofern kann auf der Grundlage dieser Deskription zwar vermutet werden, dass wie erwartet Einflüsse von Vorwissen bereits innerhalb des zweiten Messzeitraumes keine Rolle mehr spielen und dass der Wissenserwerbsprozess schneller überzufällig integrierende Anteile aufweist. Gleichzeitig muss jedoch in Betracht gezogen werden, dass bereits im zweiten Messzeitraum interindividuelle Unterschiede aufgrund unterschiedlichen Ausmaßes und/oder Qualität erworbenen Wissens bestehen könnten.

6.5.2 Modell der vereinfachten Lernprozessregulation

Die Annahmen eines negativen Ausgangsniveaus und eines positiven Wachstums mit einer negativen Beschleunigung legen die Modellierung eines latenten Wachstumskurvenmodells mit drei Prozessfaktoren nahe. Die Kodierung der drei Faktoren erfolgt bei vier Messzeiträumen wie auf Seite 104 vorgeführt. Der Intercept-Faktor sowie der lineare Faktor bewahren ihre Originalkodierung mit $v_I = [1, 1, 1, 1]$ für das Ausgangsniveau und $v_L = [0, 1, 2, 3]$ für den linearen Anstieg. Der jeweilige Einfluss des quadratische Faktors auf die einzelnen Messzeiträume wird durch den Vektor $v_Q = [0, -11, -8, 9]$ gewichtet. Da es sich auch bei der Stichprobe dieser Studie II um eine hierarchisch strukturierte Klumpenstichprobe handelt, wird der Überprüfungen auf statistische Signifikanz ein effektiver Stichprobenumfang von $n_{SRS} = 582$ gemäß Formel (6) auf Seite 133 zugrunde gelegt.

Tabelle 16: Fit-Statistiken für alternative Modelle vereinfachter Lernprozessregulation

Modell		χ^2	df	RMSEA	GFI	NNFI	CFI
A1	Mean only	476,717*	11	0,270	0,808	-0,146	0,000
A2	Intercept und Linear	32,410*	8	0,073	0,976	0,913	0,883
A3	Intercept, Linear und Quadrat	3,197	4	0,000	0,999	1,006	1,000
A4	Intercept, Linear und Quadrat Heteroskedastizität	1,974	1	0,041	1,000	0,970	0,995

$n_{SRS} = 582$;
* = Modell unterscheidet sich von der empirischen Datenstruktur statistisch bedeutsam mindestens auf dem 5%-Niveau

Modellprüfung – Alternative Verlaufsformen. Die Modellierung des Regulationsprozesses während der Lernphase A zeigt wie in Studie I eine deutliche Präferenz des Modells mit linearem und quadratischem Prozessfaktor (Modell A3 in Tabelle 16). Im Gegensatz zu Modell A1, welches keine Veränderung über die Zeit annimmt, und zu Modell A2, welches einen streng linearen Prozess modelliert, unterscheidet sich die durch das Modell A3 geschätzte Datenstruktur nicht nennenswert von der empirischen Datenstruktur. Die Modelle basieren alle auf derselben Ausgangsdatenstruktur und sind infolgedessen genestet. Die χ^2-Differenzen zwischen den alternativen Modellen und dem erwarteten Modell A3 zeigen jeweils unter Berücksichtigung der reduzierten

Anzahl an Freiheitsgraden des Modells A3 auch auf einem konservativen α-Fehlerniveau von $\alpha = 0{,}01$ eine deutlich bessere Abbildung der Datenstruktur durch dieses Modells an.

Modellprüfung – Homoskedastizität. In dem Modell A3 enthalten ist die Annahme der Homoskedastizität, welche besagt, dass das Ausmaß nicht erfasster Einflüsse auf die einzelnen Messzeiträume über die Zeit gleich bleibt. Auch wenn der χ^2-Wert von Modell A4, welches Heteroskedastizität über die vier Messzeiträume annimmt, niedriger ist als der von Modell A3, so wird die entsprechende χ^2-Differenz bei gleichzeitiger Differenz von $\Delta df = 3$ Freiheitsgraden nicht signifikant. Ebenso sprechen sich die Vergleiche aller Fit-Maße außer dem GFI für eine Bevorzugung des Modells A3 aus. Der GFI unterscheidet sich nahezu nicht. Insofern kann die Annahme der Homoskedastizität als gerechtfertigt betrachtet werden. Die $log_{(or)}$-Werte der vier Messzeiträume sind nicht unterschiedlich starken Einflüssen ausgesetzt.

Tabelle 17: Latente Korrelationen und Mittelwerte von Modell A3

Korrelationen	Intercept A	Linear A	Quadrat A
Intercept A	1,000[+]		
Linear A	0,227	1,000*	
Quadrat A	-0,203	0,051	1,000*
Mittelwerte			
	-0,197*	0,343*	-0,004

* = Statistische Bedeutsamkeit mindestens auf dem 5%-Niveau
[+] =Tendenzielle statistische Bedeutsamkeit mindestens auf dem 10%-Niveau

Allgemeine Verlaufsmerkmale. In Tabelle 17 sind in der unteren Zeile die durchschnittlichen Faktorwerte aufgelistet. Es zeigt sich dasselbe Bild, das bereits die deskriptive Verlaufsdarstellung des mittleren Verlaufs offenbarte. Der Mittelwert des Intercept-Faktors ist bedeutsam von Null verschieden und weist mit seinem Vorzeichen auf ein bedeutsam negatives Ausgangsniveau hin. Der lineare Faktor zeichnet sich im Durchschnitt durch einen hohen positiven Betrag aus, womit ein positives Wachstum modelliert wird. Jedoch ist der durchschnittliche Wert des quadratischen Faktors nicht von Null verschieden. Insofern zeigt sich keine negative Beschleunigung des Verlaufs.

Der Intercept-Faktor ist im Durchschnitt nicht so deutlich von Null verschieden, wie es erwartet wurde. Sein Betrag gleicht dem entsprechenden Betrag in Studie I (s. Tabelle 11, S. 136). Berechnet man die durchschnittlichen Intercept-Mittelwerte für die zehn unterschiedlich erfolgreichen Gruppen getrennt, zeigt sich zudem, dass diese bei wenig erfolgreichen Regulationen deutlich höhere, negative Beträge aufweisen als erfolgreiche Lernprozessregulationen (s. die schwarzen Balken in Abbildung 16). Damit weist der modellierte Intercept-Faktor die Eigenschaften auf, die bereits aufgrund der Abbildung 15 angenommen werden mussten und die den zu Beginn dieses Abschnitts 6.5 aufgestellten Hypothesen widersprechen.

Die Mittelwerte der linearen Faktoren steigern sich mit zunehmenden Erfolg der Prozesse genauso wie die Beträge des quadratischen Faktors. Letztere zeigen sich jedoch ausschließlich bei den drei erfolgreichsten Gruppen, und auch bei ihnen nur sehr geringfügig.

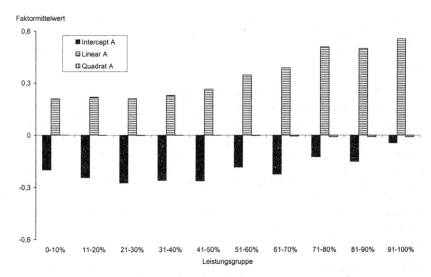

Abbildung 16: Faktormittelwerte der vereinfachten Lernprozessregulation, gruppiert nach Wissensanwendungsleistungen

Fazit. Das latente Wachstumskurven-Modell A3 bildet mit seinen drei Faktoren Intercept, linearer und quadratischer Faktor die Entwicklung der $log_{(or)}$-Werte erwartungsgemäß am besten ab. Der lineare Faktor mit seinem hohen, positiven Betrag steht für einen schnellen und bestimmten Wechsel der durch diesen Lernprozess verfolgten Ziele. Das Identifizieren verliert sehr schnell an Bedeutung und das Integrieren von Informationen wird für die Lernprozessregulation bestimmend. Allerdings bleibt sie das für einen Großteil der Personen bis zum Ende des auf fünf Minuten begrenzten Prozesses, was sich in dem Mittelwert des quadratischen Faktors von $M_Q = 0,00$ widerspiegelt. Somit muss davon ausgegangen werden, dass die zur Verfügung stehende Zeit für die meisten Jugendlichen zu kurz war, um sich dem Punkt zumindest anzunähern, ab dem sich erneut dem Identifizieren zugewandt werden sollte.

Die Merkmale des Intercept-Faktors sprechen jedoch dafür, dass der Lernprozess von Anfang an vereinfacht war. Der nur wenig von Null verschiedene Gesamtmittelwert und die Mittelwerte der zehn unterschiedlich erfolgreichen Gruppen führen allerdings zu dem Schluss, dass der Intercept nicht das Ausgangs-Niveau des Lernprozess abbildet. Offensichtlich wurden bereits während der ersten Minute Informationen identifiziert. Der Beginn der zweiten Minute ist somit gerade bei erfolgreich regulierenden

Personen nicht mehr ausschließlich durch das Ziel zu identifizieren geprägt, sondern wird bereits auf das Integrieren ausgerichtet.

Damit einher geht die Bevorzugung des Modells mit identischen Messfehlerbeträgen vor dem Modell A4, das die Annahme der Heteroskedastizität beinhaltet. Dies entspricht der Annahme, dass der Wissenserwerbsprozess nach der ersten Minute nicht mehr durch Vorwissenseffekte geprägt ist. Da diese über die Zeit mit der Zunahme erworbenen Wissens immer geringer werden sollten, müssten Vorwissenseffekte zu Beginn des Wissenserwerbsprozesses einen größeren, nicht durch die Prozessfaktoren erklärten Varianzanteil bedingen als gegen Ende. Dies ist mit der Annahme der Homoskedastizität jedoch nicht zu vereinbaren.

6.5.3 Modellvergleich zwischen einer schwierigen und einer weniger schwierigen Lernprozessregulation

Over-all-Test. Um zu überprüfen, ob die Beträge der drei Prozessfaktoren des Modells A3 sich gemäß den oben aufgestellten Hypothesen von denen des Modells E3 der ersten Studie unterscheiden, wurden Varianten des Modells A3 berechnet, bei denen die Faktormittelwerte auf die entsprechenden E3-Werte fixiert wurden. Da alle Modellvarianten auf derselben Datengrundlage basieren, kann ein χ^2-Differenzentest herangezogen werden, um eventuelle Unterschiede zwischen Modell A3 und seinen Varianten auf statistische Bedeutsamkeit hin zu prüfen. In Tabelle 18 sind die Fit-Statistiken der Varianten und die χ^2-Differenzen mit den entsprechenden Differenzen der Freiheitsgrade eingetragen. In Variante E3A3TO wurden alle drei Faktormittelwerte fixiert. Es zeigt sich, dass dieses Modell die beobachteten Daten deutlich schlechter abbildet als Modell A3. Somit kann berechtigterweise angenommen werden, dass die Regulationsverläufe beim schwierigen Lernen in Studie I sich deutlich vom Verlauf des vereinfachten Lernens während der ersten Lernphase der Studie II unterscheiden.

Einzelvergleiche. Um entscheiden zu können, welche der drei Verlaufsmerkmale für diesen bedeutsamen Unterschied verantwortlich sind, wurden Modellvarianten erstellt, bei denen jeweils nur einer der drei Faktormittelwerte auf den jeweiligen Wert des Modells E3 fixiert wurden. Ein Modell, welches sich von Modell A3 ausschließlich dahingehend unterscheidet, dass der Mittelwert des Intercept-Faktors entsprechend festgelegt wird, ergibt keinen signifikanten χ^2-Unterschied zu Modell A3 (Modell E3A3TI in Tabelle 18). Das bedeutet, dass sich der frei geschätzte Faktormittelwert des Intercepts nicht bedeutsam von dem durchschnittlichen Intercept-Wertes der Studie I unterscheidet.

Dagegen wird der Unterschied zwischen den Mittelwerten der linearen Faktoren statistisch bedeutsam (Modell E3B4TL in Tabelle 18). Der positive Betrag ist bei dem Modell der weniger schwierigen Lernprozessregulation erwartungsgemäß deutlich höher als bei dem schwierigen Regulationsprozess der Studie I.

Der quadratische Faktor ist im Mittel zwar viermal so groß wie der entsprechende Faktor in Studie I. Jedoch unterscheidet er sich mit einem Wert von $M_{QU} = 0,00$ nicht statistisch bedeutsam von Null. Entsprechend wird der Vergleich mit dem quadratischen Faktormittelwert der Studie I auch nicht signifikant (Modell E3A3TQ in Tabelle 18).

Es kann damit nicht wie erwartet davon ausgegangen werden, dass der quadratische Prozessfaktor im Durchschnitt bedeutsam ausgeprägter und einflussreicher ist als in Studie I.

Tabelle 18: χ^2-Differenzen zwischen Modell A3 und Modellen mit festgesetzten Faktormittelwerten

Modell	χ^2	df	RMSEA	GFI	NNFI	CFI	$\Delta\chi^2$	Δdf
E3A3TO	25,647*	7	0,068	0,999	0,918	0,904	22,450*	2
E3A3TI	6,429	5	0,022	0,999	0,993	0,994	3,232	1
E3A3TL	7,998	5	0,032	0,999	0,980	0,984	4,801*	1
E3A3TQ	4,516	5	0,000	0,999	1,002	1,000	1,319	1

* = Statistische Bedeutsamkeit mindestens auf dem 5%-Niveau

Fazit. Erwartungsgemäß zeigen sich deutliche Unterschiede zwischen dem Modell einer schwierigen Lernprozessregulation, wie sie in Studie I beobachtet wurde, und dem Modell eines vereinfachten Regulationsprozesses, der sich in der ersten Lernphase der Studie II zeigt. Allerdings konnte nur eine der zu Beginn des Abschnitts aufgestellten Hypothesen bestätigt werden. Entgegen der Erwartung unterscheiden sich die durchschnittlichen Beträge der Intercept-Faktoren nicht voneinander. Die vorangegangenen Analysen legen jedoch nahe, dass der Intercept des Modells A3 nicht wie erwartet den Beginn des Lernens ausdrückt, sondern bereits durch die Hinwendung zum Integrieren geprägt ist und Vorwissenseinflüsse nur noch eine geringe Bedeutung haben. Für den Intercept-Faktor der schwierigen Lernprozessregulation der ersten Studie mussten hingegen noch starke Vorwissenseffekte angenommen werden. Insofern muss von qualitativen Unterschieden ausgegangen werden, die sich in ähnlichen Intercept-Werten niederschlagen. Damit zeigt sich erneut, dass aufgrund des Ausschlusses von Daten keine validen Aussagen über das Ausgangsniveau des Regulationsprozesses möglich sind. Es bleibt deshalb weiteren Modellen vorbehalten, die Annahme einer starken Tendenz zu identifizieren zu Beginn der Lernprozessregulation zu überprüfen. Eines solches Modell, für welches ausreichend valide Daten von Beginn an herangezogen werden können, wird in Abschnitt 6.6.1.2 vorgestellt.

Der deutlich höhere positive Betrag des linearen Faktors beschreibt die weniger schwierige Lernprozessregulation mit einem deutlich schnelleren Wechsel von identifizierenden Zielen hin zum Integrieren identifizierter Information. Dies spricht dafür, dass sich der Wissenserwerbsprozess durch eine Reduktion des zu erwerbenden Wissensumfangs und damit verbunden durch die Verringerung der Komplexität des zu erwerbenden Wissens erleichtern lässt. Abbildung 16 zeigt zudem, dass auch ein erfolgreicher Wissenserwerbsprozess deutlich durch einen positiven linearen Faktorwert charakterisiert ist. So ist der Durchschnitt des linearen Faktors für die zehn Prozent erfolgreichsten Wissensanwender mit $M_L = 0,56$ über doppelt so hoch wie für die zehn Prozent am wenigsten erfolgreichen ($M_L = 0,21$; s. vertikal gestreifte Balken in Abbildung 16).

Der quadratische Faktor des Modells A3 weist entgegen den Annahmen keinen bedeutsam höheren, negativen Betrag auf. Dies mag daher rühren, dass die Zeit für den Wissenserwerb mit insgesamt fünf Minuten nicht für alle Personen ausreichte, um sich erneut stärker dem Identifizieren zuzuwenden.

6.6 Regulationsverläufe mit unterschiedlichem Vorwissen

Im Folgenden sollen die Verläufe von drei Lernprozessregulationen miteinander verglichen werden, für die angenommen werden kann, dass sie unter dem Einfluss unterschiedlicher Arten von Vorwissen stehen (s. Abbildung 15). Im vorangegangen Abschnitt 6.5 wurde bereits ausführlich eine Lernprozessregulation mit interindividuell unterschiedlichem unspezifischem Vorwissen dargestellt (Lernphase A). Im folgenden Abschnitt 6.6.1 wird ein Lernprozess betrachtet, der sich durch die Verfügbarkeit analogen Vorwissens auszeichnet (Lernphase B), bevor in Abschnitt 6.6.2 ein Prozess mit spezifischem Vorwissen (Lernphase C) analysiert wird. In Abschnitt 6.6.3 werden alle drei Lernprozessregulationen in Zusammenhang mit dem Umfang und der Anwendbarkeit dabei erworbenen Wissens betrachtet.

6.6.1 Analoges Vorwissen

Nachdem die Schülerinnen und Schüler in den ersten fünf Minuten Wissen über das Subsystem „Rakete" erwerben konnten, arbeiteten sie in den Minuten sechs bis einschließlich zehn ausschließlich mit dem dazu analogen Subsystem „Fahrzeug" (vgl. Abbildung 5, S. 78). In Abschnitt 6.1 wurde vermutet, dass durch die vorangegangene Lernerfahrung mit einem analogen System zum einen die Bedeutung unspezifischen und teilweise negativen Vorwissens für die Lernprozessregulation stark gemindert wird. Zum anderen sollte es den Lernprozess vereinfachen, da die analoge Wissensstruktur nicht nur eine gute Grundlage zum Bilden von Hypothesen, sondern darüber hinaus eine analoge Vorlage für die Wissensstruktur bietet, in die identifizierte Informationen integriert werden können. Daraus leitete sich die Annahme ab, dass im Vergleich zu einem Lernprozess mit nur unspezifischem Vorwissen beim Lernen mit analogem Vorwissen selbstbestimmter mit dem Identifizieren von Informationen begonnen werden kann, dass aber auch schneller und bestimmter das Integrieren an Bedeutung für die Lernprozessregulation gewinnt. Es sollte auch mit einer höheren Wahrscheinlichkeit zu der Überzeugung gelangt werden, dass ein weiteres Integrieren nicht mehr notwendig ist und ein erneutes Identifizieren sinnvoller wird.

Hypothesen. Im Folgenden wird der Verlauf der Lernprozessregulation mit analogem Vorwissen (Lernphase B) mit dem entsprechenden Verlauf mit unspezifischem Vorwissen verglichen, wie er sich in der ersten Phase (Lernphase A) zeigte. Die Aufgabenstruktur der beiden Prozesse ist identisch, ebenso steht jeweils die gleiche Zeit zur Verfügung. Die beiden Prozesse unterscheiden sich ausschließlich hinsichtlich des anzunehmenden Vorwissens. Analoges Vorwissen ist zwar kein spezifisches Wissen. Von ihm kann jedoch angenommen werden, dass es konkretes und weitgehend positives Vorwissens darstellt, das nicht nur hilfreich beim Bilden von Hypothesen ist, sondern auch eine analoge Vorlage für die Wissensstruktur bietet, in die neu identifizierte Informationen integriert werden können. Insofern ist zu erwarten, dass sein Einfluss zwar mit der Zeit abnimmt, dass sich dieser Bedeutungsverlust jedoch weniger schnell vollzieht als es für unspezifisches und teilweise negatives Vorwissen zu beobachten war.

Diesen Annahmen zufolge sollte sich die Verfügbarkeit analogen Vorwissens folgendermaßen auf den Entwicklungsverlauf der $log_{(or)}$-Werte auswirken:

- Das negative Ausgangsniveau unterscheidet sich deutlicher von Null.
- Das positive Wachstum ist deutlich stärker.
- Die negative Beschleunigung ist deutlich stärker.

Im Folgenden werden diese Hypothesen in Abschnitt 6.6.1.1 zunächst auf deskriptiver Ebene überprüft, um im anschließenden Abschnitt 6.6.1.2 diesen Prozessverlauf mittels eines latenten Wachstumskurvenmodells abzubilden. Neben der Annahme, dass sich auch die Lernprozessregulation mit analogem Vorwissen am besten mit drei Prozessfaktoren abbilden lässt, soll hierbei überprüft werden, ob der Einfluss dieses Vorwissens erwartungsgemäß nur langsam an Bedeutung verliert. Ein solcher langsam abnehmender Einfluss des analogen Vorwissens sollte sich in unterschiedlich großen Messfehlerbeträgen für die einzelnen Messzeiträume wiederfinden lassen. Dabei sollten die Beträge zu Beginn des Prozesses größer sein als gegen Ende. Diese Annahme drückt sich in folgender Hypothese aus:

Homoskedastizität. Ein Modell mit gleichen Messfehlerbeträgen bildet die empirischen Daten schlechter ab als ein Modell mit unterschiedlichen Messfehlerbeträgen.

In Abschnitt 6.6.1.3 wird das Modell mit dem Modell einer Lernprozessregulation mit unspezifischem Vorwissen verglichen, um folgende, sich aus den oben angeführten Hypothesen ergebende Annahmen zu überprüfen:

- *Intercept-Faktor*: Sein Betrag ist bei der Lernprozessregulation mit analogem Vorwissen größer als bei der Lernregulation mit unspezifischem Vorwissen. Sein Vorzeichen ist negativ.

- *Linearer Faktor*: Sein Betrag ist bei der Lernprozessregulation mit analogem Vorwissen größer als bei der Lernregulation mit unspezifischem Vorwissen. Sein Vorzeichen ist positiv.

- *Quadratischer Faktor*: Sein Betrag ist bei der Lernprozessregulation mit analogem Vorwissen größer als bei der Lernregulation mit unspezifischem Vorwissen. Sein Vorzeichen ist negativ.

In Abschnitt 6.6.1.4 wird überprüft, ob der modellierte Regulationsverlauf durch den vorherigen Lernprozess und seine Regulation beeinflusst ist und somit die Verfügbarkeit und die Nutzung analogen Vorwissens überhaupt vorausgesetzt werden kann.

6.6.1.1 Deskriptive Verlaufsdarstellung

Reliabilität. Um die Daten der gesamten Lernphase B für die Darstellung und Analyse der Lernprozessregulation nutzen zu können, muss sichergestellt werden, dass diese eine ausreichende Testgüte aufweisen. Die Erfahrungen der ersten Studie zeigen, dass hierfür insbesondere die Daten überprüft werden müssen, die den Beginn des Prozesses beschreiben.

Für den Messzeitraum der sechsten Minute, welches der erste Messzeitraum der Lernphase B ist, besteht bei nur einer Person die Notwendigkeit einer Wertzuweisung (s. Tabelle 15). Dieser geringe Anteil ist ein Argument dafür, dass auch für den Beginn dieser Lernphase von einer zufriedenstellenden Reliabilität der Daten ausgegangen werden kann.

Validität. Ein zweites Argument für die Testgüte ist in dem offensichtlichen Ausbleiben negativer Vorwissenseffekte zu sehen. Negatives Vorwissen drückt sich in einem Eingriffsverhalten aus, bei dem überzufällig oft bestimmte Eingriffe wiederholt werden, obwohl diese keine zustandsändernde Wirkung auf das System haben (vgl. Abschnitt 5.5.1). In Abbildung 17 sind die prozentualen Anteile an Wiederholungen nicht-zustandsändernder Eingriffe innerhalb der sechsten Minute dargestellt. Anders als in der ersten Minute in Studie I zeigt sich kein bestimmter Eingriff, welcher überzufällig häufiger wiederholt würde als die anderen Eingriffe, nachdem er in dem jeweiligen Zustand eine Fehlermeldung provozierte. Dies spricht für die Annahme, dass negatives Vorwissen keinen oder zumindest nur einen geringen Einfluss auf den Wissenserwerbsprozess in dieser zweiten Teilphase ausübt und somit auch nicht die Validität der Daten einschränkt.

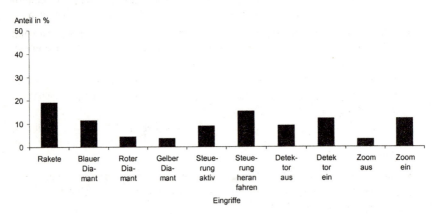

Abbildung 17: Prozentuale Anteile an den Wiederholungen nicht-zustandsändernder Eingriffe innerhalb der sechsten Minute

Weitere Unterstützung erhält die Annahme einer zufriedenstellenden Validität durch den geringen Anteil an Nachklicks zu Beginn der zweiten Lernphase (Zur Bedeutung und Definition von „Nachklicks" s. Abschnitt 5.5.2, S. 128). In der ersten Minute der Studie I konnte auf deskriptiver Ebene demonstriert werden, dass aufgrund eines vermutlich zu kurzen Präsentierens der Fehlermeldungen die Testgüte des $log_{(or)}$-Maßes durch einen hohen Anteil an Nachklicks eingeschränkt wurde. Entsprechende Logfile-

Analysen für die Lernprozessregulation mit analogem Vorwissen zeigen jedoch, dass in der ersten Minute der Lernphase B (in Minute 6) nur 16,72% aller Reaktionen auf eine Fehlermeldung als Nachklicks zu klassifizieren sind (s. Abbildung 18). Diese Quote liegt erheblich niedriger als in Studie I (63,10%) oder auch in der ersten Minute der Lernphase A (51,34%), die von den Analysen ausgeschlossen wurde. Der Anteil sinkt in der siebten Minute auf 10,57%. In der zehnten Minute sind 6,50% aller nicht zustandsändernden Wiederholungen als Nachklicks einzustufen. Anhand dieser prozentualen Anteile kann zwar nicht argumentiert werden, dass die Validität durch Nachklicks vollständig unberührt sei. Der Anteil erscheint jedoch derart gering, dass er als vernachlässigbar eingestuft wird.

Da der Anteil an notwendigen Wertzuweisungen verschwindend gering ist und ein negativer Einfluss unspezifischen Vorwissens ebenso ausgeschlossen werden kann wie verzerrende Einflüsse aufgrund zu kurz präsentierter Fehlermeldungen, wird die Testgüte innerhalb der ersten Minute dieser zweiten Lernphase als zufriedenstellend eingeschätzt. Somit können die Daten des vollständigen Lernprozesses in die Analysen einbezogen werden.

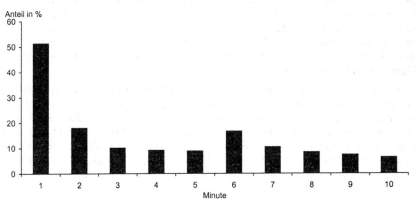

Abbildung 18: Prozentualer Anteil von Nachklicks pro Minute den Lernphasen A und B (Studie II)

Merkmale des mittleren Verlaufs. Auf einer rein deskriptiven Ebene bildet sich der mittlere Verlauf der Lernprozessregulation in der Form ab, wie aufgrund theoretischer Überlegungen angenommen wurde (durch Dreiecke gekennzeichnete Linie in Abbildung 15 – Lernphase B). Im Mittel beginnt die Entwicklung der $log_{(or)}$-Werte auf einem negativen Ausgangsniveau in Höhe von $M_{HT6} = -0,78$. Der Verlauf endet in der zehnten Minute mit einem Mittelwert von $M_{HT10} = 1,23$. Damit wird ein deutlich steilerer Anstieg beschrieben als er in Studie I oder auch beim Lernen mit unspezifischem Vorwissen beobachtet wurde. Ebenso ist eine deutliche Krümmung des Verlaufs sichtbar, worin sich die angenommene negative Beschleunigung des positiven Wachstums niederschlägt. Insofern entsprechen die Merkmale des mittleren Verlaufs der Lernprozessregulation mit analogem Vorwissen auf der deskriptiven Ebene vollständig den Erwartungen.

Merkmale unterschiedlich erfolgreicher Verläufe. Betrachtet man die mittleren Verläufe der zehn unterschiedlich erfolgreichen Gruppen, zeigt sich wie bei den beiden zuvor betrachteten Lernprozessen, dass die erfolgreicheren Gruppen Verläufe mit deutlich stärkerem positivem Wachstum und einer stärkeren negativen Krümmung aufweisen. Allerdings muss festgestellt werden, dass es die weniger erfolgreichen Lernprozessregulationen sind, deren negativer Ausgangswert einen hohen Betrag aufweist. Zwar beginnen die Verläufe aller Gruppen wie erwartet mit Werten, die sich deutlich von Null unterscheiden und ein negatives Vorzeichen aufweisen. Erwartungswidrig beginnen jedoch erfolgreiche Verläufe auf einem weniger deutlich von Null verschiedenem Niveau.

Fazit. Die vorherige Bearbeitung eines analogen Systems führt zu einem Lernprozess, der von Beginn an mit ausreichend validen und reliablen Daten beschreibbar ist. Auf dieser deskriptiven Ebene bestätigen sich die Annahmen, dass bei Verfügbarkeit analogen Vorwissens der Lernprozess zu Beginn bestimmter auf ein Identifizieren von Informationen gelenkt wird. Ebenso zeigt sich für alle Personen, und für erfolgreiche Lerner insbesondere, dass die Hinwendung zum Integrieren deutlich schneller und bestimmter vollzogen wird, als es bei den beiden zuvor betrachteten Prozessen mit unspezifischem Vorwissen zu beobachten war. Zudem ist bei diesem Prozessverlauf auch deutlich eine negative Krümmung zu verzeichnen, was auf eine frühere Rückkehr zu identifizierenden Zielen hinweist.

Das Muster der Ausgangsniveaus unterschiedlich erfolgreicher Lernprozesse ist jedoch erwartungswidrig. Scheinbar legen erfolgreiche Lerner insgesamt weniger Wert auf das Identifizieren von Informationen. Darin mag sich der Umstand widerspiegeln, dass der Lernprozess der zweiten Phase kein vorwissensfreier Prozess ist. Vielmehr steht eine analoge Wissensstruktur zur Verfügung, die vermutlich gerade bei erfolgreichen Lernern von einem Umfang und einer Qualität ist, der/die nicht nur das Identifizieren, sondern auch insbesondere das Integrieren identifizierter Informationen erleichtert und damit nahe legt.

6.6.1.2 Modell der Lernprozessregulation mit analogem Vorwissen

Die orthogonale Kodierung der drei angenommenen Prozessfaktoren für fünf Messzeitpunkte gemäß der Formeln (4) und (5) auf Seite 104 ergibt folgende Vektoren. Der Intercept als Ausgangsniveau wirkt wie üblich auf jeden Messzeitraum mit demselben Gewicht von Eins ($v_I = [1, 1, 1, 1, 1]$). Der lineare Prozessfaktor wird mit $v_L = [0, 1, 2, 3, 4]$ konventionell kodiert. Die Orthogonalisierung ergibt eine Kodierung des quadratischen Faktors mit $v_Q = [0, -7, -8, -3, 8]$.

Modellprüfung – Alternative Verlaufsformen. Als effektive Stichprobengröße kann den Modellen der Lernprozessregulation mit analogem Vorwissen ein effektiver Stichprobenumfang von $n_{SRS} = 434$ zugrunde gelegt werden. Tabelle 19 sind die Fit-Statistiken für die alternativen Prozessmodelle zu entnehmen. Wie bereits in Studie I und auch in Lernphase A zeigt sich, dass Modelle, die keinen quadratischen Anteil am Prozessverlauf annehmen (B2) und eventuell darüber hinaus nicht einmal eine lineare Veränderung zulassen (B1), nicht geeignet sind, um den Entwicklungsverlauf der $log_{(or)}$-Werte angemessen zu beschreiben. Vielmehr kann erwatungsgemäß nur durch die Modellierung eines Wachstums mit einer negativen Beschleunigung eine sehr gute Anpassung zwischen geschätzten und beobachteten Daten erzielt werden.

Tabelle 19: Fit-Statistiken für alternative Modelle der Lernprozessregulation mit analogem Vorwissen

Modell		χ^2	df	RMSEA	GFI	NNFI	CFI
B1	Mean only	1373,055*	17	0,429	-0,093	-1,518	0,000
B2	Intercept und Linear	116,967*	14	0,130	0,944	0,735	0,629
B3	Intercept, Linear und Quadrat	16,167	10	0,038	0,986	0,973	0,973
B4	Intercept, Linear und Quadrat, Heteroskedastizität	6,739	6	0,017	0,994	0,994	0,997

$n_{SRS} = 434$;
* = Modell unterscheidet sich von der empirischen Datenstruktur statistisch bedeutsam mindestens auf dem 5%-Niveau

Modellprüfung – Homoskedastizität. Die Modelle B3 und B4 nehmen jeweils einen quadratischen Prozessfaktor an. Die Datenstrukturen, die auf ihrer Grundlage geschätzt werden, unterscheiden sich jeweils nicht signifikant von den empirisch beobachteten Daten. Der Unterschied zwischen den beiden Modellen besteht in der Annahme der Homoskedastizität in Modell B3 und der Annahme unterschiedlich starker, nicht erfasster Einflüsse auf die einzelnen Messzeiträume in Modell B4. Die χ^2-Differenz von $\Delta\chi^2 = 9{,}43$ wird bei einer Differenz von $\Delta df = 4$ Freiheitsgraden zwar knapp nicht statistisch signifikant. Der Vergleich der weiteren Fit-Indizes spricht sich jedoch deutlich für die Bevorzugung von Modell B4 aus.

Tabelle 20: Latente Korrelationen und Mittelwerte von Modell B4

Korrelationen	Intercept B	Linear B	Quadrat B
Intercept B	1,000		
Linear B	0,045	1,000*	
Quadrat B	0,030	-0,444	1,000*
Mittelwerte			
	-0,786*	0,565*	-0,029*

* = Statistische Bedeutsamkeit mindestens auf dem 5%-Niveau

Allgemeine Verlaufsmerkmale. Tabelle 20 zeigt die latenten Korrelationen und die Faktormittelwerte von Modell B4. Alle Faktormittelwerte werden als signifikant von

Null verschieden geschätzt. Entsprechend der deskriptiven Darstellung des mittleren Verlaufs zeigt sich in diesem Modell ein Intercept-Faktor, dessen Mittelwert mit $M_I = -0{,}79$ erwartungsgemäß deutlich ausfällt. Durch den linearen Prozessfaktor wird ein sehr starkes positives Wachstum modelliert, welches durch eine bedeutsame negative Beschleunigung, repräsentiert durch den negativen Mittelwertsbetrag des quadratischen Faktors, gebremst wird. Somit entspricht dieses Modell mit seinen drei Prozessfaktoren und deren Mittelwerten vollkommen den Erwartungen.

Nicht vollständig in Übereinstimmung mit den Erwartungen bilden sich die Unterschiede zwischen erfolgreichen und weniger erfolgreichen Lernprozessregulationen ab (s. Abbildung 19). Zwar werden erfolgreichere Lernprozessregulationen durch höhere Beträge des linearen Faktors (vertikal gestreifte Balken) als auch des quadratischem Faktors (karierte Balken) modelliert. Wie sich jedoch bereits im Rahmen der deskriptiven Verlaufsdarstellung andeutete, sind es nicht die erfolgreichen Lernprozessregulationen, die auf einem deutlich von Null verschiedenen Niveau beginnen, sondern es sind die wenig erfolgreichen Verläufe, die sich durch dieses Merkmal auszeichnen. Die schwarzen Balken zeigen auf, dass die Intercept-Faktoren wenig erfolgreicher Regulationsverläufe größere Beträge aufweisen als die entsprechenden Faktoren erfolgreicher Verläufe. Die entspricht nicht den Annahmen. Erwartungsgemäß ist hingegen, dass alle Gruppen deutlich hohe Beträge der Intercept-Faktoren mit einem negativen Vorzeichen aufweisen.

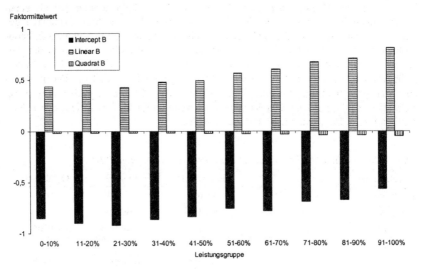

Abbildung 19: Faktormittelwerte des Verlaufs der Lernprozessregulation mit analogem Vorwissen, gruppiert nach Wissensanwendungsleistungen

Fazit. Modell B4 stützt durch die Modellierung sinkender Messfehlerbeträge die Annahme, dass das analoge Wissen, welches im Umgang mit der Rakete erworben wurde, zu Beginn des Lernens über das Fahrzeug als analoges Vorwissen genutzt wird. Die Bedeutung dieses Wissen nimmt nur langsam im Verlauf des Prozesses ab, weshalb es nicht auf alle Messzeiträume gleich stark wirkt. Auf den Einfluss, den der Lernprozess und seine Regulation in den ersten fünf Minuten auf die Lernprozessregulation in den zweiten fünf Minuten ausübt, wird im übernächsten Abschnitt 6.6.1.4 noch näher eingegangen.

Die anzunehmende Verfügbarkeit einer analogen Vorwissensstruktur wirkt sich zumindest zu Beginn des Lernprozesses entgegen den Erwartungen aus. Offenbar erleichtert die analoge Wissensstruktur das Integrieren von Informationen nicht nur, sondern führt auch dazu, dass erfolgreiche Lerner bereits von Beginn an mehr Wert auf das Integrieren legen als weniger erfolgreich lernende Personen. Der lineare Prozessfaktor erweist sich mit einem deutlich erhöhten Mittelwert von $M_L = 0{,}57$ als konform mit der Annahme, dass der Wechsel zu integrierendem Verhalten stärker ausfällt, wenn kein unspezifisches und eventuell negatives Vorwissen den Prozess beeinflusst und zudem mehr oder weniger starke Effekte analogen Vorwissens angenommen werden können. Der Wissenserwerbsprozess erscheint somit als im Vergleich zu dem Prozess der ersten Teilphase oder auch dem der ersten Studie deutlich erleichtert. Dafür spricht auch, dass dem quadratischen Faktor in dieser Teilphase eine bedeutende Rolle zuteil wird. Mit einem Mittelwert von $M_Q = -0{,}03$ ist sein Einfluss auf den Prozessverlauf bei weitem stärker als in den bisher beschriebenen Modellen. Im folgenden Abschnitt werden diese Unterschiede zwischen den Lernprozessen auf ihre statistische Bedeutsamkeit hin überprüft, bevor sie daran anschließend auf den vorangegangenen Lernprozess und seine Regulation bezogen werden.

6.6.1.3 Modellvergleich zwischen der Lernprozessregulation mit analogem Vorwissen und der Lernprozessregulation mit unspezifischem Vorwissen

Over-all-Tests. Um zu überprüfen, ob sich der Verlauf der Lernprozessregulation mit analogem Vorwissen von Regulationsverläufen mit unspezifischem Vorwissen nicht nur augenscheinlich, sondern auch statistisch bedeutsam unterscheidet, wurden Varianten des Modells B4 mit fixierten Faktormittelwerten berechnet. Der Vergleich zwischen Modell B4 und der Modellvariante, bei der die Mittelwerte auf die Beträge der Studie I fixierten wurden, zeigt durch die signifikante χ^2-Differenz deutlich an, dass sich die beiden Verläufe stark unterscheiden (Modell E3B4TO in Tabelle 21). Zu demselben Schluss gelangt man bei dem Vergleich mit dem Regulationsverlauf der ersten fünf Minuten der Studie II. Auch diese Modellvariante A3B4TO vermag die beobachteten Daten nur signifikant schlechter abzubilden. Insofern kann auch statistisch abgesichert davon ausgegangen werden, dass der Verlauf der Lernprozessregulation, für die die Verfügbarkeit analogen Vorwissens angenommen wird, sich von Regulationsverläufen unterscheidet, für die nur unspezifisches Vorwissen abrufbar ist.

Einzelvergleiche. Zu Beginn des Abschnitts 6.6.1 wurden spezifische Hypothesen bezüglich der drei Prozessfaktoren aufgestellt, deren Gültigkeit anhand von Einzelvergleichen geprüft werden soll. Für den Intercept-Faktor wurde vermutet, dass sein Betrag bei der Regulation mit analogem Vorwissen größer ist als bei einer Lernregulation mit unspezifischem Vorwissen. Gleiches wurde sowohl für den linearen als auch für den quadratischen Prozessfaktor angenommen. Die Modelle E3B4TI und A3B4TI sind Varianten von Modell B4, bei denen der Mittelwert des Intercepts auf den entsprechenden Wert der ersten Studie beziehungsweise auf den Wert der Lernphase A festgelegt ist. Die jeweils signifikanten χ^2-Differenzen der Vergleiche mit Modell B4 sichern den angenommen Unterschied statistisch ab (s. Tabelle 21). In gleicher Weise zeigen sich auch der lineare Faktor und der quadratische Faktor signifikant von den entsprechenden Faktoren der Modelle E3 und A3 (s. die χ^2-Differenzen zwischen Modell B4 und den Modellen E3B4TL und A3B4TL für den linearen Faktor und den Modellen E3B4TQ und A3B4TQ für den quadratischen Faktor in Tabelle 21).

Tabelle 21: χ^2*-Differenzen zwischen Modell B4 und Modellen mit festgesetzten Faktormittelwerten*

Modell	χ^2	df	RMSEA	GFI	NNFI	CFI	$\Delta\chi^2$	Δdf
E3B4TO	172,187*	9	0,205	0,995	0,094	0,184	165,448*	3
E3B4TI	138,071*	7	0,208	0,995	0,122	0,385	131,332*	1
E3B4TL	157,206*	7	0,226	0,995	-0,046	0,268	150,467*	1
E3B4TQ	220,876*	7	0,267	0,995	-0,657	0,000	214,142*	1
A3B4TO	169,192*	9	0,203	0,995	0,119	0,207	162,453*	3
A3B4TI	160,380*	7	0,225	0,995	-0,065	0,255	153,641*	1
A3B4TL	122,213*	7	0,195	0,995	0,241	0,469	115,474*	1
A3B4TQ	220,876*	7	0,266	0,995	-0,657	0,000	214,137*	1

* = Statistische Bedeutsamkeit mindestens auf dem 5%-Niveau

Fazit. Der Verlauf der Lernprozessregulation mit analogem Vorwissen unterscheidet sich systematisch von Regulationsverläufen, für die nur die Verfügbarkeit unspezifischen Vorwissens angenommen werden kann. Der durchschnittliche Faktorwert des Intercepts ist bedeutsam deutlicher von Null verschieden, genauso wie die Mittelwerte des linearen und des quadratischen Faktors. Darin drückt sich eine stärker selbstbestimmte Regulation des Lernprozesses aus, die nicht nur auf die Verfügbarkeit analogen Vorwissens, sondern zu einem guten Teil sicherlich auch auf die verminderte Bedeutung negativen Vorwissens und die größere Vertrautheit mit den Fehlermeldungen der Simulation zurückzuführen ist (vgl. Abschnitt 6.6.1.1). Ob die gefundenen Regulationsunterschiede tatsächlich durch das vorherige Erlernen analogen Wissens erklärbar sind und über welche Pfade der Lernprozess der ersten fünf Minuten und seine Regulation das Lernen in den zweiten fünf Minuten beeinflusst, wird im folgenden Abschnitt analysiert.

6.6.1.4 Einfluss der analogen Lernprozessregulation

Hypothesen. Die bisherigen Analysen der Lernprozessregulation während der zweiten Lernphase gingen implizit davon aus, dass dafür das Wissen, welches in der ersten Lernphase über das Subsystem „Rakete" erworben wurde, als analoges Vorwissen zur

Verfügung steht und genutzt wird. Bislang wurde die Gültigkeit dieser Annahme noch nicht überprüft, was deshalb in diesem Abschnitt nachgeholt wird.

In Abschnitt 6.1 wurde auf die Unmöglichkeit einer vollständigen Erfassung von Vorwissen eingegangen. In der vorliegenden Arbeit wird entsprechend aus den dort angeführten Gründen auf die direkte Erfassung des Umfangs und der Qualität von Vorwissen verzichtet, weshalb streng genommen auch keine direkten Aussagen über den Einfluss von Vorwissen auf den Lernprozess getroffen werden können. Stattdessen wird jedoch die Qualität der Lernprozessregulationen eingeschätzt, deren Merkmale Aufschluss über Umfang, Abrufbarkeit und Anwendbarkeit des dadurch erworbenen Wissens geben. Dabei wird davon ausgegangen, dass eine erfolgreiche Regulation des Lernens über das Subsystem „Rakete" zu Wissen führt, welches als analoges Vorwissen für den Lernprozess über das Subsystem „Fahrzeug" genutzt werden kann.

In Abschnitt 5.7.2 wurde aufgezeigt, dass sich eine erfolgreiche Lernprozessregulation insbesondere durch einen bestimmten und schnellen Wechsel von identifizierenden zu integrierenden Zielen auszeichnet. Dieser Wechsel wird in einem Verlaufsmodell durch einen linearen Faktor mit einem hohen, positiven Betrag repräsentiert. Zudem wird vermutet, dass erfolgreiche Regulationen mit höherer Wahrscheinlichkeit zu dem Punkt führen, ab dem das Identifizieren erneut an Bedeutung gewinnt. Dies drückt sich in dem negativen Betrag eines quadratischen Faktors aus. Der sich in dem Modell in Abschnitt 5.7.2 zeigende Einfluss des Intercept-Faktors auf die Verfügbarkeit anwendbaren Wissens wurde auf einen Suppressionseffekt zurückgeführt. Geht man von der Gültigkeit dieser Annahme aus, wird durch den Intercept-Faktor kein Verlaufsmerkmal repräsentiert, das zwischen erfolgreichen und weniger erfolgreichen Lernprozessen differenziert (s. a. die latenten Korrelationen in Tabelle 13). Diese Annahmen lassen sich zu folgenden Aussagen über die Prozessfaktoren der ersten Lernphase zusammenfassen:

- *Einfluss des Intercepts auf die Faktorwerte der zweiten Lernphase*: Die Beträge der Pfadkoeffizienten sind gleich Null.

- *Einfluss des linearen Faktors auf die Faktorwerte der zweiten Lernphase*: Die Beträge der Pfadkoeffizienten sind jeweils bedeutsam von Null verschieden.

- *Einfluss des quadratischen Faktors auf die Faktorwerte der zweiten Lernphase*: Die Beträge der Pfadkoeffizienten sind jeweils bedeutsam von Null verschieden.

In einem Modell, in dem Faktoren gerichteten Pfaden ausgesetzt sind, zeigen die Mittelwerte dieser Faktoren den durchschnittlichen Anteil des Faktorwertes an, der nicht durch die Prädiktor-Faktoren erklärt wird. In einem Modell, in dem von den unabhängigen Faktoren der ersten Lernphase Pfade auf die Faktoren der zweiten Lernphase zeigen, geben die Mittelwerte der abhängigen Faktoren an, welcher Anteil am Faktorwert nicht auf den vorangegangenen Lernprozess zurückzuführen ist. Somit können diese Mittelwerte herangezogen werden, um den Verlauf der Lernprozessregulation zu beschreiben, der nicht unter dem Einfluss vorangegangenen Lernens steht. Für die Faktormittelwerte dieses „bereinigten" Verlaufs gelten somit die Annahmen, die für den theoretischen Fall einer von vorangegangenen Lernerfahrungen unbeeinflussten Lernprozessregulation aufgestellt wurden:

- *Intercept-Faktor*: Sein Betrag ist deutlich von Null verschieden. Sein Vorzeichen ist negativ.
- *Linearer Faktor*: Sein Betrag ist deutlich von Null verschieden. Sein Vorzeichen ist positiv.
- *Quadratischer Faktor*: Sein Betrag ist deutlich von Null verschieden. Sein Vorzeichen ist negativ.

Modellprüfung – Alternativ-Modelle. Zur Überprüfung dieser Annahmen wurden drei alternative Modelle berechnet, deren Fit-Statistiken in Tabelle 22 eingetragen sind. Die statistischen Signifikanzeinschätzungen basieren hierbei auf einem sich errechnenden effektiven Stichprobenumfang von n_{SRS} = 490. Die Modelle AB0 und AB1 sind zwei Extrem-Modelle. Im Falle des AB0-Modells werden jegliche Zusammenhänge zwischen den beiden Phasen verneint, während Modell AB1 von allen drei Prozessfaktoren der ersten Lernphase gerichtete Pfade auf alle drei Faktoren der zweiten Teilphase freigibt. Modell AB2 repräsentiert das aufgrund der oben angeführten Annahmen theoretisch erwartete Modell, bei dem nur Pfade vom linearen und vom quadratischem Faktor der Lernphase A zugelassen werden.

Tabelle 22: *Fit-Statistiken für alternative Modelle des Einflusses der vorangegangenen Lernprozessregulation auf den Lernprozess mit analogem Vorwissen*

Modell		χ^2	df	RMSEA	GFI	NNFI	CFI
AB0	Keine Pfade	125,230*	30	0,081	0,947	0,776	0,813
AB1	Alle möglichen Pfade	22,525	21	0,012	0,991	0,995	0,997
AB2	Theoretisch erwartete Pfade	27,102	24	0,016	0,989	0,991	0,994

n_{SRS} = 490;
* = Modell unterscheidet sich von der empirischen Datenstruktur statistisch bedeutsam mindestens auf dem 5%-Niveau

Die Fit-Maße des Modell AB0 sprechen sich eindeutig gegen die Annahme aus, die Lernprozessregulation der zweiten Lernphase wäre vom Lernprozess der ersten Phase unberührt. Dagegen sind sowohl Modell AB1 als auch Modell AB2 dazu in der Lage, die empirischen Daten hervorragend abzubilden. Aufgrund der χ^2-Statistik lässt sich jedoch keines der beiden Modelle AB1 und AB2 bevorzugen, da die entsprechende χ^2-Differenz statistisch nicht signifikant wird. Die weiteren Fit-Indizes zeigen nur sehr leichte Präferenzen für Modell AB1. Es unterscheidet sich von Modell AB2 durch drei Pfade, die vom Intercept der ersten Lernphase auf die Faktoren der zweiten Lernphase weisen. Diese weisen jedoch nur sehr kleine Koeffizienten auf und erreichen zudem keine statistische Bedeutsamkeit. Daher wird Modell AB2 als das sparsamere von beiden Modellen bevorzugt. Modell AB2 ist in Abbildung 20 dargestellt.

Einflussmuster von Faktoren der ersten auf Faktoren der zweiten Lernprozessregulation. Erwartungsgemäß zeigen sich in diesem Modell statistisch bedeutsame Pfade vom linearen Prozessfaktor der Lernphase A auf die Faktoren der Lernphase B. Das positive Vorzeichen des Pfades auf den Intercept der zweiten Phase zeigt erneut auf, dass das positive Wachstum der $log_{(or)}$-Werte während der ersten Phase einhergeht mit weniger von Null verschiedenen negativen Werten zu Beginn der zweiten Phase. Der positive Pfad zwischen den beiden linearen Faktoren präsentiert sich dagegen wie vermutet, genauso wie der negative Pfad auf den quadratischen Prozessfaktor. Wie erwartet sind die Beträge der Pfadkoeffizienten deutlich von Null verschieden. Die Pfade des quadratischen Faktors der ersten Lernphase erreichen keine statistische Bedeutsamkeit, was durch die Punktung der Pfade grafisch zum Ausdruck gebracht wird.

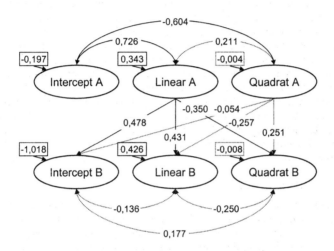

Abbildung 20: Einfluss der Lernprozessregulation der Lernphase A auf die Lernprozessregulation in der Lernphase B

Faktormittelwerte. Der Effekt, den das vorherige Lernen mit einem analogen System auf die Lernprozessregulation hat, lässt sich anhand der Mittelwerte der Prozessfaktoren abschätzen, wie sie unter Kontrolle der ersten Lernphase für die zweite Lernphase in Abbildung 20 angegeben sind. Der Intercept-Faktor der zweiten Lernphase hätte ohne Beeinflussung mit $M_{I(B)} = -1,02$ einen Mittelwert, der deutlich weiter im negativen Bereich liegt als ohne Kontrolle des vorangegangenen Prozesses. Der lineare Faktormittelwert hätte mit $M_{L(B)} = 0,43$ zwar einen nicht mehr ganz so hohen, aber immer noch deutlich von Null verschiedenen Betrag. Der quadratische Faktor wäre mit $M_{Q(B)} = -0,01$ ohne die Lerntätigkeiten in der analogen Phase im Durchschnitt nicht signifikant von Null verschieden.

Fazit. Aufgrund des Modells AB2 kann berechtigterweise vorausgesetzt werden, dass der Verlauf der Lernprozessregulation der Lernphase B bedeutsam von der erfolgreichen Gestaltung des vorangegangenen, analogen Lernprozesses abhängt. Offensichtlich führt ein schneller und bestimmter Wechsel von identifizierenden zu integrierenden Regulationszielen in der ersten Lernphase dazu, dass beim Erwerben von Wissen über ein analoges System in der zweiten Phase von Beginn an stärker Wert auf das Integrieren von Informationen gelegt wird. Die Pfadkoeffizienten vom linearen Prozessfaktor der ersten Lernphase auf die drei Faktoren der zweiten Lernphase können als deutlicher Hinweis dafür interpretiert werden, dass die Lernprozessregulation in der zweiten Phase umso erfolgreicher gestaltet werden kann, je besser integriertes Wissen aus der ersten Teilphase zur Verfügung steht.

Es wurde argumentiert, dass die Daten der zweite Lernphase nahezu frei von Einflüssen negativen Vorwissens und von anderen Verzerrungen wie zum Beispiel einer zu kurzen Präsentation der Fehlermeldungen sind. Die in Modell AB2 angegebenen Prozessfaktormittelwerte sind zusätzlich dazu um den Einfluss des vorherigen, analogen Lernprozesses bereinigt. Insofern stellen sie eine sehr gute Schätzung des durchschnittlichen Verlaufs einer Lernprozessregulation dar, für die keine Effekte vorangegangener Lernerfahrungen jeglicher Art angenommen werden müssen. Ein solcher Lernprozess ohne Vorwissen beginnt mit der starken Zielsetzung, Informationen zu identifizieren. Der Wechsel zu integrierenden Zielen verläuft nicht so schnell und so bestimmt wie unter dem Einfluss positiver Lernvorerfahrungen, jedoch immer noch sehr ausgeprägt. Die Annahme einer erneuten Hinwendung zum verstärkten Identifizieren wird für diesen Lernprozess zwar nicht bestätigt. Es bleibt aber zu vermuten, dass bei einer längeren, zur Verfügung stehenden Zeit dieses Verlaufsmerkmal zu beobachten gewesen wäre.

6.6.2 Spezifisches Vorwissen

Für den letzten im Rahmen dieser Arbeit vorzustellenden Lernprozess kann mit hoher Wahrscheinlichkeit angenommen werden, dass er unter dem Einfluss spezifischen Vorwissens steht. Somit wird hierbei kein vollständiger Lernprozess, sondern die Fortsetzung eines bereits begonnenen Lernens abgebildet. Das bedeutet, dass die Anforderungen an den Wissenserwerb in dem Maß reduziert sind, in dem spezifisches Wissen abrufbar und anwendbar ist. Je mehr Wissen bereits verfügbar ist, desto weniger sollte auf der einen Seite das Identifizieren von unbekannten Informationen notwendig sein. Dem Integrieren von Informationen sollte bei diesem Lernprozess eine weitaus größere Bedeutung zuteil werden, und das von Beginn an.

Auf der anderen Seite kann argumentiert werden, dass bereits gut integriert zur Verfügung stehendes spezifisches Vorwissen die Wahrscheinlichkeit erhöht, dass eine Person in einem weiteren Integrieren ihr bekannter Informationen wenig Nutzen sieht und daher den Lernprozess erneut auf das Identifizieren eventuell noch unbekannter Informationen ausrichtet. Bei äußerst leicht und sicher abrufbarem spezifischem Vorwissen wäre demzufolge auch ein bereits zu Beginn stärker auf das Identifizieren abzielender Lernprozess zu erwarten.

Die mittleren Verläufe der beiden vorangegangenen Lernprozessregulationen in den Phasen A und B legen allerdings die Vermutung nahe, dass ein derart integriertes spezifisches Vorwissen zu Beginn dieser Lernphase C nicht vorausgesetzt werden kann. Weder in Lernphase A noch in Lernphase B wurde im Durchschnitt der Punkt erreicht oder gar überschritten, ab dem das erneute Identifizieren als sinnvoller erachtet wird.

Für die erste Lernprozessregulation unter dem Einfluss unspezifischen Vorwissens konnte für den Großteil der durch die $log_{(or)}$-Werte abgebildeten Verläufe keine negative Beschleunigung festgestellt werden. Bei der Lernprozessregulation mit analogem Vorwissen zeigte sich zwar diese angenommene Krümmung des Verlaufs. Abbildung 15 macht jedoch deutlich, dass selbst die erfolgreichsten Gruppen sich diesem Punkt erst annäherten, ihn aber noch nicht überschritten haben. Ihre $log_{(or)}$-Werte steigen noch weiter an, auch wenn dieser Anstieg deutlich geringer ist. Dies spricht dafür, dass selbst die erfolgreichen Lerner am Ende der Lernphase die erworbenen Informationen als noch nicht ausreichend integriert einschätzen.

Die Annahme der von Beginn an sehr starken Zielsetzung auf das Integrieren beinhaltet, dass das Vorwissen eine hohe Bedeutung für die Gestaltung dieser Lernprozessregulation hat. Dieses direkt zuvor erworbene Wissen ist spezifisches und vermutlich zu großen Teilen positives Wissen. Somit repräsentiert es zum einen die Informationen, welche im Verlauf des Lernprozesses weiter integriert werden. Zum anderen bietet es die adäquate Basis für die Integration von neu identifizierten Informationen. Somit ist zu vermuten, dass während des gesamten Lernprozesses auf dieses Wissen zurückgegriffen werden muss. Das bedeutet, dass der Einfluss dieses spezifischen Vorwissens für die gesamte Lernprozessregulation ähnlich stark sein sollte.

Hypothesen. Allgemein kann für einen Lernprozess mit spezifischem Vorwissen angenommen werden, dass er in höherem Maße selbstbestimmt reguliert wird als Lernprozesse ohne spezifisches Vorwissen, zumindest so lange wie die Wahl zwischen unterschiedlichen Arten von Lernaktivitäten besteht. Unter der Voraussetzung, dass das für die letzte Lernphase verfügbare spezifische Vorwissen im Durchschnitt noch nicht in dem Ausmaß integriert wurde, dass weitere integrierende Aktivitäten mehr Kosten als Nutzen verursachen würden, wurde in Abschnitt 6.1 angenommen, dass der Lernprozess zu Beginn sehr bestimmt auf die Integration von Informationen ausgerichtet wird und dass aufgrund dieses bereits zu Beginn sehr hohen Niveaus keine bedeutsame Steigerung der Integrationsaktivitäten zu erwarten ist. Dafür ist zu erwarten, dass der Punkt, ab dem sich erneut dem Identifizieren zugewandt wird, mit höher Wahrscheinlichkeit innerhalb der zur Verfügung stehenden Zeit erreicht wird.

Im Vergleich zu einem Lernprozess mit unspezifischem Vorwissen beziehungsweise unspezifischen Lernerfahrungen ergeben sich somit folgende Hypothesen für den Verlauf der Lernprozessregulation und seine Abbildung durch das $log_{(or)}$-Maß, für die der Einfluss spezifischen Vorwissens angenommen werden kann:

- Das positive Ausgangsniveau unterscheidet sich deutlicher von Null.
- Das positive Wachstum ist deutlich schwächer.
- Die negative Beschleunigung ist deutlich stärker.

Im folgenden Abschnitt 6.6.2.1 wird zunächst auf deskriptiver Ebene betrachtet, ob sich diese angenommenen Merkmale in dem mittleren Verlauf und in den Verläufe der zehn unterschiedlich erfolgreichen Gruppen finden lassen. In Abschnitt 6.6.2.2 wird die Lernprozessregulation mit Hilfe eines latenten Wachstumskurvenmodells abgebildet. Dabei wird, wie bereits für die bisherigen Modellierungen, angenommen, dass ein Verlauf, der diese drei Merkmale aufweist, am besten durch drei Prozessfaktoren modelliert werden kann. Zudem wird mit diesem Modell überprüft, ob der Einfluss vorangegangener spezifischer Lernerfahrungen durchgehend bedeutend für die Lernprozessregulation ist. Da sich der Einfluss von Vorwissen in den Messfehlerbeträgen niederschlägt, leitet sich hierfür folgende Hypothese ab:

- *Homoskedastizität*: Ein Modell mit gleichen Messfehlerbeträgen bildet die empirischen Daten besser ab als ein Modell mit unterschiedlichen Messfehlerbeträgen.

In Abschnitt 6.6.2.3 wird das resultierende Modell der dritten Lernphase C mit den Modellen der Lernprozessregulationen in den Lernphasen A und B verglichen. Diese Vergleiche dienen der Überprüfung folgender Hypothesen über die Merkmale der modellierten Prozessfaktoren:

- *Intercept-Faktor*: Sein Betrag ist bei der Lernprozessregulation mit spezifischem Vorwissen größer als bei den Lernprozessregulationen mit unspezifischem beziehungsweise analogem Vorwissen. Sein Vorzeichen ist positiv.

- *Linearer Faktor*: Sein Betrag ist bei der Lernprozessregulation mit spezifischem Vorwissen geringer als bei den Lernprozessregulationen mit unspezifischem beziehungsweise analogem Vorwissen. Sein Vorzeichen ist positiv.

- *Quadratischer Faktor*: Sein Betrag ist bei der Lernprozessregulation mit spezifischem Vorwissen größer als bei den Lernprozessregulationen mit unspezifischem beziehungsweise analogem Vorwissen. Sein Vorzeichen ist negativ.

In Abschnitt 6.6.2.4 wird überprüft, ob der modellierte Regulationsverlauf überhaupt wie angenommen durch die vorangegangenen Lernprozesse und ihre Regulation beeinflusst wurde.

6.6.2.1 Deskriptive Verlaufsdarstellung

Reliabilität. In die Analysen des Verlaufs der Lernprozessregulation werden die Daten aller fünf Minuten dieser Lernphase C aufgenommen. Tabelle 15 ist zu entnehmen, dass in der ersten Minute dieser Phase, der Minute 11, keine Wertzuweisungen aufgrund fehlender Wahlmöglichkeiten notwendig wurden, was für die Reliabilität der Daten dieser Minute spricht. Insgesamt mussten innerhalb dieser Phase acht Messwerte festgesetzt werden, was einen akzeptablen Anteil von $q = 8 / (5 \cdot 715) = 0{,}22\%$ ausmacht. Da bereits zu Beginn der zweiten Lernphase keine verzerrenden Einflüsse aufgrund zu kurz präsentierter Fehlermeldungen gefunden werden konnten, kann begründet vorausgesetzt werden, dass solche Einschränkungen der Testgüte auch für die darauf folgende dritte Lernphase auszuschließen sind. Insofern werden die Daten dieser dritten Lernprozessregulation vollständig in die Analysen aufgenommen.

Merkmale des mittleren Verlaufs. In Abbildung 15 – Lernphase C ist die mittlere Entwicklung der $log_{(or)}$-Werte durch eine mit Dreiecken gekennzeichnete Linie dargestellt. Es ist offensichtlich, dass das Ausgangsniveau des Verlaufs erwartungsgemäß sehr deutlich im positiven Wertebereich liegt. Im Mittel beginnt der Verlauf mit einem $log_{(or)}$-Wert von $M_{HT11} = +1{,}62$, er endet auf einem Wert von $M_{HT15} = +1{,}88$. Damit zeichnet sich ein positiver Anstieg der Werte ab, dessen Ausmaß jedoch äußerst gering ist. Entgegen den Erwartungen ist keine negative Krümmung des Verlaufs erkennbar.

Vielmehr zeichnet sich eine eher positive Beschleunigung ab. Da allerdings die Veränderung der durchschnittlichen $log_{(or)}$-Werte über die Zeit insgesamt äußerst gering ist, muss angenommen werden, dass diese Krümmung einen eher unsystematischen Effekt repräsentiert.

Merkmale unterschiedlich erfolgreicher Verläufe. Für die zehn unterschiedlich erfolgreichen Gruppen wurden wieder getrennt voneinander mittlere Verläufe berechnet, wie sie in Abbildung 15 – Lernphase C dargestellt sind. Es fällt auf, dass die Gruppen bereits zu Beginn die Rangordnung aufweisen, wie sie sich auch aus den Wissensanwendungsleistungen ergeben. Dabei sind erhebliche Niveauunterschiede zu verzeichnen. Während die erfolgreichste Gruppe bereits auf einem Niveau von $M_{91-100\%}$ = 3,14 beginnt, startet die am wenigsten erfolgreiche Gruppe mit einem deutlich geringeren mittleren $log_{(or)}$-Wert von $M_{0-11\%}$ = 0,71.

Insgesamt gilt für alle Gruppen, dass sie im Vergleich zu den zuvor betrachteten Lernprozessregulationen eine nur sehr geringe Veränderung in den $log_{(or)}$-Werten über die Zeit aufweisen. Ebenso lassen sich nur sehr geringe Unterschiede in den Verlaufsformen unterschiedlich erfolgreicher Gruppen erkennen. Die erfolgreicheren Verläufe zeigen alle bereits zu Beginn einen positiven Anstieg. Die erwartete starke negative Beschleunigung des Anstiegs ist höchstens der erfolgreichsten Gruppe zuzuschreiben. Einige der weniger erfolgreichen Verläufe weisen sogar eine eher positive Beschleunigung auf. Insgesamt sind die Veränderungen der $log_{(or)}$-Werte über die Zeit jedoch für alle Leistungsgruppen nur sehr gering. Festzuhalten ist, dass sich bereits zu Beginn des Prozesses deutliche Niveauunterschiede in den positiven $log_{(or)}$-Werte zeigen, die über die gesamte Zeitspanne des Lernens bestehen bleiben.

6.6.2.2 Modell der Lernprozessregulation mit spezifischem Vorwissen

Der Verlauf der Lernprozessregulation mit spezifischem Vorwissen wird als latente Wachstumskurve mit drei Prozessfaktoren über fünf Messzeiträume hinweg modelliert. Für die orthogonale Kodierung ergeben sich somit dieselben Vektoren wie für die Modelle der Lernphase B, für die ebenfalls fünf Messzeiträume beachtet werden konnten (s. Abschnitt 6.6.1.2).

Modellprüfung - Alternative Verlaufsformen. Für die Modelle der dritten Lernphase berechnet sich nach der Formel (6) auf Seite 133 ein effektiver Stichprobenumfang von n_{SRS} = 372. In Tabelle 23 sind die Fit-Statistiken für die unterschiedlichen alternativen Verlaufsmodellierungen eingetragen. In Modell C1 wird davon ausgegangen, dass sich keine Veränderung im Laufe des Lernprozesses vollzieht, während Modell C2 die Annahme streng linear ansteigender $log_{(or)}$-Werte repräsentiert. Beide Modelle sind nicht geeignet, um die empirisch beobachteten Daten angemessen abzubilden. Modell C3 ist das theoretisch erwartete Modell mit drei Prozessfaktoren. Die Passung der durch dieses Modell geschätzten Datenstruktur an die empirisch beobachtete Struktur ist hervorragend. Die χ^2-Differenz zwischen Modellen C1 und C3, sowie zwischen den Modellen C2 und C3 sind hoch signifikant, und weisen somit auf eine Bevorzugung des Modells mit drei Prozessfaktoren.

Tabelle 23: *Fit-Statistiken für alternative Modelle der Lernprozessregulation mit spezifischem Vorwissen*

Modell		χ^2	df	RMSEA	GFI	NNFI	CFI
C1	Mean only	62,551*	17	0,085	0,960	0,969	0,948
C2	Intercept und Linear	26,422*	14	0,049	0,979	0,989	0,984
C3	Intercept, Linear und Quadrat	8,737	10	0,000	0,994	1,012	1,000
C4	Intercept, Linear und Quadrat Heteroskedastizität	7,016	6	0,024	0,996	0,998	0,999

$n_{SRS} = 372$;
* = Modell unterscheidet sich von der empirischen Datenstruktur statistisch bedeutsam mindestens auf dem 5%-Niveau

Modellprüfung – Homoskedastizität. In Modell C3 wurde wie in den Modellen C1 und C2 die Annahme der Homoskedastizität durch das Gleichsetzen der Messfehler abgebildet. Modell C4 ist wie C3 ein Drei-Faktoren-Modell, bei dem jedoch die Messfehlerbeträge frei geschätzt werden. Auch dieses Modell weist einen ausgezeichneten Fit auf, jedoch wird bei einer um vier reduzierten Anzahl an Freiheitsgraden gegenüber Modell C3 nur eine recht geringe Minderung des χ^2-Wertes erzielt. Entsprechend wird die Differenz zwischen den beiden χ^2-Werten auch nicht signifikant. Auch der Vergleich der weiteren Fit-Indizes spricht sich gegen die Annahme aus, dass mit Modell C4 eine bedeutsam bessere Anpassung an die empirischen Daten erreicht wird, weshalb im weiteren das sparsamere Modell C3 und damit die Annahme der Homoskedastizität bevorzugt wird.

Tabelle 24: *Latente Korrelationen und Mittelwerte von Modell C3*

Korrelationen	Intercept C	Linear C	Quadrat C
Intercept C	1,000*		
Linear C	-0,205	1,000*	
Quadrat C	-0,382*	-0,076	1,000
Mittelwerte			
	1,587*	0,061*	0,009

* = Statistische Bedeutsamkeit mindestens auf dem 5%-Niveau

Allgemeine Verlaufsmerkmale. Tabelle 24 listet die Faktormittelwerte und die latenten Korrelationen des Modells C3 auf. Erwartungsgemäß präsentiert sich der Intercept-Faktor mit einem Mittelwert, der nicht nur sehr deutlich von Null verschieden ist, sondern auch ein positives Vorzeichen aufweist. Ebenso erwartungsgemäß ist der Mittelwert des linearen Faktors statistisch bedeutsam von Null verschieden. Auch ist sein Betrag mit $M_L = 0,06$ den Erwartungen entsprechend gering. Vom quadratischen Faktor wurde vorab vermutet, dass er im Durchschnitt einen deutlich von Null verschiedenen Betrag mit negativem Vorzeichen annimmt. Allerdings ist der modellierte Mittelwert mit $M_Q = 0,01$ nicht bedeutsam von Null verschieden. Die beiden Faktoren, die eine Veränderung in den $log_{(or)}$-Werte modellieren, sind nur sehr gering beziehungsweise gar nicht von Null verschieden. Damit wird der Betrag des Intercept-Faktors zum zentralen Merkmal dieses Modells der Lernprozessregulation.

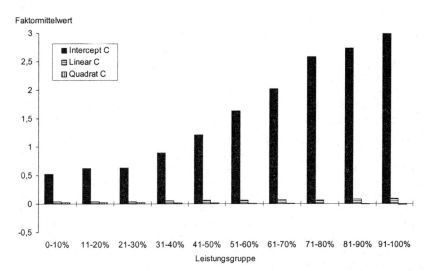

Abbildung 21: Faktormittelwerte der Lernprozessregulation mit spezifischem Vorwissen, gruppiert nach Wissensanwendungsleistungen

In Abbildung 21 sind die Faktormittelwerte, getrennt für zehn unterschiedlich erfolgreiche Gruppen präsentiert. Das am stärksten hervorstechende Merkmal dieser Abbildung ist die Rangreihe, die sich aus den hohen Beträgen der Intercept-Mittelwerte ergibt. Sie entspricht exakt der Rangreihe, die sich aufgrund der Wissensanwendungsleistungen herleiten lässt. Während die drei am wenigsten erfolgreichen Gruppen sich diesbezüglich nur sehr wenig unterscheiden, ist zwischen den Gruppen „31-40%" und der erfolgreichsten Gruppe „91-100%" ein nahezu linearer Anstieg der Mittelwerte ersichtlich. Die Mittelwert-Unterschiede der linearen Faktoren sind gering, genauso wie die Differenzen zwischen den Mittelwerten der quadratischen Faktoren.

Es deutet sich in Abbildung 21 auch an, dass der quadratische Faktor wenig erfolgreicher Gruppen zwar einen ähnlich großen Betrag wie die erfolgreichste Gruppe aufweist, dass dieser Betrag jedoch ein positives Vorzeichen hat, während sich erfolgreiche Gruppen durch einen negativen quadratischen Faktorwert auszeichnen. Dies mag eine Erklärung dafür sein, wieso der Mittelwert über alle Personen sich nicht statistisch bedeutsam von Null unterscheidet (Tabelle 24). Bei dieser Aggregation scheinen sich positive und negative Werte gegenseitig aufzuheben. Da die Unterschiede der quadratischen Faktorwerte zwischen den zehn Gruppen jedoch insgesamt sehr niedrig sind, sollen sie nicht weitergehend analysiert werden.

Fazit. Es bleibt festzuhalten, dass unterschiedlich erfolgreiche Gruppen sich insbesondere durch ihre Beträge des Intercept-Faktors voneinander unterscheiden, während die Faktorwerte, die eine Veränderung in der Ausrichtung des Lernprozesses beschreiben, für alle Gruppen Beträge von nahezu Null annehmen. Personen, die zu Beginn sehr viel Wert auf das Integrieren von Informationen legen, konzentrieren sich auch noch gegen Ende der zur Verfügung stehenden Zeit darauf. Personen, die zu Beginn ein weniger selbstbestimmtes Eingriffsverhalten zeigen, geben auch im Verlauf dieser letzten fünf Minuten dem Lernprozess eine nur sehr langsam stärker werdende Ausrichtung auf das Integrieren. Diese nur sehr geringen Veränderungen in den Lernprozessregulationen aller Gruppen entsprechen nicht den Erwartungen. Es hat den Anschein, dass beim Lernen in dieser dritten Phase weniger schnell Fortschritte erzielt werden, als es in den ersten beiden Phasen zu beobachten war, und dass dieses für alle Personen gilt, unabhängig von dem zu vermutenden Ausmaß spezifischen Vorwissens.

Die dritte Lernphase unterscheidet sich von den ersten beiden Phasen unter anderem darin, dass nicht nur eines der Subsysteme des Heidelberger Finiten Automaten präsentiert wird, sondern es stehen sowohl die Rakete als auch das Fahrzeug für den Wissenserwerb zur Verfügung. Es muss somit Wissen über das System erworben werden, das dem in Studie I entspricht. In Studie I musste davon ausgegangen werden, dass die Lernprozessregulation im Umgang mit diesem System für die untersuchten Person sehr schwierig ist, was sich unter anderem in einem nur sehr langsamen Ansteigen der $log_{(or)}$-Werte über die Zeit äußerte. Es liegt die Vermutung nahe, dass auch in der dritten Lernphase der Studie II der Umgang mit dem gesamten HFA eine hohe Schwierigkeit aufweist. Dies würde zum einen erklären, wieso selbst Personen, für die die Verfügbarkeit umfangreichen spezifischen Vorwissens angenommen werden kann, sehr stark am Integrieren von Informationen festhalten und nur die wenigsten ein erneutes Identifizieren für sinnvoller halten. Es erklärte auch, wieso Personen, die innerhalb der ersten beiden Lernphasen nur wenig erfolgreich waren, diese dritte Phase nicht nutzen können, um identifizierte Informationen zu integrieren. Sie beginnen die dritte Lernphase vermutlich mit wenig spezifischem Vorwissen. Der Umgang mit dem komplexen System wird diesen Personen somit nur wenig durch ihre vorherige Lernerfahrung erleichtert. Es ist anzunehmen, dass sich für sie das Lernen in der dritten Phase als sehr schwierig gestaltet, was wie in der ersten Studie ein immer stärkeres Hinwenden zum Integrieren verhindert.

Es spricht somit einiges dafür, dass trotz des vorherigen Lernens mit einzelnen Systemen, das Lernen mit dem vollständigen Heidelberger Finiten Automaten sich für alle Personen schwieriger gestaltet als erwartet. Die Regulation des Lernprozesses scheint ausschließlich durch den Erfolg der beiden vorangegangenen Phasen bestimmt. Jedoch erreichen innerhalb der zur Verfügung stehenden Zeit weder die erfolgreichen Personen den Punkt, ab dem ein erneutes Hinwenden zum Identifizieren sinnvoll erscheint, noch können weniger erfolgreiche Personen ihr Lernen bestimmter auf das Integrieren von Informationen lenken.

6.6.2.3 Modellvergleich zwischen der Lernprozessregulation mit spezifischem Vorwissen und den Lernprozessregulationen mit unspezifischem und mit analogem Vorwissen

Die Verläufe, für die kein zuvor erworbenes, spezifisches Vorwissen anzunehmen ist (Modell E3 in Studie I, S. 136; Modell A3, S. 174 und Modell B4, S. 183) werden recht einheitlich durch einen Intercept-Wert mit einem negativen Vorzeichen und einen linearen Faktorwert, dessen positiver Betrag sich deutlich von Null unterscheidet, charakterisiert. Die bisherigen Darstellungen der Lernprozessregulation mit vorangegangener, spezifischer Lernerfahrung durch das Modell C3 (Tabelle 24) weisen auf deutliche Ungleichheiten bezüglich des Intercepts und des linearen Faktors im Vergleich mit den Modellen ohne spezifisches Vorwissen hin. Ob diese Unterschiede auch statistisch bedeutsam sind, soll im Folgenden durch Modellvarianten des Modells C3 geprüft werden, deren Faktormittelwerte auf die Beträge der bisher dargestellten Modelle fixiert werden.

Over-all-Tests. Um zu überprüfen, ob sich das Modell für die Lernprozessregulation mit spezifischem Vorwissen insgesamt von Modellen unterscheidet, die Verläufe ohne spezifisches Vorwissen abbilden, wurden Varianten des Modells C3 berechnet, bei denen alle Faktormittelwerte auf die entsprechenden Werte der alternativen Modelle festgesetzt wurden. Die χ^2-Differenzen zwischen Modell C3 und den jeweiligen Varianten offenbaren bedeutsame Unterschiede zwischen Modell C3 und den Modellen der Studie I (Modell E3C3TO in Tabelle 25), der Lernphase A (Modell A3C3TO) sowie der Lernhase B (Modell B4C3TO). Modell C3 bildet demzufolge einen Verlauf ab, der sich von allen bisher dargestellten Verläufen unterscheidet.

Einzelvergleiche. Für den Vergleich zwischen Lernprozessregulationen mit und ohne spezifischem Vorwissen wurden zu Beginn dieses Abschnitts spezifische Hypothesen über die einzelnen Prozessfaktoren formuliert. Diese sollen über Modellvergleiche geprüft werden, bei denen jeweils nur einzelne Faktormittelwerte festgesetzt werden. Für den Wert des Intercept-Faktors wurde angenommen, dass er sich durch einen größeren Betrag und ein positives Vorzeichen deutlich von den dargestellten Intercept-Faktoren unterscheidet. Tabelle 25 ist zu entnehmen, dass die Vergleiche mit allen drei zuvor betrachteten Modellen diese Annahme durch signifikante χ^2-Differenzen stützen (Modelle E3C3TI, A3C3TI und B4C3TI). Auch die Annahme, dass eine Lernprozessregulation mit spezifischem Vorwissen durch ein Modell mit einem kleineren linearen Faktorwert zu beschreiben ist, wird durch die entsprechenden Vergleiche des Modells C3 mit den Modellvarianten E3C3TL, A3C3TL und B4C3TL gestützt.

Für den quadratischen Faktor war angenommen worden, das er einen höheren negativen Betrag annehmen sollte. Diese Hypothese lässt sich so nicht mehr halten, da die bisherigen Analysen bereits zeigten, dass der durchschnittliche quadratische Faktorwert nicht von Null verschieden ist. Entsprechend zeigen die Vergleiche, dass sich der quadratische Faktor von Modell C3 sehr stark von dem des Modells B4 unterscheidet, dem einzigen quadratischen Faktor-Wert, der bei den bisher betrachteten Modellen einen signifikanten Unterschied von Null aufweist. Die quadratischen Faktoren des Modells der Studie I und des Modells C3 unterscheiden sich nicht statistisch bedeutsam, und auch der Unterschied zu Modell A3 wird nur knapp auf dem 5%-Niveau signifikant. Insofern bestätigt sich erneut, dass der quadratische Faktor nicht wie erwartet einen höheren Betrag aufweist.

Tabelle 25: χ^2-Differenzen zwischen Modell C3 und Modellen mit festgesetzten Faktormittelwerten

Modell	χ^2	df	RMSEA	GFI	NNFI	CFI	$\Delta\chi^2$	Δdf
E3C3TO	224,663*	13	0,210	0,996	0,680	0,585	215,926*	3
E3C3TI	222,618*	11	0,228	0,997	0,625	0,587	213,881*	1
E3C3TL	94,956*	11	0,143	0,995	0,887	0,876	86,219*	1
E3C3TQ	12,473	11	0,019	0,995	0,998	0,997	3,736	1
A3C3TO	217,863*	13	0,206	0,997	0,696	0,605	209,126*	3
A3C3TI	216,110*	11	0,224	0,997	0,643	0,607	207,373*	1
A3C3TL	121,597*	11	0,165	0,995	0,845	0,829	112,860*	1
A3C3TQ	15,019	11	0,031	0,995	0,994	0,994	6,282*	1
B4C3TO	271,593*	13	0,232	0,996	0,548	0,412	262,856*	3
B4C3TI	265,247*	11	0,247	0,997	0,487	0,435	256,510*	1
B4C3TL	225,640*	11	0,229	0,994	0,623	0,585	216,903*	1
B4C3TQ	194,510*	11	0,212	0,997	0,697	0,666	185,773*	1

$n_{SRS} = 372$;
* = Modell unterscheidet sich von der empirischen Datenstruktur statistisch bedeutsam mindestens auf dem 5%-Niveau

Fazit. Die Regulation des Lernprozesses, für den die Verfügbarkeit spezifischen Wissens angenommen wird, ist insbesondere durch eine von Beginn an sehr bestimmte Ausrichtung des Prozesses auf das Integrieren dieser Informationen geprägt. Das zweite zentrale Merkmal ist das Ausbleiben bedeutsamer Veränderungen über die Zeit. Der positive lineare Faktor zeigt zwar durch einen statistisch bedeutsamen Anstieg der *$log_{(or)}$*-Werte sich noch steigernde integrierende Lerntätigkeiten an. Das Ausmaß dieses Anstiegs ist jedoch äußerst gering. Es muss daher davon ausgegangen werden, dass aufgrund der Komplexität des vollständigen Heidelberger Finiten Automaten die Veränderungen in der Lernprozessregulation derart verlangsamt werden, dass innerhalb des beobachteten Zeitraums von fünf Minuten keine nennenswerten Unterschiede in der Ausrichtung des Lernprozesses zu verzeichnen sind.

Bei den bisherigen Analysen wurde vorausgesetzt, dass während dieses Lernprozesses das Wissen genutzt wird, das in den beiden vorangegangenen Lernphase erworben wurde. Analog zu dem Vorgehen in Abschnitt 6.6.1.4 wird, ohne das zu Beginn verfügbare Wissen direkt zu erfassen, diese Voraussetzung im folgenden Abschnitt überprüft, indem die Abhängigkeiten der Regulation der dritten Lernphase von den Lernprozessregulationen der ersten beiden Lernphasen modelliert werden. Dabei wird davon ausgegangen, dass die Merkmale, die in den ersten beiden Phasen eine erfolgreiche Lernprozessregulation auszeichnen, auch einen Effekt auf die Lernprozessregulation in der letzten Phase haben.

6.6.2.4 Einfluss vorheriger Lernprozessregulationen

Hypothesen. Spezifisches Vorwissen für die dritte Lernphase kann mit umso höherer Wahrscheinlichkeit vorausgesetzt werden, je erfolgreicher die Regulationen der beiden vorangegangenen Lernprozesse waren. Der Erfolg einer Lernprozessregulation mit unspezifischem Vorwissen lässt sich im Rahmen eines Prozessmodells am besten anhand des linearen Faktors erklären (vgl. Abschnitt 5.7.2 und Abschnitt 6.6.1.4).

Auch eine erfolgreiche Lernprozessregulation mit analogem Vorwissen wird angemessen durch einen hohen linearen Faktorwert beschrieben. Zusätzlich weist das sie beschreibende Modell aber auch einen bedeutsamen quadratischen Faktor mit negativem Wert auf (s. Abbildung 19, S. 184). Kontrolliert man jedoch den Anteil des vorangegangenen Lernprozesses an diesem quadratischen Faktor, unterscheidet sich sein durchschnittlicher Betrag nicht von Null (s. Abbildung 20, S. 189). Daher ist zu bezweifeln, dass der quadratische Faktor der zweiten Lernphase eine zur ersten Lernphase zusätzliche Bedeutung für die Lernprozessregulation in der dritten Phase besitzt.

Das hervorstechende Merkmal, durch das sich in dem Modell für die dritte Lernphase eine erfolgreiche von einer weniger erfolgreichen Regulation unterscheidet, ist ein Intercept-Faktor mit sehr hohem, positivem Wert. Es zeigen sich zwar auch Unterschiede in den Faktorwerten, die die Veränderung der Regulation über die Zeit abbilden. Diese sind jedoch sehr gering. Zudem unterscheiden sich die Verlaufsformen zwischen den unterschiedlich erfolgreichen Gruppen nur sehr wenig (s. Abbildung 15 – Lernphase C). Insofern ist davon auszugehen, dass sich der Erfolg beim Lernen innerhalb der ersten beiden Lernphasen hauptsächlich auf die Höhe des positiven Intercept-Wertes der dritten Phase niederschlägt.

Aus diesen Eigenschaften der Prozessmodelle für erfolgreiche Lernregulationen mit unterschiedlichem Vorwissen leiten sich folgende Hypothesen über das Einflussmuster zwischen den Faktoren der drei Modelle ab:

- *Einfluss des linearen Faktors der Lernphase A*: Alle drei Pfade auf die Faktoren der Lernphase B weisen Koeffizienten auf, deren Beträge denen in Modell AB2 entsprechen. Der Pfad auf den Intercept der dritten Lernphase C weist einen Koeffizienten auf, dessen Betrag bedeutsam von Null verschieden ist. Das Vorzeichen ist positiv.

- *Einfluss des linearen Faktors der Lernphase B*: Der Pfad auf den Intercept der dritten Lernphase C weist einen Koeffizienten auf, dessen Betrag bedeutsam von Null verschieden ist. Das Vorzeichen ist positiv.

Für alle weiteren Pfade wird angenommen, dass ihre Koeffizienten Beträge annehmen, die sich nicht bedeutsam von Null unterscheiden.

In Modell AB2 wurde anhand „bereinigter" Mittelwerte ein Regulationsverlauf beschrieben, für den der Einfluss analoger Lernvorerfahrung ausgeschlossen wird. Dieser Verlauf wies einen Intercept-Faktor mit hohem negativen Betrag, einen linearen Faktor mit einem ebenfalls deutlich von Null verschiedenen positiven Betrag und, vermutlich aufgrund der kurzen Lerndauer, einen unbedeutenden quadratischen Faktor auf. Aufgrund der hohen Schwierigkeit der dritten Lernphase wird angenommen, dass sich vorangegangene Lernerfahrungen ausschließlich auf den Wert des Intercept-Faktors auswirken. Das bedeutet, dass eine Kontrolle vorangegangener Lernprozesse auch nur den Mittelwert des Intercepts verändern sollte, während die Mittelwerte des linearen und des quadratischen Faktors gleich bleiben. Bei Kontrolle vorheriger Lernprozesse sollte ein Intercept-Faktor einen stark auf das Identifizieren ausgerichteten Regulationsbeginn abbilden. Insofern sollte sich ein bereinigter Verlauf in folgenden Faktormittelwerten ausdrücken:

- *Intercept-Faktor*: Sein Betrag ist deutlich von Null verschieden. Sein Vorzeichen ist negativ.
- *Linearer Faktor*: Sein Wert entspricht dem in Modell C3.
- *Quadratischer Faktor*: Sein Wert entspricht dem in Modell C3.

Modellprüfung – Alternativ-Modelle. Für die alternativen Modelle der drei Lernprozessregulationen errechnet sich ein effektiver Stichprobenumfang von $n_{SRS} = 440$. Es wurden drei Modelle gebildet, von denen in Modell ABC0 davon ausgegangen wird, dass die Regulation des dritten Lernprozesses unabhängig von den vorangegangenen Regulationen ist. Der für dieses Modell signifikante χ^2-Wert in Tabelle 26 zeigt an, dass durch diese Annahme keine zufriedenstellende Modellanpassung erreicht werden kann. Modell ABC1 stellt eine Erweiterung des Modells AB2 dar, bei dem zusätzlich alle Pfade auf die Faktoren der Lernphase C zugelassen wurden. Dieses Modell ist eine angemessene Abbildung der Daten. Es enthält jedoch eine Vielzahl statistisch unbedeutender Pfade mit geringen Koeffizienten, für die oben angenommen wurde, dass diese Pfadkoeffizienten von Null nicht verschieden sind. Zudem stellt es keine Verbesserung gegenüber Modell ABC2 dar, das die oben angeführten Hypothesen modelliert. Die χ^2-Differenz von $\Delta\chi^2 = 22{,}52$ wird bei einer Differenz von $\Delta df = 16$ Freiheitsgraden nicht statistisch bedeutsam. Insofern wird im folgenden das sparsamere Modell ABC2 bevorzugt. Es ist in Abbildung 22 grafisch dargestellt.

Tabelle 26: *Fit-Statistiken für alternative Modelle des Einflusses vorangegangener Lernprozessregulationen auf die Lernprozessregulation mit spezifischem Vorwissen*

Modell		χ^2	df	RMSEA	GFI	NNFI	CFI
ABC0	Keine Pfade	397,323*	85	0,092	0,887	0,802	0,815
ABC1	alle möglichen Pfade (Erweiterung des Modells AB2)	58,754	64	0,000	0,983	1,004	1,000
ABC2	Theoretisch erwartete Pfade	81,277	80	0,006	0,976	0,998	0,998

$n_{SRS} = 440$;
* = Modell unterscheidet sich von der empirischen Datenstruktur statistisch bedeutsam mindestens auf dem 5%-Niveau

Einflussmuster. Die Pfadkoeffizienten vom linearen Faktor der ersten auf die Faktoren der zweiten Lernphase fallen erwartungsgemäß aus. Ihre Beträge sind im Gegensatz zu Modell AB2 deutlich erhöht, was darauf zurückzuführen ist, dass anders als in Modell AB2 die Pfade vom quadratischen Faktor auf einen Betrag von Null fixiert sind. Von den Pfaden auf die dritte Phase wird auch in Modell ABC1 nur der auf den Intercept-Faktor statistisch bedeutsam. Sein Koeffizient ist mit $L_{I(C)-L(A)} = 0{,}28$ jedoch deutlich geringer als der des Pfades, der vom linearen Prozessfaktor der zweiten Lernphase auf den Intercept von Phase C weist. Dieser hat mit einem Betrag von $L_{I(C)-L(B)} = 0{,}58$ eine deutlich höhere Bedeutung für den Intercept-Wert der dritten Phase. In Modell ABC1 erreicht keiner der weiteren, möglichen Pfade auf Faktoren nachfolgender Lernphasen statistische Signifikanz.

Faktormittelwerte. Die Mittelwerte der Faktoren der Lernphase B sind beinahe identisch mit den Werten, die bereits in Modell AB2 dargestellt worden sind. Die Faktorwerte, die eine durchschnittliche Lernprozessregulation in der Phase C unter Kontrolle der beiden vorangegangenen Lernprozesse in den Phasen A und B beschreiben, entwerfen ein nur teilweise ähnliches Bild zu den entsprechenden Faktorwerten der zweiten Lernphase. Während der Intercept-Mittelwert in Modell C3, bei dem die Effekte vorangegangener Prozesse nicht kontrolliert wurden, mit $M_{I(C3)} = +1{,}59$ noch sehr stark im positiven Bereich liegt (s. Tabelle 24, S. 194), sinkt sein Wert in Modell ABC2 erwartungsgemäß auf einen negativen Betrag von $M_{I(ABC2)} = -1{,}02$. Dieser Betrag entspricht dem Intercept-Wert, der sich auch in der zweiten Lernphase unter Kontrolle des vorangegangenen Lernprozesses ergibt. Insofern nimmt er erwartungsgemäß einen Wert an, der auf der Grundlage des Modells AB2 für eine „bereinigte" Lernprozessregulation angenommen wurde.

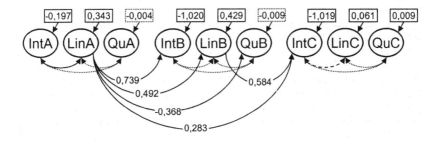

Abbildung 22: Einflüsse der Lernprozessregulationen in den Lernphasen A und B auf die Lernprozessregulation in Lernphase C

Der lineare und der quadratische Faktor der dritten Lernphase werden in Modell ABC2 als unabhängig von vorangegangenen Lernerfahrungen modelliert. Auch in Modell ABC1 konnten keine bedeutsamen Pfade auf diese beiden Faktor gefunden werden.

Entsprechend sind die Faktormittelwerte gegenüber dem Modell C3 unverändert, da sie nicht von Vorwissenseinflüssen „bereinigt" werden müssen.

Fazit. Die statistisch bedeutsamen Pfade von den linearen Prozessfaktoren der beiden vorangegangenen Lernphasen auf den Intercept-Faktor der dritten Phase stützen mit ihren recht hohen Beträgen die Annahme, dass die Lernprozessregulation in Lernphase C unter einem starken Einfluss der vorherigen Lernregulationen steht. Je schneller und bestimmter in diesen der Lernprozess auf das Integrieren von Informationen gelenkt wurde, desto bestimmter wird in der dritten Phase das Integrieren bereits von Beginn an zum Ziel des Lernprozesses. Da für die hohen positiven Beträge dieser linearen Prozessfaktoren angenommen werden kann, dass insbesondere durch sie eine erfolgreiche Lernprozessregulation ausgedrückt wird, kann angenommen werden, dass durch sie das Ausmaß spezifischen Vorwissens eingeschätzt wird, das in der dritten Lernphase von Anfang an zur Verfügung steht und diese Lernprozessregulation maßgeblich prägt. Kontrolliert man damit den Einfluss vorangegangener spezifischer Lernerfahrungen, zeigt sich, dass die Regulation eines solchen Lernprozesses, wie bereits in Modell AB2 zu Beginn sehr bestimmt auf das Identifizieren neuer Informationen gerichtet wird. Ein schnelles und bestimmtes Ausrichten auf das Integrieren von Informationen kann, vermutlich aufgrund einer zu hohen Schwierigkeit des Umgangs mit dem vollständigen Heidelberger Finiten Automaten, anhand dieses Modells nicht nachgewiesen werden.

6.6.3 Erfolgreiche und weniger erfolgreiche Regulationsverläufe mit unterschiedlichem Vorwissen

Hypothesen. Im Folgenden wird anhand mehrerer alternativer Modellierungen der jeweilige Anteil der drei einzelnen Lernprozessregulationen am Umfang und an der Anwendbarkeit erworbenen Wissens dargestellt. Dafür wird das Modell ABC2 um zwei Faktoren erweitert, die die Leistungen im Wissensumfangstest und im Test auf die Abruf- und die Anwendbarkeit des Wissens abbilden. Durch die Modelle soll geprüft werden, ob die Merkmale, die bisher als spezifisch für eine erfolgreiche Lernprozessregulation angenommen wurden, bedeutsam für den Umfang erworbenen Wissens und dessen Anwendbarkeit ist. Für die beiden ersten Lernprozesse, die sich durch die Nicht-Verfügbarkeit spezifischen Vorwissens auszeichnen, wurde ein hoher positiver Betrag des jeweiligen linearen Faktors als bedeutsam für den Erfolg angesehen. In der dritten Phase zeichnen sich erfolgreiche Regulationen offenbar insbesondere durch einen hohen, positiven Intercept-Wert aus. Eine Bedeutung des linearen Faktors dieser dritten Phase kann an dieser Stelle zwar nicht ausgeschlossen werden. Da sich jedoch nur geringe Unterschiede zwischen den unterschiedlich erfolgreichen Lernprozessen zeigten, ist von einem höchsten geringen Einfluss auszugehen.

Innerhalb eines Modells drücken sich diese Annahme in folgenden, bedeutsam von Null verschiedenen Pfadkoeffizienten auf die Faktoren des Wissensumfangs und der Wissensanwendung aus:

- *Einfluss des linearen Faktors der Lernphase A*: Die beiden Pfade auf die Faktoren des Wissensumfangs und der Wissensanwendung weisen Koeffizienten auf, deren Beträge jeweils bedeutsam von Null verschieden sind. Die Vorzeichen sind positiv.

- *Einfluss des linearen Faktors der Lernphase B*: Die beiden Pfade auf die Faktoren des Wissensumfangs und der Wissensanwendung weisen Koeffizienten auf, deren Beträge jeweils bedeutsam von Null verschieden sind. Die Vorzeichen sind positiv.

- *Einfluss des Intercept-Faktors der Lernphase C*: Die beiden Pfade auf die Faktoren des Wissensumfangs und der Wissensanwendung weisen Koeffizienten auf, deren Beträge jeweils bedeutsam von Null verschieden sind. Die Vorzeichen sind positiv.

- *Einfluss des linearen Faktors der Lernphase C*: Die beiden Pfade auf die Faktoren des Wissensumfangs und der Wissensanwendung weisen Koeffizienten auf, deren Beträge jeweils bedeutsam von Null verschieden sind. Die Vorzeichen sind positiv.

Für alle weiteren Pfade auf die Faktoren der Wissensleistungen wird angenommen, dass ihre Koeffizienten Beträge annehmen, die sich nicht von Null unterscheiden.

Tabelle 27: *Fit-Statistiken für alternative Modelle des Einflusses der Lernprozessregulationen mit unterschiedlichem Vorwissen auf Umfang und Anwendbarkeit erworbenen Wissens*

Modell		χ^2	df	RMSEA	GFI	NNFI	CFI
ABCWW0	keine Pfade	392,595*	153	0,0675	0,895	0,896	0,907
ABCWW1	alle möglichen Pfade	169,325*	139	0,025	0,954	0,986	0,989
ABCWW2	Theoretisch erwartete Pfade	175,258	149	0,023	0,952	0,989	0,990

$n_{SRS} = 345$;
* = Modell unterscheidet sich von der empirischen Datenstruktur statistisch bedeutsam mindestens auf dem 5%-Niveau

Modellprüfung – Alternativ-Modelle. Im ersten Modell ABCWW0 wird davon ausgegangen, dass kein Verlaufsmerkmal der drei Lernprozessregulationen geeignet ist, um den Umfang oder die Anwendbarkeit erworbenen Wissens vorherzusagen. Wie der auf der Grundlage eines effektiven Stichprobenumfangs von $n_{SRS} = 345$ signifikante χ^2-Wert in Tabelle 27 zeigt, ist dieses Modell nicht adäquat, um die empirische Datenstruktur zu repräsentieren. Modell ABCWW1 modelliert von jedem der drei mal drei Prozessfaktoren gerichtete Pfade auf die beiden Faktoren der Wissensleistungen. Dieses Komplettmodell passt sich ebenfalls nur schlecht an die empirischen Daten an. Zudem erreicht keiner der Pfade, die von den Faktoren der ersten beiden Lernphasen A und B direkt auf die beiden Wissensfaktoren zeigen, statistische Bedeutsamkeit. Nur die Pfade vom Intercept und vom linearen Faktor der Lernphase C zeichnen sich durch bedeutsam von Null verschiedene Koeffizienten aus.

Modell ABCWW2 repräsentiert die Annahme, dass ausschließlich die Faktoren, die als charakteristisch für erfolgreiche Lernprozessregulation angesehen werden können, einen direkten Einfluss auf den Umfang und die Anwendbarkeit des erworbenen Wissens haben. Hierfür werden nur Pfade auf den Wert Null fixiert, die auch in Modell ABCWW1 nicht statistisch signifikant geworden. Dieses Modell schätzt eine Datenstruktur, die sich nicht bedeutsam von der empirisch beobachteten unterscheidet. Es ist in Abbildung 23 dargestellt.

Einflussmuster der Faktoren der Lernprozessregulation auf Faktoren der Wissensleistungen. Das auffälligste Merkmal dieses Modells ABCWW2 ist, dass die linearen Faktoren der beiden ersten Lernphasen A und B keinen bedeutsamen, direkten Einfluss auf die Faktoren der Wissensleistungen ausüben. Ihre Pfadkoeffizienten nehmen Beträge von ungefähr Null an und erreichen auch keine statistische Bedeutsamkeit. Bedeutsame Koeffizienten mit sehr hohen positiven Beträgen ergeben sich für die Pfade vom Intercept der Phase C auf die Faktoren der Wissensumfangs und der Wissensanwendung. Da dieser Intercept-Faktor jedoch stark von den linearen Faktoren der ersten beiden Lernphasen abhängig ist, erhalten diese, darüber vermittelt, eine indirekte Bedeutung für die Faktoren der Wissensleistungen. Der lineare Faktor der letzen Lernphase erweist sich, zusätzlich zum Intercept-Faktor, als bedeutsamer Prädiktor für die Werte der Wissensfaktoren. Die entsprechenden Pfadkoeffizienten erhalten jedoch bei weitem nicht derart hohe Werte, wie sie für die Pfade vom Intercept-Faktor zu sehen sind. Der Mittelwert des Faktors des Wissensumfangs[18] liegt, mit $M_{WU} = 0{,}74$ deutlich höher als der entsprechende Mittelwert in Studie I. Genauso verhält es sich mit dem Faktor der Wissensanwendung, dessen Mittelwert sich mit $M_{AW} = 0{,}66$ deutlich von dem der Studie I unterscheidet. Offensichtlich wurde in Studie II mehr abrufbares und anwendbares Wissen über den Heidelberger Finiten Automaten erworben als in Studie I. Eine entsprechende Modellvariante mit Faktorwerten, die auf die Werte von Studie I festgesetzten wurden, erweist sich als statistisch bedeutsam schlechtere Abbildung.

Fazit. Eine erfolgreiche Regulation des Lernprozesses im Rahmen dieser zweiten Studie zeichnet sich durch vier Merkmale aus. Erstens wird in der ersten Lernphase, für die unspezifisches Wissen zu Verfügung steht, ein sehr starker Wechsel von einer anfänglichen Konzentration auf das Identifizieren von Informationen hin zu einem sehr bestimmten Integrieren vollzogen. Dies zeigt sich in einem starken, positiven Wachstum der $log_{(or)}$-Werte, das in einem latenten Wachstumskurvenmodell durch einen linearen Faktor mit hohem positivem Betrag dargestellt wird. Zweitens zeichnet sich die Lernprozessregulation in der zweiten Lernphase, für die analoges Vorwissen angenommen werden kann, durch dasselbe Merkmal aus, das in seinen Ausprägungen sogar extremer ist. Drittens wird, in Abhängigkeit des bereits erworbenen spezifischen Wissens, in der dritten Lernphase von Beginn an sehr großer Wert auf das Integrieren dieser spezifischen Informationen gelegt, das viertens im Verlauf der Zeit sogar noch leicht gesteigert wird.

---

[18] Die Faktormittelwerte für die Wissensleistungen sind in Abbildung 23 nicht dargestellt. In dieser Abbildung sind die durchschnittlichen Anteile am jeweiligen Faktorwert angegeben, die nicht auf den Intercept oder den linearen Faktor der Lernphase C zurückzuführen sind.

In dem Modell ABCWW2 in Abbildung 23 zeigt sich die Bedeutung der Ausrichtung des Lernprozesses auf das Integrieren von Informationen. Wie stark der Wechsel in den Lernprozessregulationen der ersten beiden Phasen ist, hat keinen direkten Einfluss auf den Erfolg des Lernens. Erst wenn in der letzten Phase dafür Sorge getragen wird, dass die in den vorangegangenen Phasen identifizierten und verfügbar gemachten Informationen integriert werden, sind sie in den nachfolgenden Tests auf Wissensumfang und Wissensanwendung abrufbar.

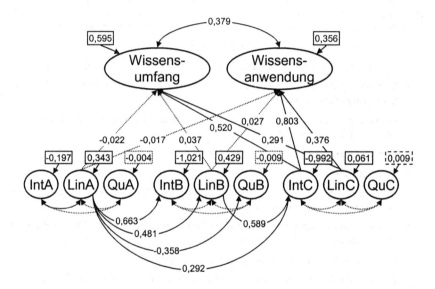

Abbildung 23: Einfluss der Lernprozessregulationen mit unterschiedlichem Vorwissen auf Umfang und Anwendbarkeit erworbenen Wissen

6.7 Kognitive Grundfähigkeiten

Hypothesen. Die unterschiedlichen Arten an Vorwissen, deren Verfügbarkeit für die drei aufeinander folgenden Lernphasen vorausgesetzt werden kann, sollte auch die Beziehungen zwischen den kognitiven Grundfähigkeiten und den unterschiedlichen Lernprozessregulationen beeinflussen. In Abschnitt 6.1 wurden bereits die Annahmen über dieses Beziehungsmuster dargelegt. Es wird davon ausgegangen, dass die Fähigkeit zum schlussfolgernden Denken für eine Lernprozessregulation mit unspezifischem Vorwissen dieselbe Bedeutung besitzt wie sie sich bereits in Studie I zeigte. Während die anfänglichen $log_{(or)}$-Werte vom Ausmaß der kognitiven Grundfähigkeiten nahezu unberührt sein sollten, wird ihr positives Wachstum mit seiner negativen Beschleunigung als davon abhängig vermutet. Die Verfügbarkeit analogen Vorwissens sollte den Einfluss kognitiver Grundfähigkeiten zu Beginn des Prozesses stark einschränken. In dem Maß, in dem dieses analoge Vorwissen jedoch an Bedeutung für die Lernprozessregulation verliert, sollte die Bedeutung kognitiver Grundfähigkeiten zunehmen. Für das Lernen mit spezifischem Wissen wurde in Anlehnung an Elshout (1987) und Raaheim (1988) angenommen, dass dem schlussfolgernden Denken neben diesem spezifischen Wissen nur eine zu vernachlässigende Bedeutung für die Lernprozessregulation zuzusprechen ist.

Diese Annahmen über den Einfluss, den kognitiven Grundfähigkeiten neben den unterschiedlichen Arten von Vorwissen auf die Lernprozessregulationen ausüben, drücken sich in einem entsprechenden Modell in folgenden Hypothesen aus.

(a) Lernprozessregulation mit unspezifischem Vorwissen:
- *Einfluss auf den Intercept*: Der Betrag des Pfadkoeffizienten ist gleich Null.
- *Einfluss auf den linearen Faktor*: Der Betrag des Pfadkoeffizienten größer Null. Sein Vorzeichen ist positiv.
- *Einfluss auf den quadratischen Faktor*: Der Betrag des Pfadkoeffizienten größer Null. Sein Vorzeichen ist negativ.

(b) Lernprozessregulation mit analogem Vorwissen:
- *Einfluss auf den Intercept*: Der Betrag des Pfadkoeffizienten ist gleich Null.
- *Einfluss auf den linearen Faktor*: Der Betrag des Pfadkoeffizienten größer Null. Sein Vorzeichen ist positiv.
- *Einfluss auf den quadratischen Faktor*: Der Betrag des Pfadkoeffizienten größer Null. Sein Vorzeichen ist negativ.

(c) Lernprozessregulation mit spezifischem Vorwissen:
- *Einfluss auf den Intercept*: Der Betrag des Pfadkoeffizienten ist gleich Null.
- *Einfluss auf den linearen Faktor*: Der Betrag des Pfadkoeffizienten ist gleich Null.
- *Einfluss auf den quadratischen Faktor*: Der Betrag des Pfadkoeffizienten ist gleich Null.

Modellprüfung – Alternativ-Modelle. Zur Überprüfung dieser Hypothesen wurde Modell ABC2 um einen Faktor erweitert, der die Leistungen beim Bearbeiten der Skalen V4 und N2 des Kognitiven Fähigkeitstests repräsentieren. Es wurden drei Varianten des Modells berechnet, deren Anpassungsgüte Tabelle 28 zu entnehmen ist. Das erste Modell ABCKGF0 geht davon aus, dass alle drei Lernprozessregulationen von den kognitiven Grundfähigkeiten einer Person unberührt sind. Diese Annahme muss aufgrund des signifikanten χ^2-Wertes verworfen werden. Im Gegensatz dazu lässt Modell ABCKGF1 alle Pfade vom Faktor der kognitiven Grundfähigkeiten auf die drei mal drei Faktoren der Lernprozessregulationen zu, womit eine hervorragende Anpassungsgüte erzielt wird. Dieses Modell enthält jedoch fast ausschließlich statistisch unbedeutende Pfade. Nur die beiden Pfade auf die linearen Prozessfaktoren der ersten beiden Lernphasen werden signifikant. Modell ABCKGF2 verkörpert oben angeführten Hypothesen. Da im Vergleich zu Modell ABCKGF1 dabei nur solche Pfadkoeffizienten auf Null fixiert sind, die in Modell ABCKGF1 keine statistische Bedeutsamkeit erreicht haben, entsprechen sich die beiden Modelle inhaltlich hinsichtlich des modellierten Einflussmusters. Modell ABCKGF2 ist das sparsamere und das theoretisch erwartete Modell, weshalb es in Abbildung 24 dargestellt wird.

Tabelle 28: *Fit-Statistiken für alternative Modelle des Einflusses kognitiver Grundfähigkeiten auf Lernprozessregulationen mit unterschiedlichem Vorwissen*

Modell		χ^2	df	RMSEA	GFI	NNFI	CFI
ABCKGF0	keine Pfade	109,337*	108	0,007	0,957	0,995	0,996
ABCKGF1	alle möglichen Pfade	60,660	99	0,000	0,976	1,036	1,000
ABCKGF2	Theoretisch erwartete Pfade	64,946	104	0,000	0,974	1,035	1,000

$n_{SRS} = 291$;
* = Modell unterscheidet sich von der empirischen Datenstruktur statistisch bedeutsam mindestens auf dem 5%-Niveau

Einflussmuster vom Faktor der kognitiven Grundfähigkeiten auf die Prozessfaktoren. Wie bereits in der ersten Studie erweisen sich die kognitiven Grundfähigkeiten auch in dieser zweiten Studie als bedeutsam für die Regulation des Lernprozesses. Jedoch wird deutlich, dass diese Bedeutung von der Nicht-Verfügbarkeit spezifischen Vorwissens abhängig ist. Der Pfadkoeffizient auf den linearen Faktor der ersten Lernphase, für die nur unspezifisches Vorwissen angenommen werden kann, fällt mit $L_{L(A)\text{-}KGF} = 0{,}42$ erwartungsgemäß deutlich von Null verschieden aus. Der entsprechende Pfad wird für eine Lernprozessregulation mit analogem Vorwissen mit einem leicht geringeren Betrag von $L_{L(B)\text{-}KGF} = 0{,}35$ ebenfalls statistisch bedeutsam. Vollkommen bedeutungslos wird hingegen die Fähigkeit zum schlussfolgernden Denken für die Lernprozessregulation, wenn das Ausmaß vorangegangener, spezifischer Lernerfahrungen in das Modell mit einbezogen wird. Den Annahmen entsprechend erreicht keiner der Pfade auf die Faktoren der dritten Lernphase statistische Bedeutsamkeit.

Das Ausbleiben bedeutsamer Pfade auf die Intercept-Faktoren der ersten beiden Lernphasen wurde im Vorfeld vermutet. Entgegen den Erwartungen werden jedoch auch die Pfade auf die quadratischen Prozessfaktoren der ersten beiden Phasen nicht statistisch signifikant.

Fazit. In Modell ABCKGF2 wird der Einfluss der kognitiven Grundfähigkeiten modelliert, den diese zusätzlich zu den vorangegangenen Lernprozessen auf die einzelnen Lernprozessregulationen haben. Es zeigt sich, dass ausschließlich auf die beiden linearen Faktoren der Lernphasen ohne spezifisches Vorwissen ein solcher zusätzlicher Einfluss angenommen werden kann. Die Schnelligkeit und die Bestimmtheit, mit der

der Lernprozess auf das Integrieren ausgerichtet werden kann, erweist sich somit als in hohem Maß abhängig von der Fähigkeit zum schlussfolgernden Denken.

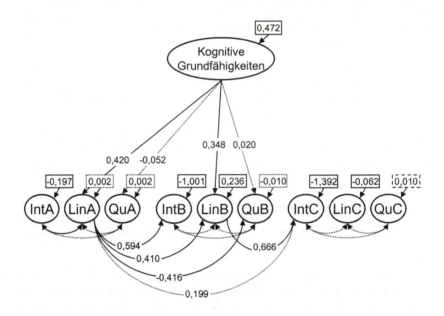

Abbildung 24: Einfluss kognitiver Grundfähigkeiten auf Lernprozessregulationen mit unterschiedlichem Vorwissen

Die Bestimmtheit, mit der zu Beginn eines Lernprozesses ohne spezifisches Vorwissen Informationen identifiziert werden, ist dagegen unabhängig vom Ausmaß dieser Fähigkeit. Für einen Lernprozess mit unspezifischem Vorwissen zeigte sich dies bereits in Studie I. Aber auch beim Lernen mit analogem Vorwissen können kognitive Grundfähigkeiten das Ausmaß anfänglicher Selbstbestimmtheit nicht zusätzlich zur vorangegangenen, analogen Lernerfahrungen erklären. Ihnen kommt erst dann eine Bedeutung zukommt, wenn die Bedeutung analogen Vorwissens für die Lernprozessregulation schwindet.

Ob ein Lernprozess sich dem Punkt nähert, ab dem ein erneutes Hinwenden zum Identifizieren sinnvoller wird, erweist sich als hauptsächlich vom Erfolg vorangegangener Lernprozesse abhängig. Kognitive Grundfähigkeiten haben zusätzlich dazu keinen direkten Einfluss. Jedoch sind sie in starkem Maß bestimmend für den Erfolg der vorangegangenen Prozesse, woraus sich zumindest ein indirekter Effekt ergibt.

Schlussfolgernde Denkprozesse sind notwendig, um beim interaktiven Lernen spezifische Informationen aus dem provozierten Feedback zu identifizieren, die im weiteren Verlauf integriert werden müssen. Wird der Prozess aber fast ausschließlich auf das Integrieren bereits identifizierter spezifischer Informationen ausgerichtet, ist die Selbstbestimmtheit, mit der dieses Integrieren ausgeführt wird, hauptsächlich auf die Verfügbarkeit spezifischen Wissens zurückzuführen. Das Integrieren spezifischen Wissens dient dazu, seinen Abruf und seine Anwendung mit immer weniger kognitivem Aufwand zu gewährleisten. Entsprechend sollte mit zunehmend integriertem Wissen der Einfluss kognitiver Fähigkeiten auf die Lernprozessregulation auch abnehmen. Dies entspricht der Annahme von Elshout (1987) und Raaheim (1988), dass mit zunehmender Routine der Wissensabruf und seine Anwendung immer weniger an kognitive Grundfähigkeiten gebunden ist. Die Bedeutungslosigkeit der kognitiven Grundfähigkeiten auf die Regulation des dritten Lernprozesses, die das Integrieren zur Verfügung stehender spezifischer Informationen zum Ziel hat, stützt diese Annahme.

6.8 Kontrollerwartung

In Abschnitt 6.1 wurde zum einen die Frage gestellt, welche Aspekte der Lernprozessregulation durch eine anfängliche Kontrollerwartung beeinflusst werden und welche Aspekte wiederum das Ausmaß der resultierenden Kontrollerwartung hauptsächlich mitbestimmen. Zum anderen wurde argumentiert, dass dieses Wechselspiel zwischen kognitiven und motivationalen Faktoren der Lernprozessregulation von der Art des Vorwissens abhängt. Im Folgenden werden diese beiden Fragen nacheinander und aufeinander aufbauend betrachtet.

6.8.1 Zusammenspiel zwischen Aspekten der Lernprozessregulation und anfänglicher und resultierender Kontrollerwartung

Hypothesen. In Bezug auf das Zusammenspiel zwischen der Lernprozessregulation und der anfänglichen und der resultierenden Kontrollerwartung wurde in Abschnitt 6.1 argumentiert, dass sich der Einfluss einer anfänglichen Kontrollerwartung auf den Verlauf der $log_{(or)}$-Werte insbesondere für das Ausgangsniveau und das Wachstum zeigen sollte, während die resultierende Kontrollerwartung in Abhängigkeit vom Wachstum und seiner Beschleunigung gesehen wird. In Bezug auf die dritte Lernphase, für die keine großen Veränderungen in der Lernprozessregulation beobachtet werden konnten, ist aufgrund der bisherigen Analysen die letzte Annahme zu revidieren. Da sich in dieser Phase eine erfolgreiche Lernprozessregulation hauptsächlich durch ein hohes positives Ausgangsniveau auszeichnet und sich zudem nur sehr geringe Veränderungen in der Lernprozessregulation über die Zeit zeigen, ist in diesem Fall dem Ausgangsniveau neben dem Wachstum ein bedeutsamer Einfluss auf die resultierende Kontrollerwartung zuzuschreiben. Ob der im Durchschnitt von Null nicht verschiedenen Beschleunigung des Verlaufs eine Bedeutung zukommt, muss dagegen bezweifelt werden.

Entsprechend sind bei Gültigkeit dieser Annahmen bei der Modellierung einer angemessen schwierigen Lernprozessregulation (Lernphasen A und B) folgende Pfade zu vermuten:

- *Intercept-Faktor*: Der Pfad von der anfänglichen Kontrollerwartung weist einen Koeffizienten auf, dessen Betrag deutlich von Null verschieden ist. Das Vorzeichen ist negativ. Der Pfad auf die resultierende Kontrollerwartung weist einen Koeffizienten auf, dessen Betrag sich nicht von Null unterscheidet.
- *Linearer Faktor*: Der Pfad von der anfänglichen Kontrollerwartung weist einen Koeffizienten auf, dessen Betrag deutlich von Null verschieden ist. Das Vorzeichen ist positiv. Der Pfad auf die resultierende Kontrollerwartung weist einen Koeffizienten auf, dessen Betrag deutlich von Null verschieden ist. Das Vorzeichen ist positiv.
- *Quadratischer Faktor*: Der Pfad von der anfänglichen Kontrollerwartung weist einen Koeffizienten auf, dessen Betrag sich nicht von Null unterscheidet. Der Pfad auf die resultierende Kontrollerwartung weist einen Koeffizienten auf, dessen Betrag deutlich von Null verschieden ist. Das Vorzeichen ist negativ.

Für die erschwerte Lernprozessregulation der dritten Lernphase ergeben sich entsprechend folgende Hypothesen:

- *Intercept-Faktor*: Der Pfad von der anfänglichen Kontrollerwartung weist einen Koeffizienten auf, dessen Betrag deutlich von Null verschieden ist. Das Vorzeichen ist positiv. Der Pfad auf die resultierende Kontrollerwartung weist einen Koeffizienten auf, dessen Betrag deutlich von Null verschieden ist. Das Vorzeichen ist positiv.
- *Linearer Faktor*: Der Pfad von der anfänglichen Kontrollerwartung weist einen Koeffizienten auf, dessen Betrag deutlich von Null verschieden ist. Das Vorzeichen ist positiv. Der Pfad auf die resultierende Kontrollerwartung weist einen Koeffizienten auf, dessen Betrag deutlich von Null verschieden ist. Das Vorzeichen ist positiv.
- *Quadratischer Faktor*: Der Pfad von der anfänglichen Kontrollerwartung weist einen Koeffizienten auf, dessen Betrag sich nicht von Null unterscheidet. Der Pfad auf die resultierende Kontrollerwartung weist einen Koeffizienten auf, dessen Betrag sich nicht von Null unterscheidet.

Modellprüfung – Alternativ-Modelle. Die Kontrollerwartung wurde jeweils vor und nach einer der drei Lernphasen anhand zweier Items erhoben, die jeweils zu einer Variablen zusammengefasst wurden. Die Darstellung der Kontrollerwartung beruht somit auf jeweils einer einzigen manifesten Variablen, weshalb diese vier Faktoren nicht als latente Faktor aufgefasst werden können.

Zur Überprüfung der Hypothesen wurden die drei Lernphasen separat voneinander modelliert. Somit werden keine Effekte vorangegangener Lernprozessregulationen und keine Effekte der Kontrollerwartung zu vorangegangenen Zeitpunkten kontrolliert. Es wurden für jede der drei Phasen Modelle berechnet, die keinen Zusammenhang zwischen der Kontrollerwartung und der Lernprozessregulation annehmen. Tabelle 29 ist zu entnehmen, dass diese drei Modelle AKE0, BKE0 und CKE0 nicht in der Lage sind, die empirischen Daten angemessen zu repräsentieren. Außerdem wurde die Anpassung dreier Komplettmodelle geprüft, die jeweils die drei Pfade von der anfänglichen Kontrollerwartung auf die drei Faktoren der Lernprozessregulation und die drei Pfade von diesen Faktoren auf die resultierende Kontrollerwartung freigeben. Jedes dieser Modelle AKE1, BKE1 und CKE1 weist eine hervorragende Anpassung an die Daten auf. Allerdings ist keines dieser Modelle dazu in der Lage, die Daten der jeweiligen Lernphase signifikant besser abzubilden, als die Modelle, die ausschließlich die theoretisch erwarteten Pfade zulassen. Keiner der Pfade, die in diesen Modellen AKE2, BKE2 beziehungsweise CKE2 auf den Wert Null fixiert wurden, erreicht in den jeweiligen Komplettmodellen statistische Bedeutsamkeit, weshalb den theoretisch erwarteten Modellen der Vorzug gegeben wird.

Tabelle 29: *Fit-Statistiken für Modelle des Zusammenspiels zwischen Lernprozessregulation und Kontrollerwartung*

Modell		χ^2	df	RMSEA	GFI	NNFI	CFI
AKE0	keine Pfade	72,439*	12	0,101	0,955	0,709	0,767
AKE1	alle möglichen Pfade	3,437	6	0,000	0,999	1,023	1,000
AKE2	Theoretisch erwartete Pfade	4,609	8	0,000	0,998	1,022	1,000
BKE0	keine Pfade	85,542*	16	0,102	0,945	0,779	0,831
BKE1	alle möglichen Pfade[19]	9,496	11	0,000	0,994	1,006	1,000
BKE2	Theoretisch erwartete Pfade	12,949	12	0,014	0,992	0,997	0,998
CKE0	keine Pfade	123,276*	20	0,113	0,922	0,894	0,899
CKE1	alle möglichen Pfade	13,214	14	0,000	0,993	1,000	1,000
CKE2	Theoretisch erwartete Pfade	13,784	16	0,000	0,993	1,002	1,000

Modell AKE: $n_{SRS} = 497$; Modell BKE: $n_{SRS} = 419$; Modell CKE: $n_{SRS} = 407$;
* = Modell unterscheidet sich von der empirischen Datenstruktur statistisch bedeutsam mindestens auf dem 5%-Niveau

Einflussmuster. In Abbildung 25 sind die drei getrennt voneinander modellierten Lernprozessregulationen zusammen dargestellt. Hierbei ist zu beachten, dass der Faktor „Kontrollerwartung t_1" und der Faktor „Kontrollerwartung t_2" jeweils zweimal dargestellt sind, da diese beiden Faktoren in einem Modell als anfängliche Kontrollerwartung und in einem anderen Modell als resultierende Kontrollerwartung aufgenommen wurden.

---

[19] Um eine Modellschätzung zu erhalten, ist bei diesem Modell die Fixierung des Pfades vom Intercept-Faktor auf die resultierende Kontrollerwartung auf $L_{Ke2-I} = 0$ notwendig.

Es zeigt sich das erwartete Muster, jedoch mit einigen Abstrichen. So gehen vom Faktor der anfänglichen Kontrollerwartung zum Zeitpunkt t_0 keine bedeutsamen Pfade aus und auch der Pfad vom Faktor „Kontrollerwartung t_1" auf den Intercept-Faktor der Lernphase B wird nur tendenziell signifikant. Ebenso unerwartet ist, dass der quadratische Faktor der Phase B, der als einziger der drei quadratischen Faktoren einen von Null unterschiedlichen Mittelwert aufweisen kann, keinen Beitrag für die resultierende Kontrollerwartung zum Zeitpunkt t_2 leistet. Dass diese als anfängliche Kontrollerwartung für die Lernphase C keinen Einfluss auf die Höhe des linearen Faktorwert hat, ist ebenfalls erwartungswidrig.

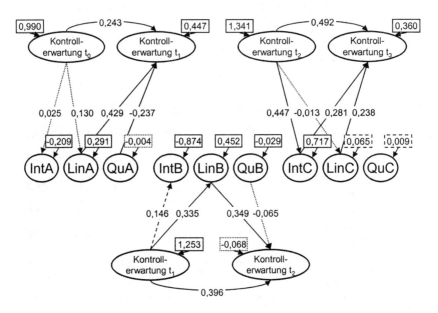

Abbildung 25: Zusammenspiel zwischen Lernprozessregulation und Kontrollerwartung, ohne Berücksichtigung vorangegangener Lernprozesse

Dafür präsentiert sich der lineare Faktor in allen drei Lernphasen als entscheidend für das Ausmaß resultierender Kontrollerwartung. Der Betrag seines Koeffizienten nimmt jedoch über die drei Phasen hinweg immer weiter ab. Im Gegensatz dazu zeigt sich eine immer stärker werdende Bedeutung anfänglicher Kontrollerwartung auf die nachfolgende Lernprozessregulation. Während die Pfade in Lernphase A, wie bereits erwähnt, noch unbedeutend sind, erhält der Pfadkoeffizient auf den linearen Faktor der Lernphase B einen Betrag von $L_{L(B)-Ke1} = 0{,}34$, der von dem Pfadkoeffizient auf den Intercept in Lernphase C mit $L_{I(C)-Ke2} = 0{,}45$ noch übertroffen wird.

Fazit. Es zeigt sich in den drei Lernphasen größtenteils das erwartete Wechselspiel zwischen Lernprozessregulation und Kontrollerwartung. Ähnlich wie der Effekt des Vorwissens ist auch ein bedeutsamer Einfluss einer anfänglichen Kontrollerwartung auf den Beginn des Lernprozesses zu beobachten. Für einen solchen Einfluss scheint ein gewisses Maß an spezifischem Wissen verfügbar sein zu müssen. Dieses Maß war vor Beginn der ersten Lernphase vermutlich nicht erreicht.

Mit einer hohen resultierenden Kontrollerwartung ist zu rechnen, wenn die vorangegangene Lernprozessregulation Merkmale eines erfolgreichen Verlaufs aufweist. Auch hierbei zeigen sich deutliche Parallelen zum erworbenen Wissen. Ähnlich wie der Umfang und die Anwendbarkeit erworbenen Wissens steigt auch die durchschnittliche Kontrollerwartung im Verlauf des Lernprozesses stetig an. Während sie zum Zeitpunkt t_0, zu dem ausschließlich unspezifisches Vorwissen verfügbar ist, mit $M_{Ke1} = 0{,}99$ einen Mittelwert aufweist, der dem theoretischen Mittel von $M_e = 1{,}00$ entspricht, steigt dieser Mittelwert über $M_{Ke1} = 1{,}25$ zum Zeitpunkt t_1 und $M_{Ke2} = 1{,}34$ zum Zeitpunkt t_2 auf $M_{Ke3} = 1{,}39$ zum Zeitpunkt t_3.

Bei diesen Modellen wurde der Lernprozess aus einer Perspektive betrachtet, die vorangegangene Lerngelegenheiten außer Acht lässt. Die Parallelen, die sich zwischen dem zur Verfügung stehenden (Vor-)Wissen und der Kontrollerwartung aufzeigen, lassen jedoch vermuten, dass Vorwissen und erworbenes Wissen in einem starken Zusammenhang mit der anfänglichen und der resultierenden Kontrollerwartung stehen. Dies führt zu der Frage, welche zusätzliche Bedeutung der Kontrollerwartung für die Lernprozessregulation neben dem Vorwissen zukommt.

6.8.2 Kontrollerwartung und Lernprozessregulation unter dem Einfluss unterschiedlichen Vorwissens

Es wurde die Frage aufgeworfen, welchen Einfluss eine anfängliche Kontrollerwartung auf die Lernprozessregulation zusätzlich zum Vorwissen ausüben kann. Während sich auf der einen Seite zeigt, dass der Zusammenhang zwischen anfänglicher Kontrollerwartung und Lernprozessregulation umso höher ist, je spezifischer die Kontrollerwartung auf die Aufgabe bezogen werden kann, ist auf der anderen Seite zu erwarten, dass eine anfängliche Kontrollerwartung zusätzlich zu einem umfangreichen, spezifischen Vorwissen einen nur sehr geringen Beitrag für die Lernprozessregulation leisten kann (vgl. Abschnitt 6.1). Insofern ist nicht nur für eine Lernprozessregulation mit unspezifischem Vorwissen ein nur geringer, wenn nicht gar bedeutungsloser Zusammenhang mit der anfänglichen Kontrollerwartung zu vermuten (s. Modell AKE2 in Abbildung 25). Auch für eine Regulation mit umfangreich abrufbarem, spezifischem Vorwissen muss angenommen werden, dass sie zusätzlich zum Vorwissen höchstens geringfügig von der anfänglichen Kontrollerwartung beeinflusst wird.

Analoges Vorwissen nimmt in diesem Zusammenhang eine Zwischenposition ein. Es ist auf der einen Seite zwar kein spezifisches Vorwissen, auf der anderen Seite ist es jedoch konkreter und weist mehr Übereinstimmungen mit dem zu erwerbenden Wissen auf als unspezifisches Vorwissen. Insofern ist für eine Lernprozessregulation mit analogem Vorwissen ein mittlerer, zusätzlicher Effekt anfänglicher Kontrollerwartung anzunehmen.

Für eine resultierende Kontrollerwartung wurde angenommen, dass sie vom verfügbaren Vorwissen nicht direkt beeinflusst wird. Im Verlauf des Lernens wird durch die stetig wachsende Verfügbarkeit spezifischer Informationen das Vorwissen für die Regulation des Prozesses immer unbedeutender. Da davon ausgegangen wird, dass die resultierende Kontrollerwartung das Ergebnis des Wissenserwerbs und seiner Regulation ist, kann zugleich angenommen werden, dass die Beziehung zwischen Vorwissen und resultierender Kontrollerwartung immer bedeutungsloser wird.

Diese Annahmen sollen im Folgenden anhand eines Modells überprüft werden, das eine Erweiterung des Modells ABC2 um die vier Faktoren der Kontrollerwartung darstellt (vgl. Abschnitt 6.3.3). Bei Gültigkeit der Annahmen sollte das Modell, das die empirischen Daten am besten abbildet, folgende Eigenschaften aufweisen:

- *Intercept-Faktor der Lernphase A*: Der Pfad von der Kontrollerwartung zu t_0 weist einen Koeffizienten auf, dessen Betrag höchstens geringfügig von Null verschieden ist. Sein Vorzeichen ist negativ. Der Pfad auf die Kontrollerwartung zu t_1 weist einen Koeffizienten auf, dessen Betrag sich nicht von Null unterscheidet.

- *Linearer Faktor der Lernphase A*: Der Pfad von der Kontrollerwartung zu t_0 weist einen Koeffizienten auf, dessen Betrag höchstens geringfügig von Null verschieden ist. Das Vorzeichen ist positiv. Der Pfad auf die Kontrollerwartung zu t_1 weist einen Koeffizienten auf, dessen Betrag deutlich von Null verschieden ist. Das Vorzeichen ist positiv.

- *Quadratischer Faktor der Lernphase A*: Der Pfad von der Kontrollerwartung zu t_0 weist einen Koeffizienten auf, dessen Betrag sich nicht von Null unterscheidet. Der Pfad auf die Kontrollerwartung zu t_1 weist einen Koeffizienten auf, dessen Betrag deutlich von Null verschieden ist. Das Vorzeichen ist negativ.

- *Intercept-Faktor der Lernphase B*: Der Pfad von der Kontrollerwartung zu t_1 weist einen Koeffizienten auf, dessen Betrag von Null verschieden ist. Das Vorzeichen ist positiv. Der Pfad auf die Kontrollerwartung zu t_2 weist einen Koeffizienten auf, dessen Betrag sich nicht von Null unterscheidet.

- *Linearer Faktor der Lernphase B*: Der Pfad von der Kontrollerwartung zu t_1 weist einen Koeffizienten auf, dessen Betrag deutlich von Null verschieden ist. Das Vorzeichen ist positiv. Der Pfad auf die Kontrollerwartung zu t_2 weist einen Koeffizienten auf, dessen Betrag deutlich von Null verschieden ist. Das Vorzeichen ist positiv.

- *Quadratischer Faktor der Lernphase B*: Der Pfad von der Kontrollerwartung zu t_1 weist einen Koeffizienten auf, dessen Betrag sich nicht von Null unterscheidet. Der Pfad auf die Kontrollerwartung zu t_2 weist einen Koeffizienten auf, dessen Betrag von Null verschieden ist. Das Vorzeichen ist negativ.

- *Intercept-Faktor der Lernphase C*: Der Pfad von der Kontrollerwartung zu t_2 weist einen Koeffizienten auf, dessen Betrag höchstens geringfügig von Null verschieden ist. Das Vorzeichen ist positiv. Der Pfad auf die Kontrollerwartung zu t_3 weist einen Koeffizienten auf, dessen Betrag deutlich von Null verschieden ist. Sein Vorzeichen ist positiv.

- *Linearer Faktor der Lernphase C*: Der Pfad von der Kontrollerwartung zu t_2 weist einen Koeffizienten auf, dessen Betrag höchstens geringfügig von Null verschieden ist. Das Vorzeichen ist positiv. Der Pfad auf die Kontrollerwartung zu t_3 weist einen Koeffizienten auf, dessen Betrag deutlich von Null verschieden ist. Das Vorzeichen ist positiv.

- *Quadratischer Faktor der Lernphase C*: Der Pfad von der Kontrollerwartung zu t_2 weist einen Koeffizienten auf, dessen Betrag sich nicht von Null unterscheidet. Der Pfad auf die Kontrollerwartung zu t_3 weist einen Koeffizienten auf, dessen Betrag sich nicht von Null unterscheidet.

Von allen weiteren Pfaden zwischen den Faktoren der Kontrollerwartung und den Faktoren der Lernprozessregulation wird angenommen, dass sich die Beträge ihre Koeffizienten nicht bedeutsam von Null unterscheiden.

Tabelle 30: Fit-Statistiken für alternative Modelle der wechselseitigen Beziehungen zwischen Lernprozessregulationen mit unterschiedlichem Vorwissen und anfänglicher und resultierender Kontrollerwartung

Modell		χ^2	df	RMSEA	GFI	NNFI	CFI
ABCKE0	keine Pfade	221,931*	136	0,043	0,934	0,932	0,940
ABCKE1	alle möglichen Pfade	86,055	118	0,000	0,976	1,020	1,000
ABCKE2	Theoretisch erwartete Pfade	92,481	124	0,000	0,974	1,019	1,000

$n_{SRS} = 345$;
* = Modell unterscheidet sich von der empirischen Datenstruktur statistisch bedeutsam mindestens auf dem 5%-Niveau

Modellprüfung – Alternativ-Modelle. Zur Überprüfung oben angeführter Hypothesen wurden drei verschiedene Modelle berechnet (s. Tabelle 30). Sie enthalten alle die Annahme autoregressiver Effekte zwischen den Kontrollerwartungen zu den vier aufeinander folgenden Zeitpunkten. Modell ABCKE0 verkörpert die Annahme, dass zwischen der Kontrollerwartung und der Lernprozessregulation kein Zusammenhang besteht. Es lässt keine Pfade zwischen den vier Faktoren der Kontrollerwartung und den neun Faktoren der Lernprozessregulation zu. Der signifikante χ^2-Wert zeigt an, dass diese Annahme nicht haltbar ist. Modell ABCKE1 ist das Komplettmodell, in dem sowohl alle Pfade von einer anfänglichen Kontrollerwartung auf die drei Faktoren der nachfolgenden Lernphase als auch alle Pfade von diesen drei Faktoren auf die resultierende Kontrollerwartung zugelassen werden. Tabelle 30 ist zu entnehmen, dass es eine hervorragende Anpassung an die empirischen Daten aufweist. Jedoch enthält es eine Reihe statistisch unbedeutender Pfade. Zudem bietet es keine bedeutsam bessere Abbildung als das theoretisch erwartete Modell ABCKE2, das zudem das sparsamere von beiden Modellen ist. Somit wird dieses Modell bevorzugt und in Abbildung 26 grafisch dargestellt. Um eine bessere Vergleichbarkeit mit den Modellen des vorangegangenen Abschnitts zu erzielen, enthält Modell ABCKE2 auch Pfade, die bereits in diesen keine statistische Bedeutsamkeit erlangten (zum Beispiel die Pfade von der Kontrollerwartung zu t_0 auf die Faktoren der Lernprozessregulation in Lernphase A, s. Abbildung 25).

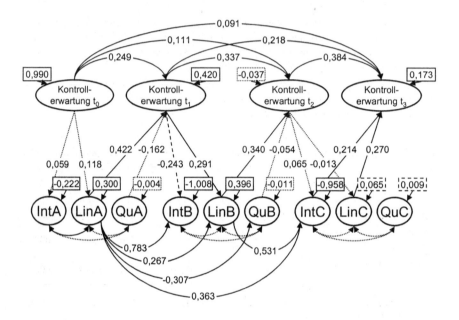

Abbildung 26: Zusammenspiel zwischen Kontrollerwartungen und Lernprozessregulationen mit unterschiedlichem Vorwissen

Einflussmuster unter Berücksichtigung vorangegangener Lernprozesse. Im Vergleich des Modells ABCKE2 mit den separat voneinander berechneten Modellen AKE, BKE und CKE fällt als erstes auf, dass der Pfad anfänglicher Kontrollerwartung zum Zeitpunkt t_2, zu dem die Verfügbarkeit spezifischen Vorwissens angenommen werden kann, auf den Intercept-Faktor der folgenden Lernphase C einen Koeffizienten aufweist, dessen Betrag sich nicht von Null unterscheidet. In Modell CKE wies dieser Pfad einen Koeffizienten von $L_{I(C)-Ke2} = 0{,}45$ auf. Nicht ganz so stark, aber trotzdem deutlich geringer, zeigt sich auch der Pfad von der Kontrollerwartung zum Zeitpunkt t_1 auf den folgenden linearen Faktor der Lernphase B. Hierbei kann auf analoges Vorwissen zurückgegriffen werden. Die Pfade, die vom Faktor „Kontrollerwartung t_0" ausgehen, sind wie in Modell AKE statistisch nicht bedeutsam. Die Pfade, die von den Faktoren der Lernprozessregulation ausgehen und die jeweilige resultierende Kontrollerwartung mitbestimmen, weisen nur sehr geringe Veränderungen in den Beträgen ihrer Koeffizienten auf.

Fazit. Wie erwartet zeigt sich in allen drei Lernphasen ein deutlicher Einfluss der Lernprozessregulation auf die jeweils resultierende Kontrollerwartung, unabhängig von der Art des Vorwissens. Dafür offenbart sich eine deutliche Abhängigkeit des Einflusses anfänglicher Kontrollerwartung auf den Regulationsverlauf von dem zur Verfügung stehenden Vorwissen. Steht kein spezifisches Vorwissen zur Verfügung, ist der Einfluss genauso gering wie im Falle umfangreich abrufbaren spezifischen Vorwissens. Nur im Falle analogen Vorwissens kann ein direkter Effekt der anfänglichen Kontrollerwartung beobachtet werden.

6.9 Zusammenfassung und Diskussion der Bedingungen der Lernprozessregulation

Innerhalb dieser zweiten Studie standen zwei Fragen im Vordergrund, die sich aus den messtheoretischen Problemen in Studie I ergaben und deren Bearbeitung und Beantwortung zu einem tieferen Einblick in die Regulation eines interaktiven Lernprozesses führten. Die erste Frage betraf die Schwierigkeit des Lernprozesses und seiner Regulation. In Studie I musste für mehr als die Hälfte der teilnehmenden Personen angenommen werden, dass für sie die selbstbestimmte Regulation des Erwerbs von Wissen über den Heidelberger Finiten Automaten zu hohe Anforderungen stellte. Die Abbildung des Regulationsprozesses mit Hilfe des $log_{(or)}$-Maßes offenbarte für diese wenig erfolgreichen Personengruppen Verläufe mit nur geringen Veränderungen, die sich nicht von einem rein zufälligen Regulationsverhalten unterscheiden ließen. Es war das Ziel dieser zweiten Studie, eine Lernumgebung bereit zu stellen, bei der derartige Bodeneffekte nicht auftreten.

Die zweite Frage bezog sich auf die anzunehmenden, nicht kontrollierbaren Einflüsse unspezifischen Vorwissens auf den Beginn der Lernprozessregulation. Dabei war es nicht das Ziel, Vorwissen direkt zu erfassen und somit zu kontrollieren, da insbesondere bei unspezifischem Vorwissen davon ausgegangen wird, dass seine vollständige Erfassung nicht möglich ist. Stattdessen wurden drei verschiedene Lernprozesse betrachtet, für die die Verfügbarkeit unterschiedlicher Arten von Vorwissen angenommen werden kann. Durch einen Vergleich dieser Lernprozesse und durch die Kontrolle vorangegangener Lernprozesse beziehungsweise ihrer Regulation wurden Rückschlüsse auf den theoretisch denkbaren Lernprozess ohne Verzerrungen aufgrund von Vorwissen möglich.

Zusätzlich zu diesen beiden Hauptfragen wurde wie in Studie I der Einfluss kognitiver Grundfähigkeiten auf die Lernprozessregulation betrachtet. Hierbei wurde insbesondere das Zusammenspiel zwischen der Fähigkeit zur Informationsverarbeitung und der Lernprozessregulation bei Verfügbarkeit unterschiedlicher Arten von Vorwissen näher beleuchtet. Neben diesem kognitiven Aspekt wurde als ein motivationaler Faktor, der im Zusammenhang mit der Lernprozessregulation steht, die aufgabenbezogene Kontrollerwartung in Bezug zur Lernprozessregulation gesetzt. Hierbei wurde zunächst überprüft, ob sich die angenommene wechselseitige Beeinflussung zwischen der Lernprozessregulation und der Kontrollerwartung zeigt. Zum anderen sollte die Abhängigkeit dieses Wechselspiels von der Art vorangegangener Lernerfahrungen betrachtet werden, um zu klären, ob einer aufgabenbezogenen Kontrollerwartung neben dem Vorwissen eine zusätzliche Bedeutung für das selbstregulierte Lernen zukommt. Im Folgenden werden die Ergebnisse zu diesen drei Fragenblöcke zusammengefasst und diskutiert.

6.9.1 Wurde eine angemessen schwierige Lernumgebung vorgegeben?

Um eine im Vergleich zu ersten Studie deutlich vereinfachte Lernumgebung zur Verfügung zu stellen, die für einen Vergleich mit dieser herangezogen werden kann, wurde für die Zeit von fünf Minuten das Subsystem „Rakete" des Heidelberger Finiten Automaten präsentiert. Die Struktur der Rakete umfasst genau die halbe Struktur des gesamten HFA. Aufgrund dieser Reduzierung kann eine deutliche Vereinfachung des Umgangs mit dem System und damit auch der Regulation des Erwerbs von Wissen über das System vorausgesetzt werden. Neben der verkürzten Zeitspanne und dem reduzierten Umfang der Systemstruktur wurden keine Änderungen im Vergleich zur ersten Studie vorgenommen.

Identifizieren am Anfang – Negatives Ausgangsniveau. Entgegen den Erwartungen zeigt sich kein Unterschied zwischen einer vereinfachten und einer erschwerten Lernprozessregulation im Ausmaß an Selbstbestimmtheit, mit der zu Beginn des Prozesses das Identifizieren von Informationen in den Vordergrund gestellt wird. Bei der Interpretation dieses Ausgangsniveaus muss jedoch berücksichtigt werden, dass aufgrund methodischer Probleme bei beiden Prozessen jeweils die Daten der ersten Minute von den Analysen ausgeschlossen werden mussten und somit streng genommen nicht zwei Ausgangsniveaus miteinander verglichen werden. Vielmehr bieten die Daten der jeweils zweiten Minute des Lernprozesses eine nur mehr oder weniger gute Basis für eine Schätzung des Ausgangsniveaus. Aufgrund der eher willkürlichen Festsetzung des nicht zu betrachtenden Zeitraumes von einer Minute ist diese Schätzung in drei unterschiedlichen Situationen möglich. Zum einen kann es sein, dass sich die Verzerrungen, die sich durch negatives, unspezifisches Vorwissens oder durch eine zu kurze Präsentationszeit der Fehlermeldungen ergeben, über die erste Minute hinaus erstrecken und so das eigentliche Ausgangsniveau eines verzerrungsfreien Lernprozesses noch nicht erreicht wurde. Dieser Fall muss für den Verlauf der ersten Studie angenommen werden. Es ist jedoch auch möglich, dass diese verzerrenden Einflüsse nur innerhalb einer Zeitspanne von weniger als einer Minute vorliegen und somit der eigentlich interessierende Lernprozess bereits vor Beginn der zweiten Minute angefangen hat. Diese Fall ist für die erste Lernphase der zweiten Studie zu vermuten. In der dritten Variante verlieren die Verzerrungen genau zu dem Zeitpunkt an Bedeutung, ab dem der Lernprozess betrachtet wird. Dieser Fall kann für die zweite und dritte Lernphase von Studie II angenommen werden, bei denen keine Daten von den Analysen ausgeschlossen werden mussten. In der zweiten Lernphase, in der wie in der ersten Lernphase keine spezifischen Informationen verfügbar sind, zeigt sich dann auch die anfänglich stärkere Ausrichtung des Lernprozesses auf das Identifizieren von Informationen, die für eine vereinfachte Lernprozessregulation angenommen wurde.

Zunehmende Bedeutung des Integrierens – Positives Wachstum. Erwartungsgemäß zeigt sich, dass die Vereinfachung der Lernprozessregulation dazu führt, dass diese schneller auf das Integrieren von Informationen abzielt und dass bei Ablauf der fünf Minuten deutlich selbstbestimmter gehandelt wird, als es nach den ersten fünf Minuten der ersten Studie zu beobachten war. Diese deutlich stärkere Veränderung der Lernprozessregulation führt auch dazu, dass nur noch bei sehr wenigen Personen ein vom Zufall nicht zu unterscheidendes Verhalten zu beobachten ist. Mit dieser schellen und ausgeprägten Veränderung weist der Regulationsverlauf eines vereinfachten Lernprozesses dasselbe Merkmal auf, das auch eine erfolgreiche Lernprozessregulation auszeichnet. Dieses Merkmal ist jedoch auch das einzige, das einen statistisch signifikanten Unterschied zum Verlauf der erschwerten Lernprozessregulation der ersten Studie aufweist.

Wiederkehrende Bedeutung des Identifizierens – Negative Beschleunigung. Entgegen den Erwartungen konnte für den durchschnittlichen Verlauf keine Verlangsamung in der immer stärker werdenden Ausrichtung des Prozesses auf das Integrieren oder gar ein erneutes Hinwenden zu identifizierenden Lerntätigkeiten beobachtet werden. Auf deskriptiver Ebene deutet sich ein solches Verlaufsmerkmal zwar für die erfolgreichsten Gruppen an. Die meisten Personen haben jedoch mit Ablauf der fünf Minuten noch nicht ihr maximales Niveau selbstbestimmten Integrierens erreicht. Dieser Umstand muss vor dem Hintergrund des sehr konservativen Vorgehens bei diesem Vergleich zwischen vereinfachter und erschwerter Lernprozessregulation betrachtet werden. Hierbei werden für einen fünfminütigen Regulationsverlauf bedeutsam stärkere Veränderungen angenommen als für einen 15-minüten Verlauf. Es ist zu vermuten, dass bei einem weniger konservativen Vorgehen mit einer längeren Lernphase für deutlich mehr Personen der Studie II ein solches Verlaufsmerkmal zu beobachten gewesen wäre, was dann vermutlich auch zu einem in dieser Hinsicht stärker hypothesenkonformen durchschnittlichen Regulationsverlauf geführt hätte.

Anstatt den Lernprozess zu verlängern, hätte vermutlich auch durch eine noch stärkere Vereinfachung des Prozesses die Wahrscheinlichkeit erhöht werden können, dass sich Personen dem Punkt annähern, ab dem das Identifizieren wieder mehr in den Vordergrund gerückt wird. Eine solche Vereinfachung bei derselben Systemkomplexität und gleicher zur Verfügung stehenden Zeit kann für die zweite Lernphase dieser Studie angenommen werden. Die Erfahrungen, die in der ersten Lernphase gesammelt wurden, sollten hierbei zumindest dazu führen, dass unspezifisches, negatives Vorwissen eine zu vernachlässigende Bedeutung für die Lernregulation zukommt und dass somit eine deutlich angemessenere Wissensbasis für das Bilden und Testen von Hypothesen zur Verfügung steht. Bei diesem im Vergleich zu Lernphase A weiter vereinfachten Lernprozess weist der durchschnittliche Regulationsverlauf diese erwartete Eigenschaft auf. In der Entwicklung der $log_{(or)}$-Werten zeigt sich dieses in einer Krümmung des Verlaufs, die im Rahmen eines latenten Wachstumskurvenmodells durch einen quadratischen Faktor mit negativem Wert repräsentiert wird.

Lernerfolg. Durch die Reduktion der Systemstruktur konnte mit Sicherheit der Lernprozess und seine Regulation vereinfacht werden. Dies zeigt sich auch bei einem Vergleich der Faktormittelwerte, die als Kriterium für den Erfolg einer Lernprozessregulation herangezogen werden. Sowohl der Faktor „Wissensumfang" als auch der Faktor „Wissensanwendung" weisen in der zweiten Studie bedeutsam höhere Mittelwerte als in der ersten Studie auf. Dabei gibt es keine Unterschiede zwischen den Aufgaben in den Tests auf Wissensumfang und auf Abrufbarkeit und Anwendbarkeit des Wissens. Ebenso ist die insgesamt zum Lernen zur Verfügung stehende Zeit mit jeweils 15 Minuten gleich. Auch wird in beiden Studien Wissen über denselben Lerngegenstand, nämlich über den Heidelberger Finiten Automaten erworben. Der Unterschied besteht ausschließlich darin, dass in der zweiten Studie die Phase des Wissenserwerbs in drei Lernphasen unterteilt wurde, wobei nur in den ersten beiden Lernphasen jeweils ein Subsystem mit reduziertem Strukturumfang dargeboten wurde. Dieser Strukturierung des Lernprozesses kann eine deutliche Vereinfachung zugeschrieben werden.

Fazit. Zusammenfassend können auf der Basis dieser vorliegenden Ergebnisse folgende Aussagen über den Verlauf einer Lernprozessregulation mit angemessener Schwierigkeit getroffen werden. Bei einer angemessenen Schwierigkeit wird der Lernprozess anfänglich auf das Identifizieren von neuen, unbekannten Informationen ausgerichtet. Je einfacher sich das Lernen für eine Person gestaltet, desto schneller lenkt sie den Prozess auf ein umso stärker selbstbestimmtes Integrieren der Informationen. Ebenso wird sich schneller dem Punkt angenähert, ab dem eine Person es für sinnvoller erachtet, die ihr zur Verfügung stehenden Ressourcen wieder stärker auf das Identifizieren eventuell noch unbekannter Informationen zu lenken, anstatt bei gleichem Aufwand nur immer geringer werdende Fortschritte beim Integrieren bekannter Informationen zu erzielen.

6.9.2 Kann der Verlauf einer Lernprozessregulation unabhängig vom Vorwissen beschrieben werden?

Zur Beantwortung dieser Frage wurden verschiedene Lernprozessregulationen betrachtet, für die die Verfügbarkeit unterschiedlicher Arten von Vorwissen anzunehmen ist. Für den ersten Lernprozess kann wie in Studie I die Verfügbarkeit unspezifischen und zu gewissen Teilen negativen Vorwissens vorausgesetzt werden. Diese Vorwissen lässt sich weder vollständig noch abgrenzend definieren und ist damit auch nicht angemessen erfassbar. Daher lassen sich Vorwissenseffekte für die Regulation dieses Lernprozesses auch nur unzureichend kontrollieren.

Dieses gilt auch die zwei weiteren betrachteten Lernprozessregulationen. Diese beiden Lernprozesse unterscheiden sich jedoch von dem ersten Lernprozess dahingehend, dass vorangegangene analoge beziehungsweise spezifische Lernerfahrungen beobachtbar und damit die Regulation dieser vorangegangenen Lernprozesse bewertbar ist. Auch für diese beiden Lernphasen kann weder der Umfang noch die Abrufbarkeit und Anwendbarkeit von Vorwissens direkt überprüft werden. Es kann jedoch der Einfluss analoger beziehungsweise spezifischer Lernvorerfahrungen kontrolliert werden, für die angenommen werden kann, dass sie zu analogem beziehungsweise spezifischem (Vor-)Wissen geführt haben dürften.

Spezifisches und unspezifisches Vorwissen. Die beiden Lernprozessregulationen unterscheiden sich insofern, dass für den einen, den Prozess der Lernphase B, zwar analoges, aber nicht spezifisches Vorwissen angenommen werden kann, während zu Beginn des anderen, des Lernprozesses in Lernphase C direkt zuvor erworbenes, spezifisches Vorwissen verfügbar ist. In Lernphase B sind somit alle Aktivitäten erforderlich, die einen vollständigen Lernprozess beschreiben. Diese Notwendigkeit besteht unabhängig vom Umfang und der Abrufbarkeit dieses nicht spezifischen Vorwissens. Dagegen ist der Lernprozess in Lernphase C eher als eine Fortführung zuvor begonnenen Lernens anzusehen. In Abhängigkeit vom verfügbaren spezifischen (Vor-)Wissen wird ein anfängliches Identifizieren neuer Informationen weniger in den Vordergrund gestellt und stattdessen bereits zu Beginn dieses Prozesses darauf Wert gelegt, das verfügbare Wissen zu integrieren. Der Beginn dieser Lernphase ist demzufolge vom Ausmaß abrufbaren, spezifischen (Vor-)Wissens abhängig. Er kann nicht als der Beginn eines vollständigen Lernprozesses, sondern muss als der Beginn der Fortführung eines Lernprozesses angesehen werden.

Einfluss analogen Vorwissens. Der vorangehende Erwerb von Wissen über einen analogen Lerngegenstand, im Falle dieser Studie also über das Subsystem „Rakete", erleichtert den Wissenserwerb über das Subsystem „Planetenfahrzeug" in mehrerer Hinsicht. Die stärkste Vereinfachung ist, zumindest bei einer erfolgreichen Lernprozessregulation, in der zu vermutenden Verfügbarkeit analogen Vorwissens zu sehen. Für diese Informationsbasis ist anzunehmen, dass sie das Bilden von Hypothesen erleichtert, die sich mit hoher Wahrscheinlichkeit durch einfacher zu planende Tests bestätigen. Zudem ist anzunehmen, dass die verfügbare, analoge Wissensstruktur eine gute Ausgangsbasis für die Integration erworbener, spezifischer Informationen bietet, die durch diese Informationen erweitert und modifiziert wird. Das im Vergleich zu Lernprozessregulationen mit unspezifischem Vorwissen deutlich selbstbestimmtere Identifizieren neuer Informationen, sowie der schnellere Wechsel auf ein stärker selbstbestimmtes Niveau des Integrierens können als Beleg für diese Annahmen angesehen werden. Der lang anhaltende Einfluss analogen Vorwissens stützt diese Hypothese zusätzlich.

Einfluss spezifischen Wissens. Spezifisches Vorwissen führt zu Beginn eines Lernprozesses dazu, dass dieser stärker auf das Integrieren von Informationen ausgerichtet wird. Dieser Effekt wird in der dritten Lernphase C besonders deutlich, für die in Abhängigkeit des Erfolges der beiden vorangegangenen Lernprozessregulationen die Verfügbarkeit spezifischen Vorwissens anzunehmen ist. Der Lernprozess in dieser Phase ist der einzige der betrachteten Prozesse, für den spezifisches (Vor-)Wissen angenommen werden kann. Alle anderen Lernprozessregulationen begannen auf der Basis unspezifischen Wissens.

Komplexität und Schwierigkeit. Die Voraussetzungen für Lernphase C sind jedoch nicht nur in Hinblick auf die Art des verfügbaren Vorwissens von den beiden vorangegangenen Lernphasen verschieden. Im Gegensatz zu diesen steht in dieser Lernphase der vollständige Heidelberger Finite Automat zur Verfügung. Insofern ist die Regulation des Lernprozesses aufgrund des Umfangs der Systemstruktur erschwert, während sie aufgrund des mehr oder weniger umfangreichen Vorwissens mehr oder weniger stark vereinfacht ist.

Dieser Umstand ist als Grund dafür anzusehen, wieso auf der einen Seite wie erwartet bereits zu Beginn sehr stark das Integrieren im Vordergrund steht, wieso jedoch auf der anderen Seite nur sehr geringe Veränderungen in der Ausrichtung des Lernprozesses vollzogen werden. Weder kann eine deutlich wachsende Selbstbestimmtheit beim

Integrieren beobachtet werden, noch ist ein erneutes Hinwenden zum Identifizieren noch unbekannter Informationen zu verzeichnen. Dieses Ausbleiben von Veränderungen ist dabei unabhängig von den vorangegangenen Lernprozessregulationen. Da sich außer dem zur Verfügung stehenden Vorwissen die Bedingungen des Lernprozesses in Lernphase C nur durch die doppelt so große Systemstruktur des vollständigen Automaten von den ersten beiden Lernphasen unterscheidet, ist somit das Ausbleiben von Veränderungen auf diesen erhöhten Strukturumfang zurückzuführen. Der größere Strukturumfang erschwert den Umgang mit dem System und führt dazu, dass wie bereits in Studie I Veränderungen in den Lernprozessregulationen deutlich langsamer vollzogen werden. Die zur Verfügung stehenden fünf Minuten scheinen dabei nicht ausreichend gewesen zu sein, um bedeutendere Veränderungen zu ermöglichen.

Lernprozessregulation ohne Vorwissen. Kontrolliert man innerhalb eines latenten Wachstumskurvenmodells den Einfluss vorangegangener Lernprozessregulationen, wird über die Mittelwerte der abhängigen Faktoren nachfolgender Lernphasen ein durchschnittlicher Regulationsverlauf beschrieben, für den dieser Einfluss bedeutungslos ist. In Studie II konnte sowohl für die Lernphase B, als auch für die Lernphase C ein solches, von vorherigen Lernerfahrungen „bereinigtes" Verlaufsmodell geschätzt werden. Da zwischen diesen beiden bereinigten Modellen keine Unterschiede aufgrund der Lernvorerfahrungen existieren können, sind die Abweichungen voneinander auf die unterschiedliche Komplexität der präsentierten Systemstruktur und der damit verbundenen unterschiedlichen Schwierigkeit der Lernprozessregulation zurückzuführen.

Das Modell AB2 (Abbildung 20, S. 189) modelliert den bereinigten Verlauf für die Lernphase B, für die eine angemessene Schwierigkeit angenommen werden kann. Es zeigt sich, dass eine durchschnittliche Regulation des Lernprozesses zu Beginn sehr bestimmt auf das Identifizieren von Informationen abzielt. Im weiteren Verlauf wird dann vermehrt Wert auf das Integrieren von Informationen gelegt. Dieser Wechsel in der Zielsetzung wird jedoch nicht so schnell vollzogen wie bei Nutzung von vorangegangenen Lernerfahrungen. Ohne ein solches Vorwissen dauert es auch offensichtlich länger, dass Personen an den Punkt gelangen oder sich diesem zumindest annähern, ab dem sie sich wieder stärker dem Identifizieren noch unbekannter Informationen zuwenden.

Vorangegangene Lernerfahrungen beeinflussen die Lernprozessregulation der Lernphase C nur zu Beginn. Die geringen intra-individuellen Veränderungen über die Zeit bleiben hiervon unberührt. Kontrolliert man diesen Einfluss, wird dadurch der Regulationsverlauf um die erleichternden Einflüsse des spezifischen Vorwissens bereinigt. Die schwierigkeitsbestimmende komplexe Systemstruktur bleibt von dieser Kontrolle jedoch unberührt. Damit wird ein Prozess beschrieben, bei dem ohne Vorwissen eine schwierige Lernsituation bewältigt werden muss. Es zeigt sich, dass eine solche Regulation ebenso zuerst auf das Identifizieren von Informationen abzielt, wie es bereits für einen angemessen schwierigen Lernprozess beobachtet werden konnte. Der Unterschied zu diesem besteht darin, dass das Lernen deutlich länger dem Identifizieren dient und der Wechsel zum verstärkten Integrieren nur sehr langsam vollzogen wird. An diesen Befund lässt sich die Aussage knüpfen, dass mit zunehmender Schwierigkeit des Lernprozesses der Wechsel vom anfänglichen selbstbestimmten Identifizieren zu einem verstärkten Integrieren verlangsamt vollzogen wird.

Allgemeiner Verlauf der Lernprozessregulation. Der Vergleich dieser beiden Verläufe, die keine Verzerrungen aufgrund mehr oder weniger adäquater vorangegangener Lernerfahrungen aufweisen, zeigen auf, dass bei einer durchschnittlichen Lernprozessregulation zu Beginn das Identifizieren im Vordergrund steht. In Abhängigkeit vom Umfang und der Komplexität des Lerngegenstandes wird im Verlauf des Lernens mehr oder weniger schnell das Integrieren der Informationen in den Vordergrund gerückt. Ob im weiteren Verlauf irgendwann einmal ein Punkt erreicht wird, ab dem ein erneutes Hinwenden zu identifizierenden Lernhandlungen sinnvoller wird, kann anhand der vorgestellten Befunde nicht eindeutig belegt werden. Der unbereinigte durchschnittliche Verlauf der Lernphase B weist jedoch dieses Merkmal genauso auf wie die Verläufe erfolgreicher Gruppen in den Lernphasen A und C. Dieses kann als deutlicher Hinweis dafür angesehen werden, dass bei ausreichend zur Verfügung stehender Zeit und einer angemessenen Schwierigkeit, im Allgemeinen ein erneut auf das Identifizieren ausgerichtetes Lernverhalten zu beobachten ist.

6.9.3 Können neben dem Vorwissen weitere kognitive und motivationale Faktoren den Verlauf der Lernprozessregulation mitbestimmen?

Zu Beginn eines Lernprozesses, wenn nur unspezifisches Vorwissen verfügbar ist, steht das Identifizieren von Informationen im Vordergrund. Hierfür müssen möglichst planvoll und systematisch neue Informationen produziert und interpretiert werden. Dafür ist es gewinnbringend, wenn auf der Grundlage schlussfolgernder Denkprozesse Hypothesen über noch unbekannte Merkmale des Lerngegenstandes gebildet und getestet werden. Die Verfügbarkeit spezifischen Vorwissens prägt eine Lernregulation in der Art, dass dem Identifizieren neuer Informationen nur eine sehr nachgeordnete Rolle zugestanden wird. Stattdessen wird vermehrt darauf Wert gelegt, durch die Integration von Informationen einen möglichst sicheren und kognitiv wenig aufwändigen Abruf zu garantieren. Das hat zur Folge, dass kognitiven Grundfähigkeiten der Informationsverarbeitung mit zunehmend integrierten Informationen immer weniger Bedeutung zukommt. Dies entspricht der Regel „Routine kills intelligence" (Veenman & Elshout, 1999, S. 511), die durch die Befunde dieser Arbeit eine weitere Bestätigung erhält. Während der Einfluss kognitiver Grundfähigkeiten auf die Lernprozessregulation mit unspezifischem Vorwissen noch sehr deutlich ausfällt, kann er bei Verfügbarkeit spezifischen Vorwissens keinen zusätzlichen Beitrag zur Erklärung der Regulationsmerkmale leisten. Neben spezifischem, abrufbarem Vorwissen spielen kognitive Grundfähigkeiten eine nur sehr geringe Rolle.

Kognitiven Grundfähigkeiten kann so lange eine Einfluss auf die Regulation des Lernprozesses zugeschrieben werden, so lange neue Informationen identifiziert werden. Wenn jedoch ausreichend spezifisches Wissen erworben wurde, besteht das Ziel des Lernprozesses fast ausschließlich in der Reduktion des kognitiven Aufwandes und damit in einer Verringerung des Einflusses kognitiver Fähigkeiten. Daher kommt diesen Fähigkeiten neben einem umfangreichen und sicher und leicht abrufbarem Wissen keine weitere Bedeutung für die Lernprozessregulation zu.

Ein ähnliches Bild zeigt sich für eine anfängliche Kontrollerwartung, die als ein Aspekt aufgabenbezogener Motivation ebenso Einfluss auf den Lernprozess beziehungsweise seine Regulation nimmt. Dieser Einfluss präsentiert sich jedoch in einer Weise vom Vorwissen abhängig, die starke Parallelen zur Vorwissensabhängigkeit des Zusammenhangs zwischen kognitiven Grundfähigkeit und dem erfolgreichem Umgang in komplexen Situationen aufweist (Elshout, 1987; Raaheim, 1988). Basiert die anfängliche Kontrollerwartung auf unspezifischem Vorwissen, ist ihr Einfluss auf die Lernprozessregulation genauso gering wie bei Verfügbarkeit von umfangreichem und ausreichend integriertem, spezifischem (Vor-)Wissen. Dieser motivationale Aspekt hat dann die stärkste, positive Wirkung auf den Regulationsprozess, wenn die Erwartung der eigenen Kontrollfähigkeit auf der Basis eines angemessenen, aber unspezifischen Vorwissens beruht, wie sie zum Beispiel durch analoges Vorwissen gegeben ist. Analoges Vorwissen ist auf der einen Seite stärker auf den zu erlernenden Gegenstand bezogen als unspezifisches Vorwissen. Auf der anderen Seite ist es kein spezifisches Vorwissen, weshalb es hinsichtlich dieser Qualität eine Zwischenposition einnimmt. Somit kann auf der Basis dieser Befunde die Vermutung aufgestellt werden, dass zwischen dem Umfang abrufbaren spezifischen Vorwissens und dem Einfluss anfänglicher Kontrollerwartung auf die Lernprozessregulation ein kurvilinearer Verlauf besteht. Diese Aussage ist als starke Hypothese zu bewerten. Die Einschätzung der Kontrollerwartung beruht zu jedem der vier Messzeitpunkte auf den dichotomen Selbstangaben in Bezug auf nur zwei Items. Es sind in Bezug auf diese Frage weitere Untersuchungen wünschenswert, die eine aufwändigere Erfassung der Kontrollerwartung und auch weiterer motivationaler Faktoren ermöglicht.

7 Zusammenfassung und Diskussion der Arbeit

Das Ziel der vorgestellten Arbeit bestand darin, den Verlauf der Lernprozessregulation zu erfassen und zu beschreiben. Dabei sollten zum einen generelle Merkmale des Regulationsverlaufs aufgezeigt werden. Zum anderen sollten die Verlaufseigenschaften ermittelt werden, die eine erfolgreiche Regulation von einer weniger erfolgreichen Regulation unterscheiden. Um diese Ziele zu erreichen, wurden als erstes auf theoretischer Ebene Annahmen über den vollständigen Prozess des Lernens und die damit verbundenen Anforderungen an die Lernprozessregulation aufgestellt. Zweitens wurde eine Lernumgebung ausgewählt, innerhalb der der Prozess des selbstregulierten Lernens direkt beobachtbar ist. In einem dritten Schritt wurde auf der Grundlage der theoretischen Überlegungen ein Maß konzipiert, das die Qualität des Regulationsverhaltens in dieser Lernumgebung bewertet. Dieses Maß konnte dann zur Erfassung genereller und differenzieller Merkmale des Regulationsverlaufs beim Lernen genutzt werden. Die folgende zusammenfassende Diskussion geht diesen fünf Aspekten der Arbeit, (1) theoretisches Rahmenwerk, (2) dynamische und komplexe Lernumgebung, (3) Konzeption des Maßes der selbstbestimmten Lernprozessregulation, (4) generelle und (5) differenzielle Verlaufsmerkmale der Lernprozessregulation, noch einmal zusammenfassend nach und diskutiert sie im Rahmen der psychologischen Forschungslandschaft.

7.1 Der Lernprozess als selbstbestimmt reguliertes Identifizieren und Integrieren

Bei seiner Beschreibung der „Zwölf Grundformen des Lernens" betrachtet Aebli (1983) den Lernprozess aus der Perspektive der Allgemeinen Didaktik. Dabei stellt er Folgendes fest: „In der Psychologie und in der Sprache des Alltags werden unter dem Begriff des Lernens zwei ganz unterschiedliche Prozesse zusammengefasst: einenteils das Finden und Herstellen der Sachbeziehungen zwischen bisher unverbundenen Elementen des Handelns und Denkens, anderenteils das ‚Verstärken' der hergestellten Verbindungen. Den ersten Prozess nennt man auch Problemlösen, Forschen, Entdecken, ‚höheres Lernen', den zweiten Einschleifen, Einprägen, Memorieren, Automatisieren, Konsolidieren, ‚elementares Lernen' " (S. 328).

Identifizieren und Integrieren. Die theoretischen Analysen, die in Kapitel 2 dieser Arbeit vorgestellt wurden, gehen mit dieser Feststellung Aeblis nur zum Teil einher. Mit ihr übereinstimmend zeichnet sich das Bild eines Lernprozesses, innerhalb dessen Verlauf zwei unterschiedliche Anforderungen an die lernende Person gestellt werden. Um diesen gerecht zu werden, muss der Prozess auf diese zwei qualitativ unterschiedlichen Ziele ausgerichtet werden. Das eine Ziel besteht in der Identifikation von Informationen, das durch Prozesse des Problemlösens, Forschens, Entdeckens, oder so genanntes „höheres Lernen" erreicht werden kann. Das andere Ziel ist in der Integration der durch höheres Lernen identifizierten Informationen in die eigene Wissensbasis zu sehen. Dieses geschieht zum Beispiel durch Einschleifen, Einprägen, Memorieren, Automatisieren, Konsolidieren oder andere Tätigkeiten des „elementaren Lernens".

Der vollständige Lernprozess und seine Regulation. Aus heutiger Sicht kann jedoch die Aussage Aeblis, in der Psychologie würden die Lernaktivitäten, die zur Erreichung der beiden konkurrierenden Lernziele ausgeführt werden, unter einem Begriff zusammengefasst, nicht bestätigt werden. Vielmehr zeichnet sich eine gewisse Beschränkung beziehungsweise Fokussierung verschiedener psychologischer Forschungsansätze auf jeweils einen der beiden Teilaspekte des Lernprozesses ab, was zu einer Nichtbeachtung des jeweils anderen Aspekts führt. So widmet sich die psychologische Forschung zum Scientific Discovery Learning und zu gewissen Teilen auch die psychologische Problemlöseforschung den Strategien und Techniken, die für die Identifizierung neuer Informationen hilfreich genutzt werden können. Die Aktivitäten zur Gewährleistung der späteren Verfügbarkeit des Erlernten werden in diesen Forschungsrichtungen nur wenig untersucht. Diese sind eher das Spezialgebiet der Forschung zum selbstregulierten Lernen, die hauptsächlich dem Lernen mit Texten in schulischen oder hochschulischen Kontexten nachgeht. Lernen mit Texten ist jedoch nur wenig interaktiv. Beim Lesen werden keine neuen Informationen erzeugt, sondern es werden vorhandene Informationen wahrgenommen und verarbeitet. Somit findet der Prozess des Identifizierens neuer Informationen, beispielsweise durch das Testen von Hypothesen mit Hilfe eines Experiments, keine Berücksichtigung in den Lernkonzeptionen dieser Forschungsrichtung.

In der vorliegenden Arbeit wird der Standpunkt vertreten, dass ein vollständiger Lernprozess sowohl das Identifizieren von Informationen als auch ihr Integrieren in die persönliche Wissensbasis beinhaltet. Das ausschließliche Identifizieren mag hilfreich sein, um ein aktuelles Problem lösen zu können. Ist die Information in einer späteren Situation jedoch nicht mehr verfügbar, kann nicht von einem Lern-Prozess gesprochen werden. Dies ist jedoch auch beim ausschließlichen Integrieren nicht möglich, da nur identifizierte Informationen integriert werden können. Aus dieser Sicht besteht daher die Notwendigkeit, beide Aspekte des Lernprozesses unter dem Begriff des Lernens zusammenzuführen und sie so aufeinander zu beziehen, dass ein vollständiger Lernprozess beschrieben und betrachtet wird. Damit wird nicht ein erneutes Zusammenfassen der beiden Teilaspekte unter einem gemeinsamen Begriff propagiert, wie es Aebli (1983) zu Recht kritisierte. Jedoch muss ein psychologisches Lernkonzept immer beide Aspekte beinhalten, wenn es für sich in Anspruch nimmt, den vollständigen Prozess des Lernens abzubilden.

Diese Forderung hat auch Konsequenzen für die Beschreibung des Regulationsprozesses des Lernens. Auch hierbei kann es nicht genügen, sich entweder auf Techniken und Strategien des Identifizierens oder auf die entsprechenden Vorgehensweisen des Integrierens zu beschränken, wenn die vollständige Lernprozessregulation abgebildet werden soll. Noch bevor eine Person sich darüber Gedanken macht, auf welche Art und Weise sie die zu erlernenden Informationen erhält oder wie sie die spätere Verfügbarkeit neu entdeckter Informationen gewährleisten kann, steht sie zunächst vor der Entscheidung, ob sie in der augenblicklichen Phase des Lernens lieber neue Informationen identifizieren oder lieber identifizierte Informationen integrieren möchte beziehungsweise sollte. Die Regulation des Lernprozesses beginnt demnach bereits mit seiner Ausrichtung auf das eine oder das andere Ziel und nicht erst mit der Entscheidung für eine Vorgehensweise zur Erreichung des ausgewählten Ziels. Somit muss diese

Entscheidung auch bei der Beschreibung des Regulationsprozesses ihre Berücksichtigung finden. Wird dieses Abwägen in den theoretischen Konzeptionen der Lernprozessregulation und bei ihrer Operationalisierung nicht beachtet, decken die darauf basierenden Überlegungen und Untersuchungen nur einen Teil des Regulationsprozesses ab. Damit soll nicht bestritten werden, dass es durchaus sinnvoll sein kann, sich auf einen bestimmten Aspekt des Lernens zu konzentrieren, um die damit in Zusammenhang stehenden Strategien und Techniken genauer zu untersuchen. Tiefergehende Analysen von Teilaspekten des Lernprozesses beziehungsweise der Lernprozessregulation sind ohne Zweifel wünschenswert und lohnend. Jedoch müssen diese Analysen und ihre Ergebnisse letzten Endes in den Kontext des gesamten Regulationsprozesses gestellt werden. Die innerhalb der vorliegenden Arbeit getroffene Unterscheidung zwischen „Identifizieren" und „Integrieren" liefert einen Rahmen, in den solche vertiefenden Detailkenntnisse über den Lernprozess und seine Regulation integriert werden können.

7.2 Der Heidelberger Finite Automat als Umgebung für selbstregulierte Lernprozesse

Um den Verlauf der selbstständigen Lernprozessregulation beobachten zu können, muss eine Lernumgebung angeboten werden, die eine Selbstregulation des Lernprozesses nicht nur uneingeschränkt gewährleistet, sondern auch erfordert. Zudem muss diese Umgebung die direkte und möglichst verzerrungsfreie Beobachtung des Lernprozesses und seiner Regulation ermöglichen. Der Heidelberger Finite Automat ist eine Lernumgebung, die diesen Anforderungen genügt.

Selbstregulation des Lernprozesses. Der HFA ist ein komplexes System mit einer Vielzahl zu erlernender Informationen, die nicht alle sofort und direkt wahrnehmbar sind und die ohne aktives Integrieren nicht umfassend für spätere Gelegenheiten verfügbar gemacht werden können. Dadurch werden regulative Handlungen notwendig, die den Lernprozess entsprechend der individuellen Möglichkeiten und der bereits gemachten Lernerfahrung stärker auf das Identifizieren oder stärker auf das Integrieren ausrichten. Die Entscheidung, welche Lernhandlung zu welchem Zeitpunkt ausgeführt wird, liegt ausschließlich bei der lernenden Person selbst. Weder das simulierende System, noch die Testleitung geben lenkende Hilfen oder fordern zu bestimmten Lernhandlungen auf. Der Umgang mit dem Heidelberger Finiten Automaten erfordert aufgrund der Komplexität der Systemstruktur und der Vielzahl erlernbarer Informationen jedoch nicht nur eine Regulation des Lernverhaltens. Durch seinen dynamischen Charakter und seine Reaktionen auf die Lernhandlungen in Form von Feedbackinformationen liefert der Automat auch die Voraussetzungen für die Möglichkeit der Selbstregulation des Lernprozesses und dessen kontinuierliche Anpassung an die sich ändernden Lernbedingungen und -anforderungen. Damit ist eine Grundvoraussetzung für die Erfassung selbstregulierter Lernprozesse erfüllt.

Direkte und verzerrungsfreie Beobachtung der Lernprozessregulation. In der Diskussion der fragebogenbasierten Verfahren zur Erfassung von Lernstrategien wurde deutlich, dass eine zeitlich vom Lernprozess entkoppelte Erhebungsmethode nur bedingt geeignet ist, um tatsächliches Lern- und Regulationsverhalten abzubilden. Diese Angaben spiegeln eher das Wissen über Lernstrategien und ihre Anwendungsbedingungen wider als ihren tatsächlichen Einsatz. Für die direkte Beschreibung der Lernprozessregulation ist somit eine dynamische Lernumgebung notwendig, die eine direkte Erhebung von Messdaten während des Lerngeschehens und somit eine Prozessanalyse der Lernregulation ermöglicht (vgl. Artelt, 2000; Kinnuen & Vauras, 1995). Der Heidelberger Finite Automat protokolliert während des Arbeitens mit ihm automatisch jede einzelne Handlung, die über die Computermaus ausgeführt wird. Diese Daten sind ein zeitlich direkt aufgezeichnetes Abbild des gesamten Lernaktivitäten. Der HFA bietet somit die Möglichkeit zur zeitlich direkten Erfassung und Analyse der Lern- und Regulationshandlungen.

Zudem erfolgt die Erfassung der Daten auf eine Weise, die von der lernenden Person nicht wahrgenommen werden kann. Bei dieser verhaltensbasierten Erfassung der Lernprozessregulation kann davon ausgegangen werden, dass die Daten keine Verzerrungen beispielsweise aufgrund sozialer Erwünschtheitsphänomene oder aufgrund selbstreflexiver Prozesse aufweisen, wie sie für Verbaldaten nicht auszuschließen sind. Der Nachteil dieses Datenformats ist jedoch darin zu sehen, dass Verhaltensdaten kein direktes Abbild der Kognitionen und Metakognitionen liefern, die den Lernprozess regulieren. Auf die dem Lernverhalten zugrunde liegenden (Meta-)Kognitionen kann nur geschlossen werden. Dieses ist jedoch kein spezielles Problem des HFA, sondern ein prinzipielles Problem von Verhaltensdaten, die zur Erforschung psychologischer Prozesse herangezogen werden. Zudem wird dieses Problem beim HFA durch einige Eigenschaften gemindert, die die notwendige Interpretation des Lernverhaltens erleichtern und einige Fehlerquellen ausschließen und somit die Validität der beobachteten Daten erhöhen. Eine dieser Eigenschaften ist in der vollständigen und eindeutigen Beschreibbarkeit der Struktur des HFA zu sehen. Sie ermöglicht eine exakte Erfassung der aktuellen Lernsituation, des ausgeführten Eingriffs und der resultierenden Situation. Damit sind zumindest alle spezifischen Informationen, die bei der Regulation des Lernprozesses verarbeitet werden können, bekannt. Darüber hinaus ermöglicht der HFA die Definition eindeutiger Ziele und es lassen sich optimale Vorgehensweisen zur Erreichung dieser Ziele a priori angegeben. Zudem wird durch die Vorgabe des Ziels, möglichst viel und korrektes Wissen über den HFA und die Steuerung der Rakete und des Planetenfahrzeugs zu erwerben, die Wahrscheinlichkeit erhöht, dass das beobachtete Verhalten mit dem Ziel des Lernens ausgeführt wird. Durch diese zeitliche Trennung von Wissenserwerb und Wissensanwendung mittels Vorgabe entsprechender Ziele wird eine weitere Erhöhung der Validität der erfassten Daten erreicht. Insofern sind die beim Lernen mit dem HFA erfassbaren Daten als Abbild der Lernprozessregulation geeignet, obwohl sie auf beobachtbarem Verhalten beruhen.

Eine Einschränkung der Validität der erhobenen Daten ist darin zu sehen, dass der Heidelberger Finite Automat kein vorwissensfreies System darstellt. Vielmehr aktiviert seine semantische Einkleidung bei einer Person mehr oder weniger angemessenes und hilfreiches Vorwissen über Computer, Raumfahrt oder andere Wissensbereiche. Das hat zur Folge, dass der HFA es nicht ermöglicht, einen Lernprozess mit ausschließlich unspezifischem Vorwissen von Anfang an direkt und mit ausreichender Testgüte zu erfassen und zu beschreiben. Unspezifisches Vorwissen ist nicht vollständig kontrollierbar. Es schlägt sich in den Messwerten zu Beginn des Lernprozesses nieder und verringert entsprechend die Validität dieser anfänglichen Daten. Diese mussten daher von den Analysen ausgeschlossen werden, so dass kein vollständiger Lernprozess abgebildet werden konnte. Allerdings ist diese „Vorwissensproblematik" nicht ein spezifisches Problem des Heidelberger Finiten Automaten. Vielmehr muss davon ausgegangen werden, dass es kein System oder Testverfahren gibt, das frei von Vorwissenseinflüssen wäre. Selbst Systeme und Verfahren, die in einen sehr abstrakten Kontext eingebunden sind, aktivieren Vorwissen, das mehr oder weniger korrekt das vorgegebene System repräsentiert. So ist zum Beispiel anzunehmen, dass die meisten Personen, die wenigstens den Mathematikunterricht der ersten Klasse bewältigt haben, die Bedeutung eines „+"- und eines „–"-Zeichens kennen, sodass dieses Wissen kaum Varianz im Umgang mit dem System „MultiFlux" erzeugen sollte (Kröner, 2001; Kröner & Leutner, 1999). Die interindividuellen Unterschiede im Ausmaß und in der Qualität dieses abstrakten, unspezifischen Vorwissens sind sicherlich deutlich geringer als bei Vorwissen, das durch einen konkreten, semantischen Kontext aktiviert wird. Trotzdem ist dieses Wissen aktiviertes Vorwissen, das spätestens im Alter von sechs bis sieben Jahren erworben und einige Jahre später beim Umgang mit dem MultiFlux-System erneut abgerufen wurde, um dieses System beziehungsweise die Funktionsweise seiner Schalter leichter interpretieren und besser verstehen zu können. Es bleibt deshalb festzuhalten, dass es keine vorwissensfreien Systeme oder Verfahren geben kann. Jedoch ist es möglich, den Einfluss unspezifischen Vorwissens für alle untersuchten Personen gleich zu halten, indem durch die Einkleidung der Verfahren hauptsächlich Wissen aktiviert wird, das für jedes Individuum der untersuchten Stichprobe als verfügbar vorausgesetzt werden kann.

In Studie II wurde jedoch ein anderer Weg gewählt, um den Einfluss des Vorwissens auf die Lernprozessregulation zu kontrollieren (s.a. Abschnitt 7.4). Durch die vorangegangene Bearbeitung eines analogen Systems, konnte für den Lernprozess mit dem Subsystem „Planetenfahrzeug" zum einen der Einfluss unspezifischen, negativen Vorwissens nahezu ausgeschlossen werden. Zudem konnte durch die Erfassung des vorangegangenen, analogen Lernprozesses der Verlauf der Lernprozessregulation rechnerisch von diesen Erfahrungen bereinigt werden, wodurch ein fast vorwissensfreier Verlauf abgebildet werden konnte. Diese Möglichkeit bestand deshalb, weil der Heidelberger Finite Automat zwei analoge Subsysteme in sich integriert, die zeitlich getrennt voneinander präsentiert werden können.

Eine Einschränkung der Reliabilität der innerhalb dieser Lernumgebung erhobenen Daten ist in der hohen Schwierigkeit des Umgangs mit dem vollständigen Heidelberger Finiten Automaten mit seinen beiden Subsystemen „Rakete" und „Planetenfahrzeug" zu sehen. Für die meisten der untersuchten Jugendlichen ist das Erlernen der Steuerung des gesamten Automaten eine nur sehr schwer zu bewältigende Aufgabe. Diese hohe Schwierigkeit schränkte die Reliabilität der Daten der ersten Studie ein, und sie zeigte sich auch bei den Analysen der dritten Lernphase der zweiten Studie, wenn die vorangegangenen Lernerfahrungen kontrolliert werden. In Studie I war dadurch die Möglichkeit zur Selbstregulation des Lernprozesses deutlich eingeschränkt und sie wäre es auch in der dritten Phase von Studie II gewesen, wenn ihr die ersten beiden Lernphasen nicht vorangegangen wären. Die Trennung der beiden Subsysteme und der zeitlich voneinander getrennte Wissenserwerb erst über das eine und danach über das andere System führte aber zu einem Schwierigkeitsgrad, der die Regulation des Lernprozesses nicht nur ermöglichte, sondern diese auch weiterhin notwendig machte. Es wurde also ein Schwierigkeitsgrad erreicht, bei dem das Lernen nicht derart leicht fällt, dass regulative Anstrengungen unnötig wären und bei dem das Lernen trotzdem nicht so schwierig ist, dass eine Regulation unmöglich wird. Somit konnte mit dem Heidelberger Finiten Automaten in Studie II eine Lernumgebung bereit gestellt werden, die eine optimale Schwierigkeit für die Erfassung der Lernprozessregulation aufweist.

7.3 Das $log_{(or)}$-Maß für die verhaltensbasierte Erfassung der Lernprozessregulation

Formale Maße. Die formale Beschreibbarkeit des Heidelberger Finiten Automaten erlaubt es, dass für die Bewertung des beobachteten Verhaltens ein ebenso formales Maß entwickelt werden kann. Es müssen keine systemspezifische, inhaltliche Kriterien wie beispielsweise die Gewinnspanne pro verkauftem Hemd (Süß et al., 1991), das Ausmaß des Fliegenbefalls (Strohschneider, 1991) oder die Anzahl überlebter Jahre (Leutner & Schrettenbrunner, 1989) als Erfolgskriterien herangezogen werden, die einen Vergleich zwischen den in unterschiedlichen Systemen erbrachten Leistungen nahezu unmöglich machen. Da die Struktur bekannt ist, kann von der semantischen Einkleidung des Automaten abstrahiert werden. Maße, die auf diesen formalen Eigenschaften der Systemstruktur basieren, eigenen sich für einen Vergleich des Umgangs mit verschiedenen Automaten und Systemen, deren Struktureigenschaften aufeinander bezogen und miteinander verglichen werden können.

Formale Maße bei Finiten Automaten wurden bislang beispielsweise über Zielabstände gebildet (Müller, 1993; Preußler, 1997) oder es wurde die sogenannte „Optimalität" des Lösungsweges bewertet (Funke, 1991). Diese vorgeschlagenen Indikatoren wurden dabei für die Ermittlung der Steuerungsleistung, also der Fähigkeit, Wissen anzuwenden, entwickelt. Somit bilden diese Maße den Teil des Problemlöseprozesses ab, der in der vorliegenden Arbeit bewusst von den primären Analysen ausgeschlossen wurde. Sie sind daher in Bezug auf die hier verfolgten Fragen wenig gewinnbringend.

Das Interesse gilt in der vorgestellten Konzeption und in den beiden Studien der Bewertung des Regulationsprozesses dem Erwerb von Wissen. Formale Strategiemaße des Wissenserwerbs, wie sie innerhalb der Arbeiten zum Scientific Discovery Learning verwendet werden, basieren größtenteils auf der von Tschirgi (1980) vorgestellten VOTAT-Strategie. VOTAT beschreibt eine Rationale für das systematische Identifizieren von Informationen. Es macht jedoch keine Aussagen über die Integration und beschränkt sich somit auf einen bestimmten Ausschnitt des Lernprozesses und seiner Regulation.

Das in dieser Arbeit entwickelte $log_{(or)}$-Maß ist ein Maß, welches sich auf der einen Seite auf den Prozess des Lernens im Umgang mit einem dynamischen System beschränkt, das auf der anderen Seite dafür aber die Regulation dieses Lernprozesses vollständig erfasst und bewertet. Zudem ist es ein formal definiertes Maß, wodurch der damit erfasste Regulationsprozess prinzipiell mit Lernprozessregulationen innerhalb anderer dynamischer Situationen vergleichbar ist.

Kategorisierung von Eingriffen und Eingriffsalternativen. Erreicht wird dieses, indem jeder einzelne Eingriff einer Person einer von zwei formalen Kategorien zugeordnet wird. Jeder Eingriff kann eindeutig als identifizierende oder als integrierende Tätigkeit klassifiziert werden. Die Zuordnung erfolgt nach dem Kriterium, ob ein Eingriff das erste oder zum wiederholten Mal ausgeführt wird. Dabei gewährleistet der HFA die Korrektheit dieser Form der Kategorisierung ab dem Zeitpunkt, ab dem keine Einflüsse mehr aufgrund negativen, unspezifischen Vorwissens oder aufgrund von Unerfahrenheit im Umgang mit dem simulierenden Computer anzunehmen sind. Während in Studie I die Daten ganz zu Beginn des untersuchten Zeitraumes vermutlich noch vor diesem Zeitpunkt lagen, kann für Studie II vorausgesetzt werden, dass alle Eingriffe mit Hilfe des gewählten Kriteriums (erstmalige versus wiederholte Ausführung des Eingriffs) eindeutig und korrekt kategorisiert werden konnten.

Die Operationalisierung der Kategorien „Identifizieren" und „Integrieren" muss nicht in allen Systemen auf dieselbe Weise erfolgen. Welche Kriterien herangezogen werden, um die Zuordnung von Eingriff zu den formalen Kategorien zu ermöglichen, ist systemspezifisch. Ist diese Kategorisierung jedoch erfolgt, ist auf dieser abstrakteren Ebene das systemspezifische Verhalten mit dem Verhalten in anderen Systemen vergleichbar.

Interindividuelle Vergleichbarkeit. Das in dieser Arbeit konzipierte $log_{(or)}$-Maß folgt dem Weg der formalen und damit nicht inhaltlich definierten Maße, wodurch eine prinzipielle Vergleichbarkeit über unterschiedliche Systeme hinweg erreicht wird. Darüber hinaus wird es aber auch auf eine Art berechnet, die die interindividuellen Leistungen im Umgang mit demselben System, dem Heidelberger Finiten Automaten, miteinander vergleichbar macht. Das wird erreicht, indem jeder einzelne Eingriff mit der aktuellen Chance, diesen Eingriff auszuführen, in Bezug gesetzt wird. Somit geht mit jeder einzelnen Lerntätigkeit die individuelle Lerngeschichte in die Bewertung der Lernprozessregulation mit ein. Dadurch wird trotz der Dynamik des Systems, die eine Voraussetzung für die Beobachtung eines selbstregulierten Verhaltens ist, gewährleistet, dass jeder einzelne Eingriff, und damit das gesamte Lern- und Regulationsverhalten, über alle Personen und Situationen hinweg in vergleichbarer Weise bewertet wird. Mit der Entwicklung dieses $log_{(or)}$-Maßes ist es also gelungen, die Lernaktivitäten für alle Personen in allen Phasen gleichermaßen und damit fair zu bewerten.

Um die individuelle Lerngeschichte noch stärker in die Berechnung des $log_{(or)}$-Maßes einfließen zu lassen, wäre unter anderem denkbar, nicht nur zu unterscheiden, ob ein Eingriff zum ersten oder zum wiederholten Mal ausgeführt wird, sondern darüber hinaus bei den wiederholten Eingriffen noch weiter nach der Anzahl bisheriger Ausführungen zu differenzieren. Es ist durchaus plausibel, dass beispielsweise die zehnte Wiederholung eines Eingriffs eine andere Qualität und Funktion für die Integration von Wissen besitzt als ein erstmaliges wiederholtes Ausüben. Eine solche Differenzierung ist sicherlich wünschenswert und erlaubte womöglich Aussagen über den Grad der Prozeduralisierung bestimmter Teile von Wissen über das System. Solche Analysen sind jedoch äußerst aufwändig und gingen über das, was in dieser Arbeit erreicht werden sollte, hinaus. Ziel der Arbeit war es, ein valides, verhaltensbasiertes Prozessmaß zur Erfassung der Lernregulation zu entwickeln und zu evaluieren, und die Analysen zur Konstruktvalidierung zeigen, dass dieses Ziel offensichtlich erreicht werden konnte. Ob durch eine weitere Ausdifferenzierung der Eingriffswiederholungen ein ähnlich valides und zugleich handhabbares Maß konzipiert werden kann, kann im Rahmen der vorliegenden Arbeit nicht beantwortet werden. Aufgrund der Komplexität der dafür notwendigen Berechnungen sind entsprechende Zweifel jedoch angebracht.

Ein verhaltensbasiertes Maß der Lernprozessregulation. Das $log_{(or)}$-Maß basiert auf den Daten des automatisch erstellten Logfiles und ist damit ein rein verhaltensbasiertes Maß. Um trotzdem eine Einschätzung der dem Verhalten zugrunde liegenden Kognitionen zu erhalten, wird bei diesem Maß das beobachtete Verhalten mit einem Verhalten verglichen, das bei einer vollständigen Beeinflussung durch den Zufall zu erwarten ist. Von einem rein zufälligen Verhalten wird angenommen, dass es in keiner Weise durch die Denkprozesse einer Person berührt ist. Im Umkehrschluss bedeutet dieses, dass ein Verhalten in dem Maße auf der Basis eigenständiger Kognitionen selbstbestimmt gesteuert wird, wie es sich von einem rein zufälligen Verhalten unterscheidet. Damit soll nicht behauptet werden, dass mit dem $log_{(or)}$-Maß Kognitionen der Lernprozessregulation direkt abgebildet werden könnten. Dieses ist auf der Grundlage reiner Verhaltensdaten prinzipiell nicht möglich. Es kann jedoch begründet angenommen werden, dass hiermit das Ausmaß der Beeinflussung des Lernverhaltens durch regulierende Denkprozesse eingeschätzt wird. Insofern eignet sich dieser Indikator, um den Anteil des Verhaltens einzuschätzen, der auf eine selbstständige Regulation zurückzuführen ist. Es ist damit ein Maß der Selbstregulation, da es nicht das beobachtbare Lernverhalten, sondern dessen Überzufälligkeit beziehungsweise Selbstbestimmtheit abbildet.

Mit dem $log_{(or)}$-Maß wird jedoch nicht nur das Ausmaß der Selbstregulation und der ihr zugrundeliegenden Kognitionen ausgedrückt. Mit seinem Vorzeichen gibt es darüber hinaus auch an, in welche Richtung das Lernverhalten gelenkt wird. Damit wird ein qualitativer Aspekt der Lernprozessregulation abgebildet, der sich im Verlauf des Lernens mehr oder weniger stark ändert. Um diese Veränderung erfassen zu können, muss das $log_{(or)}$-Maß für möglichst viele und möglichst kleine Messzeiträume berechnet werden, die in ihrer Summe den gesamten beobachteten Lernprozess abdecken. Diese post hoc-Aufteilung des Messzeitraums in viele kleinere Messzeiträume erhöht die Validität des $log_{(or)}$-Maßes, so lange ausreichende Zellbesetzungen gewährleistet sind. Sind diese sicher gestellt, ist die absolute Anzahl der Eingriffe für dieses Maß irrelevant, da hier zwei Verhältnisse miteinander verglichen werden und nicht zwei absolute Beträge.

Ein Prozessmaß der Lernprozessregulation. Je mehr Messwerte die Veränderung im Verlauf des Lernprozesses beschreiben, umso genauer kann auf der einen Seite dieser Prozess abgebildet werden. Auf der anderen Seite enthält jeder einzelne Messwert die Informationen über einen nur sehr kurzen Messzeitraum. Beim interindividuellen Vergleich der Verläufe der Lernprozessregulation besteht weniger das Interesse, für jeden einzelnen Messzeitraum einen separaten Vergleich durchzuführen. Vielmehr sollen zentrale Verlaufsmerkmale herangezogen werden, deren individuellen Ausprägungen für die Bewertung und den Vergleich der Prozessqualität herangezogen werden können. Die Modellierung latenter Wachstumskurven ermöglicht eine solche Quantifizierung von Verlaufsmerkmalen, indem drei zentrale Eigenschaften, das Ausgangsniveau, das Wachstum und die Beschleunigung des Wachstums, in Form von latenten Faktoren abgebildet werden. Diese latenten Faktoren sind echte Prozess-Maße, mit denen nicht der Status oder das Ergebnis eines Prozesses, sondern das Niveau und die Form seines Verlaufs dargestellt werden. Damit werden mit der Modellierung latenter Wachstumskurven auf der Basis des $log_{(or)}$-Maßes alle Voraussetzung erfüllt, die für das Aufdecken genereller und differenzieller Verlaufsmerkmale der Lernprozessregulation gefordert sind.

7.4 Generelle Verlaufsmerkmale der Lernprozessregulation

Eines der zentralen Anliegen der Arbeit bestand in dem Aufzeigen genereller Verlaufsmerkmale der Lernprozessregulation. Die Ergebnisse der beiden Studien zeigen, dass sich der Verlauf einer Lernprozessregulation durch drei Merkmale beschreiben lässt. Das erste Merkmal ist das Ausmaß an Selbstbestimmtheit, mit der zu Beginn des Lernprozesses die Aktivitäten auf das Identifizieren neuer Informationen durchgeführt werden. Das zweite Merkmal beschreibt den Wechsel von einem anfänglichen Ausrichten des Lernprozesses auf das Identifizieren neuer Informationen zu einem immer systematischeren Integrieren der entdeckten Informationen. Das dritte Merkmal ist bedingt durch die Erkenntnis, dass die Abrufbarkeit aller bekannten Informationen zu späteren Gelegenheiten bereits soweit gesichert ist, dass ein weiteres Investieren in dieses Ziel weniger sinnvoll ist als ein Überprüfen, ob eventuell noch unbekannte Informationen erlernenswert sind.

Ausgangsniveau. In der ersten Studie konnten nicht alle der drei Merkmale empirisch abgesichert werden, da Verzerrungen aufgrund einer durchschnittlich zu hohen Schwierigkeit und aufgrund von deutlichen Effekten negativen und unspezifischen Vorwissens die Validität der Daten, insbesondere zu Beginn des Lernprozesses, einschränkten. Zwar zeigte sich in dem entsprechenden Modell E3 ein durchschnittlich von Null verschiedenes, negatives Ausgangsniveau, also ein verstärktes Bemühen um das Identifizieren innerhalb des ersten beobachteten Messzeitraums. Dieser Zeitraum umfasst jedoch nicht den Start des Lernprozesses, sondern beginnt zu dem in gewissem Maße arbiträr gewählten Zeitpunkt des Anfangs der zweiten Minute. Somit wird nicht das Ausgangsniveau der Lernprozessregulation abgebildet, weshalb die Studie I keine empirisch gesicherten Aussagen über ein generelles oder durchschnittliches Ausgangsniveau rechtfertigt.

Dafür konnten in Studie II Analysen durchgeführt werden, die eine starke Stütze der Annahme anfänglichen Identifizierens darstellen. Das Design dieser Untersuchung wurde aufgrund der Erfahrungen in Studie I in der Weise verändert, dass die zweite und die dritte Lernphase rechnerisch von den Einflüssen der vorangegangenen, analogen beziehungsweise spezifischen Lernerfahrungen bereinigt werden konnten. Die Modelle für diese beiden Lernphasen zeigen jeweils ein Startniveau, das mit einem $log_{(or)}$-Wert von $log_{(or)} \approx -1$ ein deutliches, anfängliches Bemühen um das Entdecken neuer Informationen beschreibt. Es ist daher davon auszugehen, dass in Lernsituationen, in denen kein Vorwissen abgerufen wird, zu Beginn eine Lernprozessregulation darauf abzielt, neue Informationen über den Lerngegenstand zu produzieren und wahrzunehmen.

Da jedoch Situationen, für die keinerlei Vorwissen zur Verfügung steht, zwar theoretisch denkbar, in der Praxis aber nicht existent sind, ist es auch nicht möglich, das Ausmaß an Selbstbestimmtheit, mit dem zu Beginn das Identifizieren bevorzugt wird, direkt und verzerrungsfrei zu beobachten und zu messen. Auch die rechnerische Bereinigung um vorangegangene analoge oder spezifische Lernerfahrungen kann nur zu einer Annäherung an das eigentliche Niveau führen, da hierbei nicht das Ausmaß und die Qualität des aktivierten Vorwissens direkt berücksichtigt, sondern über die Qualität der Lernprozessregulation, die zu diesem Vorwissen geführt hat, kontrolliert wird. Diese prozessorientierte Vorgehensweise der Vorwissenskontrolle hat jedoch gegenüber direkten Vorwissenstests den Vorteil, dass der zu testende Wissensinhalt nicht a priori definiert und damit begrenzt werden muss. Dieses erscheint auch wenig sinnvoll, da nicht für jede einzelne Person im Voraus angegeben werden kann, welches Vorwissen ihr zur Verfügung steht und welches sie in der Lernsituation abruft und nutzt. Bei dem Vorgehen mittels Bewertung des vorangegangenen analogen oder auch spezifischen Lernprozesses und seiner Regulation wird davon ausgegangen, dass das dabei erworbene Wissen das Wissen ist, das später als Vorwissen genutzt wird. Dabei werden keine Annahmen über die spezifischen Wissensinhalte getroffen. Diese prozessbasierte Vorgehensweise zur Einschätzung von Einflüssen vorangegangener Lernerfahrungen ist somit unabhängig von dem konkreten Wissen, das eine Person erworben hat und als Vorwissen abruft.

Es kann festgehalten werden, dass ein erstes generelles Merkmal der Lernprozessregulation in ihrer anfänglichen Konzentration auf das Identifizieren neuer Informationen zu sehen ist. Da jedoch keine von Vorwissen unbeeinflusste Lernprozesse beobachtbar sind und das verfügbare und genutzte Vorwissen auch nicht umfassend erfassbar ist, kann das Ausmaß der Selbstbestimmtheit, mit der dieses anfängliche Identifizieren verfolgt wird, nur annähernd eingeschätzt werden.

Wachstum. Unbestritten zeigt sich in beiden Studien das erwartungsgemäße Anwachsen der $log_{(or)}$-Werte über die Zeit, wodurch der Wechsel vom anfänglichen Ausrichten der Lernaktivitäten auf das Identifizieren neuer Informationen auf das spätere immer systematischere Integrieren parametrisiert wird. Selbst in der Lernphase der zweiten Studie, für die starke Effekte spezifischen Vorwissens angenommen werden können, ist noch ein leichtes, durchschnittliches Ansteigen der $log_{(or)}$-Werte beobachtbar. Damit präsentiert sich der Zielwechsel vom Identifizieren zum Integrieren als das zentrale Merkmal der Lernprozessregulation.

Im Rahmen dieser Arbeit wurde nicht untersucht, ob beim Integrieren entdeckter Informationen Unterschiede zwischen verschiedenen Arten von Eingriffen gemacht werden oder nicht. Es ist aber beispielsweise zu vermuten, dass insbesondere in eher komplexen Lernsituationen im Sinne eines ökonomischen Lernens nicht alle identifizierten Informationen integriert werden, sondern dabei zwischen relevanten und irrelevanten Informationen unterschieden wird und nur erstere für einen späteren Abruf verfügbar gehalten werden (vgl. Haider & Frensch, 1996; K. C. Klauer, 1993). Welche Informationen relevant und welche irrelevant sind, ist durch das Lernziel bestimmt. Beim Heidelberger Finiten Automaten besteht dieses darin, in möglichst jedem Zustand den Eingriff oder die Sequenz von Eingriffen zu kennen, der/die den Automaten in einen gewünschten Zielzustand überführt. Relevante Informationen sind demnach Informationen über zustandsändernde Eingriffe und ihre Ausführungsbedingungen. Wissen über Eingriffe, die nicht zu einer Zustandsänderung führen, ist eher irrelevant.

Wirth und Klieme (2001) berichten auf der Basis weiterführender Analysen der Daten von Studie I von deutlichen Unterschieden zwischen dem Bemühen, relevante Informationen zu identifizieren und zu integrieren und den Anstrengungen, die bezüglich irrelevanter Informationen unternommen werden. Während über den gesamten Lernprozess hinweg ein gleichbleibendes Streben nach dem Identifizieren relevanter Informationen beobachtbar ist, wird das Identifizieren nicht-relevanter Informationen immer stärker unterdrückt. Ein ähnliches Bild zeichnet sich für das Integrationsverhalten ab. Mit konstant bleibender Anstrengung wird das Integrieren irrelevanter Informationen, also das Wiederholen nicht-zustandsändernder Eingriffe, durchgehend vermieden. Dafür ist ein stetiges Ansteigen des selbstbestimmten Integrierens relevanter Informationen zu verzeichnen.

Es bleibt festzuhalten, dass sich eine Lernprozessregulation insbesondere durch einen Wechsel von einem anfänglichen Bemühen, neue Informationen zu identifizieren, zu einem immer stärkeren Verfolgen des Zieles der Integration auszeichnet. Dabei kann angenommen werden, dass dieser Wechsel sich hauptsächlich auf ein immer stärker werdendes Unterdrücken des Identifizierens irrelevanter Informationen und einem gleichzeitig stetig anwachsendem Bemühen um die Integration relevanter Informationen zurückführen lässt. Das Bemühen um die Identifikation neuer, relevanter Informationen bleibt offenbar genauso konstant wie das Vermeiden, irrelevante Informationen zu integrieren.

Beschleunigung. In Studie I zeigt das Modell E3, das für die Modellierung der Entwicklung der $log_{(or)}$-Werte drei latente Faktoren verwendet, eine deutlich bessere Anpassung an die empirische Datenstruktur als die Modelle E2 oder auch E1, die sich mit zwei Faktoren beziehungsweise einem Faktor begnügen. Auch in den drei Phasen der Studie II sind die Drei-Faktoren-Modelle diejenigen mit den besten Fit-Maßen. Offensichtlich ist die Beschleunigung des Wachstums, ausgedrückt durch den dritten, quadratischen Faktor, ein prägendes Merkmal des Regulationsverlaufs, ohne das keine angemessene Abbildung möglich ist. Allerdings ist die durchschnittliche Wachstumsbeschleunigung für die in Studie I untersuchte Stichprobe nahezu Null. Und auch in der zweiten Studie kann ein generell nachlassendes Steigern des selbstbestimmten Integrierens nur in einer von drei Lernphasen nachgewiesen werden.

Es ist anzunehmen, dass zwei Bedingungen dafür verantwortlich sind, ob eine lernende Person sich dem Punkt nähert oder ihn sogar überschreitet, ab dem ihr weitere Anstrengungen mit dem Ziel der Integration als weniger sinnvoll erscheinen als ein erneutes Hinwenden zur Identifikation neuer Informationen. Dies ist zum einen die Schwierigkeit der Lernprozessregulation und zum andern die für das Lernen zur Verfügung stehende Zeit. Wenn die selbstbestimmte Regulation eines Lernprozesses zu schwierig ist oder/und zu wenig Zeit zur Verfügung steht, dann wird innerhalb dieser zeitlichen Grenzen keine derartige Sicherheit für den Abruf der erlernten Informationen erreicht, die ein Abwenden vom Integrieren sinnvoll erscheinen lässt. In diesem Fall ist ein nahezu stetiges Steigern des Integrierens beobachtbar.

In beiden Studien wurde die zur Verfügung stehende Lernzeit über alle getesteten Personen hinweg konstant gehalten. Bei der gegebenen Schwierigkeit des Heidelberger Finiten Automaten muss für Studie I angenommen werden, dass diese gewährte Lernzeit für eine durchschnittlich lernende Person zu kurz war. Insofern muss hier von einer eingeschränkten Möglichkeit zur Selbstregulation ausgegangen werden. Der Zeitpunkt des Lern-Endes war nur von den Personen selbstbestimmt, die innerhalb der gegebenen 15 Minuten den Lernprozess beendeten. Dies waren jedoch offensichtlich nur wenige Personen. Gleiches gilt für die erste Lernphase der Studie II. Das Modell der zweiten, deutlich erleichterten, Phase weist jedoch darauf hin, dass bei einer ausreichenden Zeit der quadratische Faktor auch im Durchschnitt von Null verschieden sein wird, dass also eine durchschnittlich lernende Person sich diesem Punkt zumindest deutlich annähert.

Ende der Lernprozessregulation. Für eine zeitlich unbegrenzte Lernprozessregulation ist zu vermuten, dass sie auf einem Niveau endet, auf dem sie zu einem beobachtbaren Lernverhalten führt, das von einem zufälligen Verhalten nicht mehr zu unterscheiden ist. Diese Vermutung ist zweifach begründet. Im Fall einer einfachen Lernprozessregulation, wie sie in wenig komplexen Situationen gegeben ist, sollte eine unbegrenzte Lernzeit dazu führen, dass die Person alle möglichen Informationen identifizieren kann. Hat sie dieses erreicht, besteht für sie keine Wahlmöglichkeit mehr zwischen neuen und bekannten Handlungsalternativen. Ihr Lernverhalten ist demzufolge nicht mehr selbstbestimmt und gleicht einem zufälligen Verhalten. Im Fall einer schwierigen Lernprozessregulation, in der nahezu unbegrenzt viele Informationen erlernbar sind, ist davon auszugehen, dass ab einem bestimmten Zeitpunkt die kognitiven und auch motivationalen Ressourcen einer Person erschöpft sind, was entweder zu einer Beendigung des Lernens oder zu einem wenig planvollem Lernverhalten führen sollte. Im Rahmen der vorgestellten beiden Studien war es hauptsächlich aufgrund der organisatorischen Anforderungen einer gleichzeitigen Testung von bis zu 30 Personen nicht möglich, den lernenden Personen eine unbegrenzte Lernzeit zu gewähren. Zur Überprüfung der Annahme eines generellen, zufälligen Endes der Lernprozessregulation sind daher weitere Studien wünschenswert. Es ist zu vermuten, dass solche Studien ein viertes generelles Merkmal der Lernprozessregulation, nämlich das Ende der Selbstbestimmtheit des Lernverhaltens, sprich das Ende der selbstbestimmten Lernprozessregulation, aufzeigen.

7.5 Unterschiede zwischen erfolgreichen und weniger erfolgreichen Verläufen der Lernprozessregulation

Das zweite große Anliegen der vorgestellten Arbeit bestand in dem Aufdecken von Unterschieden in den Verläufen erfolgreicher und weniger erfolgreicher Lernprozessregulationen. Dabei wurde prinzipiell davon ausgegangen, dass diese Unterschiede in den Ausprägung der zentralen Merkmale der Regulationsverläufe, also ihrem Ausgangsniveau, ihrem Wachstum und dessen Beschleunigung zu finden sind.

Ausgangsniveau. Weder auf der Grundlage von Studie I noch auf Basis der Analysen der drei Lernphasen von Studie II lässt sich die Aussage rechtfertigen, dass eine Lernprozessregulation umso erfolgreicher ist, je stärker sie zu Beginn den Lernprozess auf das Identifizieren neuer Informationen ausrichtet. Im Durchschnitt beginnen zwar alle mit dieser Regulationsrichtung. Eine „Je mehr, desto besser"-Aussage ist deshalb aber nicht gerechtfertigt. Und das nicht nur wegen der generellen Schwierigkeit, valide Aussagen über das Ausgangsniveau der Lernprozessregulation zu treffen. Das Ergebnis eines nicht existenten Zusammenhangs ist auch nicht unplausibel. Das Ausgangsniveau beschreibt den Zeitpunkt zu Beginn des Prozesses (bzw. des ersten beobachteten Zeitraums). Nach diesem Zeitpunkt folgt eine mehr oder weniger lange Zeitspanne des Lernens, in der das anfänglich zur Verfügung stehende Wissen immer mehr angereichert und verändert wird. Damit wird der Verlauf des Prozesses zum zentralen Merkmal der Lernprozessregulation, unabhängig von dem Niveau, auf dem er startet. Das bedeutet, dass es weniger wichtig ist, dass man sich zu Beginn auf das Identifizieren konzentriert. Wichtig ist vielmehr, dass einmal entdeckte Informationen angemessen in die persönliche Wissensbasis integriert werden und dass dieses Ziel immer mehr an Gewicht für die Lernprozessregulation gewinnt. Dabei ist es offensichtlich egal, wann neue Informationen entdeckt werden. Für diese Zeitunabhängigkeit des Identifizierens sprechen auch die Ergebnisse von Wirth und Klieme (2001), die bei erfolgreichen Lernprozessen ein konstantes Bemühen um die Identifikation neuer Informationen über die gesamte Zeitspanne hinweg beobachten.

Festzuhalten bleibt, dass das Ausmaß der Selbstbestimmtheit, mit der zu Beginn neue Informationen identifiziert werden, kein differenzielles Merkmal der Lernprozessregulation ist. Eine Ausnahme bilden dabei Lernprozesse, für die spezifische Vorkenntnisse angenommen werden müssen, wie er beispielsweise in der dritten Lernphase von Studie II vorgestellt wurde. Dieses ist jedoch kein vollständiger Lernprozess, sondern die Fortsetzung eines zuvor begonnenen Lernens. Insofern ist dieses „Ausgangsniveau" auch nicht als solches zu interpretieren.

Wachstum. Das Wachstum der $log_{(or)}$-Werte ist bei allen beobachteten Lernprozessen, außer dem Prozess mit spezifischem Vorwissen, das zentrale Merkmal, das zwischen Erfolg und Misserfolg der Lernprozessregulation differenziert. Je höher der positive Betrag des linearen Faktors in den Modellen ist, desto höher sind auch die Leistungen in den Tests des Wissensumfangs und der Wissensanwendung. Dieser Betrag bildet das Ausmaß der Veränderung der Lernprozessregulation ab. Je größer die Veränderung ist, desto erfolgreicher ist die Regulation. Die positiven Zusammenhänge zwischen dem linearen Faktor und den Faktoren der Wissensleistungen beschreiben, dass eine erfolgreiche Lernprozessregulation sehr bald auf ein möglichst selbstbestimmtes Wiederholen bekannter Systemeingriffe abzielt, wodurch das Wissen über diese immer stärker in die persönliche Wissensstruktur integriert wird.

Den Analysen von Wirth und Klieme (2001) zufolge sind es insbesondere die zustandsändernden Eingriffe, die dabei wiederholt werden. Erfolgreich lernende Personen sind offenbar dazu in der Lage, mit einem immer weiter steigenden Maß an Selbstbestimmtheit ihr Verhalten auf das wiederholte Anwenden relevanter Informationen auszurichten. Dieses setzt jedoch ein erfolgreiches Identifizieren voraus. Erfolgreich zu identifizieren bedeutet in diesem Fall, dass gezielt diejenigen der unbekannten Eingriffsalternativen ausgewählt werden, die zu einer Änderung des aktuellen Systemzustands führen.

Es ist anzunehmen, dass für ein solches erfolgreiches Identifizieren ein hypothesengeleitetes Vorgehen auf der Basis schlussfolgernder Denkprozesse unverzichtbar ist. Der stark gewichtete Pfad, der in dem Modell E3KGF2 (Abbildung 14, S. 145) der Studie I und in dem Modell ABCKGF2 der Studie II (Abbildung 24, S. 208) jeweils vom Faktor der kognitiven Grundfähigkeiten auf den linearen Faktor der Lernprozessregulation zeigt, weist deutlich darauf hin, dass die Fähigkeit zum schlussfolgernden Denken eine bedeutsame Voraussetzung für die Veränderung der Lernprozessregulation ist. Zusammen mit den Ergebnissen von Wirth und Klieme sind diese Pfade als Hinweis darauf zu sehen, dass erfolgreich lernende Personen über die Fähigkeit verfügen, über ein hypothesengeleitetes Vorgehen beim Identifizieren relevante Informationen aufzudecken, deren Integration sie dann immer stärker vorantreiben. Über diese Fähigkeit verfügen sie nicht nur, sondern sie setzen sie beim Lernen mit und über den Heidelberger Finiten Automaten auch ein.

Das sehr schnelle Bemühen erfolgreich lernender Personen um die Integration entdeckter Informationen ist ein Regulationsmerkmal, das vermutlich durch die Komplexität des Lerngegenstandes bedingt sein dürfte. In wenig komplexen Lernsituationen mag es sinnvoll sein, zunächst alle zu erlernenden Informationen zu identifizieren und in ein zusammenhängendes Ganzes zu stellen, welches dann durch Wiederholen integriert wird („G-Methode"; Aebli, 1983). Bezogen auf den Heidelberger Finiten Automaten drückte sich ein solches Verhalten in dem Wiederholen von ausschließlich kompletten Sequenzen von Eingriffen aus. Einzelne identifizierte Eingriffe würden so lange ohne integrierende Aktivitäten verfügbar gehalten, bis sie als Teil einer vollständigen Eingriffssequenz wiederholt würden. Ein solches Verhalten ist jedoch beim Lernen über den HFA offensichtlich nicht erfolgsversprechend. Gerade bei komplexen Situationen scheint es erforderlich zu sein, einmal identifizierte und als erlernenswert erachtete Informationen möglichst umgehend in die persönliche Wissensbasis zu integrieren („T-Methode"). Aufgrund der Fülle zu verarbeitender Informationen scheint die Gefahr des Vergessens einzelner Informationen zu hoch, um die Abrufbarkeit einmal identifizierter, relevanter Informationen nicht umgehend zu sichern. Entsprechend richten erfolgreich lernende Personen ihre Lernaktivitäten sehr bald und mit möglichst hohem Einsatz auf das Integrieren von Informationen aus, was sich in dem sehr starken Wachstum der $log_{(or)}$-Werte ausdrückt.

Festzuhalten bleibt, dass sich eine erfolgreiche Lernprozessregulation insbesondere durch einen sehr schnellen Wechsel vom Identifizieren hin zum Integrieren auszeichnet. Dieses Regulationsverhalten erscheint gerade in komplexen Lernsituationen gefordert, wenn einmal identifizierte, relevante Informationen nicht aufgrund weiterer Lerntätigkeiten vergessen werden sollen. Die Möglichkeit zur Integration relevanter Informationen ist zudem offenbar von der kognitiven Grundfähigkeit zum schlussfolgernden Denken abhängig, die für ein hypothesengeleitetes Identifizieren notwendig ist.

Beschleunigung. Für die negative Beschleunigung des Wachstums der $log_{(or)}$-Werte konnte in beiden Studien wider Erwarten nicht gezeigt werden, dass es sich hierbei um ein Verlaufsmerkmal handelt, das zwischen erfolgreicher und nicht erfolgreicher Lernprozessregulation zu unterscheiden vermag. Inhaltlich bedeutete dies, dass es für den Lernerfolg ohne Bedeutung ist, ob eine Person zu der Überzeugung gelangt, die Abrufbarkeit aller ihr bekannten und als relevant bewerteten Informationen ausreichend sichergestellt zu haben oder nicht. Dieses zunächst verwunderliche Ergebnis ist vermutlich auf die kurze zum Lernen zur Verfügung stehende Zeit zurückzuführen. Die begrenzte Zeitdauer bei einer gleichzeitig hohen Schwierigkeit hat zumindest bei Studie I, aber sicherlich auch in der ersten Lernphase von Studie II offensichtlich dazu geführt, dass nur sehr wenige Personen das Steigern integrierender Aktivitäten innerhalb der zur Verfügung stehenden Zeit abbremsen. Für den überwiegenden Teil der untersuchten Personen scheint vielmehr zu gelten, dass sie den Lernprozess zu dem ihnen vorgegebenen Zeitpunkt nicht beendet hätten, wenn sie eine entsprechende Wahl gehabt hätten. Offensichtlich wurden sie mitten in ihrem Lernprozess unterbrochen, weshalb auch nur die wenigsten der erfolgreich lernenden Personen ein erneutes Hinwenden zu identifizierenden Lerntätigkeiten aufzeigen. In Lernphase B der zweiten Studie ist ein solches Regulationsverhalten zwar deutlicher beobachtbar, jedoch hat auch hier die negative Beschleunigung des Wachstums der $log_{(or)}$-Beträge neben dem Ausmaß des Wachstums selbst keine zusätzliche Bedeutung für den Lernerfolg. Insofern ist auch in diesem Zusammenhang eine Studie, in der die lernenden Personen selbst entscheiden, wann sie den Lernprozess beenden, wünschenswert. Es ist zu vermuten, dass in diesem Fall auch die negative Beschleunigung des Wachstums ein bedeutsames Verlaufsmerkmal darstellt, das bei erfolgreich lernenden Personen stärker ausgeprägt ist als bei wenig erfolgreichen.

7.6 Fazit

Das Ziel der vorliegenden Arbeit bestand in der Beschreibung genereller und differenzieller Verlaufsmerkmale einer selbstbestimmten Lernprozessregulation. Dieses Ziel konnte erreicht werden. Die theoretischen Analysen führten zu der Unterscheidung zwischen identifizierenden und integrierenden Lernaktivitäten. Auf dieser Basis wurde ein Prozess-Maß entwickelt, das die Selbstbestimmtheit, mit der beim Lernen das eine oder das andere Ziel verfolgt wird, erfasst. Durch die Modellierung latenter Wachstumskurven konnten Verlaufsmerkmale abgebildet werden, die generell eine Lernprozessregulation auszeichnen. Diese Merkmale bestehen in einem anfänglich mehr oder weniger starken Bemühen um die Identifikation neuer Informationen, dem schnellen Ausrichten des Lernprozesses auf das Integrieren entdeckter Informationen und dem nachlassenden Steigern dieses Integrationsbemühens. Eine erfolgreiche Lernprozessregulation zeichnet sich insbesondere durch einen schnellen Wechsel zu einem sehr selbstbestimmten Integrieren hin aus. Für diesen Wechsel sind hohe Fähigkeiten im schlussfolgernden Denken hilfreich, die ein erfolgreiches und möglichst hypothesengeleitetes Identifizieren relevanter Informationen begünstigen. Das Entdecken und Anwenden relevanter Informationen begünstigt zudem die motivationale Lage, die in der vorliegenden Arbeit in Form der Kontrollerwartung erhoben wurde.

Literatur

Ackerman, P.L. (1987). Individual differences in skill learning: An integration of psychometric and information processing perspectives. *Psychological Bulletin, 102*, 3-27.

Ackerman, P.L. (1988). Determinants of individual differences during skill acquisition: Cognitive abilities and information processing. *Journal of Experimental Psychology: General, 117*, 288-318.

Ackerman, P.L. (1989). Individual differences and skill acquisition. In P.L. Ackerman, R.J. Sternberg & R. Glaser (Eds.), *Learning and individual differences* (pp. 164-217). New York: W.H. Freeman and Company.

Aebli, H. (1983). *Zwölf Grundformen des Lehrens. Eine Allgemeine Didaktik auf psychologischer Grundlage*. Stuttgart: Klett-Cotta.

Ahlum-Heath, M.E. & Di Vesta, F.J. (1986). The effect of conscious controlled verbalization of a cognitive strategy on transfer in problem solving. *Memory and Cognition, 14*, 281-285.

Alexander, P.A., Kulikowich, J.M. & Schulze, S.K. (1994). How subject-matter knowledge affects recall and interest. *American Educational Research Journal, 31*, 313-337.

Anderson, J.R. (1976). *Language, memory, and thought*. Hillsdale, NJ: Lawrence Erlbaum.

Anderson, J.R. (1982). Acquisition of cognitive skill. *Psychological Review, 89*, 369-406.

Anderson, J.R. (1983). *The architecture of cognition*. Cambridge, MA: Havard University Press.

Anderson, J.R. (1993). *Rules of the mind*. Hillsdale, NJ: Lawrence Erlbaum.

Anderson, J.R. (1995). *Learning and memory*. New York, NY: John Wiley and Sons.

Anderson, J.R., Conrad, F.G. & Corbett, A.T. (1989). Skill acquisition and the LISP tutor. *Cognitive Science, 13*, 467-505.

Anderson, J.R. & Lebiere, C. (1998). *The Atomic Components of Thought*. Mahwah, NJ: Lawrence Erlbaum.

Anderson, R.B. & Tweny, R.D. (1997). Artifactual power curves in forgetting. *Memory and Cognition, 25*, 724-730.

Arbuckle, J.L. (1995). *Amos for windows. Analysis of moment structures*. Version 3.5. Chicago, IL: SmallWaters.

Artelt, C. (1999). Lernstrategie und Lernerfolg – Eine handlungsnahe Studie. *Zeitschrift für Entwicklungspsychologie und Pädagogische Psychologie, 31*, 86-96.

Artelt, C. (2000). *Strategisches Lernen*. Münster: Waxmann.

Asendorpf, J.B. (1996). *Psychologie der Persönlichkeit – Grundlagen.* Berlin: Springer.

Ashby, W.R. (1974). *Einführung in die Kybernetik.* Frankfurt: Suhrkamp.

Babad, E.Y. & Budoff, M. (1974). Sensitivity and validity of training-potential measurements in three levels of ability. *Journal of Educational Psychology, 66,* 439-447.

Bandura, A. (1986). *Social foundations of thought and action: A social cognitive theory.* Englewood Cliffs, NJ: Prentice Hall.

Bandura, A. (1997). *Self-efficacy: The exercise of control.* New York: Freeman.

Bandura, A. & Wood, R.E. (1989). Effect of perceived controllability and performance standards on self-regulation of complex decision making. *Journal of Personality and Social Psychology, 56,* 805-814.

Baumert, J. (1993). Lernstrategien, motivationale Orientierung und Selbstwirksamkeitsüberzeugungen im Kontext schulischen Lernens. *Unterrichtswissenschaft, 21,* 327-354.

Baumert, J., Artelt, C., Klieme, E., Neubrand, M., Prenzel, M., Schiefele, U., Schneider, W., Tillmann, K.-J. & Weiß, M. (Hrsg.). (2002). *PISA 2000 – Die Länder der Bundesrebublik Deutschland im Vergleich.* Opladen: Leske + Budrich.

Baumert, J., Bos, W. & Watermann, R. (1999). *TIMSS/III. Schülerleistungen in Mathematik und den Naturwissenschaften am Ende der Sekundarstufe II im internationalen Vergleich. Zusammenfassung deskriptiver Ergebnisse* (2. Aufl.). Berlin: Max-Planck-Institut für Bildungsforschung.

Baumert, J., Heyn, S. & Köller, O. (1992). *Das Kieler Lernstrategien-Inventar (KSI).* Kiel: Institut für die Pädagogik der Naturwissenschaften an der Universität Kiel.

Baumert, J., Klieme, E., Neubrand, M., Prenzel, M., Schiefele, U., Schneider, W., Stanat, P., Tillmann, K.-J. & Weiß, M. (Hrsg.). (2001). *PISA 2000: Basiskompetenzen von Schülerinnen und Schülern im internationalen Vergleich.* Opladen: Leske + Budrich.

Baumert, J. & Köller, O. (1996). Lernstrategien und schulische Leistungen. In J. Möller & O. Köller (Hrsg.), *Emotionen, Kognitionen und Schulleistung* (S. 137-154). Weinheim: Beltz.

Baumert, J., Lehman, R., Lehrke, M., Schmitz, B., Clausen, M., Hosenfeld, I., Köller, O. & Neubrand, J. (1997). *TIMSS – Mathematisch-naturwissenschaftlicher Unterricht im internationalen Vergleich: Deskriptive Befunde.* Opladen: Leske + Budrich.

Beckmann, J.F. & Guthke, J. (1997). *Psychodiagnostik des schlußfolgernden Denkens: Handbuch zur Adaptiven Computergestützten Intelligenz-Lerntestbatterie für schlußfolgerndes Denken (ACIL).* Göttingen: Hogrefe.

Bentler, P.M. & Wu, E. (1995). *EQS structural equations program manual.* Encino, CA: Multivariate Software.

Bereiter, C. & Scardamalia, M. (1989). Intentional learning as a goal of instruction. In L.B. Resnick (Ed.), *Knowing, learning, and instruction* (pp. 361-392). Hillsdale, NJ: Lawrence Erlbaum.

Berry, D.C. & Broadbent, D.E. (1987). The combination of explicit and implicit learning processes in task control. *Psychological Research, 49*, 7-15.

Berry, D.C. & Broadbent, D.E. (1988). Interactive tasks and the implicit explicit distinction. *British Journal of Psychology, 79*, 251-272.

Biggs, J.B. (1978). Individual and group differences in study processes. *British Journal of Educational Psychology, 48*, 266-279.

Biggs, J.B. (1979). Individual differences in study processes and the quality of learning outcomes. *Higher Education, 8*, 381-394.

Biggs, J.B. (1993). What do inventories of student's learning processes really measure? A theoretical review and clarification. *British Journal of Educational Psychology, 63*, 3-19.

Biggs, J.B. & Collis, K.F. (1982). *Evaluating the quality of learning: The SOLO taxonomy*. New York: Academic Press.

Binet, A. & Simon, T. (1905). Méthodes nouvelle pour le diagnostic du niveau intellectuel des anormaux. *L'Année Psychologique, 11*, 191-244.

Blessing, S.B. & Ross, B.H. (1996). Content effects in problem categorization and problem solving. *Journal of Experimental Psychology: Learning, Memory, and Cognition, 22*, 792-810.

Boekaerts, M. (1992). The adaptable learning process: Initiating and maintaining behavioral change. *Applied Psychology: An International Review, 41*, 377-397.

Boekaerts, M. (1993). Being concerned with well-being and learning. *Educational Psychologist, 28*, 149-167.

Boekaerts, M. (1996). Coping with stress in childhood and adolescence. In M. Zeidner & N.S. Endler (Eds.), *Handbook of coping. Theories, research, and applications* (pp. 452-484). New York: Wiley.

Boekaerts, M. (1997). Self-regulated learning: A new concept embraced by researchers, policy makers, educators, teachers, and students. *Learning and Instruction, 7*, 161-186.

Boekaerts, M. (1999). Self-regulated learning: Where we are today. *International Journal of Educational Research, 31*, 445-475.

Bollen, K.A. (1989). *Structural equations with latent variables*. New York, NY: John Wiley.

Bortz, J. (1993). *Statistik für Sozialwissenschaftler* (4. Aufl.). Berlin: Springer.

Bösser, T. (1983). Eine nichtlineare Regelstrategie bei der manuellen Regelung. *Zeitschrift für Experimentelle und Angewandte Psychologie, 30*, 529-565.

Bouffard, T., Boisvert, J., Vezeau, C. & Larouche, C. (1995). The impact of goal orientation on self-regulation and performance among college students. *British Journal of Educational Psychology, 65*, 317-329.

Bouffard-Bouchard, T., Parent, S. & Larivee, S. (1991). Influence of self-efficacy on self-regulation and performance among junior and senior high-school age students. *International Journal of Behavioral Development, 14*, 153-164.

Bower, G.H. & Hilgard, E.R. (1981). *Theories of learning*. Englewood Cliffs: Prentice Hall.

Brown, A.L. (1984). Metakognition, Handlungskontrolle, Selbststeuerung und andere, noch geheimnisvollere Mechanismen. In F.E. Weinert & R.H. Kluwe (Hrsg.), *Metakognition, Motivation und Lernen* (S. 60-109). Stuttgart: Kohlhammer.

Brown, A.L., Bransford, J.D., Ferrara, R.A. & Campione, J.C. (1983). Learning, remembering, and understanding. In J.H. Flavell & E.M. Markman (Eds.), *Handbook of child psychology: Cognitive development* (pp. 77-166). New York: Wiley.

Brown, J.S., Collins, A. & Duguid, P. (1991). Situated Cognition and the Culture of Learning. In M. Yazdani & R.W. Lawler (Eds.), *Artificial intelligence and education* (Vol. 2, pp. 245-268). Stamford: Ablex Publishing Corp.

Brown, M. & Cudeck, R. (1993). Alternative ways of assessing model fit. In K.A. Bollen & J.S. Long (Eds.), *Testing structural equation models* (pp. 136-162). Newbury Park, CA: Sage.

Brown, W.F. & Holtzman, W.H. (1967). *SSHA. Survey of study habits and attitudes*. New York: Psychological Corporation.

Buchner, A. (1999). Komplexes Problemlösen vor dem Hintergrund der Theorie finiter Automaten. *Psychologische Rundschau, 50*, 206-212.

Buchner, A. & Funke, J. (1991). *Transfer of associations in finite state automata*. Unveröffentlichter Bericht, Friedrich-Wilhelms-Universität, Bonn.

Buchner, A. & Funke, J. (1993). Finite-state automata: Dynamic task environments in problem solving research. *Quarterly Journal of Experimental Psychology, 46A*, 83-118.

Budoff, M. (1970). Learning potential: A supplementary procedure for assessing the ability to reason. *Acta Paedopsychiatrics, 37*, 293-309.

Burns, M.S., Haywood, H.C., Delclos, V.R. & Siewart, L. (1987). Young children's problem solving strategies: An observational study. *Journal of Applied Developmental Psychology, 8*, 113-121.

Byrnes, J.P. (1995). Domain specifity and the logic of using general ability as an independent variable or covariate. *Merrill-Palmer Quarterly, 41*, 1-24.

Campione, J.C. & Brown, A.L. (1987). Linking dynamic assessment with school achievement. In C. Lidz (Ed.), *Dynamic assessment* (pp. 82-115). New York, NY: Guilford Press.

Carlson, J.S. & Wiedl, K.H. (1979). Toward a differential testing approach: Testing-the-limits employing the Raven's matrizes. *Intelligence*, *3*, 323-344.

Cattell, R.B. (1971). *Abilities: Their structure, growth, and action*. Boston, MA: Houghton Mifflin.

Cavanaugh, J.C. & Perlmutter, M. (1982). Metamemory: A critical examination. *Child Development*, *53*, 11-28.

Chi, M.T.H., Bassok, M., Lewis, M.W., Reimann, P. & Glaser, R. (1989). Self-explanations: How students study and use examples in learning to solve problems. *Cognitive Science*, *13*, 145-182.

Chi, M.T.H., Feltovich, P. J. & Glaser, R. (1981). Categorizing and representation of physics problems by experts and novices. *Cognitive Science*, *5*, 121-125.

Chi, M.T.H., Glaser, R. & Rees, E. (1982). Expertise in problem solving. In R.J. Sternberg (Ed.), *Advances in the psychology of human intelligence* (Vol. 1, pp. 7-75). Hillsdale, NJ: Lawrence Earlbaum.

Clancey, W.J. (1993). Situated action: A neuropsychological interpretation response to Vera and Simon. *Cognitive Science*, *17*, 87-116.

Cohen-Amos, S. (1973). *Die Links-Rechts-Asymmetrie in der optischen Wahrnehmung mit besonderer Berücksichtigung von Schreib- und Lesegewohnheiten*. Dissertation, Universität Innsbruck, Insbruck.

Corno, L. (1989). Self-regulated learning: A volitional analysis. In B.J. Zimmermann & D.H. Schunk (Eds.), *Self-regulated learning and academic achievement. Theory, research and practice* (pp. 111-141). New York: Springer.

Craik, F.I. & Lockhart, R. (1972). Levels of processing: A framework for memory research. *Journal of Educational Psychology*, *79*, 474-482.

Curran, P.J. & Bollen, K.A. (2001). The best of two worlds: Combining autoregressive and latent curve models. In L.M. Collins & A.G. Sayer (Eds.), *New methods for the analysis of change. Decade of behavior* (pp. 107-135). Washington, DC: American Psychological Association.

Dahlgren, L.O. & Marton, F. (1978). Students' conceptions of subject matter: An aspect of learning and teaching in higher education. *Studies in Higher Education*, *3*, 25-35.

Dansereau, D.F. (1985). Learning strategy research. In J.W. Segal, S.F. Chipman & R. Glaser (Eds.), *Thinking and learning skills: Vol. 1 Relating instruction to research* (pp. 209-239). Hillsdale, NJ: Lawrence Erlbaum.

Davidson, J.E., Deuser, R. & Sternberg, R.J. (1994). The role of metacognition in problem solving. In J. Metcalfe & A.P. Shimamura (Eds.), *Metacognition. Knowing about knowing* (pp. 207-226). Cambridge, MA: MIT Press.

Davidson, J.E. & Sternberg, R.J. (1984). The role of insight in intellectual giftedness. *Gifted Child Quaterly*, *28*, 58-64.

Dearborn, W.F. (1921). Intelligence and its measurement. *Journal of Educational Psychology, 12*, 210-212.

Dillon, R.F. (1997). Dynamic Testing. In R.F. Dillon (Ed.), *Handbook on testing* (pp. 164-186). Westport, CT: Greenwood Press.

Dochy, F.J.R.C. (1996). Assessment of domain-specific and domain-transcending prior knowledge. In F.J.R.C. Dochy (Ed.), *Alternatives in assessment of achievements, learning processes and prior knowledge* (pp. 227-264). Boston: Kluwer.

Dörner, D. (1981). Über die Schwierigkeiten menschlichen Umgangs mit Komplexität. *Psychologische Rundschau, 32*, 163-179.

Dörner, D., Kreuzig, H.W., Reither, F. & Stäudel, T. (1983). *Lohhausen. Vom Umgang mit Unbestimmtheit und Komplexität*. Bern: Huber.

Dörner, D. & Reither, F. (1978). Über das Problemlösen in sehr komplexen Realitätsbereichen. *Zeitschrift für Experimentelle und Angewandte Psychologie, 25*, 527-551.

Dörner, D., Stäudel, T. & Strohschneider, S. (1986). *MORO: Programmdokumentation*. Bamberg: Lehrstuhl Psychologie II der Universität Bamberg, Memorandum Nr. 23.

Dunbar, K. (1993). Concept discovery in a scientific domain. *Cognitive Science, 17*, 397-434.

Dunbar, K. (1998). Problem solving. In W. Bechtel & G. Graham (Eds.), *A companion to Cognitive Science* (pp. 289-298). London: Blackwell.

Dunbar, K. (2000). What scientific thinking reveals about the nature of cognition. In K. Crowley, C.D. Schunn & T. Okada (Eds.), *Designing for science: Implications from everyday, classroom, and professional settings*. Hillsdale, NJ: Lawrence Erlbaum.

Dunbar, K. & Klahr, D. (1989). Developmental differences in scientific discovery processes. In D. Klahr & K. Kotovsky (Eds.), *Complex information processing* (pp. 109-143). Hillsdale, NJ: Lawrence Erlbaum.

Duncan, T.E., Duncan, S.C., Strycker, L.A., Li, F. & Alpert, A. (1999). *An introcution to latent variable growth curve modeling: Concepts, issues, and applications*. Mahwah, NJ: Lawrence Erlbaum.

Eastman, C. & Marziller, J.S. (1984). Theoretical and methodical difficulties in Bandura's self-efficacy theory. *Cognitive Theory and Research, 8*, 213-229.

Elshout, J.J. (1987). Problem solving and education. In E. d. Corte, H. Lodewijks, R. Parmentier & P. Span (Eds.), *Learning and instruction* (pp. 259-273). Oxford: Pergamon.

Embretson, S.E. (1987). Toward development of a psychometric approach. In C.S. Lidz (Ed.), *Dynamic assessment: An interactional approach to evaluating learning potential*. New York: Guilford Press.

Embretson, S.E. (1990). Diagnostic testing by mesuring learning processes: Psychometric considerations for dynamic testing. In N. Frederiksen, R. Glaser, A. Lesgold & M.G. Shafto (Eds.), *Diagnostic monitoring of skill and knowledge acquisition*. Hillsdale, NJ: Lawrence Erlbaum.

Embretson, S.E. (2000). Multidimensional measurement from dynamic tests: Abstract reasoning under stress. *Multivariate Behavioral Research, 35*, 505-542.

Entwistle, N. (1988). Motivational factors in student's approaches to learning. In R.R. Schmeck (Ed.), *Learning strategies and learning styles* (pp. 21-52). New York: Plenum Press.

Entwistle, N.J. & Ramsden, P. (1983). *Understanding student learning*. London: Croom Helm.

Ericsson, K.A., Krampe, R.T. & Tesch-Römer, C. (1993). The role of deliberate practice in the acquisition of expert performance. *Psychological Review, 100*, 363-406.

Ericsson, K.A. & Simon, H.A. (1980). Verbal reports as data. *Psychological Review, 87*, 215-251.

Ericsson, K.A. & Simon, H.A. (1993). *Protocol analysis: Verbal reports as data* (rev. ed.). Cambridge, MA, USA: Mit Press.

Feuerstein, R., Rand, Y. & Hoffman, M.B. (1979). *The dynamic testing of retarded performers: The learning potential testing device: Theory, instruments, and techniques*. Baltimore: University Park Press.

Feuerstein, R., Rand, Y., Jensen, M.R., Kaniel, S. & Tzuriel, D. (1987). Prerequesites for testing of learning potential: The LPAD model. In C.S. Lidz (Ed.), *Dynamic testing* (pp. 35-51). New York: Guilford Press.

Fitts, P.M. (1964). Perceptual-motor skill learning. In A.W. Melton (Ed.), *Categories of Human Learning*. New York, NY: Academic Press.

Fitts, P.M. & Posner, M.I. (1967). *Human performance*. Belmont, CA: Brooks Cole.

Flavel, J.H. (1971). First discussant's comments: What is memory development the development of? *Human Development, 14*, 272-278.

Flavel, J.H. & Wellman, H.M. (1977). Metamemory. In R. Kail & J. Hagen (Eds.), *Perspectives on the development of memory and cognition* (pp. 3-33). Hillsdale, NJ: Lawrence Erlbaum.

Frensch, P.A. (1991). Transfer of composed knowledge in a multistep serial task. *Journal of Experimental Psychology: Learning, Memory, and Cognition, 17*, 997-1016.

Frensch, P.A. (1994). Composition during serial learning: A serial position effect. *Journal of Experimental Psychology: Learning, Memory, and Cognition, 20*, 423-442.

Frensch, P.A. & Funke, J. (Eds.). (1995). *Complex problem solving: The European perspective*. Hillsdale, NJ: Lawrence Erlbaum.

Frensch, P.A. & Geary, D.C. (1993). Effects of practice on component processes in complex mental addition. *Journal of Experimental Psychology: Learning, Memory, and Cognition, 19*, 433-456.

Friedrich, H.F. (1995). Analyse und Förderung kognitiver Lernstrategien. *Empirische Pädagogik, 9*, 115-153.

Friedrich, H.F. & Mandl, H. (1992). Lern- und Denkstrategien – ein Problemaufriß. In H. Mandl & H.F. Friedrich (Hrsg.), *Lern- und Denkstrategien* (S. 3-54). Göttingen: Hogrefe.

Funke, J. (1984). *Komplexes Problemlösen: Kritische Bestandsaufnahme und weiterführende Perspektiven.* Dissertation, Universität Trier, Trier.

Funke, J. (1985). Steuerung dynamischer Systeme durch Aufbau und Anwendung subjektiver Kausalmodelle. *Zeitschrift für Psychologie, 193*, 443-465.

Funke, J. (1990). Systemmerkmale als Determinanten des Umgangs mit dynamischen Systemen. *Sprache & Kognition, 9*, 143-154.

Funke, J. (1991). Solving complex problems: Exploration and control of complex systems. In R.J. Sternberg & P.A. Frensch (Eds.), *Complex problem solving: Principles and mechanisms* (pp. 185-222). Hillsdale, NJ: Lawrence Erlbaum.

Funke, J. (1992). *Wissen über dynamische Systeme: Erwerb, Repräsentation und Anwendung.* Berlin: Springer.

Funke, J. (1993). Microworlds based on linear equation systems: A new approach to complex problem solving and experimental results. In G. Strube & K.F. Wender (Eds.), *The cognitive psychology of knowledge* (pp. 313-330). Amsterdam: Elsevier.

Funke, J. (1998). Computer-based testing and training with scenarios from complex problem-solving research: Advantages and disadvantages. *International Journal of Selection and Assessment, 6*, 90-96.

Funke, J. (2001). Dynamic system as tools for analysing human judgement. *Thinking and Reasoning, 7*, 69-89.

Funke, J. & Buchner, A. (1992). Finite Automaten als Instrumente für die Analyse von wissensgeleiteten Problemlöseprozessen: Vorstellung eines neuen Untersuchungsparadigmas. *Sprache & Kognition, 11*, 27-37.

Funke, J. & Gerdes, H. (1993). Manuale für Videorekorder: Auswahl von Textinhalten unter Verwendung der Theorie endlicher Automaten. *Zeitschrift für Arbeitswissenschaft, 47*, 44-49.

Funke, J. & Müller, H. (1988). Eingreifen und Prognostizieren als Determinanten von Systemidentifikation und Systemsteuerung. *Sprache & Kognition, 7*, 176-186.

Funke, J., Töpfer, S. & Wagener, S. (1998). *Finite Automaten als Instrumente zur Erfassung von Problemlösefähigkeiten bei Schülern.* Heidelberg: Psychologisches Institut der Universität Heidelberg.

Gagné, R.M. (1962). The acquisition of knowledge. *Psychological Review*, *69*, 355-365.

Gagné, R.M. (1973). *Die Bedingungen des menschlichen Lernens* (3. Aufl.). Hannover: Schroedel.

Gagné, R.M. & Smith, E.C. (1962). A study of the effects of verbalization on problem solving. *Journal of Experimental Psychology*, *63*, 12-18.

Garner, R. (1990). Children's use of strategies in reading. In D.F. Bjorklund (Ed.), *Children's strategies* (pp. 245-268). Hillsdale, NJ: Lawrence Erlbaum.

Garner, R. & Alexander, P.A. (1989). Metacognition: Answered and unanswered questions. *Educational Psychologist*, *24*, 143-158.

Geisler-Brenstein, E. & Schmeck, R.R. (1995). The revised inventory of learning processes: A multi-faceted perspective on individual differences in learning. In M. Birenbaum & J.J.R.C. Dochy (Eds.), *Alternatives in assessment of achievements, learning processes and prior knowledge* (pp. 283-317). Boston: Kluwer.

Gentner, D. (1983). Structure-mapping: A theoretical framework for analogy. *Cognitive Science*, *7*, 155-170.

Gentner, D. & Markmann, A.B. (1997). Structure mapping in analogy and similarity. *American Psychologist*, *52*, 45-56.

Glaser, R., Schauble, L., Raghavan, K. & Zeitz, C. (1992). Scientific reasoning across different domains. In E. d. Corte, M.C. Linn , H. Mandl & L. Verschaffel (Eds.), *Computer-based learning environments and problem solving* (Vol. F. 84, pp. 345-371). Heidelberg: Springer-Verlag.

Graham, S. & Weiner, B. (1996). Theories and principles of motivation. In D.C. Berliner & R.C. Calfee (Eds.), *Handbook of Educational Psychology* (pp. 15-46). New York: Macmillan.

Gräsel, C. (1997). *Problemorientiertes Lernen*. Göttingen: Hogrefe.

Greeno, J.G., Moore, J.L. & Smith, D.R. (1993). Transfer of situated learning. In D.K. Detterman & R.J. Sternberg (Eds.), *Transfer on trial: Intelligence, cognition, and instruction* (pp. 99-167). Norwood, NJ: Ablex.

Grigorenko, E.L. & Sternberg, R.J. (1998). Dynamic testing. *Psychological Bulletin*, *124*, 75-111.

Gruber, H., Prenzel, M. & Schiefele, H. (2001). Spielräume für Veränderung durch Erziehung. In A. Krapp & B. Weidenmann (Hrsg.), *Pädagogische Psychologie. Ein Lehrbuch* (4. Aufl., S. 99-135). Weinheim: PVU.

Guthke, J. (1972). *Zur Diagnostik der intellektuellen Lernfähigkeit*. Berlin: VEB Deutscher Verlag der Wissenschaften.

Guthke, J., Beckmann, J.F. & Dobat, H. (1997). Dynamic testing – problems, uses, trends and evidence of validity. *Educational and Child Psychology*, *14*(4), 17-32.

Guthke, J., Räder, E., Caruso, M. & Schmidt, K.-D. (1991). Entwicklung eines adaptiven computergestützten Lerntests auf der Basis der strukturellen Informationstheorie. *Diagnostica, 37*, 1-28.

Guthke, J. & Wiedl, K.H. (1996). *Dynamisches Testen: Zur Psychodiagnostik der intraindividuellen Variabilität.* Göttingen: Hogrefe.

Haider, H. & Frensch, P.A. (1996). The role of information reduction in skill acquisition. *Cognitive Psychology, 30*, 304-337.

Haider, H. & Frensch, P.A. (2002). Why aggregated learning follows the power law of practice when individual learning does not: Comment on Rickard (1997, 1999), Delaney (1998), and Palmieri (1999). *Journal of Experimental Psychology: Learning, Memory, and Cognition, 28*, 392-406.

Hamilton, J.L. & Budoff, M. (1974). Learning potential among the moderately and severely mentally regarded. *Mental Retardation, 12*, 33-36.

Hays, W.L. (1988). *Statistics* (4. ed.). Fort Worth, TX: Holt, Rinehart and Winston.

Heathcote, A., Brown, S. & Mewhort, D.J.K. (2000). The power law repealed: The case for an exponential law of practice. *Psychonomic Bulletin and Review, 7*, 185-207.

Heller, K., Gaedicke, A.-K. & Weinläder, H. (1985). *Kognitiver Fähigkeits-Test KFT 4-13.* Weinheim: Beltz.

Helmke, A. (1992). *Selbstvertrauen und schulische Leistungen.* Göttingen: Hogrefe.

Hesse, F.W. (1982). Effekte des semantischen Kontexts auf die Bearbeitung komplexer Probleme. *Zeitschrift für experimentelle und angewandte Psychologie, 29*, 62-91.

Hesse, F.W. (1985). Vergleichende Analysen kognitiver Prozesse bei semantisch unterschiedlichen Problemeinbettungen. *Sprache & Kognition, 3*, 139-153.

Hessels, M.G.P. & Hamers, J.H.M. (1993). The learning potential test for ethnic minorities. In J.H.M. Hamers, K. Sijtsma & A.J.J.M. Ruijssenaars (Eds.), *Learning potential assessment: Theoretical, methodological and practical issues* (pp. 285-311). Lisse: Swets und Zeitlinger.

Hopcroft, J.E. & Ullmann, S.D. (1979). *Introduction to automata theory, languages, and computation.* Reading, MA: Addison-Wesley.

Jäger, A.O., Süß, H.-M. & Beauducel, A. (1997). *Berliner Intelligenzstruktur-Test, Form 4.* Göttingen: Hogrefe.

Jöreskog, K.G. & Sörbom, D. (1988). *LISREL VII: A guide to the program and applications.* Chicago, IL: Scientific Software International.

Jöreskog, K.G. & Sörbom, D. (1993). *LISREL 8: Structural equation modeling with the SIMPLIS command language.* Chicago, IL: Scientific Software International.

Jöreskog, K.G. & Sörbom, D. (1999). *LISREL 8: New statistical features.* Chicago, IL: Scientific Software International.

Kardash, C.M. & Amlund, J.T. (1991). Self-reported learning strategies and learning from expository test. *Contemporary Educational Psychology, 16,* 117-138.

Kern, B. (1930). *Wirkungsformen der Übung.* Münster: Helios.

Kersting, M. (1991). *Wissensdiagnostik beim Problemlösen. Entwicklung und erste Bewährungskontrolle eines kontentvalide konstruierten problemspezifischen Wissenstest.* Unveröffentlichte Diplomarbeit, Freie Universität Berlin, Berlin.

Kersting, M. & Süß, H.-M. (1995). Kontentvalide Wissensdiagnostik und Problemlösen: Zur Entwicklung, testtheoretischen Begründung und empirischen Bewährung eines problemspezifischen Diagnoseverfahrens. *Zeitschrift für Pädagogische Psychologie, 9,* 83-93.

Kinnuen, R. & Vauras, M. (1995). Comprehension monitoring and the level of comprehension in high- and lowachieving primary school children's reading. *Learning and Instruction, 5,* 143-165.

Kirby, J.R. (1988). Style, strategy and skill in reading. In R.R. Schmeck (Ed.), *Learning strategies and learning styles* (pp. 229-274). New York: Plenum Press.

Kish, L. (1965). *Survey sampling.* New York, NY: John Wiley.

Klahr, D. & Dunbar, K. (1988). Dual space search during scientific reasoning. *Cognitive Science, 12,* 1-48.

Klahr, D., Dunbar, K. & Fay, A.L. (1993). Heuristics for scientific experimentation: A developmental study. *Cognitive Psychology, 25,* 111-146.

Klauer, K.C. (1993). *Belastung und Entlastung beim Problemlösen: Eine Theorie des deklarativen Vereinfachens.* Göttingen: Hogrefe.

Klauer, K.J. (1982). Die Zielangabe des persönlichen Bezugs. *Unterrichtswissenschaft, 3,* 260-276.

Klauer, K.J. (1984a). Kontentvalidität. *Diagnostica, 30,* 1-23.

Klauer, K.J. (1984b). Über Parallelität, Reliabilität und Validität kontentvalider Paralleltests. *Diagnostica, 30,* 67-80.

Klauer, K.J. (1988). Teaching for learning-to-learn: A critical appraisal with some proposals. *Instructional Science, 17,* 351-367.

Klauer, K.J. (1993). Learning potential testing: The effect of retesting. In J.H.M. Hamers, A.J.J.M. Ruijssenaars & K. Sijtsma (Eds.), *Learning potential assessment. Theoretical, methodological and practical issues* (pp. 135-152). Lisse: Swets und Zeitlinger.

Klauer, K.J. (1996). Über das Lehren des Lernens. In C. Spiel, U. Kastner-Koller & P. Deimann (Hrsg.), *Motivation und Lernen aus der Perspektive lebenslanger Entwicklung* (S. 135-149). Münster: Waxmann.

Klein, J.D. & Freitag, E.T. (1992). Training students to utilize self-motivational strategies. *Educational Psychology, 32*, 44-48.

Klieme, E., Funke, J., Leutner, D., Reimann, P. & Wirth, J. (2001). Problemlösen als fächerübergreifende Kompetenz. *Zeitschrift für Pädagogik, 47*, 179-200.

Klix, F. (1984). Über Erkenntnisprozesse im menschlichen Gedächtnis. *Zeitschrift für Psychologie, 192*, 18-39.

Kluwe, R.H. (1997). Informationsverarbeitung, Wissen und mentale Modelle beim Umgang mit komplexen Systemen. In K. Sonntag & N. Schaper (Hrsg.), *Störungsmanagement und Diagnosekompetenz. Leistungskritisches Denken und Handeln in in komplexen technischen Systemen* (S. 13-37). ETH Zürich: Hochschulverlag.

Kluwe, R.H. & Haider, H. (1990). Modelle zur internen Repräsentation komplexer technischer Systeme. *Sprache & Kognition, 9*, 173-192.

Knoblich, G. & Rhenius, D. (1995). Zur Reaktivität lauten Denkens beim komplexen Problemlösen. *Zeitschrift für Experimentelle Psychologie, 42*, 419-454.

Kotkamp, U. (1999). *Elementares und komplexes Problemlösen: Über Invarianzeigenschaften von Denkprozessen.* Lengerich: Pabst.

Kröner, S. (2001). *Intelligenzdiagnostik per Computersimulation.* Münster: Waxmann.

Kröner, S. & Leutner, D. (1999, August). *Knowledge acquisition in complex problem solving scenarios – the impact of intelligence.* Paper presented at the 8th European Conference for Research on Learning and Instruction (Earli), Göteborg.

Kuhl, J. (1983). Emotion, Kognition und Motivation: II. Die funktionale Bedeutung der Emotionen für das problemlösende Denken und für das konkrete Handeln. *Sprache & Kognition, 4*, 228-253.

Kunter, M., Schümer, G., Artelt, C., Baumert, J., Klieme, E., Neubrand, M., Prenzel, M., Schiefele, U., Schneider, W., Stanat, P., Tillmann, K.-J. & Weiß, M. (2002). *PISA 2000: Dokumentation der Erhebungsinstrumente.* Berlin: Max-Planck-Institut für Bildungsforschung.

Kurtz, B.E. & Borkowski, J.G. (1984). Children's metacognition: Exploring relations among knowledge, process, and motivational variables. *Journal of Experimental Child Psychology, 37*, 335-354.

Kurtz, B.E. & Weinert, F.E. (1989). Metamemory, memory performance, and causal attributions in gifted and average children. *Journal of Experimental Child Psychology, 48*, 45-61.

Leutner, D. (1992). *Adaptive Lehrsysteme. Instruktionspsychologische Grundlagen und experimentelle Analysen.* Weinheim: Beltz.

Leutner, D. (1995). Adaptivität und Adaptierbarkeit multimedialer Lehr- und Informationssysteme. In L.J. Issing & P. Kliemsa (Hrsg.), *Informationen und Lernen mit Mul-

timedia – Ein Lehrbuch zur Multimedia-Didaktik und -anwendung (S. 139-147). Weinheim: PVU.

Leutner, D. (2002). The fuzzi relationship of intelligence and problem solving in computer simulations. *Computers in Human Behavior, 18,* 685-697.

Leutner, D., Barthel, A. & Schreiber, B. (2001). Studierende können lernen, sich selbst zum Lernen zu motivieren: Ein Trainingsexperiment. *Zeitschrift für Pädagogische Psychologie, 15,* 155-167.

Leutner, D. & Brünken, R. (Hrsg.). (2000). *Neue Medien in Unterricht, Aus- und Weiterbildung. Aktuelle Ergebnisse empirischer pädagogischer Forschung.* Münster: Waxmann.

Leutner, D. & Schrettenbrunner, H. (1989). Entdeckendes Lernen in komplexen Realitätsbereichen: Evaluation des Computer-Simulationsspiels „Hunger in Nordafrika". *Unterrichtswissenschaft, 17,* 327-341.

Lewis, C. (1987). Compositions of productions. In D. Klahr, P. Langley & R. Neches (Eds.), *Production system models of learning and development.* Cambridge, MA: MIT Press.

Lidz, C.S. (1987). *Dynamic assessment: An interactional approach to evaluating learning potential.* New York: Guilford Press.

Logan, G.D. (1988). Toward an instance theory of automatization. *Psychological Review, 95,* 492-527.

Lompscher, J. (1994). Lernstrategien: Zugänge auf der Reflexions- und Handlungsebene, *LLF-Berichte* (Bd. 9, S. 114-129). Potsdam: Universität Potsdam.

Lompscher, J. (1998). *Ergebnisse und Probleme der Potsdamer Lernstrategieforschung, LLF-Berichte* (Bd. 18, S. 1-23). Potsdam: Universität Potsdam.

Lüer, G. & Spada, H. (1990). Denken und Problemlösen. In H. Spada (Hrsg.), *Lehrbuch Allgemeine Psychologie* (S. 189-280). Bern: Huber.

Mandl, H., Gruber, H. & Renkl, A. (1993). Misconceptions and knowledge compartmentalization. In G. Strube & F. Wender (Eds.), *The cognitive psychology of knowledge* (pp. 161-176). Amsterdam: Elsevier.

Mandl, H. & Weinert, F.E. (1982). Einführung. *Unterrichtswissenschaft, 10,* 111-128.

Marsh, H.W., Balla, J.R. & Hau, K.T. (1996). An evaluation of incremental fit inices: A clarification of mathematical and empirical properties. In G.A. Marcoulides & R.E. Schumacker (Eds.), *Advanced structural equation modeling.* Mahwah, NJ: Lawrence Erlbaum.

Marton, F. & Säljö, R. (1976a). On qualitative differences in learning: I – Outcome and process. *British Journal of Educational Psychology, 46,* 4-11.

Marton, F. & Säljö, R. (1976b). On qualitative differences in learning: II – Outcome as a function of the learner's conception of the task. *British Journal of Educational Psychology, 46*, 115-127.

McArdle, J.J. (1988). Dynamic but structural equation modeling of repeated measures data. In R.B. Catell & J. Nesselroade (Eds.), *Handbook of multivariate experimental psychology* (2. ed., pp. 561-614). New York: Plenum Press.

McArdle, J.J. (1998). Modeling longitudinal data by latent growth curve methods. In G.A. Marcoulides (Ed.), *Modern Methods for Business Research* (pp. 359-406). Mahwah, NJ: Lawrence Erlbaum.

McArdle, J.J. & Bell, R.Q. (2000). An introduction to latent growth models for developmental data analysis. In T.D. Little, K.U. Schnabel & J. Baumert (Eds.), *Modeling longitudinal and multilevel data. Practical issues, applied approaches and specific examples* (pp. 69-107). Mahwah, NJ: Lawrence Erlbaum.

Meijer, J. & Elshout, J.J. (2001). The predictive and discriminant validity of the zone of proximal development. *British Journal od Educational Psychology, 71*, 93-113.

Meredith, W. & Tiska, J. (1990). Latent curve analysis. *Psychometrika, 55*, 107-122.

Merz, F. (1969). Der Einfluss des Verbalisierens auf die Leistung in Intelligenzaufgaben. *Zeitschrift für Experimentelle und Angewandte Psychologie, 16*, 114-137.

Mettes, C.T.C.W. (1987). Factual and procedural knowledge: Learning to solve science problems. In E. d. Corte, H. Lodewijks, R. Parmentier & P. Span (Eds.), *Learning and Instruction: European Research in an International Context* (Vol. 1, pp. 285-295). Oxford, UK: Pergamon Press, Inc.

Mettes, C.T.C.W., Pilot, A., Roossink, H.J. & Kramsers-Pals, H. (1980). Teaching and learning problem solving in science. Part I: A general strategy. *Journal of Chemical Education, 57*, 882-885.

Mettes, C.T.C.W., Pilot, A., Roossink, H.J. & Kramsers-Pals, H. (1981). Teaching and learning problem solving in science. Part II: Learning problem solving in a thermodynamics course. *Journal of Chemical Education, 58*, 51-55.

Meyer, W.-U. (1984). *Das Konzept von der eigenen Begabung*. Stuttgart: Huber.

Miller, G.A. (1956). The magical number seven, plus or minus two: Some limits on our capacity for processing information. *Psychological Review, 63*, 81-97.

Moore, D. & Zabrucky, K. (1989). Verbal reports as measures of comprehesion evaluation. *Journal of Reading Behavior, 21*, 295-307.

Müller, B., Funke, J. & Buchner, A. (1994). Diskrete dynamische Systeme: Der Einfluß perzeptueller Strukturierung auf Komposition und Transfer von Wissen über Bedienungssequenzen. *Zeitschrift für Experimentelle und Angewandte Psychologie, 41*, 443-472.

Müller, H. (1993). *Komplexes Problemlösen: Reliabilität und Wissen*. Bonn: Holos.

Nenninger, P. (1992). *Motivated learning strategies questionaire*. Kieler Berichte. Kiel: Institut für Pädagogik der Universität Kiel.

Newell, A. (1980). One final word. In D.E. Tuma & F. Reif (Eds.), *Problem solving and education* (pp. 175-189). Hillsdale, NJ: Lawrence Erlbaum.

Newell, A. & Rosenbloom, P.S. (1981). Mechanisms of skill acquisition and the law of practice. In J.R. Anderson (Ed.), *Cognitive skills and their acquisition*. Hillsdale, NJ: Lawrence Erlbaum.

Newell, A. & Simon, H.A. (1972). *Human problem solving*. Englewood Cliffs, NJ: Prentice Hall.

Nisbett, R.E. & Wilson, T.D. (1977). Telling more than we can know: Verbal reports on mental processes. *Psychological Review, 84*, 231-259.

O'Neil, H.F. & Herl, H.E. (1998, September). *Reliability and validity of a trait measure of self-regulation*. Paper presented at the annual meeting of the American Educational Research Association, San Diego, CA.

O'Donell, A. (1993). Searching for information in knowledge maps and texts. *Contemporary Educational Psychology, 18*, 222-239.

OECD. (2001). *Knowledge and skills for life. First Results from PISA 2000*. Paris: OECD/PISA.

Oerter, R. (1997). Beiläufiges Lernen – nur eine beiläufige Angelegenheit? In H. Gruber & A. Renkl (Hrsg.), *Wege zum Können. Determinanten des Kompetenzerwerbs* (S. 138-154). Bern: Huber.

Paris, S.G., Lipson, M.Y. & Wixson, K. K. (1983). Becoming a strategic reader. *Contemporary Educational Psychology, 8*, 293-316.

Pedhazur, E.J. (2001). *Multiple regression in behavioral research. Explanation and prediction* (3. ed.). Fort Worth: Harcourt Brace College.

Perkins, D.N. & Simmons, R. (1988). Patterns of misunderstanding: An integrative model of science, math, and understanding. *Review of Educational Research, 58*, 303-326.

Piaget, J. (1974). *Der Aufbau der Wirklichkeit beim Kinde*. Stuttgart: Klett.

Piaget, J. (1983). *Meine Theorie der geistigen Entwicklung*. Frankfurt am Main: Fischer.

Pintrich, P.R. (1989). The dynamic interplay of student motivation and cognition in the college classroom. *Advances in Motivation and Achievement, 6*, 117-160.

Pintrich, P.R. & De Groot, E.V. (1990). Motivatinal and self-regulated learning components of class-room academic performance. *Journal of Educational Psychology, 82*, 33-40.

Pintrich, P.R., Smith, D.A.F., Garcia, T. & McKeachie, W.J. (1991). *The motivated strategies for learning questionaire (MSLQ)*. Ann Arbor, MI: NCRIPTAL, The University of Michigan.

Pressley, M., Borkowski, J.G. & Schneider, W. (1987). Cognitive strategies: Good strategy users coordinate metacognition and knowledge. In R. Vasta & G. Whitehurst (Eds.), *Annals of child development* (Vol. 4, pp. 89-129). New York, NY: JAI Press.

Pressley, M., Borkowski, J.G. & Schneider, W. (1989). Good information processing: What it is and how education can promote it. *International Journal of Educational Research, 13*, 857-867.

Preußler, W. (1996). Zur Rolle expliziten und impliziten Wissens bei der Steuerung dynamischer Systeme. *Zeitschrift für Experimentelle Psychologie, 43*, 399-434.

Preußler, W. (1997). Effekte des Kontexts auf den Wissenserwerb bei der Steuerung eines dynamischen Systems. *Sprache & Kognition, 16*, 48-59.

Preußler, W. (1998). Strukturwissen als Voraussetzung für die Steuerung komplexer dynamischer Systeme. *Zeitschrift für Experimentelle Psychologie, 45*, 218-240.

Prins, F.J. & Veenman, M.V.J. (1999, August). *Self-directed inductive learning and the acquisition of expertise: The role of metacognitve skills and intellectual ability*. Paper presented at the 8th European Conference for Research on Learning and Instruction (EARLI), Göteborg, Schweden.

Putz-Osterloh, W. (1981). Über die Beziehung zwischen Testintelligenz und Problemlöseerfolg. *Zeitschrift für Psychologie, 189*, 79-100.

Putz-Osterloh, W. (1987). Gibt es Experten für komplexe Probleme. *Zeitschrift für Psychologie, 195*, 63-84.

Putz-Osterloh, W. (1993). Unterschiede im Erwerb und in der Reichweite des Wissens bei der Steuerung eines dynamischen Systems. *Zeitschrift für Experimentelle und Angewandte Psychologie, 40*, 386-410.

Putz-Osterloh, W. & Lemme, M. (1987). Knowledge and its intelligent application to problem solving. *The German Journal of Psychology, 11*, 286-303.

Raaheim, K. (1988). Intelligence and task novelty. In R.J. Sternberg (Ed.), *Advances in the psychology of human mind* (Vol. 4, pp. 73-97). Hillsdale, NJ: Lawrence Erlbaum.

Rao, C.R. (1958). Some statistical methods for comparison of growth curves. *Biometrics, 14*, 1-17.

Raven, J.C. (1958). *Advanced progressive matrices* (2. ed.). London: Lewis.

Raykov, T. (2000). Modeling simultaneously individual and group patterns of ability growth or decline. In T.D. Little, K.U. Schnabel & J. Baumert (Eds.), *Modeling longitudinal and multilevel data. Practical issues, applied approaches and specific examples* (pp. 127-145). Mahwah, NJ: Lawrence Earlbaum.

Renkl, A. (1996a). Träges Wissen: Wenn Erlerntes nicht genutzt wird. *Psychologische Rundschau, 47,* 78-92.

Renkl, A. (1996b). Vorwissen und Schulleistung. In J. Möller & O. Köller (Hrsg.), *Emotionen, Kognitionen und Schulleistung* (S. 175-190). Weinheim: PVU.

Renkl, A. & Schweizer, K. (2000). Wer lernt wieviel? Zur Bedeutung von Intelligenzunterschieden. In K. Schweizer (Hrsg.), *Intelligenz und Kognition. Die kognitivbiologische Perspektive der Intelligenz* (Bd. 30, S. 84-107). Landau: Verlag Empirische Pädagogik.

Renkl, A. & Stern, E. (1994). Die Bedeutung von kognitiven Eingangsbedingungen und schulischen Lerngelegenheiten für das Lösen von einfachen und komplexen Textaufgaben. *Zeitschrift für Pädagogische Psychologie, 8,* 27-39.

Resnick, L.B. & Glaser, R. (1976). Problem solving and intelligence. In L.B. Resnick (Ed.), *The nature of intelligence.* Hillsdale, NJ: Lawrence Erlbaum.

Resnick, L.B. & Neches, R. (1984). Factors affecting individual differences in learning. In R.J. Sternberg (Ed.), *Advances in the psychology of human intelligence* (Vol. 2). Hillsdale, NJ: Lawrence Earlbaum.

Rheinberg, F. (1996). Von der Lernmotivation zur Lernleistung: Was liegt dazwischen? In J. Möller & O. Köller (Hrsg.), *Emotionen, Kognitionen und Schulleistung* (S. 23-51). Weinheim: PVU.

Rheinberg, F., Vollmeyer, R. & Lehnik, A. (2000). Selbstkonzept der Begabung, Erfolgserwartungen und Lernleistung. In F. Försterling, J. Stiensmeier-Pelster & L.-M. Silny (Hrsg.), *Kognitive und emotionale Aspekte der Motivation* (S. 77-99). Göttingen: Hogrefe.

Rogoff, B. & Wertsch, J.V. (1984). *Children's learning in the 'zone of proximal development'.* New York: Jossey-Bass.

Rollet, B.A. (1987). Effort avoidance and learning. In E. de Corte, H. Lodewijks, R. Parmentier & P. Span (Eds.), *Learning and instruction. European research in an international context* (Vol. 1, pp. 147-157). Oxford: Leuven University and Pergamon.

Rost, J. (1996). *Lehrbuch Testtheorie, Testkonstruktion.* Bern: Huber.

Sayer, A.G. & Willet, J.B. (1998). A cross-domain model for growth in adolescent alcohol expectancies. *Multivariate Behavioral Research, 33,* 509-543.

Schiefele, U. & Pekrun, R. (1996). Psychologische Modelle des fremdgesteuerten und selbstgesteuerten Lernens. In F.E. Weinert (Hrsg.), *Enzyklopädie der Psychologie. Pädagogische Psychologie: Bd. 2. Psychologie des Lernens und der Instruktion* (S. 249-278). Göttingen: Hogrefe.

Schiefele, U. & Schreyer, I. (1994). Intrinsische Lernmotivation und Lernen. Ein Überblick zu Ergebnissen der Forschung. *Zeitschrift für Pädagogische Psychologie, 8,* 1-13.

Schiefele, U., Wild, K.-P. & Winteler, A. (1995). Lernaufwand und Elaborationsstrategien als Mediatoren der Beziehung von Studieninteresse und Studienleistung. *Zeitschrift für Pädagogische Psychologie, 9,* 181-188.

Schmeck, R.R. (1988). An introduction to strategies and styles of learning. In R.R. Schmeck (Ed.), *Learning strategies and learning styles* (pp. 3-19). New York: Plenum Press.

Schmid, U., Wirth, J. & Polkehn, K. (2003). A closer look on structural similarity in analogical transfer. *Cognitive Science Quaterly, 3,* 57-89.

Schmitz, B. (1989). *Einführung in die Zeitreihenanalyse: Modelle, Softwarebeschreibung, Anwendungen.* Bern: Huber.

Schneider, W. (1985). Developmental trends in the meta-memory behavior relationship: An integrative review. In D. L. Forrest-Pressley , G. E. MacKinnon & T. G. Waller (Eds.), *Metacognition, cognition, and human performance* (Vol. 1, pp. 57-109). Orlando: Academic Press.

Schneider, W. (1989). *Zur Entwicklung des Meta-Gedächtnisses bei Kindern.* Bern: Huber.

Schneider, W. (1996). Zum Zusammenhang zwischen Metakognition und Motivation bei Lern- und Gedächtnisvorgängen. In C. Spiel, U. Kastner-Koller & P. Deimann (Hrsg.), *Motivation und Lernen aus der Perspektive lebenslanger Entwicklung* (S. 121-133). Münster: Waxmann.

Schneider, W., Körkel, J. & Weinert, F.E. (1989). Domain-specific knowledge and memory performance: A comparison of high- and low-aptitude children. *Journal of Educational Psychology, 81,* 306-312.

Schnotz, W. (1994). *Aufbau von Wissensstrukturen. Untersuchungen zur Kohärenzbildung bei Wissenserwerb mit Texten.* Weinheim: PVU.

Schooler, J.W., Ohlson, S. & Brooks, K. (1993). Thoughts beyond words: When language overshadows insight. *Journal of Experimental Psychology: General, 122,* 166-183.

Schraagen, J.M. (1993). How experts solve a novel problem in experimental design. *Cognitive Science, 17,* 285-309.

Schreiber, B. (1998). *Selbstreguliertes Lernen.* Münster: Waxmann.

Schröter, M. (2001). *Beschreibung kognitiver Aktivitäten bei der erfolgreichen Exploration eines komplexen Systems.* Unveröffentlichte Diplomarbeit, Freie Universität, Berlin.

Shiffrin, R.M. & Atkinson, R.C. (1969). Storage and retrieval processes in long-term memory. *Psychological Review, 76,* 179-193.

Shore, B.M. (2000). Metacognition and flexibility: Qualitative differences in how gifted children think. In R.C. Friedman & B.M. Shore (Eds.), *Talents unfolding: Cognition and development* (pp. 167-187). Washington, DC: American Psychological Association.

Sibberns, H. & Baumert, J. (2001). Stichprobenziehung und Stichprobengewichtung (Anhang A). In J. Baumert, E. Klieme, M. Neubrand, M. Prenzel, U. Schiefele, W. Schneider, P. Stanat, K.-J. Tillmann & M. Weiß (Hrsg.), *PISA 2000: Basiskompetenzen von Schülerinnen und Schülern im internationalen Vergleich* (S. 511-524). Opladen: Leske + Budrich.

Simon, H.A. & Lea, G. (1974). Problem solving and rule induction: A unified view. In L.W. Gregg (Ed.), *Knowledge and cognition* (pp. 105-127). Hillsdale, NJ: Lawrence Erlbaum.

Simons, P.R.J. (1992). Lernen, selbständig zu lernen – ein Rahmenmodell. In H. Mandl & H.F. Friedrich (Hrsg.), *Lern- und Denkstrategien* (S. 251-264). Göttingen: Hogrefe.

Singley, M.K. & Anderson, J.R. (1989). *The transfer of cognitive skill.* Cambridge, MA: Havard University Press.

Spada, H. & Reimann, P. (1988). Wissensdiagnostik auf kognitionspsychologischer Basis. *Zeitschrift für Differentielle und Diagnostische Psychologie, 9*, 183-192.

Starke, P.H. (1969). *Abstrakte Automaten.* Berlin: Deutscher Verlag der Wissenschaften.

Stern, E. (2001). Intelligenz, Wissen, Transfer und der Umgang mit Zeichensystemen. In E. Stern & J. Guthke (Hrsg.), *Perspektiven der Intelligenzforschung* (S. 163-203). Lengerich: Pabst.

Sternberg, R.J. (1985). *Beyond IQ. A triarchic theory of human intelligence.* Cambridge: Cambridge University Press.

Sternberg, R.J. (1990). *Metaphors of the mind: Conceptions of the nature of intelligence.* Cambridge: Cambridge University Press.

Streufert, S., Pogash, R. & Piasecki, M. (1988). Simulation-based assessment of managerial competence: Reliability and validity. *Personel Psychology, 41*, 537-557.

Strohschneider, S. (1990). *Wissenserwerb und Handlungsregulation.* Wiesbaden: Deutscher Universitäts-Verlag.

Strohschneider, S. (1991). Problemlösen und Intelligenz: Über die Effekte der Konkretisierung komplexer Probleme. *Diagnostica, 37*, 353-371.

Strohschneider, S. & Schaub, H. (1991). Können Manager wirklich so gut managen? Über die Effekte unterschiedlichen heuristischen Wissens beim Umgang mit komplexen Systemen. *Zeitschrift für Psychologie, 11*, 325-340.

Süß, H.-M. (1996). *Intelligenz, Wissen und Problemlösen.* Göttingen: Hogrefe.

Süß, H.-M. (1999). Intelligenz und komplexes Problemlösen: Perspektiven für eine Kooperation zwischen differentiell-psychometrischer und kognitionspsychologischer Forschung. *Psychologische Rundschau, 50*, 220-228.

Süß, H.-M., Beauducel, A. & Kersting, M. (1992, September). *Wissen und Problemlösen: Zur Dissoziation von verbalisierbarem Wissen und Steuerungsleistungen beim komplexen Problemlösen.* Vortrag gehalten auf dem 38. Kongreß der Deutschen Gesellschaft für Psychologie, Trier.

Süß, H.-M., Kersting, M. & Oberauer, K. (1991). Intelligenz und Wissen als Prädiktoren für Leistungen bei computersimulierten komplexen Problemen. *Diagnostica, 37,* 334-352.

Süß, H.-M., Kersting, M. & Oberauer, K. (1993). Zur Vorhersage von Steuerungsleistung an computersimulierten Systemen durch Wissen und Intelligenz. *Zeitschrift für Differentielle und Diagnostische Psychologie, 14,* 189-203.

Süß, H.-M., Oberauer, K. & Kersting, M. (1993). Intellektuelle Fähigkeiten und die Steuerung komplexer Systeme. *Sprache & Kognition, 12,* 83-97.

Swanson, H.L. (1996). *Swanson-Cognitive processing test.* Austin, TX: Pro-Ed.

Tergan, S.-O. (1986). *Modelle der Wissensrepräsentation als Grundlage qualitativer Wissensdiagnostik.* Opladen: Westdeutscher Verlag.

Thorndike, E.L. (1924). *An introduction of the theory of mental and social measurements.* New York, NY: Wiley.

Tschirgi, J.E. (1980). Sensible reasoning: A hypothesis about hypotheses. *Child Development, 51,* 1-10.

Tucker, L.R. (1958). Determination of parameters of a functional relation by factor analysis. *Psychometrika, 23,* 19-23.

van Jooling, W.R. & de Jong, T. (1997). An extended dual search space model of scientific discovery learning. *Instructional Science, 25,* 307-346.

Veenman, M.V.J. (1993). *Intellectual ability and metacognitive skill: Determinants of discovery learning in computerized learning environments.* Amsterdam: University of Amsterdam.

Veenman, M.V.J. & Elshout, J.J. (1995). Differential effects of instructional support on learning in simulation environments. *Instructional Science, 22,* 363-383.

Veenman, M.V.J. & Elshout, J.J. (1999). Changes in the relation between cognitive and metacognitive skills during the acquisition of expertise. *European Journal of Psychology of Education, 14,* 509-523.

Veenman, M.V.J., Elshout, J.J. & Busato, V.V. (1994). Metacognitive mediation in learning with computer-based simulations. *Computers in Human Behavior, 10,* 93-106.

Veenman, M.V.J., Elshout, J.J. & Groen, M.G.M. (1993). Thinking aloud: Does it affect regulatory processes in learning? *Tijdschrift voor Onderwijsresearch, 18,* 322-330.

Veenman, M.V.J., Elshout, J.J. & Meijer, J. (1997). The generality vs domain-specifity of metacognitive skills in novice learning across domains. *Learning and Instruction, 7,* 187-209.

Vogel, R., Gold, A. & Mayring, P. (1998, September). *Lernstrategien und Lernerfolg im Lehramtsstudium.* Vortrag gehalten auf dem 41. Kongress der Deutschen Gesellschaft für Psychologie, Dresden.

Vollmeyer, R. & Burns, B.D. (1996). Hypotheseninstruktion und Zielspezifität: Bedingungen, die das Erlernen und Kontrollieren eines komplexen Systems beeinflussen. *Zeitschrift für Experimentelle Psychologie, 43,* 657-683.

Vollmeyer, R., Burns, B.D. & Holyoak, K.J. (1996). The impact of goal specifity on strategy use and the acquisition of problem structure. *Cognitive Science, 20,* 75-1000.

Vollmeyer, R. & Funke, J. (1999). Personen- und Aufgabenmerkmale beim komplexen Problemlösen. *Psychologische Rundschau, 50,* 213-219.

Vollmeyer, R. & Rheinberg, F. (1998). Motivationale Einflüsse auf Erwerb und Anwendung von Wissen in einem computersimulierten System. *Zeitschrift für Pädagogische Psychologie, 12,* 11-23.

Vollmeyer, R. & Rheinberg, F. (1999). Motivation and metacognition when learning a complex system. *European Journal of Psychology of Education, 14,* 541-554.

Vollmeyer, R. & Rheinberg, F. (2000). Does motivation affect performance via persistence? *Learning and Instruction, 10,* 293-309.

Vollmeyer, R., Rollett, W. & Rheinberg, F. (1997). How motivation affects learning. In M.G. Shaffo & P. Langley (Eds.), *Proceedings of the Nineteenth Annual Conference of the Cognitive Science Society* (pp. 796-801). Hillsdale, NY: Lawrence Erlbaum.

Vosniadou, S. (1992). Modelling the learner: Lessons from the study of knowledge reorganization in astronomy. In A. Tiberghien & H. Mandl (Eds.), *Intelligent learning environments and knowledge acquisition in physics* (pp. 101-110). Berlin: Springer.

Vosniadou, S. (1994). Capturing and modelling the process of conceptual change. *Learning and Instruction, 4,* 45-69.

Vygotsky, L.S. (1978). *Mind in society.* Cambridge, MA: Harvard University Press.

Vygotsky, L.S. (1983). A history of the development of the higher mental functions. In A. N. Matushkin (Ed.), *The collected works of L.S. Vygotsky* (Vol. 3, pp. 5-328). Moskau: Pedagogika.

Waldmann, M. & Weinert, F.E. (1990). *Intelligenz und Denken. Perspektiven der Hochbegabungsforschung.* Göttingen: Hogrefe.

Wallach, D. (1998). *Komplexe Regelungsprozesse. Eine kognitionswissenschaftliche Analyse.* Wiesbaden: Deutscher Universitäts-Verlag.

Weiner, B. (1986). *An attributional theory of motivation and emotion*. New York: Springer.

Weinert, F.E. (1982). Selbstgesteuertes Lernen als Voraussetzung, Methode und Ziel des Unterrichts. *Unterrichtswissenschaft, 10*, 99-110.

Weinert, F.E. (1994). Lernen lernen und das eigene Lernen verstehen. In K. Reusser & M. Reusser-Weyeneth (Hrsg.), *Verstehen. Psychologischer Prozess und didaktische Aufgabe* (S. 183-205). Bern: Huber.

Weinert, F.E. (2001). A concept of competence: A conceptual clarification. In D.S. Rychen & L.H. Salganik (Eds.), *Defining and selecting key competencies* (pp. 45-65). Seattle: Hogrefe & Huber.

Weinstein, C.E. (1987). *Learning and study strategies inventory (LASSI)*. Clearwater, FL: H & H Publishing Company.

Weinstein, C.E. & Mayer, R.E. (1986). The teaching of learning strategies. In M.C. Wittrock (Ed.), *Handbook of research on teaching* (Vol. 3, pp. 315-327). New York: Macmillan.

Weinstein, C.E., Zimmermann, S.A. & Palmer, D.R. (1988). Assessing learning strategies: The design and development of the LASSI. In C.E. Weinstein, E.T. Goetz & P.A. Alexander (Eds.), *Learning and study strategies* (pp. 24-40). San Diego: Academic Press.

Weiß, M. & Steinert, B. (2001). Institutionelle Vorgaben und ihre aktive Ausstattung – Die Perspektive der deutschen Schulleitung. In J. Baumert, E. Klieme, M. Neubrand, M. Prenzel, U. Schiefele, W. Schneider, P. Stanat, K.-J. Tillmann & M. Weiß (Hrsg.), *PISA 2000: Basiskompetenzen von Schülerinnen und Schülern im internationalen Vergleich* (S. 427-454). Opladen: Leske + Budrich.

Whitehead, A.N. (1929). *The aims of education*. New York, NY: Macmillan.

Wild, K.-P. & Schiefele, U. (1993). Induktiv versus deduktiv entwickelte Fragebogenverfahren zur Erfassung von Merkmalen des Lernverhaltens. *Unterrichtswissenschaft, 21*, 312-326.

Wild, K.-P. & Schiefele, U. (1994). Lernstrategien im Studium. Ergebnisse zur Faktorenstruktur und Reliabilität eines neuen Fragebogens. *Zeitschrift für Differenzielle und Diagnostische Psychologie, 15*, 185-200.

Wild, K.-P., Schiefele, U. & Winteler, A. (1992). *LIST - Ein Verfahren von Lernstrategien im Studium*. Neubiberg: Gelbe Reihe.

Winne, P.H. & Hadwin, A.F. (1998). Studying as self-regulated learning. In D.J. Hacker, J. Dunlosky & A.C. Graesser (Eds.), *Metacognition in Educational Theory and Practice* (pp. 277-304). Hillsdale, NJ: Lawrence Erlbaum.

Winne, P.H. & Perry, N.E. (2000). Measuring self-regulated learning. In M. Boekaerts & P.R. Pintrich (Eds.), *Handbook of self-regulation* (pp. 531-566). San Diego, CA: Academic Press.

Wirth, J. & Klieme, E. (2000, September). *Spontaner Transfer von Explorationsstrategien zwischen komplexen Systemen.* Vortrag gehalten auf dem 42. Kongress der Deutschen Gesellschaft für Psychologie, Jena.

Wirth, J. & Klieme, E. (2001, September). *Erfassung von Strategien der Exploration.* Vortrag gehalten auf der 8. Fachgruppentagung Pädagogische Psychologie, Landau.

Wood, R.E. & Bandura, A. (1989). Impact of conceptions of ability on self-regulatory mechanisms and complex decision-making. *Journal of Personality and Social Psychology, 56,* 407-415.

Zimmermann, B.J. (2000). Self-efficacy: An essential motive to learn. *Contemporary Educational Psychology, 25,* 82-91.

Zimmermann, B.J. & Bandura, A. (1994). Impact of self-regulatory influences on writing course attainment. *American Educational Research Journal, 31,* 845-862.

Zimprich, D. (1998). Geschwindigkeit der Informationsverarbeitung und fluide Intelligenz im höheren Erwachsenenalter. Eine Sekundäranalyse des Datenmaterials der Bonner Längsschnittstudie des Alterns anhand von „Latent Growth Curve Models". *Zeitschrift für Gerontologie und Geriatrie, 31,* 89-96.

Tabellenverzeichnis

Tabelle 1:	Eine Taxonomie der Wissensbegriffe	17
Tabelle 2:	Eine Taxonomie von Lernstrategien in Anlehnung an Baumert	23
Tabelle 3:	Vier-Felder-Tafeln zur Bewertung der Lernprozessregulationen der Beispielspersonen A und B	89
Tabelle 4:	Designplan des dritten Testtages des Feldtests 1999	118
Tabelle 5:	$Log_{(or)}$-Werte für Wiederholungen zustandsändernder und fehlermeldungsprovozierender Eingriffe	126
Tabelle 6:	Unvollständiges Lesen der Fehlermeldung als Wiederholungsbegründung in den Protokollen des lauten Denkens	128
Tabelle 7:	Anzahl von Wertzuweisungen aufgrund fehlender Wahlmöglichkeiten	131
Tabelle 8:	Kodierdesign für die latenten Faktoren der Lernprozessregulation	132
Tabelle 9:	Varianzanteile der sieben Messzeiträume, die auf die Zugehörigkeit zu einer Schule zurückzuführen sind	134
Tabelle 10:	Fit-Statistiken für alternative Modelle der Lernprozessregulation	135
Tabelle 11:	Latente Korrelationen und Mittelwerte von Modell E3	136
Tabelle 12:	Fit-Statistiken für alternative Modelle des Einflusses der Lernprozessregulation auf Umfang und Anwendbarkeit erworbenen Wissens	139
Tabelle 13:	Latente Korrelationen des Modells E3WW1	142
Tabelle 14:	Fit-Statistiken für alternative Modelle des Einflusses kognitiver Grundfähigkeiten auf die Lernprozessregulation	144
Tabelle 15:	Anzahl von Wertzuweisungen aufgrund fehlender Wahlmöglichkeiten (Studie II)	168
Tabelle 16:	Fit-Statistiken für alternative Modelle vereinfachter Lernprozessregulation	173
Tabelle 17:	Latente Korrelationen und Mittelwerte von Modell A3	174
Tabelle 18:	χ^2-Differenzen zwischen Modell A3 und Modellen mit festgesetzten Faktormittelwerten	177
Tabelle 19:	Fit-Statistiken für alternative Modelle der Lernprozessregulation mit analogem Vorwissen	183
Tabelle 20:	Latente Korrelationen und Mittelwerte von Modell B4	183

Tabelle 21:	χ^2-Differenzen zwischen Modell B4 und Modellen mit festgesetzten Faktormittelwerten	186
Tabelle 22:	Fit-Statistiken für alternative Modelle des Einflusses der vorangegangenen Lernprozessregulation auf den Lernprozess mit analogem Vorwissen	188
Tabelle 23:	Fit-Statistiken für alternative Modelle der Lernprozessregulation mit spezifischem Vorwissen	194
Tabelle 24:	Latente Korrelationen und Mittelwerte von Modell C3	194
Tabelle 25:	χ^2-Differenzen zwischen Modell C3 und Modellen mit festgesetzten Faktormittelwerten	198
Tabelle 26:	Fit-Statistiken für alternative Modelle des Einflusses vorangegangener Lernprozessregulationen auf die Lernprozessregulation mit spezifischem Vorwissen	200
Tabelle 27:	Fit-Statistiken für alternative Modelle des Einflusses der Lernprozessregulationen mit unterschiedlichem Vorwissen auf Umfang und Anwendbarkeit erworbenen Wissens	203
Tabelle 28:	Fit-Statistiken für alternative Modelle des Einflusses kognitiver Grundfähigkeiten auf Lernprozessregulationen mit unterschiedlichem Vorwissen	207
Tabelle 29:	Fit-Statistiken für Modelle des Zusammenspiels zwischen Lernprozessregulation und Kontrollerwartung	211
Tabelle 30:	Fit-Statistiken für alternative Modelle der wechselseitigen Beziehungen zwischen Lernprozessregulationen mit unterschiedlichem Vorwissen und anfänglicher und resultierender Kontrollerwartung	215

Abbildungsverzeichnis

Abbildung 1: Modell des Guten Informationsverarbeiters von Borkowski und Mitarbeitern ... 47

Abbildung 2: Drei-Schichten-Modell des selbstregulierten Lernens nach Boekaerts ... 50

Abbildung 3: Annahme über die Bedeutung von Identifikations- und Integrationszielen für die selbstbestimmte Lernprozessregulation ... 57

Abbildung 4: Struktur eines einfachen linearen Systems ... 76

Abbildung 5: Bildschirmoberfläche des „Heidelberger Finiten Automaten" (HFA) ... 78

Abbildung 6: Simulierter Verlauf der Lernprozessregulation ... 95

Abbildung 7: Simulierte Verläufe extremer Lernprozessregulationen ... 98

Abbildung 8: Latentes Wachstumskurven-Modell (LGM) mit Ausgangsniveau (Intercept) und linearem und quadratischem Prozessfaktor ... 102

Abbildung 9: Verläufe der Lernprozessregulation, gruppiert nach Wissensanwendungsleistung ... 122

Abbildung 10: Prozentuale Anteile an den Wiederholungen nicht-zustandsändernder Eingriffe innerhalb der ersten Minute ... 125

Abbildung 11: Prozentualer Anteil von Nachklicks pro Minute (Studie I) ... 129

Abbildung 12: Mittlere Anteile der Prozessfaktoren am durchschnittlichen Verlauf der Lernprozessregulation ... 137

Abbildung 13: Einfluss der Lernprozessregulation auf Umfang und Anwendbarkeit erworbenen Wissens ... 140

Abbildung 14: Einfluss kognitiver Grundfähigkeiten auf die Lernprozessregulation (Studie I) ... 145

Abbildung 15: Verläufe der Lernprozessregulationen, gruppiert nach Wissensanwendungsleistungen ... 172

Abbildung 16: Faktormittelwerte der vereinfachten Lernprozessregulation, gruppiert nach Wissensanwendungsleistungen ... 175

Abbildung 17: Prozentuale Anteile an den Wiederholungen nicht-zustandsändernder Eingriffe innerhalb der sechsten Minute ... 180

Abbildung 18: Prozentualer Anteil von Nachklicks pro Minute den Lernphasen A und B (Studie II) ... 181

Abbildung 19: Faktormittelwerte des Verlaufs der Lernprozessregulation mit analogem Vorwissen, gruppiert nach Wissensanwendungsleistungen ... 184

Abbildung 20: Einfluss der Lernprozessregulation der Lernphase A auf die
Lernprozessregulation in der Lernphase B..189

Abbildung 21: Faktormittelwerte der Lernprozessregulation mit spezifischem
Vorwissen, gruppiert nach Wissensanwendungsleistungen...............195

Abbildung 22: Einflüsse der Lernprozessregulationen in den Lernphasen A und
B auf die Lernprozessregulation in Lernphase C................................201

Abbildung 23: Einfluss der Lernprozessregulationen mit unterschiedlichem
Vorwissen auf Umfang und Anwendbarkeit erworbenen Wissen....205

Abbildung 24: Einfluss kognitiver Grundfähigkeiten auf
Lernprozessregulationen mit unterschiedlichem Vorwissen..............208

Abbildung 25: Zusammenspiel zwischen Lernprozessregulation und
Kontrollerwartung, ohne Berücksichtigung vorangegangener
Lernprozesse...212

Abbildung 26: Zusammenspiel zwischen Kontrollerwartungen und
Lernprozessregulationen mit unterschiedlichem Vorwissen 216

Register

ACIL 68
ACT 16, 32
Akkuratheit 30
AMOS 101
Anpassung 26, 30
Fit .... *Siehe* Modellgüte
Anpassungsgüte .... *Siehe* Modellgüte
Anstrengungsbereitschaft 47
Arbeitsgedächtnis 33
ASI 62
Aufgabendefinition, Phase der 26
Ausgangsniveau .... 96, **102**ff., 113ff., 123, 131ff., 154ff., 170ff., 191ff., 209, 218, 232ff.
Automatisierung .... *Siehe* Proceduralisierung
Autoregression 99, 215
Bandbreiten-Genauigkeits-Dilemma ... 17
Bedienfehler .... 127ff., 143ff.
Beschleunigung 36ff., **96**, **103**ff., 121, 131ff., 144ff., 191ff., 206ff., 219ff., 233ff.,
Beschreibbarkeit, formale 34, 72, **75**ff., 84, 108, 230
BIS 41
CFI .... *Siehe* Modellgüte
competitive chunking 87
Computersimulation 29, 45, 51, 65ff., 71ff., 84ff., 95ff., 143, 150ff., 166ff., 186
Datenausschluss .. 119, **126**, 130, 141, 148, 155
Datenformat
   Logfile-Daten **84**ff., 107ff., 163, 232
   Verbaldaten 62, **70**, 83, 107, 228
   Verhaltensdaten 62, 73, 83, **84**, **91**, 107ff., 115, 129, 228, 232
Datenstruktur, hierarchisch 106, 119, 120, **132**, 133, 166, 173
Deklaratives Vereinfachen 35
Denken, induktiv .... *Siehe* Intelligenz
Design 67, 118, 126, 142, 233
Designeffekt 106, 133
Diskriminierung 35, 36, 37
Dual Space .... *Siehe* Scientific Discovery
Durchführung 26

Effektivität 82
Eigendynamik 76
Einzelvergleiche 176, 185, 197
Elaboration 30, 31
Enkodieren, selektives 40
Enkodierung 43, 124
Entkopplung, kontextuelle 63
Erfolgszuversicht 38, 52, 53
Erwünschtheit, soziale 84, 108, 228
Evaluation 30
Experimente-Raum .*Siehe* Scientific Discovery
Extremverlauf 96, 97
Faktor
   Faktorladung 102
   Intercept .... 101, **102**, 104ff., 132ff., 170ff.
   latenter .... **101**ff., 131ff., 164, 233ff.
   linearer .... **102**, 132, 138, 144, 170, 179, 188, 192, 200, 210ff.
   Mittelwert 102, 103, 109, 121, 135ff., 140, 146ff., 174ff., 183ff., 212ff.,
   orthogonaler 103, **104**, 132ff., 182, 193
   Prozessfaktor .... **101**ff., 111, 131ff., 173ff.
   quadratischer ..... **103**ff., 132ff., 170ff., 235ff.
   Slope 101
Faktorenanalyse 64, 101
Feedback 24ff., 40ff., 61ff., **71**, 163, 209
Fehlermeldung .... **124**ff., 141ff., 180ff.
Fehlkonzept 45
Fertigkeit
   Erwerb von . *Siehe* Handlungswissen, Erwerb von
   metakognitive 29, 31, 40, 48, 49
Finiter Automat 75, **76**ff., 82ff., 108, 115
   Heidelberger Finiter Automat .... 77ff., 107ff., 196ff., 217ff., 227ff.
Fit-Index .... *Siehe* Modellgüte
Generalisierung 35, 37
Geschlechterunterschied .... *Siehe* Unterschied,Geschlecht
Gewicht 68, 101, **102**, 140ff., 173, 182, 238
GFI .... *Siehe* Modellgüte
GIP .... *Siehe* Informationsverarbeiter, guter
Gleichungssystem, lineares 75

G-Methode 238
Gram-Schmidt-Prozedur 104
Handlungsebene 63
Handlungswissen, Erwerb von .... 15, **31**ff., 52, 74ff.
Heuristik 20, 37
HFA .... *Siehe* Finiter Automat, HeidelbergerFiniter Automat
Homoskedastizität .... **104**, 132ff., 150, 170ff., 192ff.
Hunger in Nordafrika 81, 118, 165
Hypothesen, Bilden und Testen von 15, 21ff., **27**ff., 53ff., 66ff., 114ff., 127, 148ff., 178, 226, 238
Hypothesen-Raum .. *Siehe* Scientific Discovery
Identifikation .... *Siehe* Identifizieren
Identifizieren15, **22**ff., **27**ff., 56ff., 70, 85ff., 108ff., 123ff., 136ff., 147ff., 158ff., 170ff., 218ff.
Informationsverarbeiter, guter 46, 47, 48
Informationsverarbeitung, Phasen der 43
Instrumentierung 115, 163
Integration .... *Siehe* Integrieren
Integrieren .... 15, **22**ff., 56ff., 70, 85ff., 108ff., 123ff., 141ff., 170ff.
Intelligenz .... 16, 27ff., **38**ff., 53ff., 114ff., 143ff., 159ff., 205ff., 217, 224, 238ff.
Interaktion, soziale 66, 67, 68, 83
Intercept .... *Siehe* Faktor, Intercept
Interpolationsaufgabe 115, 163
Intraklassenkorrelation 119, 133, 144
isomorph 163
KFT .... *Siehe* Kognitiver Fähigkeits-Test
Klumpenstichprobe .... *Siehe* Datenstruktur, hierarchisch
Kognition .... 46, **48**ff., **69**ff., 84, 91, 107ff., 223ff.
situierte 44
Kognitive Grundfähigkeiten .. Siehe Intelligenz
Kognitiver Fähigkeits-Test **116**ff., 144, 164, 206
Kombinieren, selektives 40
Komposition **34**ff., 87
Konnektivität 72
Kontrollerwartung59, 153, **160**ff., 209ff., 224, 239

Kontrollierbarkeit 73, 79, 108
Kontrollüberzeugung 49, 59
Konzentration, anstrengungsfreie 52
Kovarianzstrukturanalyse 101
KSI 23
LASSI .... 23, 63ff.
Latent Growth Curve Model .... *Siehe* Wachstumskurven-Modell
Lautes Denken .... 29, 61ff., **68**ff., 83ff., 107, 124ff.
Lernen 120
einsichtsvoll 40
elementares 10, 225
entdeckendes ....*Siehe* Scientific Discovery
experimentelles 9, 24
höheres 10, 225
interaktives **24**ff., **40**ff., 53, 114ff., 161ff., 209, 217, 226
inzidentelles 18, 52
kumulatives 18
selbstreguliertes .... 11, **15**ff., 46ff., 68, 83ff., 108ff., 130, 147ff., 165ff., 218, 225ff.
sequenzielles 87
Lerngeschichte 67, 85, **91**, 231
Lernpotenzial .... 38, **65**ff.
Lernprozess 25
Lernprozessregulation .... 10ff., 29, 52, **56**ff., 86ff.
Lernstil .... **20**ff., 49ff., 61ff.
analytisch 69
intuitiv-holistisch 69
Lernstrategie
Definition von 19
Elaboration 21, 30, 48
Inventar 15, **21**ff., 53, 63, 227
Klassifikation .... *Siehe* Lernstrategie, Taxonomie
Kontrolle .... 21, 30ff.
Motivation 15, 19, **48**, 49, **51**, 59
Oberflächenstrategie 21
Organisation 21, 48
Primärstrategie .... 20ff.
Ressourcenmanagement 22
Stützstrategie .... 20ff.
Taxonomie .... 15, 20ff., **23**ff.
Tiefenverarbeitungsstrategie .... 21, 50ff.
Wiederholung 10, 21ff., **32**ff., 46, 87, 98, 126, 141, 231
Lerntechnik 15, **19**ff., 39, 53, 61ff., 227

Lernziel 9ff., **18ff.**, 33, 52ff., 234
Lesegewohnheit 124
LINAS 156
LISREL 101, 134, 144
LIST .... 23, 63ff.
$log_{(or)}$ .... 89ff., 107ff., 217ff., 230ff.
Logfile .... *Siehe* Datenformat, Logfile-Daten
MANOVA 100, 105
Mediatorhypothesen 105
Mediatorvariable 51
Medien, Neue 25
Mehrspeicher-Modell 43ff., 69
Menschenbild 19
Messfehler **103**ff., 151, 169, 194
Messzeitraum 79, 89ff., **129**ff., 151, 167ff., 232
Metakognition .... 22, 38ff., 63ff.
Minute, erste 121, 123ff., 141, 150ff., 168ff., 218
Modell
  ARIMA 99
  AVG 100
  Drei-Faktoren-Modell 134, 194, 235
  Drei-Schichten-Modell 49, 50
  Group Change Model 101
  Individual Change Model 101
  LG .... *Siehe* Wachstumskurven-Modell
  Messmodell 101
  Prozessmodell 100
  Wachstumskurven-Modell .... 99, **101**ff., 131ff., 146ff., 167ff., 191ff., 204ff., 219ff., 232ff.
Modellgüte 101ff., 134, 183, 206
Modellierung .... *Siehe* Modell, Wachstumskurven-Modell
Monitoring 30ff., 52
Motivation .. 38ff., **46**ff., 150, 160, 209, 223ff., *siehe auch* Lernstrategie, Motivation
Moving-Average .... *Siehe* Modell, ARIMA
MSLQ 23, 63
Nachklick .... **128**ff., 180ff.
Nebenwirkung 71, 76
NNFI .... *Siehe* Modellgüte
Nullverlauf 96
odds .... 88ff.
odds ratio 91ff., 108
Operator 33

Optimalität 82, 230
Ordnung, systematische 30, 31
Orientierung 26
Orthogonalisierung .... *Siehe* Faktor, orthogonaler
Over-all-Test 176, 185, 197
Persistenz .... 51ff.
Pfad, kognitiver 28
Phase
  deklarative 32
  interpretative 32
  Wissenskompilierung 32
  Wissensoptimierung 32
PISA .... 77, **117**, 125, 150, 164ff.
Planung 26
Planungsaufgabe 117
Polynom .... 100ff.
Polytelie 73, 78
Post hoc-Definition .... 73ff.
Potenz-Gesetz der Übung 36
Problem, messtheoretisches 67, 108, 217
Problemlösen 10, **21**ff., 40, 55, 61, **71**ff., 108, 118, 225
Problemraum 33, 78ff., 108
Produktion 32ff., 85
Produktmaß 75, 81
Produktsumme .... 104ff.
Prognoseaufgabe 115, 164
Prozedur 19, 26
  schwache .... 32ff.
  starke 20, 40
Prozeduralisierung 24, 32, **33**ff., 48, 87, 231
Prozessanalyse 64, 228
Prozessfaktor 102ff., 132, 140ff., 173ff., 201
Prozessgütemaß .... *Siehe* Prozessmaß
Prozessmaß .... 12ff., 71ff., **80**ff., **107**ff., 149, 231ff.
Prozessmodell 69
Reaktivität **69**, 83, 107, 156
Reflexionsebene 63
Regressionsintercept 103
Regulation, Lernen .... *Siehe* Lernprozessregulation
Rehearsal ... *Siehe* Lernstrategie, Wiederholung
Reliabilität 73, 123, **130**, 151ff., 179, 192

Paradox der 151
Retesteffekt 67
RMSEA .... *Siehe* Modellgüte
SAP 29
Schlussfolgern .... *Siehe* Intelligenz
Schneiderwerkstatt .... 71, 81, 155ff.
Schwierigkeit .... 112, **122**, 151ff., 169ff., **176**, 196ff., 217ff.
Scientific Discovery ... 11, 25, **27**, 53, 69, 226ff.
SDDS .... *Siehe* Scientific Discovery
Sechs-Komponenten-Modell .... 48ff.
Selbstaussage 64, 150
Selbstaussage .... 63ff.
Selbstbestimmtheit .... 19, 55, 61ff., 83, 91ff., 107ff., 146ff., 168ff.
Selbsterklärung 69
Selbstregulation .... *Siehe* Lernen, selbstreguliertes
Selbstregulation des Lernens ...... *Siehe* Lernen, selbstreguliertes
Selbstststeuerung des Lernens 19
Selbstvertrauen 46
Selbstwirksamkeitsüberzeugung .... 9, 38, 46ff., **51ff.**
Simulation .... *Siehe* Computersimulation
Skillerwerbstheorie 32
Slope .... *Siehe* Faktor, Slope
Spielen 18, 66
SPQ 62
Stichprobe
  Klumpenstichprobe .... *Siehe* Datenstruktur, hierarchisch
  Stichprobenumfang, effektiver .... **133**, 139ff., 166, 173, 182ff.
  Studie I 117, **119**, 235
  Studie II 165ff., 173
  Untersuchung Schröter **124**
Strategieanwender, guter 46
Strukturgleichungssystem 101ff., 156
Suppressionseffekt 141ff., 187
System
  dynamisches .... 12, 42, 61, 71ff., **73ff.**, 108ff., 153, 227ff.
  komplexes 12, 18, 28ff., 42ff., 61, 69ff., 108ff., 151ff., 169, 196ff., 219ff., 227
  kontextfreies .... *Siehe* System, vorwissensfreies

semantikfreies .... *Siehe* System, vorwissensfreies
vorwissensfreies .... 41, 72, **149**, 155ff., 228ff.
Taktik .... 21ff.
Teilzielbildung 21ff., **80ff.**, **84**, 108
Testfairness 67, 73, 149, 231
Testformat
  dynamisches 12, 61ff., **65ff.**, **71**, 151
  statisches 61ff., 82ff., 107
Testgüte 12, 65, **72ff.**, 93, 112, 143ff., 179ff., 192, 228
Testkonstruktion, induktiv versus deduktiv .. 62
Testtag
  dritter .... 117ff., 165ff.
  erster und zweiter 117, 165
Theorie, triarchisch 39
TIMSS 117
T-Methode 238
trial and error 33, 66, 73, 79
Üben .... *Siehe* Lernstrategie, Wiederholung
Überzufälligkeit **91**, 98, **108**, 126ff., 136, 173, 180, 232
Unterschied
  Geschlecht .... 115ff.
  interindividuell .... 13, 56, **57ff.**, 63ff., **101ff.**, 113, 121, 138, 153ff., 173ff., 229, **231ff.**
  intraindividuell 56, 171
Validität .... 63ff., **72**, **73ff.**, 83ff., 93, 106ff., **126ff.**, 142ff., **180**, 228ff.
  Konstruktvalidität 64ff., 114, **146**
  Kontentvalidität 80, 156
  ökologische 62, 71
Variablenkontrolle, isolierende .. *Siehe* VOTAT
Varianzkomponentenzerlegung 133
Vektor 104ff., 134, 173, 193
Veränderung
  intraindividuell .... 73, **79ff.**, 99ff., 132ff.
Verarbeitungstiefe .... **21**, 36, 55, *Siehe auch* Lernstrategie, Tiefenverarbeitungsstrategie
Verbalisieren 16, 35, 69, 70
Vergleichbarkeit .... *Siehe* Unterschied, interindividuell
Vergleichen, selektives 40

Register

Verlaufsform, Merkmale der 56ff., **94ff.**, 107ff., 121, 131ff., 171ff., 183, 192ff., 233
Verstärkung 35, 37
Vier-Phasen-Modell 27
Virtuelles Labor 118
Vorgehen
  hypothesengeleitetes ....*Siehe* Hypothesen, Bilden und Testen von
  metakognitives 30
Vorwissen
  analoges .... 157ff., 167ff., **178ff.**
  Definition von **42**, 45
  Einfluss von............. 16, **41ff.**, 112ff., 154ff., 170ff., **178**, 187ff., 220ff.
  Intelligenz und 39
  Kontrollerwartung und .... 162, **213**ff.
  negatives **45**, 53, 112, 124ff., 150ff., 169ff., 178ff., 219ff., 229
  positives 39, **42ff.**, 58, 159, 178, 228
  spezifisches .... 26, 38, 42ff., 53, 85, 157ff., 178, 190ff., 231ff.
  träges 44
  unspezifisches .... **44**, 111ff., 149ff.
  Vermittlung von .... 152, **156**ff.
  Vorwissenstest 155ff., 234
Vorwissensproblematik 72, 155, 229
VOTAT..........................**28ff.**, 41, 230
Wachstum .... 57, **96**, 101, **102**ff., 121ff., 131ff., 204ff., 218, 233ff.
Wenn-Dann-Regel ....*Siehe* Produktion

Wettquotient........................*Siehe* odds
Wiederholen...................... *Siehe* Lernstrategie, Wiederholung
Wissen
  deklaratives........................**16**, 20ff., 31ff.
  domänenspezifisches..................................42
  Handlungswissen..............15, **16**ff., 32ff., 52, 74ff., 107
  implizit...32
  prozedurales.................. 15, **16**ff., 32ff., 70ff.
  Sachwissen **16**ff., 85, 123
  Taxonomie... 15ff.
  Themenwissen .... 42ff.
  träges ....*Siehe* Vorwissen, träges
Wissensanwendung............... 18, 35ff., 45, 74, 80ff., 116ff., 138ff., 164ff., 202ff., 219, 228, 237
Wissenserwerb .... *Siehe* Lernen
  aktiv 17
Wissenserwerb, Komponenten des 40
Wissenskompartmentalisierung 44
Wissensumfang 46, 74, **115**, 120, 138ff., 163ff., 202ff., 219
Zeitreihenanalyse 99
Zielzustand 33, 81ff., 116, 235
Zone nächster Entwicklung.................... 65,ff.
Zufall.................. **90**ff., 112, 134, 219, 232
Zwei-Räume Modell .... *Siehe* Scientific Discovery

Pädagogische Psychologie und Entwicklungspsychologie

HERAUSGEGEBEN VON DETLEF H. ROST

BAND 1

Annette Tettenborn
FAMILIEN MIT HOCHBEGABTEN KINDERN
1996, 234 Seiten, br., 25,50 €,
ISBN 3-89325-396-3

BAND 2

Doris Lewalter
LERNEN MIT BILDERN UND ANIMATIONEN
Studie zum Einfluß von Lernermerkmalen auf die Effektivität von Illustrationen
1997, 282 Seiten, br., 25,50 €,
ISBN 3-89325-451-X

BAND 3

Jan Gowert Masche
FAMILIENBEZIEHUNGEN ZWISCHEN SCHULE UND AUSBILDUNG
1998, 302 Seiten, br., 25,50 €,
ISBN 3-89325-547-8

BAND 4

Olaf Köller
ZIELORIENTIERUNGEN UND SCHULISCHES LERNEN
1998, 224 Seiten, br., 25,50 €,
ISBN 3-89325-611-3

BAND 5

Kai Schnabel
PRÜFUNGSANGST UND LERNEN
Empirische Analysen zum Einfluß fachspezifischer Leistungsängstlichkeit auf schulischen Lernfortschritt
1998, 224 Seiten, br., 25,50 €,
ISBN 3-89325-612-1

BAND 6

Rainer Pior
SELBSTKONZEPTE VON VORSCHULKINDERN
Empirische Untersuchungen zum Selbstkonzept sozialer Integration
1998, 168 Seiten, br., 19,50 €,
ISBN 3-89325-598-2

BAND 7

Jürgen Wegge
LERNMOTIVATION, INFORMATIONS-VERARBEITUNG, LEISTUNG
Zur Bedeutung von Zielen des Lernenden bei der Aufklärung motivationaler Leistungsunterschiede
vergriffen

BAND 8

Beate Schreiber
SELBSTREGULIERTES LERNEN
Entwicklung und Evaluation von Trainingsansätzen für Berufstätige
vergriffen

BAND 9

Karl-Heinz Arnold
FAIRNESS BEI SCHULSYSTEMVERGLEICHEN
Diagnostische Konsequenzen von Schulleistungsstudien für die unterrichtliche Leistungsbewertung und binnenschulische Evaluation
1999, 212 Seiten, br., 25,50 €,
ISBN 3-89325-728-4

BAND 10

Dietmar Grube
ARBEITSGEDÄCHTNIS UND ZEITVERARBEITUNG IM ALTER
1999, 166 Seiten, br., 25,50 €,
ISBN 3-89325-739-X

BAND 11

Jürgen W.L. Wagner
SOZIALE VERGLEICHE UND SELBSTEINSCHÄTZUNGEN
Theorien, Befunde und schulische Anwendungsmöglichkeiten
1999, 258 Seiten, br., 25,50 €
ISBN 3-89325-764-0

Band 12

Sabine Gruehn
Unterricht und Lernen
Schüler als Quellen der Unterrichtsbeschreibung
2000, 256 Seiten, br., 25,50 €,
ISBN 3-89325-757-8

Band 13

Ulrike Sirsch
Probleme beim Schulwechsel
Die subjektive Bedeutung des
bevorstehenden Wechsels von der Grundschule
in die weiterführende Schule
2000, 228 Seiten, br., 25,50 €,
ISBN 3-89325-758-6

Band 14

Gerd Schulte-Körne
Lese-Rechtschreibschwäche und Sprachwahrnehmung
Psychometrische und neurophysiologische
Untersuchungen zur Legasthenie
2001, 288 Seiten, br., 25,50 €,
ISBN 3-89325-790-X

Band 15

Detlef H. Rost
Hochbegabte und hochleistende Jugendliche
Neue Ergebnisse aus dem
Marburger Hochbegabtenprojekt
2000, 430 Seiten, br., 25,50 €,
ISBN 3-89325-685-7

Band 16

Klaus-Peter Wild
Lernstrategien im Studium
Strukturen und Bedingungen
2000, 296 Seiten, br., 25,50 €,
ISBN 3-89325-791-8

Band 17

Sigrid Hübner
Denkförderung und Strategieverhalten
2000, 160 Seiten, br., 25,50 €,
ISBN 3-89325-792-6

Band 18

Cordula Artelt
Strategisches Lernen
2000, br., 300 Seiten, 25,50 €,
ISBN 3-89325-793-4

Band 19

Bettina S. Wiese
Berufliche und familiäre Zielstrukturen
2000, 272 Seiten, br., 25,50 €,
ISBN 3-89325-867-1

Band 20

Gerhard Minnameier
Entwicklung und Lernen – kontinuierlich oder diskontinuierlich?
Grundlagen einer Theorie der Genese komplexer
kognitiver Strukturen
2000, 216 Seiten, br., 25,50 €,
ISBN 3-89325-790-X

Band 21

Gerhard Minnameier
Strukturgenese moralischen Denkens
Eine Rekonstruktion der Piagetschen Entwicklungslogik und ihre moraltheoretischen Folgen
2000, 214 Seiten, br., 25,50 €,
ISBN 3-89325-685-7

Band 22

Elmar Souvignier
Förderung räumlicher Fähigkeiten
Trainingsstudien mit lernbeeinträchtigten
Schülern
2000, 200 Seiten, br., 25,50 €,
ISBN 3-89325-897-3

Band 23

Sonja Draschoff
Lernen am Computer durch Konfliktinduzierung
Gestaltungsempfehlungen und Evaluationsstudie
zum interaktiven computerunterstützten Lernen
2000, 338 Seiten, br., 25,50 €,
ISBN 3-89325-924-4

BAND 24

Stephan Kröner
INTELLIGENZDIAGNOSTIK PER COMPUTERSIMULATION
2001, 128 Seiten, br., 25,50 €,
ISBN 3-8309-1003-7

BAND 25

Inez Freund-Braier
HOCHBEGABUNG, HOCHLEISTUNG, PERSÖNLICHKEIT
2001, 206 Seiten, br., 25,50 €,
ISBN 3-8309-1070-3

BAND 26

Oliver Dickhäuser
COMPUTERNUTZUNG UND GESCHLECHT
Ein-Erwartung-Wert-Modell
2001, 166 Seiten, br., 25,50 €,
ISBN 3-8309-1072-X

BAND 27

Knut Schwippert
OPTIMALKLASSEN: MEHREBENEN-ANALYTISCHE UNTERSUCHUNGEN
Eine Analyse hierarchisch strukturierter Daten am Beispiel des Leseverständnisses
2002, 210 Seiten, br., 25,50 €,
ISBN 3-8309-1095-9

BAND 28

Cornelia Ev Elben
SPRACHVERSTÄNDNIS BEI KINDERN
Untersuchungen zur Diagnostik im Vorschul- und frühen Schulalter
2002, 216 Seiten, br., 25,50 €,
ISBN 3-8309-1119-X

BAND 29

Marten Clausen
UNTERRICHTSQUALITÄT: EINE FRAGE DER PERSPEKTIVE?
Empirische Analysen zur Übereinstimmung, Konstrukt- und Kriteriumsvalidität
2002, 232 Seiten, br., 25,50 €,
ISBN 3-8309-1071-1

BAND 30

Barbara Thies
VERTRAUEN ZWISCHEN LEHRERN UND SCHÜLERN
2002, 288 Seiten, 25,50 €,
ISBN 3-8309-1151-3

BAND 31

Stefan Fries
WOLLEN UND KÖNNEN
Ein Training zur gleichzeitigen Förderung des Leistungsmotivs und des induktiven Denkens
2002, 292 Seiten, br., 25,50 €,
ISBN 3-8309-1031-2

BAND 32

Detlef Urhahne
MOTIVATION UND VERSTEHEN
Studien zum computergestützten Lernen in den Naturwissenschaften
2002, 190 Seiten, br., 25,50 €,
ISBN 3-8309-1151-3

BAND 33

Susanne R. Schilling
HOCHBEGABTE JUGENDLICHE UND IHRE PEERS
Wer allzu klug ist, findet keine Freunde?
2002, 262 Seiten, br., 25,50 €
ISBN 3-8309-1074-6

BAND 34

Ingmar Hosenfeld
KAUSALITÄTSÜBERZEUGUNGEN UND SCHULLEISTUNGEN
2002, 210 Seiten, br., 25,50 €
ISBN 3-8309-1073-8

BAND 35

Tina Seidel
LEHR-LERNSKRIPTS IM UNTERRICHT
Freiräume und Einschränkungen für kognitive und motivationale Lernprozesse
– eine Videostudie im Physikunterricht
2003, 196 S., br., 25,50 €,
ISBN 3-8309-1248-X

BAND 36
Ulrich Trautwein
SCHULE UND SELBSTWERT
Entwicklungsverlauf, Bedeutung von Kontextfaktoren und Effekte auf die Verhaltensebene
2003, 270 Seiten, br., 25,50 €,
ISBN 3-8309-1296-X

BAND 37
Olaf Köller
LEHR-LERNSKRIPTS IM UNTERRICHT
2004, 280 Seiten, br., 25,50 €,
ISBN 3-8309-1205-6

BAND 38
Corinna Schütz
LEISTUNGSBEZOGENES DENKEN HOCHBEGABTER JUGENDLICHER
„Die Schule mach' ich doch mit links"
2004, 242 Seiten, br., 25,50 €,
ISBN 3-8309-1355-9

BAND 40
Tina Hascher
WOHLBEFINDEN IN DER SCHULE
2004, 321 Seiten, br., 25,50 €,
ISBN 3-8309-1354-0

IN VORBEREITUNG
Stephanie Schreblowski
TRAINING VON LESEKOMPETENZ
Die Bedeutung von Strategien, Metakognition und Motivation für die Textverarbeitung
2004, 156 Seiten, br., 25,50 €,
ISBN 3-8309-1356-7

IN VORBEREITUNG
Lilian Streblow
BEZUGSRAHMEN UND SELBSTKONZEPTGENESE
2004, br., 25,50 €,
ISBN 3-8309-1353-2

Waxmann
Münster / New York
München / Berlin
www.waxmann.com